专利法研究

2009

国家知识产权局条法司　编

知识产权出版社

内容提要

《专利法研究 2009》包括总论、专利保护客体、专利申请与审批及其专利权的保护等四部分内容，上述内容既有来自专家学者的理论探讨又有来自专利审查一线的审查员对专门问题的研究，是一本集理论与实践为一体的专利法研究书籍。

责任编辑：李　琳　龚　卫　　　**责任校对**：董志英
装帧设计：张小力　　　**责任出版**：卢运霞

图书在版编目（CIP）数据

专利法研究.2009/国家知识产权局条法司编.—北京：知识产权出版社，2010.7

ISBN 978-7-5130-0080-2

Ⅰ.①专… Ⅱ.①国… Ⅲ.①专利权法-研究-2009-年刊 Ⅳ.①D913.04-54

中国版本图书馆 CIP 数据核字（2010）第 123080 号

专利法研究 2009

ZHUANLIFA YANJIU　2009

国家知识产权局条法司　编

出版发行：知识产权出版社

社　　址：北京市海淀区马甸南村 1 号院　　**邮　　编**：100088
网　　址：http://www.ipph.cn　　**邮　　箱**：bjb@cnipr.com
发行电话：010-82000860 转 8101/8102　　**传　　真**：010-82005070/82000893
责编电话：010-82000887　82000860 转 8120　　**责编邮箱**：lilin@cnipr.com
印　　刷：北京市凯鑫彩色印刷有限公司　　**经　　销**：新华书店及相关销售网点
开　　本：720mm×960mm　1/16　　**印　　张**：22.75
版　　次：2010 年 7 月第 1 版　　**印　　次**：2010 年 7 月第 1 次印刷
字　　数：385 千字　　**定　　价**：48.00 元

ISBN 978-7-5130-0080-2/D·1034（3030）

目　　录

总　论

专利保护客体

专利披露制度起源初探

吕炳斌[1]

摘　要

披露是专利制度的本质之所在，披露是专利制度的最终目的。披露自专利法产生之初就是专利制度的本质。本文通过考证专利制度史早期的重要法律，阐述了专利披露制度如何从实际披露发展到书面披露、专利说明书如何从在实践中产生到在法律中得以明确规定、专利说明书如何从个别申请查询到公开出版等历史演变过程。现代特点的专利披露制度（公开披露）源于1836年《美国专利法》，并于1852年《英国专利法》最终确立。1836年《美国专利法》是现代专利制度的初步形成；1852年《英国专利法》是现代专利制度的最终形成。专利申请的公开披露制度之形成，有其特定的思想观念基石、特定的经济动力、特定的政治背景，是各种力量综合作用的结果。

❶ 作者单位：上海商学院法政学院。

一、专利披露制度——专利制度的本质所在

“专利”一词的英文 patent 源于拉丁文 patens，兼有“独占”和“公开”之义。汉语“专利”一词很容易使人联想到“利益”或“权利”，而忽视其词义中本有的“公开”“披露”之义。因此，曾担任世界知识产权组织总干事的鲍格胥曾建议在汉语中也找一个与 Patent 相当的、既有“独占”含义又有“公开”含义的词来代替“专利”，以免引起人们对专利制度的误解。[1]

在学术研究中，绝大多数研究也往往是基于专利权人的权利视角的研究，对专利保护、专利许可、专利管理的研究也层出不穷，而对专利申请人所承担的“披露”对价和义务却关注不够。我国学者对专利权的保护范围（主要研究“权利要求书”及其解释）已有比较充分的研究，[2]但这些研究主要是针对基于专利权人视角的权利要求，而基于社会公众视角的披露仍未得以足够关注。这就呼唤学术研究的换位思考，站在社会公众的角度或者说全社会的高度来看专利制度——披露正是专利制度的本质和目的之所在。

美国法院常常将专利制度的“双重”目的阐述为“鼓励新的发明”和“为公共领域增添知识”。[3]并且，法院更愿意将披露当作专利制度的中心，美国最高法院曾将披露阐述为专利制度的最终目的。[4]

在专利文献中，专利说明书和权利要求书是两个重要文件。从广义上说，所有专利文献都构成专利的披露，但专利披露的核心文件是专利说明书。专利申请的披露制度，包括充分披露和其他信息披露，充分披露又可以分为两个步骤：一是申请披露，二是公开披露。学界和实务界常使用“充分公开”一词，为涵盖申请披露和公开披露两步骤，本文代之以“披

---

❶ 郑成思．知识产权论［M］．北京：社会科学文献出版社，2007：3－5．

❷ 闫文军．专利权的保护范围——权利要求解释和等同原则适用［M］．北京：法律出版社，2007；董涛．专利权利要求［M］．北京：法律出版社，2006．

❸ Eldred v. Ashcroft，537 U.S. 186，226－27（2003）（Stevens，J.，dissenting）；see also，Pfaff v. Wells Elecs.，Inc.，525 U.S. 55，63（1998）．

❹ The Disclosure Function of the Patent System（Or Lack Thereof）．Harvard Law Review. 2005，118（6）：2010－2011．

露”这一术语。专利申请中的披露是专利申请人取得专利权的对价或交换条件。对充分披露的判断应当在整个申请基础上进行，包括说明书、权利要求书和附图，其中又以说明书充分披露为重点。本文拟围绕着说明书的历史起源和发展，探讨专利披露制度的起源和发展，以期加深我国学界对专利制度史和专利法原理的研究。

现代披露制度以公开披露为特征，但考查专利法的历史，可以发现披露制度是从无到有，有一个历史发展的过程。第一阶段：最初的通过登记技术、传授使用方法披露技术（实际披露）；第二阶段：专利说明书的产生和“个别申请查阅复制”；第三阶段：物理模型的公开展览；第四阶段：专利说明书的公开出版。专利披露制度发展的第三阶段和第四阶段才是具有现代意义的披露，即公开披露。同时，我们也应该看到，即使专利制度最初并无说明书之类的书面披露要求，但当时的简单机械通过制造、生产专利产品即可达到披露的目的，可见披露自始就是专利制度的本质，这一本质和商业秘密对比将尤为明显。

本文试从世界上第一部专利法即1474年《威尼斯专利法》说起，然后通过考证英美专利制度的历史演变，探讨专利披露制度的起源和发展。了解历史，是为了更好解决现在和未来面临的问题。我国2008年修正的《专利法》已先行规定了遗传资源来源强制披露，这在国际上还是正在谈判中的新的披露问题。披露制度从最初发展到现在，是一个渐进的过程，对此进行考证必将有利于我们对专利披露制度的认识深化，加强对专利制度的全方面、多视角研究。

二、专利说明书产生之前：实际披露的存在

1. 1474年《威尼斯专利法》：登记技术、传授使用方法起到“实际披露”功能

世界上第一部专利法，即1474年《威尼斯专利法》，并没有规定专利申请中的书面披露制度，但仔细考量的话，其中存在实际披露的因素。

15世纪威尼斯遭受一场金融危机，威尼斯政府改变补贴的做法，采取颁发垄断权的做法。1474年3月19日威尼斯共和国制定了人类历史上第一部专利法，该法规定：

“如果任何人在本城制造了新的、精巧的、前所未有的装置，当这个

装置得以改进，并趋于完善，以致能够使用和操作时，就应向公共福利委员会机关登记。本城任何其他人在本城管辖的任何地域内，如果没有得到发明人的许可，在10年内不得制造与该装置相同或者相似的产品。上述发明人有权向本城任何地方官员告发任何制造这个装置的人。该官员可以命令侵权者必须向发明人赔偿100金币，并立即销毁这个装置。”

1474年《威尼斯专利法》建立了现代专利法普遍认可的一些因素，该专利法取代了在威尼斯可能已经存在了几十年的相对初始的“专利惯例”（patent custom）。[❶]从该法规定可见，威尼斯专利法采取登记制；威尼斯专利法关注点是防止侵权，而不是如何确权；威尼斯专利法的一个重要功能是人才引进。

有学者认为《威尼斯专利法》的出发点是把工艺师们的技艺当作准技术秘密加以保护，因为威尼斯当时的法律要求，获得专利的前提是：第一，在威尼斯实施有关技术；第二，要把该技术教给当地的相同领域的工艺师，而这些工艺师对外则承担保密义务。[❷]但是一个值得注意的问题是，当时的发明尚属于简单机械，将发明向公共福利委员会机关登记、向同领域的技术人员传授使用方法，这一过程本身就会披露这种简单机械技术，该技术作为“准技术秘密”这种理解值得商榷。由此可见，早期专利法虽然没有诸如专利说明书之类的书面披露要求，但其存在着实际披露，披露从专利法诞生之日起就是专利的本质。

我国也有学者赞同登记技术、传授使用方法起到“实际披露”功能。如有人认为“1449年第1项英国专利的所有人尤提拉姆·约翰（John of Utynam）被授予对彩色玻璃加工制造方法的为期20年的垄断权时，被要求将该方法传授给当地的英国人，这与现代通行的出版专利说明书有着类似的功效。”[❸]这就是早期专利制度的实际披露。

---

❶ Edward C. Walterscheid. The Early Evolution of the United States Law: Antecedents (Part I), Journal of the Patent and Trademark Office Society. September, 1994, vol. 76, 704－708.

❷ Mandich, Giulio. Venetian patents (1450－1550) Journal of the Patent Office Society. 30 (1948): 166－224. 转引自：郑成思．知识产权法——新世纪初的若干研究重点［M］．北京：法律出版社，2004：147.

❸ 王桂玲．专利制度的起源及专利文献的产生初探［EB/OL］http://www.sipo.gov.cn/sipo2008/wxfw/zlwxzsyd/zlwxyj/wxzs/200804/P020080403695102059126.doc.

2. 1624 年英国《垄断法规》仍无书面披露制度

英国专利授权最初采取钦赐形式，这不可避免地产生了权力滥用。伊丽莎白女王允许英国法院系统涉足专利领域并没有终止授予专利的权力滥用。[❶]詹姆士一世继续允许通过法院诉讼来判断专利授权的有效性，同时滥用依然继续。在 20 多年的滥用和对“可恨的垄断”（odious monopolies）大声疾呼日益增长的背景下，国会开始以立法方式干预专利授权，结果就是《垄断法规》。此法规被认为是世界上第一部完整的专利法。[❷]

英国《垄断法规》是限制女王授予垄断权，第 6 节是对于垄断例外的规定：

“宣告并颁布：上述的任何宣告，不应延及今后在本王国对任何形式的新产品的第一个且真实的发明人授予独占实施或者制造该产品的为期 14 年及以下的专利证书和特权。在制作这样的开封特许状期间其他人应该没有使用该发明。被授予此种证书和特权的发明者不得违反法律，不得通过抬高物价以致损害国家，不得有碍贸易，也不得造成一般性的不方便。

前述的 14 年自此后第一个专利证书或者授予特权之日起计算，此证书或者特权具有本法未制定以前所具有的法律效力。”

英国《垄断法规》实际上宣布了以往君主所授予的发明人特权一律无效。它规定了发明专利权的主体、客体、可以取得专利的发明主题、取得专利的条件、专利有效期以及在什么情况下专利权将被判为无效，等等。这些规定为后来所有国家的专利立法奠定了一个基本范畴，其中的许多原则和定义一直沿用至今。不过，此法规毕竟是较原始、简单的。[❸]与 1474 年《威尼斯专利法》采用的专利登记制不同，《垄断法规》采用了专利授权制，但其也无关于书面披露的规定。

有学者指出，这部法律的第 5 节和第 6 节，适用于发明专利，只不过是对已存在的专利普通法（自 1602 年已经开始发展）的法典化，即使

❶ See Darcy v. Allin, 72 Eng. Rep. 830 (Moore 671), 74 Eng. Rep. 1131 (Noy 173), 11 Coke Rep. 86, 1 Abbott's Patent Cases 1 (King' s Bench 1602) and the dicta of The Clothworkers of Ipswitch, Godbolt, 252, 1 Abbott's Patent Cases 6, 78 Eng. Rep. 147 (King's Bench 1615).

❷ 《威尼斯专利法》是世界上第一部专利法，《垄断法规》第 6 条例外是第一部完整的专利法。王福新．专利基础教程［M］．上海：上海科学技术出版社，1985.

❸ 郑成思．知识产权论［M］．北京：社会科学文献出版社，2007：3－5.

《垄断法规》中有着超越这些普通法的内容，那也是不多的，《垄断法规》用语稀少，需要广泛的司法解释。[1]《垄断法规》第 6 节允许专利授权，但实际上的专利申请程序和垄断权的实施仍受普通法的管辖。[2] 1624 年的《垄断法规》施行了 200 多年。在其实施期间，英国的法律官员、法院对专利法进行进一步的解释和发展，在实践中导致了专利说明书的产生。

三、专利说明书的产生之初：专利授权后再向法院登记说明书

专利说明书产生于哪个国家是一个有争议的事实问题。有人主张专利说明书起源于法国，但是安姆（Gomme）认为这种观点无法立足，因为至少在 16 世纪和 17 世纪并无迹象表明法国专利授权的条件之一是发明的书面描述。[3]

Doorman 对荷兰的专利惯例进行了研究。从某种程度上说，荷兰早期专利惯例，尤其是在 16 世纪和 17 世纪，是当时各国最为发达的。根据权威人士的统计，在 16 世纪、17 世纪和 18 世纪，总共有 857 件专利授权。[4] 17 世纪初，荷兰成为欧洲最为发达的工业国家之一。

在荷兰联省共和国（United Provinces）专利惯例的开始之初，荷兰议会就要求申请人清晰地描绘专利授权将覆盖的主题。一般的，这是在一个委员会面前进行的。最初的要求是至少提交一幅附图和一份说明书；模型（Models）也常被要求，但可被附图所替代。说明书、附图、模型的

---

[1] Thomas M. Meshbesher. The Role of History in Comparative Patent Law. Journal of the Patent and Trademark Office Society，1996，78：594，603.

[2] ［英］哈特，法赞尼 . Intellectual Preperty Law（2nd edition）［M］. 北京：法律出版社，2003：8.

[3] Arthur Gomme. Patents of Invention：Origins and Growth of the Patent System in Britain.［M］. London：Longmans Green and Co.，1946 ：38.［下文简称 Arthur Gomme 书。］转引自：Edward C. Walterscheid. The Early Evolution of the United States Law：Antecedents（Part 3），Journal of the Patent and Trademark Office Society，October，1995，vol. 77，777.［下文简称 Walterscheid，Part 3.］

[4] 574 件发明专利由荷兰议会（States General）授权，283 件专利由荷兰省（Holland）授权。G. Doorman（translated by J. Meijer）. Patents for Inventions in the Netherlands During the 16th，17th and 18th Centuries（The Hague 1942）：8.

目的并不是教导公众此发明的本质，而仅仅是为了授予专利权而向授权者提供关于发明本质的证据，同时也是为了方便解决日后的诉讼。但是，似乎这样的书面描述要求在17世纪后期消失了，直到18世纪后半叶才被重新要求。[1]

Davies根据17世纪一位英国发明者（他也获得了荷兰专利）发表的一本小册子，也证实了当时荷兰议会要求申请者提交模型、发明设计图。[2]戴维斯（Davies）依此猜测是英国专利申请人把说明书这一做法带到了荷兰，但这一猜测遭到了万德赛（Walterscheid）的否定。[3]

无论荷兰的说明书要求是否源自英国，对英国的说明书起源进行考证仍有利于探讨现代书面披露制度的起源。我国学者也一般研究英国的专利说明书的产生，如郑成思教授指出："18世纪初资产阶级革命之后的英国，着手进一步改善它的专利制度。专利法中开始要求发明人必须充分地陈述其发明内容……"[4]

至于专利说明书产生的原因，霍尔兹沃思（Holdsworth）明确地说"法院之所以在专利法中引进这一新的原则（说明书要求），是由于寻求专利保护的发明种类的变化。"[5]但这并不是惟一原因，两者的发生时间也并非完全一致，有人考证，专利保护的发明种类的变化早于法院引入说明书要求一个半世纪。[6]除了发明种类变化这个客观原因之外，对专利的观念上的改变也是至关重要的。

17世纪初，在英国专利授权中，法律官员（law officer）的参与已经成为一种通例。[7]18世纪初，法律官员就开始要求书面说明书，将之作为

[1] G. Doorman (translated by J. Meijer). Patents for Inventions in the Netherlands During the 16th, 17th and 18th Centuries (The Hague 1942): 22-23.

[2] Davies. The Early History of the Patent Specification, Law Quarterly Review, 1934, vol. 50, 86, 95.（以下简称Davies文）

[3] Edward C. Walterscheid. The Early Evolution of the United States Law: Antecedents (Part 1), Journal of the Patent & Trademark Office Society, September, 1994, vol. 76, 713-715.

[4] 郑成思．知识产权论［M］．北京：社会科学文献出版社，2007：3-5；郑成思．知识产权论（2版）［M］．北京：法律出版社，2001：8.

[5] William Holdsworth. A History of English Law (London 1922), vol. 11: 427.

[6] Walterscheid, Part 3, 779.

[7] 根据休姆（Hulme）考证，法律官员介入是在16世纪末和17世纪初。E. W. Hulme, The History of the Patent System Under the Prerogative and at Common Law, L. Q. R., 1900, vol. 16, 53, n. 3.

专利授权的条件，并从此将之作为一种常规的要求。[1]休姆（Hulme）考证认为强制性披露可以追溯到1716年，但是直到1740年左右尚无要求提交说明书的统一要求。[2] 戴维斯（Davies）认为在1734年左右提交说明书成为惯例，但是1712年有一件专利、1716年有三件专利、1717年有两件专利、1718年有两件专利被要求提交说明书。在1720年到1733年之间有约15件专利被如此要求。[3]戈姆（Gomme）指出在1711年到1734年见授予的158件专利中说明书要求已定型，其中29件要求说明书。[4] 戈姆（Gomme）还进一步指出了法律官员在专利说明书的产生和形式要求方面所起的作用，法律官员对要求强制披露起到了非常重要的作用。[5]

但是，当时往往是在专利授权之后6个月再提交专利说明书，[6]并不是“申请披露”，所以这不同于现在的专利披露制度（针对专利申请的披露要求）。

尽管现代意义上的专利说明书直到18世纪才有，但17世纪早期已经有一些说明书的初步形式。1611年的一起专利授权中首次出现的附带条款是否是现代意义上的专利说明书，对此存在着争议。[7]在这件专利中，专利申请人斯特蒂文特（Sturtevant）在申请时自愿提交了一份“论述”（treatise）其发明的草稿，并承诺在专利授权之后一定时期内将增补一份更详细的印刷版本，后来他履行了此承诺。但有人提出1611年专利中的“论述”更像是广告的性质。[8]

如果对斯特蒂文特1611年的专利“论述”是否属于说明书存有争议，约翰·纳史密斯（John Nasmith）在1711年的专利说明书与现代说明书

---

[1] Walterscheid，Part 3，780.

[2] E. W. Hulme. On the History of the Patent Law in the Seventeenth and Eighteenth Centuries，18 L. Q. R.，1902，vol. 18：280，283.

[3] Davies 文，89.

[4] Arthur Gomme，34.

[5] Arthur Gomme，21，34.

[6] Arthur Gomme，25. Walterscheid，Part 3，781.

[7] Hulme. On the Consideration of the Patent Grant，Past and Present，Law Quarterly Review，1897，vol. 13：313，315. W. Hyde Price，The English Patents of Monopoly（London，1906），108，Walterscheid，Part 3，781.

[8] Davies，366－367.

更接近已获得普遍认同。[1] 我国学者也一般认为第一份真正的专利说明书应该是1711年约翰·纳史密斯所提交的专利说明书。[2]另外，也有人指出“（英国）第一份成为印刷体的专利文献，当数英国1617年的第1号专利说明书。不过这件专利说明书被正式印刷出版却是在1852年。”[3]

该1711年专利本身记录了约翰·纳史密斯的表示：“（他）在取得开封特许状之前，提及新发明的组成部分是不安全的，但打算亲自以书面形式并加盖印章，确定地表达这些组成部分，并在通过开封特许状之后一段合理期限内提交给高等衡平法院（high Court of Chancery）”[4]。之后，他的确提交了说明书，但此说明书只有一段，[5]正是这一段说明书打开了现代专利说明书的序幕。

值得注意的是，约翰·纳史密斯只愿意在专利授权后提交说明书描述其发明，他认为在专利授权之前将之披露是不安全的。这主要是因为当时英国专利授权存在着异议程序，即停止授权的申请（caveat）。这种程序在17世纪已经变成了一种通常实践，在专利授权之前任何时间均可提出。约翰·纳史密斯并不相信专利申请程序是绝对保密的。[6]

英国《垄断法规》第6节规定了授予在英国真正的第一个发明人以专利，但同时规定“在制作这样的开封特许状期间其他人应该没有使用该发明”（which others at the time of making such letters patent shall not use），此句在现看来是授予了专利申请人在申请期间的排他权，但早期的

---

[1] See, e.g., Christine MacLeod, Inventing the Industrial Revolution: The English Patent System, 1660—1800 (Cambridge 1988), 49; H. I. Dutton, The Patent System and Inventive Activity During the Industrial Revolution 1750—1852 (Manchester 1984), 75; Arthur Gomme, 27; Davies, 87.

[2] 董涛．专利权利要求［M］．北京：法律出版社，2006：27-28.

[3] 李建蓉．专利信息与利用［M］．北京：知识产权出版社，2006：1-2.

[4] Davies, 88.

[5] Nasmith提交的说明书原文为：“That whereas the common way of fermenting of wash from sugar, molasses, or grain is and has been by yeast got from brewers of ale or beer, the said John Nasmith ferments the wash from the above subjects by a yeast, or what is equivalent to it, got from the fermented wash itself with very little cost, and to as great if not greater perfection than when done by the common way of fermenting by yeast from ale or beer.” Davies, 88-89.

[6] Walterscheid, Part 3, 782-791.

解释是“如果发明在本领域内已被其他人使用，则不可授予专利”。[1]正是在这样的背景下，专利申请中提交说明书就被认为是不安全的，这就产生了专利授权之后再提交并登记专利说明书的做法。

约翰·纳史密斯的专利通常被认为是首次规定了提交并登记一份单独的说明书，但此例对说明书应当包含什么内容、何时提交并登记说明书这些问题并不具有指导意义。[2]“整个世纪（18 世纪），登记的说明书根本起不到使同领域技术人员能够实现发明，在侵权诉讼中也是无价值的。”[3]尽管如此，随着时间的推移，女王对专利授权的对价的看法产生了明显的改变。女王越来越认识到授予专利的对价不是实施（working）发明，而是向公众传播新的技术。[4]

同时，普通法院也开始表示同样的看法。1787 年，法院认为“专利权人取得垄断权的对价是公众在专利失效后将获得的利益，这种利益的保障就是一份发明的说明书”。[5]到 1795 年布勒（Buller）大法官毫不含糊地宣称“说明书是专利权人为其垄断支付的对价”。[6]事实上，观念正在改变——从专利是女王和专利权人之间的契约，到专利是专利权人和社会之间的契约。[7]但是，直到 19 世纪初期，普通法院才开始明确宣称专利是一个契约。[8]

1778 年的 Liardet v. Johnson 案被认为是“英国专利法历史上的里程碑”。[9]尽管 18 世纪英国尚无先例制度，但是审理此案的法官曼斯菲尔德勋爵（Lord Mansfield）是当时最有名的法学学者之一。有人因此猜测此

---

[1] Edward C. Walterscheid. The Early Evolution of the United States Law: Antecedents (Part 2), Journal of the Patent and Trademark Office Society, November, 1994, vol. 76, 849, 877.

[2] Walterscheid , Part 3, 790.

[3] J. N. Adams and G. Averley, The Patent Specification: The Role of Liardet v Johnson, Journal of Legal History, 1986, vol. 7, 156, 160.

[4] Walterscheid, Part 3, 792.

[5] Turner v. Winter, 1 T. R. 605, 99 Eng. Rep. 1276.

[6] Boulton v. Bull, 2 H. Bl. 472, 126 Eng. Rep. 656.

[7] H. I. Dutton. The Patent System and Inventive Activity During the Industrial Revolution 1750—1852 (Manchester 1984), 75.

[8] Walterscheid , Part 3, 793, n. 103.

[9] Hulme. On the Consideration of the Patent Grant, Past and Present, Law Quarterly Review, 1897, vol. 13: 313, 317.

案被记载、流传可能是因为曼斯菲尔德勋爵是审理此案的法官。[1]

曼斯菲尔德法官在第二次开庭审理时对陪审团进行指导，这段话在专利法演进史上具有重要意义："你们要取得满意的结果必须考虑三个基本问题：……第三点是说明书是否可以教导他人使用该发明。给予发明以鼓励的条件是：你必须在发明的文件中明确一种方法教导技术人员在专利期限届满之后如何使用该发明……那么在你专利期限届满之后，公众将从中获得利益。发明人在期限之内享有利益，公众在期限之后享有利益。……"[2]这被认为是英国法官对说明书"能够实现"的最早阐述之一。[3]

当时，强制说明书还是一个新事物，法令或普通法都没有对说明书具体内容进行规定。当时申请人就面临着一个两难困境：如果披露不足，法院将判定该专利无效；如果将发明描述得过分详细，那么法院可能将专利保护范围解释限定于所描述的具体实施例。[4]

Liardet v. Johnson 起到了先导作用，18 世纪末，获得专利的对价不是专利的实施本身，而是在说明书中披露如何制造和使用，这已经成为一种既定的法律。[5]

四、专利说明书在法律中的首次规定——1790 年《美国专利法》

1. 1790 年《美国专利法》：说明书的首次法律规定

1790 年《美国专利法》（An Act to promote the progress of useful Arts）第 2 节对专利说明书（specification）进行了规定："每个专利的被授权人在被授予专利之同时，应当向美国国务卿提交一份书面说明书，包括对发明的描述、相关的草图和原型、解释说明和物体的模型（如果发明的性质允许模型）……说明书应如此详细，模型应如此精确，不仅可以使

---

[1] Walterscheid，Part 3，794.

[2] E. W. Hulme. On the History of the Patent Law in the Seventeenth and Eighteenth Centuries，Law Quarterly Review，1902，vol. 18：285.

[3] Walterscheid，Part 3，797.

[4] Walterscheid，Part 3，799.

[5] Holdsworth，A History of English Law (London 1922)，vol. 11，428.

其发明或发现区别于以前已公知或已使用的其他物体，还可以使处于同一技术分支或技术领域紧密相关的精通该技术或制造的工艺人员等人制造、建造、使用同样的发明，从而公众可以在专利期限届满之后享有完全的利益；说明书应该提交到国务卿办公室，当关于此专利、权利或特权的任何事情发生问题之时，经核准的副本应该在所有法院、所有区域都是充足证据。”

但是，根据该法第 3 节规定，别人如需查看、复制专利权人提交的说明书，需要个别向国务卿提出申请并缴纳一定费用，即“个别申请查阅制”，这并不具备现代意义上的公开含义，因此，1790 年《美国专利法》尚未确立现代公开披露制度。

2. 1793 年《美国专利法》：书面描述的进一步规定

1793 年，《美国专利法》修改，专利申请不再需要审查，而改为注册备案制。该法第 3 节是关于书面描述（written description）的。书面描述的目的是“区别”（distinguish）其发明和“能够实现”（to enable）。尽管 1793 年《美国专利法》改为了注册制，却把提交书面描述的时间提前到了“在他可以取得专利之前”。[1]

考察 1793 年《美国专利法》的立法背景，可以发现杰斐逊起着重要作用。杰斐逊对美国专利制度具有重要影响。“杰斐逊，和其他美国人一样，有着一种讨厌垄断的本性，”但是，他“明确承认专利制度的社会和经济理由”。[2]

有必要考察 1793 年《美国专利法》的立法背景。杰斐逊的 1791 年专利法修改提案包含一个关于专利申请和公开的特别要求。其要求申请者：（1）从国务卿那里取得一份大致描述发明的证书；（2）从财政部长那里获得一个证明和收条表示相关费用已支付；（3）将证书、证明和收条向美国每个地区法院的书记处提交；（4）将这些文件在上述地区的报纸上发表三次。这些程序是相当烦琐的，将大大增加取得、实施专利的成本。1791 年美国邮件系统尚处于初始阶段，申请人为了满足这些要求将不得不亲自

---

[1] 1790 年《美国专利法》第 3 节。

[2] Edward C. Walterscheid. The Use and Abuse of History：The Supreme Court's Interpretation of Thomas Jefferson's Influence on the Patent Law，IDEA：The Journal of Law and Technology，1999，39：200－202.

或派代表到每个司法区域。[1]杰斐逊的1791年提案把公开的责任转移到申请人身上。

杰斐逊提案中书面描述申请和公开要求并未被法案采纳，提案中由审查制变为注册制这一提议被接受。实际上，杰斐逊这一提议纯粹是出于实用主义的考虑，将审查制改为注册制，将准备发明说明书的责任从专利委员会、国务院秘书身上转移到申请人身上，杰斐逊原始的目的是减轻专利委员会和国务卿的负担。[2]

尽管1790年专利法引入了对发明的实用性和新颖性的实质审查，1793年专利法建立了一个纯粹的注册制度，[3]但由于专利制度门槛降低，导致了权利的滥用，这就呼吁美国专利法的再次改革。

五、现代公开披露制度的产生——1836年《美国专利法》和1852年《英国专利法》

1. 之前的专利说明书个别申请查询制度

在现代意义上的公开披露制度产生之前，英国和美国都存在着个别申请查询专利文件的制度。

1852年《英国专利法》之前，公众可以查阅专利说明书，前提是支付一定的费用。但是专利说明书此时尚未印刷、出版或索引，因此专利信息查询必须到伦敦才可以，而且还要缴纳相当的费用。更令人头疼的是英格兰、苏格兰和威尔士甚至英殖民地各自都有自己的专利管理体制，在当时的交通条件下，专利说明书和在先权利的查询需要花费大量时间和成本。[4]

1790年《美国专利法》对专利说明书进行了首次规定，1793年《美

[1] Draft Of A Bill To Promote The Progress Of The Useful Arts, in The Works of Thomas Jefferson (Paul Leicester Ford ed., 1904), vol. 6, 189-190.

[2] Letter from Thomas Jefferson to Hugh Williamson (Apr. 1, 1792), in 6 Jefferson's Works, 459.

[3] Bruce W. Bugbee. Genesis of American Patent and Copyright Law (1967), 150-151.

[4] B. Zorina Khan. Intellectual Property and Economic Development: Lessons from American and European History, Commission on Intellectual Property Rights Study Paper 1a, http://www.iprcommission.org/graphic/documents/study_papers.htm.

国专利法》对书面描述予以进一步规定，但是在这两部法律下，专利说明书也不实行现代意义上的公开，实行的也是个别申请查询制度。

2. 1836 年《美国专利法》：物理模型的公开展示

1836 年，美国修改专利法，建立专利局，重新恢复专利申请的实质审查。毕竟，在 1793 年专利法下登记即可取得专利权，这容易导致专利质量下降，专利权利冲突也容易发生。对技术开发提供激励，这需要对专利效力的信任，需要一种确定性，这就呼唤实质性审查。

1836 年《美国专利法》要求申请人提供发明装置模型，提供模型的一般要求直到 1880 年才取消。[1] 1836 年《美国专利法》第 20 节要求专利局局长将物理模型（physical model）在公共陈列室（public gallery）公开展示，在合适的时间向公众开放。虽然公开的只是物理模型，而未公开具体实施方式，但这毕竟已经具有现代意义上的公开含义，即向全社会公开。

另外，1836 年发生了火烧美国专利局这一意外事件，烧毁之物包括 7000 个发明模型，9000 个附图和 230 本书籍。国会拨款恢复最有价值、最令人感兴趣的模型。[2] 1837 年 3 月 3 日国会通过法案，要求发明人于申请专利时，准备两份材料，分别保存，以防被火烧毁。1837 年法案还要求重建模型、档案和附图。

美国现存的第 1 件有正式编号的专利说明书是 1836 年 7 月 15 日颁发的专利，另外在 1790 年至 1836 年间还有 9957 件未编号的美国早期说明书。[3]

3. 1852 年《英国专利法》：专利说明书的出版公开

为了适应经济与社会发展，促进科技进步，1852 年英国发生了现代世界专利史上最重要的变革：建立了现代意义的专利局，并颁布《专利法修正案》（*The Patent Law Amendment Act* 1852）。该法令明确规定：发

---

[1] 须一平．专利指南［M］．上海：上海科学技术出版社，1986：22.

[2] Ove Granstrand. The Economic and Management of Intellectual Property：Toward Intellectual Capitalism. Edward Elgar，1999，36.

[3] 目前，部分国家保存的第 1 件专利说明书的时间如下：德国 1877 年；瑞典 1885 年；瑞士 1888 年；丹麦 1894 年；奥地利 1899 年；澳大利亚 1904 年；荷兰 1903 年；波兰 1924 年；韩国 1948 年；中国 1985 年。参见：王桂玲．专利制度的起源及专利文献的产生初探［EB/OL］．http：//www.sipo.gov.cn/sipo2008/wxfw/zlwxzsyd/zlwxyj/wxzs/200804/P020080403695102059126.doc.

明人必须充分陈述其发明内容并予以公布，专利在申请后无论是否授权都要公开出版。这项规定体现了现代专利制度的基本理念——“以技术公开换法律保护”。[1]

我国多数学者认为1852年《英国专利法》是现代专利制度的最终形成：“1852年《专利法修改法令》，出版专利文献首次在专利法中有了明确规定。”[2]“《专利法修正法令》明确规定：发明人必须充分陈述其发明内容并予以公布，专利在申请后无论是否授权都要公开出版……也代表着具有现代特点的专利制度的最终形成。”[3]“1852年英国第一部全面修订的《专利法》颁布……该法规定在专利申请中需有说明书描述发明，以实现公开发明技术内容的目的，这标志着具有现代特点的专利制度的形成。”[4]

也有个别学者认为“18世纪初资产阶级革命之后的英国……专利说明书出现了，它的出现标志着现代特点的专利制度的最终形成”。[5]但是，必须注意到：一方面，专利说明书出现之初，说明书没有撰写规范的要求，专利权人往往撰写笼统的说明书；[6]另一方面，专利说明书出现之初，并无现代特点的公开披露制度，所以专利说明书的产生并不是现代专利制度的形成。

国外学者也给予1852年《英国专利法》极高评价。如有学者在考察英国专利法历史时，指出1852年《英国专利法》修改规定了专利文献的印刷和出版，是两个世纪以来英国专利法的首次大幅度调整。[7]

1852年《英国专利法》规定了专利说明书的出版公开，这是现代专

[1] 李建蓉．专利信息与利用［M］．北京：知识产权出版社，2006：1-2. 但是该作者错误地认为“这是专利文献首次在专利法中有了明确的规定，它标志着专利文献的正式诞生。”如前文所述，专利文献首次在专利法中明确是1790年《美国专利法》。

[2] 王桂玲．专利制度的起源及专利文献的产生初探［EB/OL］. http://www. sipo. gov. cn/sipo2008/wxfw/zlwxzsyd/zlwxyj/wxzs/200804/P020080403695102059126. doc .

[3] 参见陈燕，等．专利信息采集和分析［M］．北京：清华大学出版社，2006；专利信息与利用［M］．北京：知识产权出版社，2006：1-2.

[4] 冯晓青．知识产权法学（2版）［M］．北京：中国政法大学出版社，2008：201.

[5] 郑成思．知识产权论［M］．北京：社会科学文献出版社，2007：3-5.

[6] 如瓦特改良蒸汽机在1769年获得了专利，他在申请专利时获得的建议是专利说明书“越抽象越好”。参见 Walterscheid，Part 3，第798页。

[7] B. Zorina Khan. Intellectual Property and Economic Development: Lessons from American and European History, Commission on Intellectual Property Rights Study Paper 1a, http://www. iprcommission. org/graphic/documents/study _ papers. htm.

利制度的最终形成，毋庸置疑。但是，不容忽视的是，1836 年《美国专利法》要求物理模型的公开展示，也已具有现代专利制度的本质，即公开披露，加之 1836 年《美国专利法》建立专利局、建立现代专利审查制度，它应被认为是现代专利制度的初步形成。

4. 1870 年《美国专利法》：授权出版专利说明书

在美国，是否要出版专利说明书在国会一直存在争议，主要是出于成本考虑。但是，步随 1852 年《英国专利法》，1870 年《美国专利法》第 20 节授权专利局局长为了向公众提供信息的需要可以出版专利说明书。

1871 年 1 月 11 日批准的美国国会两院共同决议（joint resolution）对出版专利说明书和附图进行了规定，授权专利局局长印刷、免费发行 150 份各专利的完整说明书和附图。这些说明书和附图加以官方证明，置于各州、地区首都和地区法院书记处，接受公众免费查阅。专利局局长还可根据需求加印专利说明书和附图的官方证明版，其出售价格不得高于制图的协议价格。专利局局长年度报告所附的说明书摘要在 1869 年中期之后停止出版。❶

六、结 语

契约理论是解释专利制度的一个重要理论。从“实施”作为专利授权的对价到“披露”作为专利授权的对价是一个渐进和有序的发展过程。“这一变化对于专利法来说有着根本性的作用，但是其变化如何发生、为何发生却鲜为人知。”❷本文对此“鲜为人知”的发展过程进行考证，企图对此进行一个梳理，并对相关历史发展阶段进行一个正确的定位。

世界上第一部专利法即 1474 年《威尼斯专利法》和世界上第一部完整的专利法即 1624 年英国《垄断法规》虽未规定书面披露制度，但登记技术、传授使用方法起到“实际披露”功能。披露自始就是专利制度的本质。

---

❶ ANNUAL REPORT OF THE COMMISSIONER OF PATENTS FOR 1870 To the Senate and House of Representatives of the United States of America in Congress assembled，(January 31，1871) http：//ipmall. info/hosted _ resources/PatentHistory/poar1870. htm.

❷ Walterscheid，Part 3，777.

专利说明书在专利授权的实践中产生。说明书产生之后，在相当长的一段时间内还同时起着权利要求书的功能。早期的说明书起着明确专利权范围的作用，法官根据说明书判断侵权。在许多欧洲国家，20 世纪 70 年代之前，专利文献并不包含权利要求书。但是随着产业的发展和技术多样化，根据说明书来判断侵权就显得困难，申请人为了保证自己的权利，被要求在说明书中使用“权利要求”（claim）的用语。1836 年《美国专利法》第一次在立法中出现了“权利要求”（claims）；在 1870 年《美国专利法》中，权利要求成为一种必须提供的内容。英国 1883 年《专利、外观设计与商标法》要求一份完整的说明书包括申请人填写的详细的权利要求，专利局在授权专利之前将对此进行审查。[1]可见，专利权保护范围解释的核心文件“权利要求书”也是从说明书发展而来。

现代专利披露制度实际上是专利申请的披露制度，但从本文历史考证可见，起初的说明书并不是在专利申请时提交，而是专利授权后再向法院登记说明书，这明显区别于现代披露制度。现代披露制度包含申请披露和最终的向社会公开两个阶段。在现代公开披露制度的产生之前，说明书虽然可以个别申请查询，但这是一种有限意义的公开，并非现代意义上的向全社会公开。

1836 年《美国专利法》规定了物理模型的公开展示，1852 年《英国专利法》规定了专利说明书的出版公开，它们是现代专利披露制度的产生。笔者认为，1836 年《美国专利法》已具有现代专利制度的本质，即公开披露，是现代专利制度的初步形成；1852 年《英国专利法》规定了专利说明书的出版公开，这是现代专利制度的最终形成。

可以说，现代特点的专利披露制度（即公开披露）源于 1836 年《美国专利法》，再于 1852 年《英国专利法》最终确立，然后被另外一些国家采纳。现代专利申请的披露制度以公开披露为特征。专利申请的公开披露制度之形成，有其特定的思想观念基石、特定的经济动力、特定的政治背景，是各种力量综合作用的结果。

首先，公开披露制度的形成具有一定的思想观念基石。在意识形态上，对专利的权利属性有一个从特权到垄断权到私权的认识转变之过程。专利制度在 1550～1800 年之间发生了演变，即从王室授予的特权演变为

[1] ［英］哈・法赞尼．Intellectual Preperty Law［M］．北京：法律出版社，2003：8.

发明人和社会之间的法律契约。有学者指出，这一演变几乎与英国法中的自然权利理论变革同时（1600～1800年），专利制度的思想理念变革和自然法理论变革具有不可分割的关系。[1] 18世纪中期，普通法院获得了对专利制度的管辖权。普通法学者，如曼斯菲尔德勋爵根据洛克（1632～1704年）的自然权利哲学构建的道德和政治框架重新界定专利的定义。曼斯菲尔德勋爵明确表示说明书是专利权人和社会之间的法律契约的对价，这在一定程度上又影射了卢梭的“社会契约论”。有人对专利制度从奖励、特权、垄断权到私人财产权的演变进行了研究。专利制度的演变过程是从公共补贴（奖励、特权和垄断权）到现代私人财产权即专利权的一个发展过程。从中世纪特权到现代专利制度，两大变化值得关注。第一，古老的特权是在缺乏经济竞争的环境下授予的，除非得到一个特别的授权，发明人或技术引进人无法利用并实现其知识的价值。第二，开封特许状的受封人的变化也值得关注，一开始是授权于新技术引进人，然后是真正的发明人。最重要的变化还在于这种权利可以转让给他人。这一巨大变化可以在18世纪的英国和法国发现，这很有可能是受到专利权是财产权这一变革性观念的影响。[2]总之，在思想观念上从特权到“发明人和社会之间的法律契约”的演变与对专利制度的本质认识的发展有关。对知识产权是私权的认识在美国得到质的提升，被写入宪法。英国王室对专利是“赐予”或“授予”（grant），美国宪法中用的是“确保”（secure）一词，明确了专利作为一种私权。正是认识到专利是一种私权，但又不是一种纯粹的自然权利，需要国家予以“确保”，这就构成了发明人和社会之间的法律契约。这种契约中必须存在发明人和社会之间的交换条件或对价。专利技术不仅要向授权者披露，更需要向社会公众披露，这就奠定了专利公开披露制度的合理性基础。

其次，公开披露制度有其特定的经济动力。研究专利制度的发展，有必要考虑其经济和社会背景以及技术发展史。总体上说，专利制度促进了工业革命，工业革命反过来又促进专利制度的发展。工业革命在1750年

---

[1] Adam Mossoff. Rethinking the Development of Patents：An Intellectual History 1550－1800，Hastings Law Journal，2001，52：1255－1322.

[2] Nuno Pires de Carvalho. The TRIPS Regime of Patent Rights. Kluwer Law International（London，New York），2002：10－13.

左右已经开始，但直到1830年，它还没有真正蓬勃地展开。工业革命发源于英格兰中部地区，18世纪中叶，英国人瓦特改良蒸汽机之后，由一系列技术革命引起了从手工劳动向动力机器生产转变的重大飞跃。随后工业革命传播到英格兰乃至整个欧洲大陆，19世纪又传播到北美地区。工业革命对19世纪的科学发展也产生了重要的影响。在工业革命以前，人类赖以生存、社会赖以维持的基础技术主要是农业社会中的耕作技术。这种技术在构成上多以经验为主，只有极少被归纳、整理、系统化或抽象成理论。随着生产力水平的提高，依靠技术创造的财富在社会总财富中所占的比例也逐渐提高。人们开始意识到技术的重要性。[1]有学者更加明确地指出："专利权的历史发展表明，它是作为经济发展的一个工具而得以发展。"[2]在工业革命之前，技术领域盛行的是初始的学徒制度，技术在小范围"传递"。伴随着工业发展和技术变革的发展，科学进入了大众视野，技术需要在较大范围"传播"，这就迫使专利技术面向全社会公开。

再次，公开披露制度有其独特的政治背景。综前所述，美国在专利公开披露制度产生和发展中起到了非常重要的作用。美国专利制度的创造者一开始就将专利制度想象为一个维持民主社会的关键工具，他们相信专利制度可以促进技术进步，帮助这个正在成长中的国家开发其自然资源，减少对欧洲的经济依赖度。[3]在当时的美国，知识产权作为一种财产权已获得了质的提升，并被上升为宪法性权利。这使知识产权制度成为一种基本的社会制度。而在英国，专利制度和王室特权之间的紧密关联使专利法的改革变成一个缓慢而复杂的过程。[4]有学者对英国、法国、德国、西班牙等欧洲国家和美国、日本的专利制度从历史角度进行了比较全面的阐述和分析，其报告指出，欧洲和美国的经济发展史突出显示了民主化的重要

---

[1] 蒋言斌．知识产权制度反思与法律调适［M］．北京：知识产权出版社，2007.

[2] Paul E. Schaafsma. An Economic Overview of Patents, 79 J. Pat. & Trademark Off. Soc'y 241, 242 - 45 (1997).

[3] Mary Mitchell. "Genius of Art! What Achievements Are Thine?" The Social Shaping of Inventiveness Requirements in Antebellum Patent Law, Drexel Law Review, 2009, 1: 147.

[4] 布拉德·谢尔曼．现代知识产权法的演进：英国的历程（1760 - 1911）［M］．金海军，译．北京：北京大学出版社，2006：130.

性，这种民主化是为了确保社会所有成员都可取得财产权。[1]在专利披露制度方面，民主理念的深入就呼吁专利技术向全体民众公开。美国宪法的目的"为促进科学及有用技术的发展"就体现了当时制宪会议中立宪者的基本理念："专利制度不仅仅保护发明人个人，而且能够使社会大众获益"。

总之，将专利权视为一种私权，将专利视为申请人和社会之间的法律契约，这是现代专利申请的公开披露制度产生的思想基础；工业革命导致的科学技术发展是公开披露制度的经济动力；宪政和民主理念的普及是公开披露制度的政治背景。专利申请的披露要求体现了专利制度的本质特点、符合知识产权制度的目标，正是通过公开披露，专利制度达到了其社会功能。

[1] B. Zorina Khan. Intellectual Property and Economic Development: Lessons from American and European History, Commission on Intellectual Property Rights Study Paper 1a, http://www.iprcommission.org/graphic/documents/study_papers.htm.

关于工业品外观设计重要性和法律保护模式的思考和建议

胡嘉禄[❶]

摘　要

工业品外观设计在性质上介于美学与科技之间，其形式的发展不仅满足了人们的精神需要，同时也产生了新的利益，促进了相关法律的发展。因此世界各工业国家大都采取单独立法的形式予以保护。我国目前是以《专利法》的方式来保护。《专利法》第三次修改后还较大篇幅增加了外观设计的内容。由于工业品外观设计本身性质的特殊性，法律保护模式的选择具有一定的灵活性。笔者认为采用专门法保护的模式是更为科学合理的选择，能更好地发挥外观设计专有权对工业品外观设计的促进和保护作用。本文就工业品外观设计在当前自主创新中的地位和作用以及法律保护模式进行研究和探讨并提出建议，以期引起大家对这个问题的关注和深入的研究。

❶　作者单位：辽宁省知识产权局。

一、工业品外观设计在自主创新中的地位、意义

（一）大力促进外观设计发展的意义

（1）工业品外观设计是人们追求更高的精神需要的产物。工业品外观设计是人追求满足物质需要基础上的更高的精神需要的产物。随着科技创新，特别是装备制造业和 IT 产业、创意产业的发展，人们生活水平的不断提高，追求品味和审美情趣的不断提高，工业品外观设计越来越受到人们的重视。（2）工业品外观设计是新兴的创意产业发展和艺术创新的主要内容。无论是动漫，还是雕塑、家具，乃至服装、工艺品等，可以说如果没有外观设计的外在表现，也就没有了创意产业的灵魂。（3）工业品外观设计是提升企业竞争力的有效途径。好的工业品外观设计已越来越成为商家提高商品竞争力的一个重要的手段和卖点。即使新的技术成果出现后，也和现有技术成果一样，仍需通过设计这个中心环节，才能使其转化为市场需要的新产品。好的工业品外观设计也是卖点，小到手机，大到汽车，莫不如此。在成熟技术领域，外观设计是企业的“第二核心技术”，在高新技术领域，外观设计是高新技术与消费者沟通的一个重要桥梁。（4）工业品外观设计已成为我国制造业发展的重要步骤。我们讲创自主品牌，但仅有自主核心技术，没有自主的设计，也很难创造出完全的自主品牌。我国装备制造业要提高核心竞争力应经历这样三个阶段：中国组装—中国设计—中国创造。我国企业应从数量竞争，到价格竞争，再到质量竞争，现在应该在科学发展观的指引下进行设计竞争。（5）工业品外观设计已成为一个重要的知识产权类别。经过 20 多年的培育和发展，我国外观设计专利申请和授权也有了长足的发展。统计显示，在 2009 年受理的国内申请的 87.7611 万件专利中外观设计专利申请为 33.9654 万件，同比增长 13.7％，占申请总量的 38.7％。从 1985 年开始实施《专利法》到 2009 年底，我国累计受理外观设计专利 188.1284 万件，占三种专利总量的 32.3％。我国累计授权专利外观设计专利授权总量 112.7873 万件，在总量中的比重为 36.6％。有效外观设计专利 38.8252 万件，占三种专利总量的 32.5％。

（二）当前我国在外观设计发展和法律保护上存在的问题

总体上讲，我国的工业品外观设计至今可以说还处于起步阶段，对取得成果不能估计过高，与发达国家相比，差距很大。存在的问题概括起来是：重技术创新，轻外观设计；重核心技术的培育，轻做产品的“表面文章”；重工业品外观设计发展，轻工业品外观设计的立法和保护。具体可以归纳为以下主要表现：

（1）各级政府对发展工业品外观设计还不够重视。我国与发达的工业化国家相比，不但工业产业和产品创新、更新换代有差距，缺少自主知识产权，就是政府部门对工业设计的发展的重视程度，我们也难以望其项背。西方发达国家政府部门不但在工业化过程中重视工业设计，在后工业化时期直至现在仍然重视。比如英国设有国家设计委员会，前首相撒切尔夫人曾说过：“英国可以没有首相，但不能没有设计师”。韩国产业资源部下设机构产业设计振兴院，每年国拨资金相当于3亿人民币用于工业设计的示范、交流、评选等活动，每年评选总统大奖。1998年，韩国总统金大中与英国首相布莱尔共同发表颇有影响的“21世纪设计时代宣言”。日本通产省下设机构产业设计振兴会，每年颁布国家级“优秀设计奖”。美国联邦机构内设有国内设计部，前总统克林顿1992年提出了“设计美国”的战略口号。

（2）为数相当多的企业家和政府有关部门领导对外观设计存在错误的观念和模糊的认识 。好的设计和产品包装也是生产力，也会出效益，但为数相当多的企业和政府部门对工业设计认识还有偏差，工作起来也不很积极。

（3）工业品外观设计的立法和知识产权保护上还存在很多问题。和发达的工业化国家相比，我国不但在工业品外观设计发展上存在较大的差距，而且在知识产权立法保护上也存在着较大的问题：一是在立法上，我国没有专门的工业品外观设计的法规。我国目前是和《专利法》混在一起。其实工业品外观设计和专利是完全不同的两个知识产权。放到一起，就混淆了科技创新和外观设计的保护界限和对象的不同特点。由于外观设计不实行实审制，通过的外观设计专利鱼目混杂，于是有人就把外观设计说成是“垃圾专利”，更使给本来就不太重视外观设计的人们以口实，让外观设计蒙受不白之冤。二是混淆了商标和外观设计的不同，错把商标当作外观设计。许多企业以为只要申请了商标就自动有了外观设计的保护，其实这是两个不同的概念，两个不同的知识产权，尽管可能会有交叉，但保护的对象是不一样的。许多企业由于不明白这一点，而吃了大亏！也有的利用两个法律的不同，而将其中的一项知识产权恶意申请为另一项知识产权，企图利用双重法律保护的漏洞，欺骗消费者，浑水摸鱼。三是不重视外观设计的知识产权保护。要么是一个好的有创意的新外观设计应该申请专利保护，而不懂得去申请取得外观设计专利权保护，被别人恶意申请，自己的劳动果实被别人取得，被迫放弃本应属于自己的权利；要么是有人不尊重别人的智力劳动成果，将别人辛辛苦苦的设计随意拿来，毫无顾忌地抄袭、仿制。这种现象在家具、服装、IT 产品的手机、电视，工业制成品的汽车等屡见不鲜。虽然我国的外观设计总量很多，但在有效的 38.8252 万件国内外观设计专利中，已维持超过 5 年的外观设计仅有 3.3693 万件，占国内有效外观设计专利量的 10.1%，而国外这一比例是 25.9%。

工业设计是人类创新能力在经济及社会发展中的体现，是对产品、服务及其系统进行优化的一项创造性活动，是新兴工业化过程中融合自然科学和社会科学，运用创新理念，将技术、艺术与文化等手段和表现形势相结合，并转化为现实生产力的核心环节的一种实用和美的程序和外观表现。诺贝尔物理学奖获得者杨振宁说过："21 世纪是工业设计的世纪，一个不重视工业设计的国家将成为明日的落伍者。"工业设计也是一种文化。把这种文化赋予产品设计和企业发展的理念中，能对提高人们的生活品质，提高民族、社会的整体文化素质起到推动作用。

二、TRIPS 协议对工业品外观设计的表述及对我国制定专门法具有的借鉴意义

知识产权作为 WTO 三大组成部分之一，《与贸易有关的知识产权协议》（以下简称 TRIPS 协议）是 WTO 的重要文件之一，在 TRIPS 协议里面，工业品外观设计是单独作为一种知识产权进行表述，并提出要求，所以本文认为，世界知识产权组织对工业品外观设计法律保护的规定是比较实用且较为可行的，我们应该借鉴。其主要内容有：

（1）获得工业品外观设计保护的条件 。TRIPS 协议第 25 条第 1 款规定，要想获得工业品外观设计保护，则此工业品外观设计要满足：①独立

创作的、具有新颖性的；②独立创作的、具有原创性。

(2) 重在保护“外观设计”而非功能本身 。各国对工业品外观设计保护立法的中心都在于其“外观设计”而非“产品”的功能及技术方面的保护。产品的功能及技术因素对产品质量及给消费者带来的消费满足固然重要，但却不是工业品外观设计保护重点解决的问题，它可通过《专利法》或其他工业产权法加以保护。因此，TRIPS 协议第 25 条规定各成员“必须”保护工业品外观设计，这是硬性的规定，是必须履行的义务要求。然而对于外观设计的保护，各成员没有义务将保护延伸至主要由技术因素或功能因素构成的设计。

(3) 对纺织品外观设计保护问题的处理 。TRIPS 协议规定各成员应确保其对纺织品外观设计提供保护的规定，特别是在成本、审查或公开方面的规定，不得无理地损害寻求和获得该保护的机会。

(4) 工业品外观设计权利人的权利 。TRIPS 协议赋予了工业品外观设计的所有权人生产制造权、销售权及进口权。其中生产制造权、销售权是工业产权中权利人应享有权利的基本内容。

(5) 工业品外观设计的保护期 。TRIPS 协议规定工业品外观设计的保护期不少于 10 年。这是对工业品外观设计的最短时间，是最起码的保护要求。但这并不排斥一些国家可以签订协议尽快推动对工业品外观设计实行较长时间的保护期。

(6) 保护工业品外观设计的原因。世界知识产权组织认为，由于工业品外观设计是使一件商品更加吸引人和有魅力，因此它就增添了一件产品的商业价值并使其适销对路。一件受到保护的工业品外观设计，它的所有人即已经注册该外观设计的个人或法人，就得到了一种阻止他人非法复制或模仿该工业品外观设计的排他的权利，这能有助于确保一个公平的投资回报。一种有效的保护体系可以促进公平竞争和诚实商业活动，鼓励创造，产生更多的美的吸引人的产品，一般也能使消费者和公众从中受益。像传统艺术和技术一样，保护工业品外观设计可以鼓励在工业和制造部门的创造，他们能促进商业活动的扩张和民族产品的出口，有助于经济发展。另外，不管在发达国家还是发展中国家，工业品外观设计也能够相对比较简单和便宜地发展和保护，艺术家和手艺人个人、中小企业均可以很容易地使用它。

三、对工业品外观设计法律保护模式的思考和探讨

工业品外观设计的多重性，使得人们对工业品外观设计的保护采用了多种多样的法律模式。可以这么说，工业品外观设计是一种“技术＋艺术”或“技术基础上的艺术”，它是一种界于发明与作品之间的一种设计。之所以如此说，是因为工业品外观设计首先是产品的一种美的东西，它在某种程度上可以说是一种艺术作品或者具有艺术作品的大部分特点，它要表达的是设计人对产品的一种思想或情感，即工业品外观设计反映的是设计人的思想与情感。而“技艺单一说”或“艺术统一说”的提出也告诉人们，无论采用专利法、著作权法还是专门的工业品外观设计法来保护工业品外观设计，一般地说均有一定的道理。这使得我们很难单纯根据工业品外观设计本身来选择其法律保护模式。

（一）专利、著作权、商标权三种模式对外观设计保护利弊比较

1. 外观设计权与专利权的异同

根据以上的分析和对工业品外观设计的定义可以得出以下特点：一是外观设计必须以产品为依托。离开了具体的产品也就无所谓外观设计了。对于那些游离于某一具体产品之外的设计，充其量只能是一种纯美术的作品，应该受到著作权法的保护。二是外观设计以产品的形状、图案和色彩等作为要素，以达到给人以美感的目的为核心，而不追求实用的目的。而我国《专利法》中的发明专利和实用新型专利都是一种技术方案，具有一定的实用功能，要求能够解决一定的技术问题。这就是外观设计与发明专利和实用新型专利的根本的不同，也是它们为什么不能在一部专利法中共存的原因。新修订的《专利法》第一章第一条开宗明义就指出：“为了保护专利权人的合法权益，鼓励发明创造，推动发明创造应用，提高创新能力，促进科学技术进步和经济社会发展，特制定本法。”尽管第二条对《专利法》所称的发明创造解释为发明、实用新型和外观设计，但是很明显外观设计和科技进步和发明创造的推广缺少联系。三是外观设计不考虑实用目的。它所解决的不是技术问题，而是美学上的问题。所以外观设计首要的条件是应当具备美感。一般认为美感是审美活动中，对于美的主观反映、感受、欣赏和评价。一件物品美与不美会因不同人的文化修养、兴

趣爱好而不同。所以这里的美感应从更广泛的意义上去理解，只要公众可以接收、不违犯社会公德和公共秩序，能为一般公众接受就应具有美感。四是外观设计必须适合于工业应用。也就是说具有美感的外观设计必须是可以通过工业手段大量复制的作品。美术家创作的作品区别于工艺设计家创作的外观设计，一个最大的不同点就是，美术家追求的是饱含激情的“这一个”，即作品的惟一性，不可复制性；而工艺家创作的外观设计则需要用于工业生产，要大量的复制生产。另外单纯的美术作品无论其如何美丽动人，比如用黑白两色画家可以用画笔勾画一幅美丽的松竹图，但那不可以被授予外观设计专利权，但如果把此图印制到纺织品上，或是做成窗帘、桌布就是以很好的外观设计。这就是外观设计不同于纯艺术品的区别。五是外观设计要求必须有美感。而《专利法》中的另外两个专利权是一种技术方案和产品，不可能也不会有什么美感的要求。所以，外观设计和发明、实用新型专利放在一部专利法里表述，又统称为专利是风马牛不相及。还要指出的是，当实用新型和外观设计都以产品的形状为设计对象时，会出现相似的设计，这时可以同时申请实用新型和外观设计两种专利。外观设计授予专利权的最基本的也是最重要的条件是具备新颖性。其审批程序、专利权期限均和实用新型专利相同，二者均不实行实审制。在保护模式选择上，有些国家制定有专门的工业品外观设计立法，有些国家则没有。本文认为，为了充分保护工业品外观设计所有人并同时保证法律保护的充分灵活性，没有制定工业品外观设计专门立法的国家还是应进行工业品外观设计的专门立法为好。对于以专利法来保护工业品外观设计的国家来说，主要是从形式角度考虑的。因为大多数工业品外观设计专门立法在实质上与专利法更为接近，一般地说，是否制定专门法实质上并不很重要。但这并不意味着，制定专门法毫无意义。因为对于已经用专利法来保护工业品外观设计的国家来说，专门的工业品外观设计立法还有其形式意义。从形式意义上来说，由于工业品外观设计本身是一种“技术＋艺术”或者“技术基础上的艺术”，无论如何进行工业品外观设计时既要考虑技术因素，同时也要考虑艺术因素，必须兼顾二者才行，倾向于任何一个方面均难免导致工业品外观设计上的失败，并因此对产业发展产生不良影响。正所谓名不正则言不顺，两种保护方式各有利弊。用专利法保护工业品外观设计可能使很多设计者以为他们的设计与专利无关而受不到专利法的保护，从而实质上是得不到任何保护；相反，用专利法来保护工业品外观设计无疑也会因加强工业品外观设计的技术方面因素而忽视艺术方面因素，因为在通常意义上专利法是用来保护创新技术的。而对于仅采用著作权法模式来保护工业品外观设计的国家来说，专门的工业品外观设计法不仅具有形式意义，同时更具有实质意义。因为专门的工业品外观设计法不仅在形式上避免了人们忽视工业品外观设计的技术方面因素的倾向，同时也为工业品外观设计提供了一种不同于著作权法的不同的保护方式的选择，对于工业品外观设计所有人来说能够提供一种虽然期限较短但是效力却很强的保护方式，能够对工业品外观设计提供更为有效的保护。

2. 外观设计权与著作权保护的同异

按照目前我国的知识产权有关法律的规定，外观设计专利权与著作权的取得和保护主要区别在于专利要求新颖性、独创性，即《专利法》第二十三条指出的“授予专利权的外观设计，应当不属于现有设计；也没有任何单位或者个人就同样的外观设计在申请日以前向国务院专利行政部门提出过申请，并记载在申请日以后公告的专利文件中。授予专利权的外观设计与现有设计或者现有设计特征的组合相比，应当具有明显区别。授予专利权的外观设计不得与他人在申请日以前已经取得的合法权利相冲突。本法所称现有设计，是指申请日以前在国内外为公众所知的设计”。而著作权要求的是独创性和可复制性，即《著作权法实施条例》中指出的：“著作权法所称作品，指文学、艺术和科学领域内，具有独创性并能以某种有形形式复制的智力成果。”其实专利法强调的是首创性，即在申请专利权前在国内外出版物没有发表过或者国内公开使用过。著作权强调的是原创性，即作品必须是自己创作的，即使作品的内容与其他作品雷同，只要是自己创作的就应该受著作权法保护。还有一个很重要的不同就是专利权的取得是要申请、进行审查后授予，而著作权是“自动生成原则”，作品创作诞生之时，就是取得著作权保护之日。而相应的著作权法由于实行“自动生成原则”，保护也不需要授权（登记制是自愿的），其权利取得成本是较低的，所以其权利也就较弱，并不能阻止其他人独立进行外观设计并运用同样的外观设计。当然相对于权利较弱，其保护期限则较长。因此在具体做法上可以考虑让当事人来进行自由选择，这样可以发挥市场机制的作用，使得工业品外观设计的法律保护本身也达到一种市场的均衡。当然，当事人一旦选择某种保护方式就不能再享受其他保护方式的保护。通过以上的分析，我们可以看出，外观设计专利权的条件和取得要比著作权的取得和保护条件更严格，客观性的要求也更高些。另外，具体判断一件美术作品究竟属于授予外观设计专利权保护还是授予著作权保护的范围，除了要审查其新颖性、独创性和是否具有美感外，还要从该作品是以实用性为主导，还是以艺术性为主导来分析。如果把美术作品应用到工业制成品上，偏重于实用价值，那它就可以取得外观设计专利权，通过专利法来保护；如果该美术作品不与工业产品相结合，而只是单纯地注重自身的艺术价值，那么很显然，其作品就应通过著作权法来保护。

3. 外观设计专利与注册商标的异同

专利法上所称“外观设计，是指对产品的形状、图案或者其结合以及色彩与形状、图案的结合所作出的富有美感并适于工业应用的新设计”。而注册商标则是一种区别于其他商品的标记、标识。商标权也称注册商标专用权，是指权利人在给其商标注册时排他的使用其注册商标的权利。商标具有三性，即标志性、商业性、专有性。商标可以是文字、字母或数字、颜色的组合，可以是图案，也可是文字和图案的组合。商标，虽然也有美化商品的作用，但它的本质作用是区别商品来源或服务提供者的一种标志。工业品外观设计强调的是独创性、新颖性、实用性和美感。虽然都应该有美感、都应该具有独创性、都应用于工业品，但侧重点不一样。在很多情况下商标和外观设计还是密不可分的，都是在做商品的表面文章，都有对商品的展示、宣传广告的功能作用，很多情况下还具有很强的一体性。尽管现行《商标法》提出了三维标志也可申请商标，但商标强调的是标志性，单独的商标不能成为产品外观设计的内容，不属于外观设计的保护内容，所以归根结底外观设计专利和注册商标还是不一样的两种权利。从知识产权的功能和作用来划分，工业品外观设计根本作用是给工业品以生命和美感，目的是让消费者喜欢，刺激消费者的购买欲望，从知识产权的拥有和创作者角度来看，又是一种很强的脑力劳动，是一种创新性的知识产权。而商标的作用是用来区别商品的，它的功能是证明性质的、标识性质的，与工业品外观的设计好坏没有必然联系，也不会因为消费者对商标设计的好恶，爱屋及乌进而影响了对商品外观的好恶，乃至影响到购买商品欲望。商标或者是注册商标，经过培育和宣传成为品牌、名牌、甚至成为驰名商标、著名商标、中国乃至世界名牌，它是商标持有人、商品制造人对商品品质、品格、品味的培育，是商品质量的象征和保证。专利和商标二者之间的关系，有人将此比喻为“商标是名片，专利是芯片”，但是却和商品的外观设计没有必然的联系。一个设计如果是若干个商标组成预定的图案，对产品的外形起到富有美感的作用，并适于工业上应用，这样特定的商标也是可以申请外观设计专利权加以保护的。本文并不赞成用商标法来保护工业品外观设计，因为虽然商标法也被一些国家用来保护外观设计，但是那不过是一种迂回性的保护，其保护的依据以及条件均不同于对工业品外观设计的保护。之所以保护工业品外观设计是因为它具有创造性，对商品经济发展作出了贡献。而商标法说到底不过是一种保护市场竞争秩序的法律，它虽然提供对商标的保护，但是对商标本身的价值并不进行评价，并不考虑商标本身是否有价值以及是否受人赞扬。工业品外观设计的保护则要求它具有一定独创性，而商标法对商标的要求则是识别性，二者是不同的范畴，具有不同的保护基础。当然，法律无法禁止人们以商标保护之名行保护外观设计之实。既然外观设计是指对产品的形状、图案、色彩或其结合所作出的富有美感并适于工业上应用的新设计，因此外观设计专利的保护对象是产品的装饰性或艺术性的外形外表设计，这种设计可以是平面图案，也可以是立体造型，更常见的是二者的结合。这里强调的是这种装饰性或艺术性的外形外表设计必须应用于某一具体产品上，这就是它与绘画和工艺美术作品的区别所在。商标是一个具体的区别产品的标志图案，根本不涉及产品本身的形状和结构，并且是以文字为主体，所以商标图案不能申请外观设计专利。另外，不具备工业品的自然物，或者说把自然物作为外观设计的主体，显然自然物是不能进行批量生产的产品。比如不能在工厂组装的建筑物、桥梁等，不能作用于视觉或者用肉眼难以判断的物品，如集成电路块或放大镜下观察到的图案等，这些均不是外观设计的保护对象。由于实行双重保护制度，利用注册商标或是申请外观设计权利，以侵害其他在先取得的知识产权的现象就时有发生。同一项外观设计取得两项不同的知识产权，就会给行政执法和司法审判带来很大的麻烦和不便。

（二）我国《专利法》对外观设计权设定和保护存在的问题

我国的知识产权制度与发达工业化国家相比起步和实施比较晚，从20世纪80年代初才开始陆续出台并实施《著作权法》《专利法》《商标法》等知识产权法，所以我国的工业品外观设计在立法上存在较大的差距就不足为怪。我国于1984年才颁布《专利法》，当时我们是将工业品外观设计纳入《专利法》之中，将发明专利、实用新型专利、外观设计专利统称为三种专利。这种立法和保护方式在当时是可以理解的，也是可行的。我国专利制度和其他知识产权制度的立法与实施较之西方发达国家为晚，所以我国对于工业品外观设计的立法和保护形式利弊的讨论得也就较少。在那种情况下，也没有人觉着这样做有什么不妥。但近几年来，随着人们生活水平和审美情趣的不断提高，工业品外观设计也有了不断发展，创意产业的崛起，人们开始越来越重视工业品外观设计，于是关于工业品外观设计的立法方式和保护形式的争论也就开始增多。我国目前对工业品外观设计的法律保护主要是靠《专利法》，《著作权法》基本没有涉及，现行《商标法》提出一个立体商标可以作为商标予以申请注册的问题，于是引发了工业品外观设计究竟是作为商标来保护还是作为外观设计的专利保护为好的争论。由于工业品外观设计和发明创新的专利同在一部《专利法》中，外观设计没有专门的立法，实际上我国对于工业品外观设计的保护是很弱的。这也是目前我国外观设计专利对于工业品外观设计没有很好起到保护和促进发展的原因之一。本文认为即便是现行《专利法》，对于外观设计的立法方式和保护力度经过 30 多年的实践看是存在较多的问题的。

一是缺少明确的立法宗旨。《专利法》开宗明义总则第一条就说明："为了保护专利权人的合法权益，鼓励发明创造，推动发明创造的应用，提高创新能力，促进科学技术进步和经济社会发展，制定本法。"很显然《专利法》是为了鼓励发明创造，推动发明创造的应用，提高创新能力，促进科学技术进步的知识产权法，而外观设计和科技是两个领域的事物，虽然可以促进经济社会发展，两者有联系，但有本质的区别，外观设计的立法应该保护的是工业品外观设计和创意产业的丰富和发展，促进人们审美情趣的不断提高和丰富，满足人们日益增长的物质和文化的需求，两者在立法宗旨上就应该有明显的不同。二是缺少鲜明的授予条件。发明专利和实用新型专利授予条件是要具备新颖性、创造性和实用性，而对授予外观设计的条件新修改后的《专利法》没有专门的表述，但第二十三条表述了："授予专利权的外观设计，应当不属于现有设计；也没有任何单位或者个人就同样的外观设计在申请日以前向国务院专利行政部门提出过申请，并记载在申请日以后公告的专利文件中。"授予专利权的外观设计与现有设计或者现有设计特征的组合相比，应当具有明显区别。授予专利权的外观设计不得与他人在申请日以前已经取得的合法权利相冲突。本现有设计，是指申请日以前在国内外为公众所知的设计。在新修订的《专利法》第二条第四款规定："外观设计，指对产品的形状、图案或者其结合以及色彩与形状、图案的结合所作出的富有美感并适于工业应用的新设计。"综合上述规定，实际上也表述了授予外观设计的条件，即①新颖性（应当同申请日以前在国内外出版物上公开发表过或者国内外公开使用过的外观设计不相同和不相近似）；②富有美感（对产品的形状、图案或者其结合以及色彩与形状、图案的结合所作出的富有美感）；③实用性（适合于工业应用的新设计）；④在先权利否决权（不得与他人在先取得的合法权利相冲突）。此外，本文还认为外观设计还应该突出独创性。由于目前的《专利法》不是外观设计的专门法，所以就没有将这些授予的条件单独进行表述，使得外观设计的审查和授权变得软弱无力和法律依据不足。也给行政执法和司法审判带来很大的困难和麻烦。三是申请和授予在我国不实行实审制问题很多。我国外观设计专利实行初步审查制度。在审查过程中除了要对申请人主体资格、申请文件是否符合规定的格式等进行形式审查外，还进行明显缺陷的审查，虽然是初步审查，但不是实审。这也是目前我国外观设计专利受到批评最多、出现问题最多的重要原因之一。世界上大多数对工业品外观设计单独立法的国家大都对外观设计权的授予进行实质审查，这也就保证了国家所授予的这项知识产权的质量，给权利人和设计人在先合法权利以合理合法的保护。不实行实审制所授予的权利就大大打了折扣，专利权人所取得的实际上是一项推定无效外观设计专利。我国的《专利法》对实用新型和外观专利均不实行实审制，现行《专利法》却留有一种救济措施："专利侵权纠纷涉及实用新型专利或者外观设计专利的，人民法院或者管理专利工作的部门可以要求专利权人或者利害关系人出具由国务院专利行政部门对相关实用新型或者外观设计进行检索、分析和评价后作出的专利权评价报告，作为审理、处理专利侵权纠纷的证据。"这等于启动了实审，但前提是因专利纠纷。不实行实审制，据说一个原因是审查员人手不够，会增加审查授予的时间，给权利人增加取得成本等。人手不够可以培养增加，再说外观设计的实审和发明专利的实审是有很大的区别和不同的。它不是审查外观设计的技术含量，其审查类似于注册商标审查，其审查周期和难度不应会很长和很难。不实行实审制，给外观设计专利权的保护带来很多的问题：第一，会导致申请和授权专利数量虚增。由于不实审，就会出现一件专利重复申请，因无法知晓而多次重复授权，致使申请和授权专利每年增长数量带有很大的水分。第二，经常出现恶意和重复申请外观设计专利的问题。特别是近几年来个别地方把专利当作科技成果，为一味地为追求专利申请数量，地方政府设立了专利申请补贴资金，又没有限定严格的资助条件，致使个别人和专利代理机构为套取资助资金和招揽专利代理，不择手段地进行大量的恶意的重复外观设计专利权的申请，严重地浪费了国家的专利资源，也在社会上给专利带来某些不好的负面影响。第三，给权利人维权和司法机关审判带来很多的麻烦和不便。后续的救济程序虽然起到了一定的补救，但将矛盾推给了非行政的检索情报部门，还时常会出现一项专利有不同的检索报告的现象。另外，外观设计专利由于没有进行实审，是一种推定无效专利权，又经常遇到恶意侵权，侵权人若告权利人专利无效，知识产权管理机关和司法审判机关处理起来时间长，程序多，花费大，非常麻烦，于是有的权利人和司法审判机关对外观设计专利权权利效力缺乏信心。第四，保护期限不尽合理。1984 年《专利法》规定了外观设计保护期限为 5 年，1992 年《专利法》把外观设计的保护期从“自申请日起 5 年到期可续展 3 年”改为“自申请日起 10 年”，2000 年《专利法》再次修改，但是在工业品外观设计方面没有大的改变。TRIPS 协议规定工业品外观设计的保护期不少于 10 年。这是对工业品外观设计的最短时间，是最起码的保护要求。但这并不排斥一些国家可以签订协议，给予工业品外观设计较长时间的保护期。世界大多数国家对外观设计权的保护期限在 10 年后可实行展续期规定，有的还可以多次展续，最长的保护期可达 25 年。本文很赞同给予外观设计以更多的保护期。因为工业品外观设计权的取得和较长期限内对权利的独占，对于外观设计权利人是合理的和应该的。如同给予商标权利人较长期限的保护是一样的，这两种知识产权都属于美术设计加上一定的培育和维护才能使其有不断的生命力。与专利权中的发明、实用新型不同，工业品外观设计的成果不含有科技含量和科技创新成分（当然不排除设计手段的不断改进和应用高科技技术），所以外观设计独占权的期限取得，时间略为长一些不会阻碍社会进步和科技创新的发展，也不会阻碍别的设计人进行新的、更有创意的工业品外观设计。第五，行政和司法保护力度受到影响。由于没有专门的外观设计法律，相应的审查授予条款也不是非常清楚，又不实行实审授予制，有时就给行政和司法执法保护和司法审判带来许多的不便和麻烦。有的人钻不实审的空子，重复申请、恶意申请外观设计专利权，于是侵犯外观设计的违法行为屡屡发生。由于法律依据不足，目前对侵犯外观设计权的违法人员的行政执法和司法打击力度也不大。法律保护存在真空地带，维权无力以及市场混乱，造成对外观设计知识产权保护不力。目前由于不实际审查，有人要么将一个外观设计恶意多次申请，要么将别人的外观设计申请为自己知识产权，剽窃别人的劳动成果。另外对创意产品剽窃缺乏统一的鉴定标准，造成法律保护存在真空地带。而且，打官司成本高、周期长，维权成本过高，而即使胜诉，惩罚力度也不足以震慑侵权者，经济惩罚一般不超过5万元，侵权成本过低。第六，给专利统计带来很大的水分。外观设计按照世界通常的做法，本来不是专利权的一种，可是由于我国将此列为三种专利权的一种，于是统计上就会使我国的专利数字和国际不接轨，口径不一致，造成数量过大，给人以不实的感觉。数量太大，又不实审，人们对外观设计的专利法保护也重视得也不够，还常常把工业品外观设计当作所谓的“垃圾专利”予以排斥。长此以往还会影响人们对专利权这种知识产权的独占性、资产性和有效性的怀疑。第七，对修改后《专利法》取消对平面外观设计给予专利权的规定持有异议。其一，工业品外观设计保护法律的产生就是因为纺织品的发展需要保护而产生的。现在保护的范围扩大了，平面设计要从外观设计保护中取消没有道理。其二，TRIPS协议就纺织品的外观保护设有专章进行规定。从与国际接轨角度看，给予平面设计外观设计保护独占权也是国际相关法律通常的做法，取消也不合适。其三，从外观设计保护的实际情况看，有需要。平面的二维图片，比如窗帘、桌布、建筑材料的瓷砖，奥运会、世博会的特殊标识大都是平面的，这些二维设计，都是外观设计的成果，都需要外观设计法律给予保护。这些外观设计既然不是商品的标识，也就不可能去申请商标权，如果取消二维图片申请外观设计的权利，就会给相当一批外观设计权利人带来很大的损失和出现保护的真空，给正在发展的外观设计和创意产业带来很大的麻烦和混乱。其四，至于有人说，因为大量的平面设计申请外观设计专利权给国家专利审查部门带来很多的不便和麻烦，或是由于有人钻国家对外观设计不实行实审制的空子，将别人的平面外观设计拿来进行重复、恶意申请，所以要取消平面外观设计取得专有权的权利，这些说法是没有道理的，不负责任的，是部门利益作怪的表现，不能因噎废食。即便是出现了以上的问题，也不能把孩子连脏水一块泼掉，解决的办法是实行实审制和登记制。

四、对我国工业品外观设计法律保护与立法的建议

（一）我国工业品外观设计法律保护的状况及特点的分析

我国现行对外观设计的立法与保护，实质上起自20世纪80年代。1984年《专利法》规定了三种保护对象：发明、实用新型和外观设计，正式对工业品外观设计进行保护。在当时那个时期这样处理是可以理解的。1992年全国人大对《专利法》第一次修订，把外观设计的保护期从“自申请日起5年到期可续展3年”改为“自申请日起10年”，2000年《专利法》再次修改，但是在工业品外观设计方面没有大的改变。与此同时我国分别于1980年6月3日成为世界知识产权组织、于1985年3月19日成为《保护工业产权巴黎公约》、于1992年10月15日成为《保护文学艺术作品伯尔尼公约》、于1996年9月19日成为《建立工业品外观设计国际分类洛迦诺协定》、于2001年12月11日成为TRIPS协议等与工业品外观设计保护有关的国际组织或公约的正式成员国。以上这些大致就构成了我国工业品外观设计保护的法律体系。综合以上我国与工业品外观设计有关法律及我国参加的国际公约，我国工业品外观设计法律保护模式可以概括如下：一是《专利法》立法保护模式是我国现行的保护工业品外观设计的基本法律模式。我国没有制定专门的工业品外观设计法，现行的《著作权法》对于保护工业品外观设计基本起不了多大的作用。这是因为，我国现行著作权法并没有对保护实用艺术作品与工业品外观设计作出明确的规定，虽然我国参加的《伯尔尼公约》对实用艺术作品和外观设计的保护作了规定，但是，根据《伯尔尼公约》第2条第7款的规定，只有在成员国没有提供专门法对实用艺术作品和工业品外观设计进行保护的情况下，才对其进行著作权法保护。二是既然我国已经采用专利法对工业品外观设计进行保护，那么也就没有必要再采用著作权法对工业品外观设计进行保护。但是我国也有学者认为，即使对于那些专门制定了外观设计法的国家，外观设计作为一种具有美感的设计，原则上是可以受到著作权法的保护的。根据这种看法，我国虽然用《专利法》来保护工业品外观设计，但是对于当事人并没有申请工业品外观设计专利的，如果其设计符合作品条件，当然应当受到《著作权法》的保护。三是新修订的《商标法》使得

用商标法保护工业品外观设计成为可能。原《商标法》第七条规定，商标使用的文字、图形或者其组合，应当具有显著特征，便于识别。因此根据原《商标法》，商标只能是平面或二维的。而新修订的《商标法》则把第七条改为第八条，修改为："任何能够将自然人、法人或者其他组织的商品与他人的商品区别开的可视性标志，包括文字、图形、字母、数字、三维标志和颜色组合，以及上述要素的组合，均可以作为商标申请注册。"这样就承认了立体商标。因此，如果工业品外观设计所有人欲把其设计作为商标来进行保护，只要其商标具有识别性并用于商品上便能够得到商标法的保护。当然，本文并不赞成用商标法来保护工业品外观设计，而且这种保护模式下的保护与专门法或《专利法》对工业品外观设计的保护差别是很大的，并不能完全取代工业品外观设计专门法或《专利法》的保护。四是我国对工业品外观设计知识产权保护的做法与美国大致相同，将外观设计保护纳入《专利法》之中。而且，我国《专利法》所保护的外观设计是表示在图片或照片中该外观设计专利产品的外表形状、图案或者其结合以及形状、图案的结合所作出的富有美感的新设计部分。由产品技术功能决定的外表性状并不归属于外观设计专利保护的内容。五是现行制度存在严重不足。由于外观设计与功能性往往紧密结合在一起，对这类外观设计专利的保护内容往往难以确定，现行法的规定与实际中的生产、生活存在着不适应因素，因此，尽快完善我国的工业品外观设计保护制度刻不容缓。

通过以上对欧美工业品外观设计保护制度的介绍和对比分析，我们看到欧盟对外观设计保护的立法与美国相比，从体例上和制度的严谨性来说都更胜一筹。事实上，从国际发展趋势看，在许多国家立法体例上，外观设计权大都独立于专利法之外。从以上的分析我们得知外观设计并不完全符合专利法规定的发明定义，并且有自己的特点，将其当作专利保护，难免有一种强行捏合的感觉，同时也使我国的专利统计口径太大，不能与国际接轨。外观设计单独保护已经成为大多数国家选择的立法模式。即使是在美国，从其司法实践来看也越来越脱离专利法传统，开始向单独立法保护外观设计的模式发展。早在 1987 年美国也曾将《外观设计版权法》提交国会。另外，关贸总协定成员于 1994 年 4 月 15 日签订的 TRIPS 协议同《巴黎公约》相比，TRIPS 协议的做法代表了一种极大的转变，它将工业品外观设计单独列为一类客体，显示了它与专利的不同。根据 TRIPS

协议第25条、第26条的规定，成员有自由选择用工业品外观设计法或用版权法保护外观设计。为了与国际接轨，适应TRIPS协议的体例，笔者认为，虽然这次《专利法》修改对外观设计内容增加很多，但毕竟是含在《专利法》之中，有着很多先天的不足，应考虑对工业品外观设计的法律保护统分体例那种更好的问题。最终解决办法，使之脱离以《专利法》统一保护的现状，应当借鉴欧盟的做法，将外观设计与专利法分离，采取单独保护的立法模式，尽快建立工业品外观设计专有权保护制度。

（二）对工业品外观设计应单独立法的思考和建议

建议我国新制定的《工业品外观设计保护法》着重规定以下内容。

（1）明确立法宗旨。一件受到保护的工业品外观设计，它的所有人和外观设计的个人或法人就确切地得到了一种阻止他人非法复制或模仿该工业品外观设计的排他的独占权利，这有助于确保一个公平的投资回报。一种有效的保护体系可以促进公平竞争和诚实守信的商业竞争，鼓励创新，鼓励产生更多的美的吸引人的产品，同时也能使消费者和公众从中受益。外观设计的立法应该以科学发展观为指导，以大力保护工业品外观设计和创意产业的丰富和发展，保护权利人和设计人的合法权益为目的，促进商业活动的扩张和民族产品的出口，有助于促进国民经济和社会的发展，促进人们审美情趣的不断提高和丰富，满足人们日益增长的物质和文化的需求，促进社会主义和谐社会的建设和发展。

（2）明确外观设计的概念和特征。对功能性、实用性与外观设计不可分离的情况应当纳入《工业品外观设计保护法》的规制范围，而那些功能性、实用性与外观设计可以分离的发明创造可以仍由《专利法》来规范。目前我国外观设计专利授权缺少具体、准确的授权审查标准。虽然新修改的《专利法》规定："授予专利权的外观设计，应当不属于现有设计；也没有任何单位或者个人就同样的外观设计在申请日以前向国务院专利行政部门提出过申请，并记载在申请日以后公告的专利文件中。授予专利权的外观设计与现有设计或者现有设计特征的组合相比，应当具有明显区别。授予专利权的外观设计不得与他人在申请日以前已经取得的合法权利相冲突。本法所称现有设计，是指申请日以前在国内外为公众所知的设计。"这样的规定，较之以前有了很大的进步和明确的要求。但现行《专利法》对授予外观设计专利仅提出应具备新颖性标准，而无创造性要求。作为补充，《专利法实施细则》又提出来一个具有美感的标准，与授权发明专利相比，这是一个明显较低的授权标准，从而直接导致了我国外观设计专利的较低质量水平，其不仅不利于鼓励和保护创新设计，而且在市场竞争中产生了负面影响。美国联邦贸易委员会 2003 年《竞争与专利政策报告》即认为，低劣的专利质量、法律标准和程序又可能不经意地产生反竞争的作用，造成无保证的支配力，及不合理成本的增加。笔者以为，在外观设计专利授权中引入独创性标准是提高专利质量的根本途径。我国在今后如果单独给予工业品外观设计立法时应考虑引入独创性的标准。规定外观设计应具有：独创性、新颖性、实用性和美感。如果有了这些具体的标准，特别是独创性标准的规定，就不仅使我国外观设计专利授权标准与国际接轨，更重要的是可以更好地鼓励优质的产品设计申请外观设计权，提高我国工业设计水平，增强产品的竞争力。

（3）外观设计权利的取得期限及终止。应将外观设计的保护期限与专利保护期限相区别。我国的《专利法》对外观设计独占权期限规定为 10 年的保护期。新修订时，或是单独立法时，应根据实际需要和与国际接轨，延长保护期限。规定对于需要比 10 年更长保护期的外观设计，可在外观设计保护期满后申请延展期限以继续权利保护；对于未注册的外观设计，则可自动保护，但是保护期限仅为 3～5 年设计权利被侵害后的救济途径，并明确规定法院拥有终局裁判权。

（4）实行实审和授权制。建立外观设计实际审查和授权制度。像商标审查授权一样对外观设计实行实际审查制。尽管增加了人力成本和增加了审查的时间，但经过实审后，对于符合标准的外观设计授予外观设计权，这样就会大大提高外观设计授权的权威性和质量，也会减少那些无用的申请，避免浪费国家知识产权资源，以提高工业品外观设计国家授权在社会上的严肃性和权威性，提高人们对知识产权专有性和垄断性的认识和追求。

（5）扩大二维及图像设计保护范围。与目前已修改的《专利法》的观点不同，笔者认为应该进一步扩大外观设计的保护范围。不但平面二维设计和图案应该继续给予授权与保护，还应该扩大到诸如 DVD 播放器等信息设备的显示屏上图像显示的设计保护范围，凡是有需求，需要法律予以保护的就应该对此类设计给予保护。

（6）实行申请授权和非申请授权外观设计权登记制。为更好地解决目前外观设计授权时间长与有些外观设计生命周期短的矛盾，解决申请量过大与审查员人手少的矛盾，可以实行授权外观设计和非授权外观设计制度，对于非授权外观设计建立登记制。在对大部分工业品外观设计实行实审制的同时，法律还应该对那些使用时间比较短，保护期不超过两年以上的工业品外观设计，诸如服装、家具、招贴画等一些平面设计的外观设计可比照著作权登记的方法实行登记制。非注册制的外观设计保护对于时装、新奇产品、玩具等需要立即且短期保护的产品来说，很合适，也有道理。这样生产者可以大胆地在销售旺季将产品投放市场，并且受到外观设计保护。当一件外观设计处于其申请已提出但未被批准，因此不能主张权利的阶段时，非注册的外观设计也可提供保护。登记机关可以设在工业品外观设计发展较快，需求量较大、经济较发达的地区，以方便设计任何登记的权利人，为权利人提供有效的保护。目前欧盟就已经建立注册制与非注册制并存的外观设计专利保护制度。《欧洲共同体外观设计法》（Community Design Regulation）是 2001 年 12 月欧盟理事会通过的一项针对欧盟外观设计保护的理事会法规。这一法规对于外观设计实行注册制与非注册制并存保护制度：①注册制共同体外观设计（Registered Community Design，RCD）。注册制共同体外观设计必须向 OHZM 或成员国的工业产权局提出注册申请，经 OHZM 形式审查合格后，方可获准注册。每项注册制外观设计的费用 5 年保护期 350 欧元。②非注册制共同体外观设计（Unregistered Community Design，UCD）。指在任何外观设计自在欧盟公开之日起，无需提交任何申请文件或费用，即自动享有 3 年保护期。UCD 允许一项外观设计自其在欧盟境内首次销售起 3 年期限内受到保护。该权利自动产生，只要该外观设计完全满足与注册的共同体外观设计相同的关于有效性规定。因此种外观设计保护期较短，所以适合于流行中的产品设计。日本也曾对外观设计实行实审制。而最近在拟修改的法中准备在现行制度外建立一种与现行制度并行的无实审制，申请人可按照自己的意愿选择。增设无审查制登记制的好处是节省了审查人员的人力资源，避免了产生大量的无费视撤的外观设计。登记也可委托省局办理。

（7）建立授予专利后的延迟公告制度。《专利法》第四十条规定："实用新型和外观设计专利申请经初步审查没有发现驳回理由的，由国务院专利行政部门作出授予实用新型专利权或者外观设计专利权的决定，发给相应的专利证书，同时予以登记和公告。实用新型专利权和外观设计专利权自公告之日起生效。"外观设计与其他专利一样获得专利权保护后必须立即公告，这是《专利法》规定的，是申请人获得专利权的必经程序，也是与国际接轨的必备程序。公告本身没有问题，问题在于外观设计权的特殊性，外观设计权的取得公告是否可以被延迟？产品外观设计开发商在获得权利后，并不一定立即将产品投入销售市场。如果此时将外观设计公开，他人在几天之内便可能对其进行仿冒并率先投放市场。从而使专利权人的外观设计无法获得最有效的保护。为了解决这一问题，《欧洲共同体外观设计法》规定了延迟保护制度。注册的外观设计通常在注册后即于共同体外观设计公报中公开。但是，权利人可以请求延迟公开，延迟期限最长可达自申请日或优先权日起 30 个月。延迟公开制度，对于那些拥有若干个外观设计专利而尚未选定最后将销售、使用其中哪一种的申请人十分有利。日本也有此类申请保密制度。对于研制周期较长的产品，如汽车车型，从产品开发到上市平均两年半，企业不希望过早公开其外观设计权。针对这一情况，外观设计权利受理部门对其申请内容可以为其保密，申请不被公开在外观设计公报上。日本相关法律规定，要求必须在申请之日起提出该要求，保密时间最长期限为 3 年。我国可以借鉴延迟公开制度。权利人若根据自己的需要，不想立即公开其外观设计，可以向国务院外观设计权行政管理部门提出申请要求迟延公开，从而更有效地保护其外观设计专利。

（三）关于制定相关配套政策的建议

为更好地实施知识产权战略，加强工业品外观设计权对创意产业发展的促进作用，除应单独立法外还应做好以下配套工作：

（1）建议国家有关部门应尽快起草扶持和支持工业设计产业发展的政策并尽快出台。

（2）应加强对这项工作的领导。政府可成立综合性的委员会，加强对外观设计和创意产业发展的领导和指导。同时也应大力发展相关的中介机构和行业协会，倡导企业重视和发展工业品外观设计。

（3）在人事部门管理的技术职称系列中新设“设计师”岗位。为我国工业品外观设计和创意产业的大发展提供智力支持和人才保证。

（4）在《国家知识产权战略纲要》实施中增加外观设计的创造、运用、保护、管理的相应内容。由于目前我国的外观设计没有单独立法，所以在国家已出台的《国家知识产权战略纲要》中没有相应的内容和实施措施。笔者认为这也是我国目前对工业品外观设计重视不够、保护不力的原因之一。应在今后的战略实施中增加加强工业品外观设计的发展目标和发展重点，以及相关的配套扶持发展政策，通过这样一个长远的规划和政策纲领，以促进工业品外观设计的发展。

参 考 文 献

[1] 康芳伟，刘家容，张小明．WTO与我国外观设计制度之重构［M］//专利法研究（2005），北京：知识产权出版社，2006.

[2] 费安玲．知识产权法教程［M］．北京：知识产权出版社，2003.

[3] 唐广良，董炳和．知识产权的国际保护［M］．北京：知识产权出版社，2002.

[4] 吴冬．我国应建立符合本国特色的外观设计专利保护制度［M］．北京：知识产权出版社。

[5] David Musker. 欧盟外观设计专利制度介绍［J］．刘新守，龙文，电子知识产权，2004，4.

[6] 李明德．美国外观设计及其相关权利的保护［J］．环球法律评论，1998（1）．

[7] 沈达明知识产权法［M］．北京：对外经济贸易大学出版社，1998：221.

[8] 王受之．世界设计的历史及现状［J］．装饰，1998（3）．

我国知识产权司法职权配置模式之实践衍进与理论研判

——论知识产权专门法院的设立

宋云璇[1]　杨光明[2]

摘　要

面对世界各国建立知识产权专门化法院的国际浪潮，我国知识产权司法职权配置的“三审合一”模式只能作为向“专门法院”模式衍进和嬗变的过渡性和暂时性选择，而不是最优化选择。我国应该在实施《国家知识产权战略纲要》的新的制度语境下，从知识产权审判的专业化特点出发，为实现知识产权司法裁判的统一性价值取向和高效性理念追求，注重借鉴世界最普遍之法则，通过理论研判“原本后出最精确之法理”，以“求最适于中国民情之法则”和“期于改进上最有利益之法则”，重新合理配置知识产权司法职权，抓紧实现从“知识产权三审合一”模式到“知识产权专门法院”模式的实践衍进和理论嬗变，尽快设立具有我国特色的统一审理知识产权民事、行政和刑事案件的知识产权专门法院，从而引领和带动我国知识产权司法体制改革。

知识产权司法职权配置模式是对知识产权司法职权结构的理论概括，体现了法院司法职权在知识产权审判中的分配价值取向、理念追求和发展趋势。我国知识产权司

---

❶ 作者单位：重庆邮电大学法学院。
❷ 作者单位：重庆市第五中级人民法院。

法职权配置模式之实践衍进发轫于20世纪90年代，其初衷就是改革我国法院知识产权审判内设机构和外部组织的原有设置，为实现知识产权司法保护的统一性价值取向和高效性理念追求提供组织保障，其实质就是在不同的内设机构和外部组织之间重新合理配置知识产权审判权，这是构建与现代法治精神相契合的知识产权司法主体制度的根本问题。十多年来，改革成效显著。2008年6月5日，国务院颁布的《国家知识产权战略纲要》指出：国家实施知识产权战略的五大重点之一就是要健全知识产权司法体制，包括研究设置统一受理知识产权民事、行政和刑事案件的专门知识产权法庭，以及研究适当集中专利等技术性较强案件的审理管辖权问题，探索建立知识产权上诉法院。2009年3月17日，《人民法院第三个五年改革纲要（2009～2013)》也指出，要探索设置统一受理知识产权案件的综合审判庭。这就为我国知识产权审判权的重新配置设定了新的语境，明确了新的目标。

21世纪，我国知识产权审判权如何在实施知识产权战略的时代语境下实现重新合理配置，将是当前和今后一段时期人民法院知识产权司法体制改革和审判理论研究亟待思考和解决的重大命题。笔者认为，在“注重世界最普遍之法则”的基础上，“原本后出最精确之法理”，以“求最适于中国民情之法则”和“期于改进上最有利益之法则”，[1] 不啻为我国知识产权审判权合理配置的明路。

一、“三审合一”中国知识产权司法职权配置模式之实践衍进与理论研判

现代法治精神要求知识产权司法“统一”的价值取向与我国知识产权民事、行政和刑事司法内设机构“三足鼎立”之间的矛盾冲突，客观上必然要求对我国现有知识产权司法职权配置模式进行必要改革，以满足现代法治精神的目标追求。

过去，我国知识产权民事审判分别由民庭和经济庭负责。后来，为确保和提高案件质量，总结和积累司法经验，并考虑到法官专业化和上级法院的对口指导，北京市高级人民法院、中级人民法院于1993年8月在全国率先成立专门的知识产权庭，最高法院于1996年10月设立知识产权庭，全国各高级法院、各省会城市中级法院和许多其他大城市中级法院以及个别基层法院也相继改革内设机构，将知识产权民事审判集中由民三庭（知识产权庭）负责。目前全国法院单设知识产权庭298个，专设知识产

[1] 杨和钰．中国法制史［M］．成都：四川人民出版社，1991：222.

权合议庭 84 个，配置知识产权法官 2126 人。[1] 这些改革措施虽然在一定程度上解决了我国知识产权民事审判内设机构分立、司法不统一的问题，但是知识产权民事、行政和刑事审判内设机构分立、司法不统一的矛盾依然存在。中国人民大学知识产权教学研究中心主任、著名知识产权专家刘春田教授认为：由于知识产权案件分别由与之相对应的民事、刑事和行政审判庭审理，法官在审理中分别适用不同的诉讼法，审判视角不同，形成的司法理念也不尽相同，出现了知识产权刑事和民事案件交叉的矛盾冲突情况。同样，因知识产权确权和行政执法带来的行政案件与民事侵权案件，也常常存在内在的联系。[2] 我国加入 WTO 已历 8 载，知识产权审判内设机构“三足鼎立”引发的裁判标准各异的司法困惑日益彰显，累积的深层次司法结构性矛盾也更加突出，叠加的负效应甚至波及中国知识产权司法保护国际形象的塑造层面。

（一）浦东模式

为解决矛盾和消除积弊，北京等地法院经过试点将知识产权民事和行政审判归口知识产权庭负责，上海浦东新区法院则于 1996 年更加大胆地尝试将知识产权民事、行政和刑事审判都归口知识产权庭负责的立体审判模式，已故著名知识产权法学家郑成思教授将之称为知识产权保护的“浦东模式”。

（二）西安模式

2006 年，西安中院在全国中级法院中率先试点知识产权审判“三审合一”，在涉及知识产权的刑事、行政案件中吸收 2 名知识产权民事审判法官参与，组成 5 人合议庭进行审理，并逐渐过渡到由知识产权审判庭统一审理全部知识产权案件；2007 年，将辖区内由基层法院管辖的知识产权刑事、行政一审案件统一提至西安中院审理。

（三）广东模式

2006 年 7 月 1 日，广东法院在广州市天河区、深圳市南山区、佛山市南海区等 3 家基层法院试点“三审合一”，知识产权审判庭将在保留原有合议庭的情况下增配一个“三审合一”合议庭，3 名法官分别具有丰富

---

[1] 陈永辉．知产司法保护 30 年：透过数字看成就［N］．中国法院报，2008：11－07.

[2] 王婧，柴黎．中国最高人民法院拟设立综合知识产权法庭［N］．法制日报，2008：07－13.

的刑事、民事及行政审判经验。

（四）昆明模式

2007年7月，昆明中院率先在云南法院系统推行“三审合一”的审判机制，将涉及知识产权的民事、行政和刑事案件全部集中到知识产权庭统一审理，如案件涉及刑事或行政诉讼，则分别请刑庭、行政庭的法官与知识产权庭法官共同组成合议庭审理。❶

（五）武汉模式

2007年7月，武汉法院率先在湖北法院系统全面启动知识产权“三审合一”审判机制探索工程。在不突破三大诉讼法级别管辖规定的前提下，江岸区法院知识产权庭集中审理全市属于14个基层法院管辖的知识产权民事、刑事、行政一审案件，武汉中院知识产权庭集中审理全市属于中院管辖的知识产权民事、刑事、行政案件。“武汉模式”实现了真正的“三审合一”。❷

（六）江苏模式

2007年10月17日，江苏省法院下发“三审合一”试点工作实施方案，南京、苏州、南通3个中院及下辖的鼓楼区、昆山市、通州区3个基层法院从2008年1月起试点“三审合一”改革，将所有一、二审民事、刑事、行政案件统一归口知识产权庭审理，组成由知识产权庭法官和一名刑庭或者行政庭法官参加的刑事和行政案件审判专门合议庭，知识产权庭法官担任审判长，由知识产权庭或者刑庭或者行政庭的法官主审。

2008年6月，常州中院也开始试行知识产权案件“三审合一，集中提审”工作机制，在全国率先将涉及知识产权的刑事、行政案件均提级至中院知识产权庭统一审理，全市各基层法院均不再受理知识产权刑事和行政案件。2008年11月25日，常州中院在江苏省法院系统率先使用“三审合一”方式集中审理知识产权案件。

2009年6月10日，江苏公、检、法联合下发《关于知识产权审判“三审合一”改革试点工作中刑事司法保护若干问题的意见》。7月1日，

---

❶ 高明，储皖中．云南知识产权“三审合一”第一案开庭［N］．法制日报，2008：03-16.

❷ 何震，傅剑清．武汉法院探索知识产权“三审合一”模式［N］．中国知识产权报，2008：10-30.

江苏省法院在全省开展知识产权审判“三审合一”改革试点工作。

（七）重庆模式

重庆法院优化整合了浦东等地区知识产权司法职权配置模式，探索建立高级、中级、基层三级法院联动，集民事、刑事、行政纠纷案件审判为一体，将审判机制创新、审判组织创新与审判管理创新有机结合的“三级联动、三审合一、三位一体”的知识产权司法职权配置模式。2008 年 11 月 29 日，重庆市渝中区法院率先在西部施行知识产权“三审合一”。2009 年 7 月，重庆市沙坪坝区法院率先在全市跨区域受理双桥区、潼南县、铜梁县的知识产权民事案件。

浙江、湖南、山东等地法院也陆续开展了将知识产权刑事、民事和行政审判统一归口知识产权庭的探索，做法与上述模式基本相同。例如：2007 年 6 月，浙江省高院决定在义乌试点知识产权案件“三审合一”审判方式改革。2008 年 6 月 1 日，长沙中院实施知识产权“三审合一”审判方式改革。2009 年 3 月，聊城中院开创山东法院知识产权案件“三审合一”的先河。

截至 2009 年 7 月，我国已有 3 个高级法院、12 个中级法院和 15 个基层法院在试点知识产权审判“三审合一”。最高人民法院知识产权庭原庭长蒋志培博士撰文建议，将法院涉及知识产权的民事、刑事和行政司法审判职能统一于一个审判部门，避免以“大民事”“大立案”“大执行”冲淡和分散知识产权法律保护的力量，影响人民法院司法职能的充分发挥。《最高人民法院关于审理专利侵权纠纷案件若干问题的规定（征求意见稿）》（2003 年 7 月 9 日）第一百三十一条第二款规定：“对管理专利工作的部门依据专利法第五十七条第一款的规定作出的处理决定不服向人民法院提起的诉讼，由负责知识产权案件审判工作的审判庭审查处理。”实践也证明，“三审合一”的司法职权配置模式有利于对知识产权案件的分析、判断及正确定性，也有利于加大知识产权司法保护力度，实现对知识产权全方位和多层次的立体司法救济。这一模式为解决 TRIPS 协议法律范式对司法“统一”的追求与我国知识产权民事、行政和刑事司法内设机构分散状态之间的矛盾冲突问题提供了实践意义上的参考。

知识产权审判权配置模式要求在不同的审判主体之间合理配置审判权

力，通过博弈论中所谓的“帕累托改进”（Pareto Improvement）❶ 实现“帕累托最优”（Pareto Optimality）❷。因此，反思传统，面向未来，在我国现有立法和司法框架内，可以考虑在北京和上海等地法院试点经验的基础上，结合当前各地法院正在进行的内设机构改革，继续加强知识产权司法内部机构设置的理论探讨和实践探索，逐步将知识产权民事、行政和刑事司法都归口知识产权庭负责，争取在人民法院“三五”改革期间（2009～2013）结束我国知识产权司法内设机构的长期分散状态，以达到现代法治精神对司法“统一”的要求。

二、世界主要国家和地区知识产权司法职权配置模式之实践衍进与理论研判

现代法治精神要求知识产权司法“统一”的价值取向与我国知识产权司法外部组织“群雄并立”之间的矛盾冲突，客观上必然要求对我国现有知识产权司法职权配置模式进行必要改革，以满足现代法治精神的目标追求。

我国幅员辽阔，截至2008年10月底，全国经指定具有专利、植物新品种和集成电路布图设计案件管辖权的中级法院分别达到71个、38个和43个，至于有其他知识产权案件管辖权的中级法院数量就更多了，同时经批准可以审理部分知识产权民事案件的基层法院达到61个，❸ 这在世界上也不多见。因此，如此多的法院都有权审理知识产权案件，就难免理解各异，产生区际司法冲突。“三审归一”的知识产权司法职权配置模式仅仅解决了同一法院内部知识产权审判尺度“不统一”的问题，而不同法院之间知识产权司法“不统一”的情形则依然存在。这是世界各国普遍存在的共性问题，而并非独具“中国特色”。

---

❶ 帕累托改进是达到帕累托最优的路径和方法，是指一种变化，在没有使任何人境况变坏的前提下，使得至少一个人变得更好。

❷ 帕累托最优是经济学的理想境界的代名词，是指资源分配没有进行帕累托改进余地的一种状态，在不使任何人境况变坏的情况下，而不可能再使某些人的处境变好。

❸ 李飞，李剑．司法护权激励创新——三十年来全国法院知识产权司法保护工作综述［N］．中国法院报，2008：11-07.

（一）美国知识产权法院

美国早在19世纪末就遇到过我们国家目前所面临的“成长烦恼”。经过几十年的曲折反复，美国终于在1982年根据“联邦法院改革法”组建了新的联邦巡回区上诉法院（U. S. Court of Appeals for the Federal Circuit 简称 CAFC）。不管有意无意，新法院的设立无疑会被将来研究专利制度的历史学家们视为一起分水岭事件。❶ 与原有的12个区域性巡回区法院不同，它是全国性的巡回区法院，对94个地区法院的专利诉讼案的上诉有排他性管辖权，同时受理直接来自美国专利与商标局或者通过哥伦比亚特区联邦地区法院的一审和间接来自该局的专利申请争议的上诉案等，❷ 被称为“知识产权领域在过去四分之一个世纪最有意义的一项制度创新”❸。27年来，联邦巡回区上诉法院切实地维护了美国联邦专利制度的“统一”。

（二）日本知识产权法院

2003年，日本在《知识产权战略推进计划》中提出建立“知识产权高等法院”的设想。2004年6月11日，日本国会通过《知识产权高等法院设置法》。2005年4月，日本进行了战后最大的司法改革，成立了“知的财产高等裁判所”。作为东京高等法院的一个支部，该院主要受理东京和大阪两个地方法院的技术型二审案件和全国各地方法院的非技术型二审案件，也接受发明专利、实用新型专利、外观设计专利和商标权确权一审案件。❹ 据统计，2005年日本法院知识产权诉讼案件的审理周期为13.5个月，较1995年的23.7个月明显缩短；知识产权上诉案件的审理周期则缩短至不到10个月。统一审理知识产权民事和行政上诉案件，以简化程序，优化执法资源配置，从而更有效地保护知识产权。这种做法在国际上已经是一个明显的发展趋向，韩国和新加坡近年来也先后采取了与日本相

---

❶ Robert P. Merges, Peter S. Menell and Mark A. Lemley. *Intellectual Property in the New Technological Age*, 2nd edition, 2000, p. 130.

❷ 张乃根．美国专利法判例选析［M］．北京：中国政法大学出版社，1995：25-26.

❸ 威廉·M. 兰德斯，理查德·A. 波斯纳．知识产权法的经济结构［M］．金海军，译．北京：北京大学出版社，2005：2.

❹ 朱兴国．推进中的日本国家知识产权战略［J］．知识产权，2005（5）：62.

似的知识产权司法架构。[1]

（三）德国联邦知识产权法院（BPatG）

1961年，德国联邦专利法院在慕尼黑成立，是国际上第一个专门处理知识产权诉讼的专业法院，主要任务是处理对德国专利与商标局决定不服而提起的案件。联邦专利法院与州高级法院（Oberlandesgericht）级别相同，联邦司法法院是其二审法院。联邦专利法院只是对相关工业产权是否应当受到登记保护或者是否应当取消登记保护作出判断，无权受理工业产权侵权案件。联邦专利法院受理的案件包括：（1）当事人针对德国专利与商标局决定提起的有关专利、商标、外观设计、实用新型和集成电路布图设计的上诉；（2）当事人针对联邦品种局（Bundessortenamt）的决定提起的有关植物新品种的上诉；（3）2002年1月1日至2006年6月30日期间针对专利授权提出的异议；（4）当事人针对德国专利及德国境内的欧洲专利权的无效宣告；（5）当事人针对专利或实用新型的强制许可之授予或撤销提起的诉讼，以及要求调整法院通过判决确定的强制许可使用费的案件。联邦专利法院2005年受理案件4366件，其中3606件为前述起诉和上诉案件，其余则是处理卷宗查阅和明确费用的申请。2005年技术审判庭审结或调解案件的结案周期平均为25个月，商标审判庭为21个月。[2]

（四）泰国知识产权法院

1997年12月1日，泰国中央知识产权与国际贸易法院（the IP&IT Court）在曼谷成立。该院是从普通法院中分离出来的专门法院，负责审理全国知识产权与国际贸易方面的刑事和民事一审案件。与普通案件实行三审终审制不同，上述案件实行两审终审制，二审直接由泰国大理院（即最高法院）审理。该法院有24名职业法官（career judge）（包括1名院长和2名副院长）和司法保障委员会选定的40名专家陪审法官（associate judge）。合议庭至少由2名职业法官和1名陪审法官组成。自1997年12月1日至1999年10月31日，该院受理知识产权案件3322件（其中刑

---

[1] 山风．国际知识产权保护和我国面临的挑战与机遇——访法学所研究员郑成思［N］．中国社会科学院院报。

[2] 《德国专利法院信息手册》，德国联邦专利局出版与公开部2005年12月31日出版，第8页。

事案件 3169 件，民事案件 153 件）。[1] 作为亚洲首家知识产权法院，该院最大特点是案件审判快捷。

（五）韩国知识产权法院

1998 年 3 月 1 日成立的韩国专利法院是专门的知识产权行政法院，是韩国知识产权审判权配置模式的一大特点。作为高等法院，其上诉法院是最高法院。专利法院由院长、首席法官、法官、技术咨询员和秘书组成。院长负责法院的司法管理和工作人员管理。首席法官作为听证的主席。技术审查官均来自韩国知识产权局，分别属于机械、电学、电子、化学和生物学等领域。秘书处负责司法行政事务。专利法院负责对不服设在知识产权局内的工业产权审判庭针对以下三类案件所作裁决的上诉案件的审理：（1）审查员拒绝或者撤销对工业产权（包括专利、实用新型、工业设计和商标）授权；（2）请求宣告工业产权无效；（3）确认工业产权的范围。韩国专利法院由 10 名法官（分为 3 个组）和一些技术审查官以及秘书处组成。成立以来，案件审理时程由 15 个月缩短为 8～9 个月，案件废弃率也降为 6%。[2] 韩国专利法院未来的发展方向是成为像美国联邦巡回上诉法院和德国专利法院那样的专门负责知识产权司法的法院。

（六）我国台湾地区知识产权法院

我国台湾地区在 2007 年颁布“智慧财产法院组织法”和“智慧财产案件审理法”，成立了专门的“智慧财产法院”，并于 2008 年 7 月 1 日开始审理民事、刑事和行政智慧财产案件。智慧财产民事诉讼一、二审均由“智慧财产法院”审理，三审为“最高法院”；智慧财产刑事诉讼则是一审由一般地方法院审理，二审由“智慧财产法院”审理，三审为“最高法院”；智慧财产行政诉讼采二级二审制，一审为“智慧财产法院”审理，二审为“最高行政法院”审理。首任“智慧财产法院”院长高秀真表示，台湾地区智慧财产审理制度参考日本法制定，初期配置 8 名法官，经 4 个月训练，再辅以严格考试和论文审查、遴选；预计该法院一年能受理 2500～3000 件案件。“智慧财产法院”特色是专业集中审理。除了向“经

---

[1] 郃中林．关于赴新加坡参加知识产权执法研讨会的情况报告［EB/OL］．中国知识产权司法保护网，1999：12－27.

[2] 熊诵梅．韩国行政诉讼及专利诉讼制度之研究［G］．司法院及所属机关出国报告，2004：35.

济部智慧财产局”借调9位具科技、机械、生化、医药等专业背景的资深技术审查官，辅助法官审理案件，未来不排除引用专家咨询机制弥补不足。❶

为因应国际环境和经济局势变迁，英国亦于1977年在伦敦高等法院内成立专利法院；新加坡于2002年成立智慧财产法院；马来西亚于2007年建立知识产权法院；欧共体则于2003年经部长级会议同意，计划于2010年成立同时审理专利无效及专利侵权诉讼的欧洲专利法院。

三、知识产权专门法院：中国知识产权司法职权配置模式的最优选择

（一）我国知识产权司法职权配置的模式选择与理想定位

恩格斯在《路德维希·费尔巴哈和德国古典哲学的终结》中谈到马克思主义社会发展观时指出：“在发展的进程中，以前的一切现实的东西都会成为不现实的，都会失去自己的必然性、自己存在的权利、自己的合理性；一种新的、富有生命力的现实的东西就会起来代替正在衰亡的现实的东西。”❷ 虽然知识产权司法职权配置的“三审合一”新模式不失为走出“三审分立”旧模式部分困境的一条可供选择的现实路径，但是“三审合一”新模式仍然面临着种种挑战和危机，还不足以圆满应对和彻底解决知识产权审判“多龙治水”“同案不同判”等司法尺度不统一的问题，最终也将被更新的模式所取代。因此，知识产权司法职权配置的“三审合一”模式也只能作为一种向更新的模式衍进和嬗变的过渡性和暂时性选择，而不是最优选择。❸

我国知识产权司法职权配置模式的最优选择应该是成立专门化的知识产权法院，即突破现有立法和司法框架，大胆借鉴美国等先行国家和地区的知识产权司法职权配置模式，合理设置知识产权司法外部组织。诚如德国著名法学家耶林在其名著《罗马法精神》中所述：“外国法制之继受与国家无关，仅是合乎目的性及需要之问题而已。如果自家所有的，同属完

❶ 台湾成立“智慧财产法院”［N］. 中华商报，2008-07-11.

❷ 马克思，恩格斯. 马克思恩格斯选集（第四卷）［M］. 北京：人民出版社，1995：212.

❸ 姚莉. 时代呼唤知识产权法院的设立［N］. 人民法院报，2009-04-09.

善或更佳，自然不必远求。惟若有人以奎宁皮药草非长于自己庭院而拒绝使用，则愚蠢至极。”❶ 虽然设立了知识产权法院的国家和地区是少数，但是在没有专门知识产权法院的国家，法律实践者压倒一致地倾向于——建立知识产权法院。❷ 早在 2002 年九届全国人大五次会议上，郑成思先生就明确表示：“我特别支持政协委员吴伯明提出的成立知识产权法院的建议，如果成立知识产权法院，就无所谓行政庭、刑事庭、知识产权庭，只要是知识产权的事儿，无论是民事的、刑事的、行政的统统交到知识产权法院，这是现实的需要。在当今世界上，知识产权都越来越被看重，然而知识产权法院却未成立，于情于理都说不过去，应该从根本上予以解决。”2007 年“两会”，全国人大代表、山东高院院长尹忠显和安徽高院副院长汪利民也建议适时成立知识产权上诉法院。

（二）我国知识产权专门法院的理论建构

1. 我国知识产权专门法院的设置模式

中国社科院法学所的李明德、李顺德等学者建议在全国按大区划分设立 5 个知识产权上诉法院，另一些学者认为就在北京设立一个即可。❸ 笔者认为，我国知识产权上诉法院的设置应该选择“1＋5”的模式。首先，为了知识产权裁判的一致性，应该在北京设立统一的国家知识产权上诉法院。其次，鉴于我国司法管辖地域辽阔，为满足知识产权审判高效性和便民性的价值追求和实践需要，也为弱化和避免知识产权司法职权地方化和行政化倾向，可以考虑在全国按大区划分设立 5 个知识产权上诉法院分院，即在沈阳设立知识产权上诉法院东北分院，管辖辽宁、吉林、黑龙江；在兰州设立知识产权上诉法院西北分院，管辖甘肃、陕西、青海、宁夏、新疆；在上海或者南京设立知识产权上诉法院华东分院，管辖上海、山东、安徽、河南、江苏、浙江；在重庆或者成都设立知识产权上诉法院西南分院，管辖重庆、湖北、四川、贵州、云南、西藏；在广州设立知识产权上诉法院中南分院，管辖广东、广西、海南、湖南、江西、福建。至于华北地区的北京、天津、河北、山西、内蒙古，就直接由设置在北京的

---

❶ 王泽鉴．民法学说与判例研究（2 卷）［M］．北京：中国政法大学出版社，1998：20.

❷ 张玉瑞，韩秀成．我国知识产权司法体制改革［EB/OL］．中国知识产权司法保护网，2009－07－23.

❸ 李立．我国探索建立知识产权上诉法院［N］．法制日报，2008－06－20.

知识产权上诉法院管辖。

笔者还认为，在将来主客观条件成熟的时候，可以考虑在每个省、直辖市、自治区分别设立1个专门的知识产权初审法院。

2. 我国知识产权专门法院的管辖范围

有学者指出，设立知识产权专门法院主要是考虑将技术类知识产权案件集中审理。笔者认为，如果只是考虑将技术类知识产权案件集中审理，那么将背离设立知识产权专门法院的基本初衷。知识产权专门法院应该考虑将技术类和非技术类知识产权案件都集中审理，还应该考虑将民事、行政和刑事知识产权案件都集中审理。

我国知识产权初审法院的级别应该相当于中级法院，管辖所有知识产权一审案件。我国知识产权上诉法院的级别应该相当于高级法院，管辖不服知识产权初审法院一审裁判的上诉案件。因此，其他各个普通的高级法院、中级法院和基层法院将不再受理知识产权案件。

3. 我国知识产权专门法院的内设机构

我国知识产权专门法院的内部机构设置应该专业化，可以全国各级法院知识产权庭为基础，分别设置专门审理发明和实用新型专利、技术秘密、植物新品种的审判庭，专门审理商标、知名商品名称包装装潢、地理标志和外观设计的审判庭，专门审理计算机软件等著作权的审判庭，专门审理不正当竞争和垄断的审判庭等。例如德国联邦专利法院有29个审判庭，其中有25个上诉庭（Beschwerdesenate）和4个无效庭（Nichtigkeitssenate）。25个上诉庭中有1个实用新型上诉审判庭、13个技术上诉审判庭、9个商标上诉审判庭、1个品种保护上诉审判庭和1个法律上诉审判庭。其中，实用新型审判庭负责实用新型与集成电路布图设计方面的案件；13个技术审判庭之间有明确的领域分工，例如第六技术审判庭主要负责水利、建筑、基础设施建设等方面的纠纷；第七技术审判庭主要负责机械制造领域的案件，如航天及航海机械工业、制冷制热机械、发动机等；第九技术审判庭主要负责交通工具行业，如汽车、火车、航空器制造业等。[1]

[1] 郭寿康，李剑．我国知识产权审判组织专门化问题研究——以德国联邦专利法院为视角［J］．法学家，2008（3）．

4. 我国知识产权专门法院的法官选任

我国知识产权专门法院应该选任知识产权法律型法官和知识产权技术型法官。知识产权法律法官可以从全国各地法院特别是北京法院的知识产权庭遴选，包括知识产权民事、行政和刑事法官。同时，我国《法官法》和《专利法》应该赋予技术法官这一特殊法官群体与法律法官相同的法律地位。技术法官必须是特定技术领域的专家，应该具有理工科专业大学本科以上学历，并通过技术或自然科学相关方面的国家级统一考试，且在自然科学或技术领域具有一定年限的工作经历。此外，技术法官还必须具备法官资格，经历法律法官的专业学习（尤其在专利法方面）与专业考核历程。由于对技术领域和法律领域都有较高要求，技术法官一般应该从国家知识产权局的资深技术审查员中选任。

5. 我国知识产权专门法院的合议庭组成

我国知识产权专门法院可以根据审理案件类型的不同分别由法律法官或者技术法官组成合议庭。在审理商标等不涉及技术问题的案件时，合议庭可以由法律法官组成。除此之外，在审理涉及技术问题的案件时，合议庭应该由法律法官与技术法官混合组成。这种由不同领域的专业人员组合而成的审判庭对保障判决的正确与高效有着极其重要的作用。

伴随着专利等知识产权案件从无到有，从少到多，人民法院知识产权司法职权配置模式的实践也在不断衍进，理论也在不断嬗变。从知识产权民事案件由经济庭和民庭分散审理模式到由知识产权庭集中统一审理模式，从知识产权民事、行政和刑事案件由知识产权庭、行政庭和刑事庭分别负责模式到由知识产权庭专庭负责模式，再到由知识产权专门法院统一把关模式，知识产权审判权的重新配置将是我国知识产权司法体制改革的前奏和序曲，改革必将从知识产权审判制度逐步深入到知识产权诉讼制度乃至知识产权司法制度的层面。作为“法律帝国的首都”，法院应当肩负起历史的重任，开创出一条有中国特色的知识产权审判权合理配置之路。

展望21世纪，虽然要走的路还很漫长，但是我国必将建立和完善公正、高效、权威的社会主义知识产权司法制度。

我国职务发明奖励报酬纠纷分析研究

闫文军[1]

摘 要

本文简要分析了我国职务发明奖励报酬纠纷的现状，并且就专利法实施细则规定的奖励报酬标准对非国有企事业单位的适用、部分发明人起诉时的其他发明人的地位、部分发明人放弃权利时的处理、原告为多人时法院如何确定报酬额、多个发明人所得的奖励报酬数额是否应当平均分配、发明人是否可以向专利被许可人主张权利、诉讼时效及计算报酬的起止点、职务发明报酬额的计算等问题进行了简要分析，并介绍了我国法院的做法，提出了如何合理处理这些问题的建议。

职务发明人、设计人应当从单位得到一定的经济回报。[2] 当发明人、设计人认为没有得到适当的回报时，可以通过诉讼来主张自己的权利。这类纠纷就是“职务发明

---

❶ 作者单位：中国科学院研究生院。

❷ 由于我国专利包括发明、实用新型和外观设计三类，其完成人有的称为发明人，有的称为设计人。本文为论述方便，有时只使用“发明人”一词，其含义包括发明人和设计人。

创造发明人、设计人奖励报酬纠纷”。[1] 本文就近些年来我国发生的职务发明奖励报酬纠纷案件进行分析和考察，并就如何处理职务发明奖励报酬纠纷以及完善我国职务发明奖励报酬制度提出自己的建议。

一、职务发明奖励报酬的意义

（一）我国国内申请人职务发明的数量分析

近年来，我国国内申请人所申请的专利中，职务发明所占比例越来越高，下图为近 5 年来国内申请人申请专利中职务发明的比例：[2]

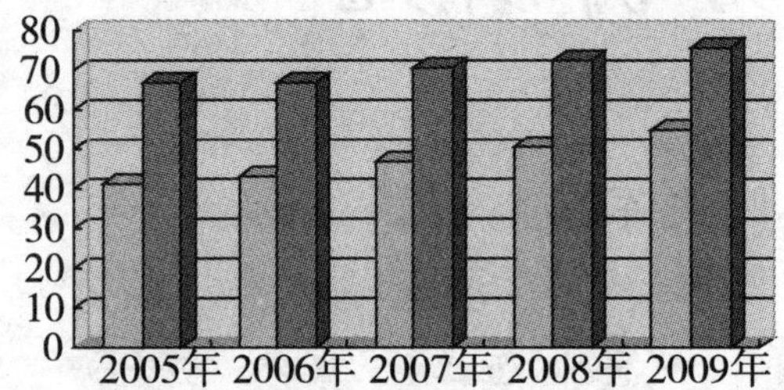

可以看出，近年来我国国内申请人申请的专利中职务发明的数量逐年上升。至 2009 年，三种专利中职务发明已经占到一半以上（55%），而发明专利中职务发明已经占到超过 3/4（75．2%）。从申请总量来看，从 1985 年 4 月到 2009 年 12 月，国内申请人申请的职务发明总量为 2 154 431件。

从理论上说，每一件职务发明在获得授权后都会涉及奖励报酬的问题。因此，我国企业需要处理的职务发明奖励报酬事件数量巨大，而且呈上升趋势。

（二）职务发明奖励报酬制度的意义

职务发明奖励报酬制度是企业激励机制的重要组成部分。合理的企业职务奖励报酬制度，不仅有利于调动企业内部科技人员发明创造的积极性，而且有利于促进技术成果的转化和应用。而对于国家而言，合理可行的职务发明奖励报酬制度，不但可以保障职工的合法权益、调动职工发明

---

[1] 根据《最高人民法院关于审理专利纠纷案件适用法律问题的若干规定》第一条的规定，人民法院受理的专利纠纷案件的类型包括职务发明创造发明人、设计人奖励、报酬纠纷案件。

[2] 数据来源：国家知识产权局网站，http：//www. sipo. gov. cn/sipo2008/tjxx/.

创造的积极性，而且可以激励企业加大创新投入，保障企业创新的回报，对于建设创新型国家具有重要的意义。

我国《国家知识产权战略纲要》第 18 条指出："完善职务发明制度，建立既有利于激发职务发明人创新积极性，又有利于促进专利技术实施的利益分配机制"。利益分配机制是我国职务发明制度的核心，而利益分配的主要形式就是企业给职务发明的人的奖励报酬。

二、我国职务发明奖励报酬纠纷

（一）我国职务发明奖励报酬纠纷的法律规定

关于职务发明奖励报酬，1984 年制定的《专利法》就作出了规定，但当时只称为奖励。[1] 1992 年《专利法》修改对上述条款没有修改。2000 年专利法将发明创造实施后的奖励改为"合理的报酬"。2008 年《专利法》修改对上述条款没有修改。

关于奖励报酬的标准，从 1985 年实施的《专利法实施细则》到 2001 年实施的《专利法实施细则》都有规定。2001 年 7 月 1 日实施的《专利法实施细则》第七十四条至七十七条对职务发明奖励报酬的标准作了规定。根据上述规定，获得专利权的国有单位给发明人或设计人奖金应该在专利权公告之日起 3 个月内发放，且发明、实用新型、外观设计分别不少于 2000 元、500 元、500 元；单位自己实施的，从实施发明专利所得利润纳税后提取不低于 2%或者从实施该项外观设计专利所得利润纳税后提取不低于 0.2%，单位许可他人实施的，从许可实施该项专利收取的使用费纳税后提取不低于 10%作为报酬，支付给发明人或者设计人。上述规定是针对国有企事业单位作出的，同时中国其他单位可以参照执行。

（二）我国职务发明奖励报酬纠纷概况

虽然我国 1984 年《专利法》就规定了对职务发明人的奖励，1985 年《专利法实施细则》规定了"专利权持有单位"对发明人的奖励和报酬。但是，该实施细则并没有规定产生纠纷时的处理途径。因此，在专利制度实施之初，对职务发明人的奖励只是对国有单位的一种倡导，没有成为可诉的法律义务。1993 年《专利法实施细则》规定了单位不支付奖励报酬

[1] 1984 年制定的《中华人民共和国专利法》第十六条的规定。

时，发明人或者设计人可以请求上级主管部门或者单位所在地的专利管理机关处理。[1] 而 1985 年《最高人民法院关于开展专利审判工作的几个问题的通知》规定的专利纠纷案件的收案范围，并不包括职务发明奖励纠纷。

2001 年 7 月 1 日实施的《最高人民法院关于审理专利纠纷案件适用法律问题的若干规定》将职务发明奖励报酬纠纷案件作为人民法院受理的专利纠纷案件的一类。因此，在 2001 年 7 月 1 日之前，我国并不存在法院处理的职务发明奖励报酬纠纷。从 2001 年 7 月 1 日开始，职务发明奖励报酬纠纷案件才正式成为一类案件。

从 2001 年 7 月至今，我国法院受理的职务发明奖励报酬纠纷案件并不多。笔者见到的法院判决的案件只有十几起，相对于上百万件的职务发明而言，只有极个别的职务发明专利因奖励报酬产生纠纷诉至法院。

三、对我国职务发明奖励报酬纠纷有关问题的分析

下面根据我国法院作出的职务发明奖励报酬纠纷案件判决，就职务发明创造纠纷案件中的有关问题进行分析。

（一）修改前《专利法实施细则》规定的奖励报酬标准对非国有企事业单位的适用问题

我国 2001 年《专利法实施细则》规定的职务发明奖励报酬的标准是针对“国有企业事业单位”而作出的，同时规定“中国其他单位可以参照执行”。当非国有企业事业单位的职工提起诉讼时，法院是否应当按照《专利法实施细则》规定的标准确定奖励报酬数额，早期法院判决中曾有不同的意见。例如，在谢文南一案[2]中，法院认为，国有企业事业单位以外的企业有权“参照”执行，也有权不参照执行，而自行制定相关的奖励办法。而在方长明案[3]中，法院认定，由于被告系在中国境内登记的中外

[1] 1992 年制定的《专利法实施细则》第七十七条第二款的规定。

[2] 谢文南诉明达玻璃（厦门）有限公司，厦门市中级人民法院（2004）厦民初字第 346 号判决（判决日：2005 年 7 月 23 日）。

[3] 方长明诉山东淄博新华—肯孚制药有限公司，山东省高级人民法院（2005）鲁民三终字第 26 号判决（判决时间：2005 年 8 月 23 日）。

合资企业，系中国境内的其他单位，在中国发生民事纠纷时，应当适用中国的法律。因此，应当按照《专利法实施细则》规定的标准确定奖励报酬的数额。

在此后发生的职务发明奖励报酬纠纷案件中，很多企业并不是国有企业事业单位，法院也都是按照《专利法实施细则》规定的标准计算奖励报酬数额的。虽然新的专利法实施细则在职务发明奖励报酬问题上已经不再区分国有单位还是非国有单位，但如果因实施细则修改前的奖励报酬发生纠纷，还会因适用修改前的实施细则而出现细则的规定能否适用于非国有单位的问题。笔者认为，在适用修改前的专利法实施细则规定的标准时，国有单位和非国有单位应当是有所区别的。对于国有单位而言，《专利法实施细则》规定的标准具有强制性，国有单位必须遵守，不能通过约定或制定自己的规定使职务发明奖励报酬的标准低于实施细则的规定。而对于非国有单位而言，实施细则的规定并不是强制标准，只是"参照"标准。如果非国有单位通过与职工的约定，或者通过内部规章制度制定了不同的标准，即使该标准低于实施细则规定的标准，一般也应当承认该标准的效力。但是，如果非国有单位并没有自己的标准，法院就可以适用《专利法实施细则》规定的标准。

（二）部分发明人起诉时的其他发明人的地位问题

有时一件发明创造的发明人为 2 人或 2 人以上，而提起职务发明奖励报酬纠纷的当事人并不是全部发明人。在这种情况下，其他发明人是否应当参加诉讼，如果参加诉讼是以什么身份参加？从我国法院的有关判决看，有四种不同的做法：

第一种做法是追加未提起诉讼的其他发明人为共同原告。在采用这种做法时，如果其他发明人不表示放弃诉讼和实体权利，法院又有两种做法。第一种是如果不表示放弃诉讼和实体权利，但又不参加诉讼，则不将其作为当事人。例如，在陈宏远案[1]中，陈宏远是案中职务发明的三个设计人之一，只有他一人提起了诉讼。法院认为，要判定一个设计人的报酬，首先要对所涉专利在推广应用过程中取得的经济效益总额进行认定，即必须先计算出该专利的总报酬才能进行分割，而总报酬的计算与另两个设计人有直接的关系，即实施专利所获经济效益总额需经所有设计人予以

[1] 陈宏远案诉上海交运股份有限公司，上海市第一中级人民法院判决。

确认，且各共有人是否对总报酬的分割已有协议约定等也需要所有设计人加以明确，如果不追加其他设计人，可能会损害其他设计人的合法利益。由于各设计人在请求专利报酬诉讼中的地位应该是平等的，故应当通知其作为共同原告参加诉讼。因此，法院通知其他两个设计人作为原告参加诉讼。但其他设计人既不放弃实体权利，也不愿意参加诉讼。法院计算出该专利对职务发明报酬的总额，并将应属于陈宏远的部分 70 616.38 元支付给陈宏远。另一种做法是，只要不表示放弃诉讼和实体权利，法院就将其作为原告。在严世鑫案❶中，涉案专利的发明人共有 6 人，只有严世鑫一人提起诉讼。法院通知其余 5 人肖大山、李宜泱、李敬肖、孙基道、王益芳作为共同原告参加诉讼。除王益芳明确表示放弃实体权利外，其余 4 人既不愿意参加诉讼，又不放弃实体权利，法院将肖大山、李宜泱、李敬肖、孙基道等 4 人作为共同原告。

第二种做法是，法院根据提起诉讼的原告的申请，追加其他未提起诉讼的发明人作为原告参加诉讼。在吴大新案❷中，涉案专利的发明人有 6 人，起诉的是吴大新等 5 人，起诉后其中 2 人王振启、杜龙生放弃了诉讼权利和实体权利，另外 3 人申请追加未起诉的李旭光为原告。李旭光经法传唤后既不放弃实体权利，也不参加诉讼，法院仍确定其为原告。

第三种做法是，法院通知其他未提起诉讼的发明人为第三人参加诉讼。例如，在唐开平案❸中，涉案专利的发明人为刘建国和唐开平二人，唐开平提起诉讼后，法院通知刘建国作为第三人参加诉讼。法院计算出报酬总额后，按 50％的比例判决给原告，第三人没有实体权利和义务。

第四种做法是，法院不通知其他未提起诉讼的发明人参加诉讼，只就提起诉讼的当事人的诉讼请求进行审理。例如，在方长明案中，提起诉讼的方长明是两个发明人之一，法院只是将报酬的 1/2 判给方长明，而没有

---

❶ 严世鑫诉马鞍山钢铁股份有限公司，合肥市中级人民法院（2007）合民三初字第 123 号判决（判决时间：2008 年 6 月 27 日）。

❷ 吴大新等诉新光集团有限公司、盐城市利国煤矿，南京市中级人民法院、江苏省高级人民法院判决。

❸ 唐开平诉中国嘉陵工业股份有限公司（集团），重庆市高级人民法院（2008）渝高法民终字第 246 号判决（判决时间：2009 年 4 月 16 日）。

涉及另一发明人。在肖世普案[1]中，肖世普作为两个发明人之一提起诉讼，法院没有追加另一发明人为共同原告。在朱瑞震案[2]中，朱瑞震是涉案专利四个设计人中的一个，法院没有追加另外3人为原告或第三人。

作者认为，在确定是否通知其他未提起诉讼的发明人参加诉讼之前，应当先分析职务发明人要求奖励报酬的权利的性质。由于我国专利法规定了单位对职工发放职务发明奖励报酬的义务，当职务发明被授权之后，就形成了单位与发明人之间的债权债务关系。单位是债务人，发明人是债权人。当发明人是2人以上时，由于法律没有规定各个发明人所享有的奖励报酬请求权为连带债权，各个发明人一般也不会作出连带债权的约定。因此，不应当认定发明人所享有的奖励报酬请求权为连带债权，各个发明人应当按照自己的份额分享权利。每个发明人所享有的是按自己的份额要求单位履行的权利。这样，多个发明人所享有的奖励报酬请求权，与继承权是不同的。在继承的情况下，继承开始后，遗产应当在所有继承人之间进行分配。如果其中一人放弃继承，意味着他所放弃的份额由其他继承人分享。因此，在继承开始后，如继承人、受遗赠人中有既不愿参加诉讼，又不表示放弃实体权利的，应追加为共同原告；已明确表示放弃继承的，不再列为当事人。[3] 但在涉及多个职务发明人的奖励报酬时，一个发明人即使放弃主张奖励报酬的权利，应视为放弃就其所享有的份额向单位主张的权利，单位免除对该发明人支付奖励报酬的义务，并不意味着该人放弃的份额有其他发明人享有。就这一点而言，参照继承的做法，追加其他发明人作为原告是不合适的。

我国《民事诉讼法》第一百一十九条规定："必须共同进行诉讼的当事人没有参加诉讼的，人民法院应当通知其参加诉讼。"没有提起诉讼的发明人是不是"必须共同进行诉讼的当事人"呢？这涉及发明人就职务发明提起的诉讼是否是必要共同诉讼。一般认为，必要共同诉讼是指当事人一方或双方为两人以上，共同诉讼标的是同一的，法院必须合并审理并合

---

[1] 肖世普诉烟台华鲁热电有限公司，山东省高级人民法院（2006）鲁民三终字第87号判决（判决时间：2006年12月7日）。

[2] 朱瑞震诉东莞威霸清洁器材有限公司，广东省高级人民法院（2007）粤高法民三终字第229号判决（判决时间：2007年12月21日）。

[3] 《最高人民法院关于贯彻执行〈中华人民共和国继承法〉若干问题的意见》第六十条的规定。

一裁判的共同诉讼。诉讼标的的同一性决定了必要共同诉讼是一种不可分之诉，要求共同诉讼人必须一同起诉或应诉，还要求法院必须合并审理，且作出合一判决，以避免分开审理、分别判决而导致出现相互矛盾的判决。如果共同诉讼人未一同起诉或应诉的，法院应当予以追加。[1] 作者认为，在发明人职务发明奖励报酬纠纷中，虽然同一发明的各个发明人都是针对该发明的奖励报酬提起诉讼，但诉讼标的并不是同一的，法院也并不是必须合一裁判。虽然职务发明报酬总额的计算涉及其他发明人，但在其他发明人并不提起诉讼的情况下，法院完全是可以查明事实对报酬总额作出认定的。在法院就提起诉讼的当事人的报酬数额作出判决后，其他发明人再提起诉讼，法院仍可以再作出判决。判决结果并不必然矛盾。

因此，追加未提起诉讼的发明人作为原告是不妥的。其他原告提出追加共同发明人作为原告的做法也同样不妥。“原告追加原告”的做法本来就没有法律依据，实质上还是一种变相的法院追加原告。

但是，如果部分发明人在提起诉讼后，如果法院不通知其他发明人，可能在其他发明人不知道的情况下法院作出判决。法院在判决中认定的报酬总额其他发明人可能不认可，例如其他发明人可能有其他证据证明报酬总额应该更多。这时，在一个判决作出后，如果其他发明人再提起诉讼，法院可能会在判决中认定的报酬总额与第一个判决不同。这会影响法院判决的权威性，也会带来诉累。因此，法院在不通知其他发明人的情况下只就提起诉讼的发明人作出判决，也是不妥的。

由于部分发明人提起的诉讼中法院要计算报酬总额，而报酬总额的计算以及各发明人之间报酬的分配与其他发明人有利害关系，因此，可以将其他发明人作为第三人通知其参加诉讼。在诉讼中，该第三人可以就报酬总额的计算和各发明人之间的分配发表意见并提供证据，但该第三人并没有实体的权利和义务。一旦通知第三人参加诉讼后，该第三人再就该专利提起职务发明奖励报酬诉讼，法院就可以按照前一判决确定的标准认定该第三人的应当得到的数额。因此，笔者赞同上述第三种做法。

---

[1] 江伟．民事诉讼法［M］．北京：高等教育出版社，2000：114.

（三）有的发明人放弃了权利时，其他发明人是否可以得到报酬总额的问题

在有的案件中，个别发明人放弃了实体权利。这种情况下，法院的处理不尽一致。一种做法是，个别发明人放弃了实体权利后，奖励报酬的权利归属于其他发明人。例如，在吴大新案中，一审法院认为，即使其中有的发明人放弃了权利，也不应当影响提起诉讼的其他发明人行使完整的报酬请求权。部分发明人的放弃行为仅在发明人内部产生效力，并不发生外部效力。而且，如果法院因部分发明人的放弃行为而扣减报酬，那么应当等份扣减还是不等份扣减显然是难于作出判断的，所以，王振启、杜龙生放弃本案的实体权利，不影响原告吴大新等主张全部报酬请求权。另一种做法是，个别发明人的放弃只在放弃人与单位之间发生效力，其他人所得到的仍是自己的份额。例如，在严世鑫案中，法院认定，涉案专利应付给设计人的报酬总额为 243 286 元。鉴于专利设计人之一的王益芳放弃了获得专利报酬的实体权利，故可按报酬总额的 1/6，即 40 548 元免除马鞍山钢铁股份有限公司的付酬义务。因此，法院判令被告应向严世鑫等 5 人支付专利报酬 202 738 元。

笔者认为，由于职务发明人之间的债权并不是连带债权，各个发明人应是按份与专利权人之间形成债权债务关系。部分发明人放弃权利是放弃要求专利权人履行义务，而不是将其权利转让给其他发明人。因此，笔者同意上述第二种做法。

（四）原告为多人时法院如何确定报酬额的问题

当发明人中有 2 人或 2 人以上作为原告参加诉讼时，涉及法院如何判决奖励报酬数额的问题。对此，笔者所见到的判决中，法院都是确定众原告所应得的奖励报酬总额，一并将总额判给各原告，不对每个原告所应得的数额作出判决。例如，在严世鑫案中，法院判令被告应向严世鑫等 5 人支付专利报酬 202 738 元。在吴大新案中，一审法院判决新光集团有限公司向原告吴大新等 4 个支付发明专利的报酬共计 197 284 元。

众原告就奖励报酬的总额提出诉讼请求，法院确定各原告所得的总额后判决给所有原告，这样判决当然是没有问题的。但是，如果各个原告并不是就总额提出诉讼请求，而是每个人都提出自己的诉讼请求。这时法院是否可以就每个人的应得数额分别判决呢？笔者认为，由于各发明人所享有的是按份债权，如果发明人分别提出自己的诉讼请求，法院可以就每个人所得的数额进行判决。

（五）多个发明人所得的奖励报酬数额是否应当平均分配的问题

在笔者所见到的所有案件中，法院都是按照发明人的数量平均分配奖励报酬。而在审理过程中，有的发明人提出要求不平均分配奖励报酬的请求。例如，在陈宏远案中，陈宏远主张，自己系涉案专利的三个设计人之一，自己的贡献率大，要求法院对三个发明人的贡献率进行鉴定，并要求法院判令交运公司按自己的贡献率支付报酬。法院认为，设计人的贡献大小不一定依工作量来认定，有时一个突然产生的构思就可能具有很高的价值，成为专利的核心部分，且开发设计当时的实际情况也需要各设计人予以举证证明，这也是鉴定的事实基础。而各设计人在本案中对此说法不一，且缺乏相关证据，鉴定的可操作性差，判断困难。因此，法院没有同意鉴定，判决交运公司向陈宏远支付该专利报酬总额的1/3。再如，在唐开平案中，嘉陵公司以专利证书上的设计人排序以及相关技术资料的签章为由，认为唐开平在专利设计中仅起辅助作用，不应当平分报酬。法院认为，在没有足够证据证明嘉陵公司及刘建国的主张，亦无法查明唐开平在涉案专利设计过程中的具体贡献大小的情况下，应依法推定唐开平关于与刘建国平分专利报酬的主张成立。

笔者认为，多个发明人所享的债权是按份的债权，但按份的债权并不意味着平均分配。在发明创造完成的过程中，每个发明人所作出的贡献是不同的，有时差距还非常大。如果一律平均分配奖励报酬，有时会出现不公平的后果。因此，从原则上讲，法院可以不平均分配奖励报酬。但是，如果按照各个发明人的贡献率来确定奖励报酬的分配比例，会遇到两个困难。一个困难是使用什么证据来证明贡献率；另一个困难是按照什么标准来认定贡献率。就证据而言，即使发明过程的证据是完备的，也很难确认具体哪个技术构成是谁来完成的；就标准而言，每个发明都有自己的特点，很难有确定贡献率的标准。在个别案件中，如果两个困难解决了，法院就可以按照不同的比例分配奖励报酬。因此，如果有多个发明人，法院应假定各个发明人平均分配奖励报酬。如果当事人提出了不平均分配的主张，由提出主张的一方证明贡献率，或者各方之间的存在分配比例的协议。在其主张得到证明的情况下，法院可以不平均分配奖励报酬。

（六）发明人是否可以向专利被许可人主张权利的问题

在吴大新案中，涉案发明专利权人新光集团将专利许可给盐城市利国煤矿具体实施。新光集团与利国煤矿是两个独立法人，但新光集团是利国煤矿的全额投资者，统一行使利国煤矿的生产经营决策、财产控制等权利。新光集团有限公司和盐城市利国煤矿之间并无书面的许可实施合同，新光集团有限公司也未从盐城市利国煤矿收取使用费。原告最初起诉了新光集团和利国煤矿。一审法院认为，新光集团有限公司和被许可人盐城市利国煤矿均是各自独立的企业法人，但其生产经营决策、财产控制等权利是由其全额投资者新光集团有限公司统一行使的。这种高度集权的经营模式，使得盐城市利国煤矿成为新光集团有限公司实现其企业目标的工具，丧失了作为企业法人的自我意志、自我决策的独立性。一审法院根据新光集团和利国煤矿资产、业务混同的事实，运用公司人格否认制度判决新光集团有限公司对盐城市利国煤矿实施涉案专利这一生产经营决策行为承担相应的民事责任，按照盐城市利国煤矿实施专利所获利润向吴大新等支付相应报酬。

在苟卉案❶中，苟卉原是被告—北京路翔技术发展有限责任公司的职工，而苟卉除起诉该公司外，还起诉了北京路翔公司的关联企业广州路翔股份有限公司。法院认为，二被告虽然曾存在投资与被投资关系，但均系彼此独立的企业法人。原告与广州路翔公司之间没有雇佣关系，而该公司也不是涉案专利的权利人，因此原告要求该公司支付奖励及报酬的诉讼主张及请求，缺乏事实及法律依据，不予支持。

专利法规定职务发明专利权人应当向发明人支付报酬，是因为专利权人得到了发明人完成的专利，并从专利中获益。对于被许可人而言，被许可人是接受了他人许可而实施专利的，与发明人没有直接的联系。发明人不能向一个没有法律关系的单位要求支付报酬。因此，笔者同意上述案件中法院的做法，发明人无权要求专利权人之外的人支付报酬。

但是，另一方面，当专利权人将专利许可给关联企业时，可能没有向使用者收取专利使用费。没有使用费，而自己又不实施时，发明人也很难从专利权人处得到报酬。这时虽然发明人可以主张许可合同因恶意串通而无效。但是，如果专利权人与实施方不承认有合同，只是实施方实施专利时专利权人没有制止，发明人就失去了请求确认合同无效的机会。吴大新

---

❶ 苟卉诉北京路翔技术发展有限责任公司、广州路翔股份有限公司，北京市第二中级人民法院（2005）二中民初字第82号判决（判决时间：2005年6月17日）。

案中，法院运用法人人格否认的理论，判决新光集团支付职务发明报酬。但是，适用法人人格否认的条件是比较严格的，很多情况下专利权人与实施方并没有达到人格混同的地步。笔者认为，如果不能适用法人人格否认理论，但专利权人与实施方是关联企业，专利权人免费或以低价许可给实施方，或者不制止实施方未经许可的实施行为，法院可以参照实施方的收益作为专利权人的收益，向发明人支付报酬。

（七）职务发明奖励报酬纠纷的诉讼时效及计算报酬的起止点

1. 职务发明奖励报酬纠纷的诉讼时效

在职务发明奖励报酬纠纷中如何适用诉讼时效的规定，我国法院存在两种做法：

第一种做法是只在专利仍在有效期内，法院就认为没有超过诉讼时效。例如，在谢文南案❶中，涉案专利 1996 年获得授权，原告于 2004 年 11 月 15 日起诉要求支付自 1997 年以来的职务发明报酬。法院认为，讼争专利架目前仍处于专利保护期内，原告请求被告支付报酬处于延续状态，其现提起诉讼，未超过诉讼时效。

第二种做法是适用两年诉讼时效，但原告可以主张起诉日前两年的报酬。例如，在肖世普案中，涉案专利于 1992 年获得授权，而此前被告于 1991 年将该技术转让给他人。原告于 2005 年起诉主张按照技术转让费支付职务发明报酬。法院认为，原告的诉讼请求已超过两年诉讼时效期间。在薛利民案❷中，涉案专利 1999 年获得授权，原告于 2003 年起诉主张 1998 年至 2003 年的职务发明报酬。法院认为，权利人超过两年起诉的，如果侵权行为在起诉时仍在继续，侵权损害赔偿数额应当自权利人向人民法院起诉之日起向前推算两年计算。在朱瑞震案中，原告起诉时主张威霸公司应该支付的年限为自起诉时往前推算两年，法院认为这种主张符合诉讼时效的规定，支持了原告这种主张。

笔者认为上述第二种做法是妥当的。职务发明奖励报酬请求权是一种债权请求权，应当受诉讼时效的限制。对于奖励而言，由于《专利法实施

---

❶ 谢文南诉明达玻璃（厦门）有限公司，厦门市中级人民法院（2004）厦民初字第 346 号判决（判决时间：2005 年 7 月 23 日）。

❷ 薛利民诉武汉一枝花实业股份有限公司，湖北省高级人民法院（2004）鄂民三终字第 10 号判决（判决时间：2004 年 6 月 13 日）。

细则》规定了明确的支付时间，其诉讼时效应当从单位应当支付奖励并且发明人知道或者应当知道可以得到奖励时开始计算。单位许可他人实施专利时，发明人就许可费中获得的报酬，应当从单位得到许可费并且专利权人知道或者应当知道之日起开始计算。而对于单位实施专利而支付的报酬，应当从单位实施专利取得收益并且发明人知道或者应当知道之日开始计算。对于起诉之日两年之前的报酬，专利权人可以以超过诉讼时效提出抗辩。

2. 计算报酬的开始时间

从我国法院的有关判决看，计算报酬的开始时间主要有三种情况：

第一种情况是起诉日前两年开始。对于这种情况前面已经进行了分析。

第二种情况是从专利授权日开始计算。在专利授权日仍在诉讼时效之内的情况，法院一般从授权日开始计算职务发明人的报酬。例如，方长明案、石孝冰案❶、唐开平案、朱瑞震案等，法院都是从授权日开始计算职务发明人的报酬。

第三种情况是从授权日前单位开始实施专利技术的时间开始计算。例如，在吴大新案中，专利授权日是 1997 年 3 月 6 日，而原告起诉主张的职务发明报酬的起算日是专利申请日。法院认为，对于专利授权以前的实施行为要求原告另行主张，客观上会造成当事人的诉累，不符合诉讼经济原则。同时，国家对实施职务技术成果给予发明人的奖励比例高于专利法规定。基于以上考虑，法院认为，将本案计算实施发明专利奖励报酬的期间确定为 1992 年 6 月 13 日（专利申请日）至 1998 年底专利权终止日是适当的。

其实上述三种做法在观点上是一致的。第一种因涉及诉讼时效而产生起算点不同于授权日。第三种虽然自申请日开始计算报酬，但法院仍认为报酬的起算点应是授权日，只不过是为了诉讼方便，将职务发明奖励报酬（授权日开始）和职务技术成果奖励报酬（申请日到授权日）一并在判决中计算。

其实在计算报酬起算时有争议的问题是，职务发明人能否就专利授权

❶ 石孝冰等诉重庆长江涂装机械厂，重庆市高级人民法院（2005）渝高法民终字第 9 号判决（判决时间：2005 年 5 月 12 日）。

日前单位实施专利或许可他人实施专利而主张报酬？吴大新案中，法院虽支持了原告的请求，但是将之作为职务技术成果报酬而支持的。这就涉及我国《专利法实施细则》规定的职务发明报酬计算的时间点。我国《专利法实施细则》规定的报酬是“在专利权有效期限内”。我国专利法规定的专利的期限是从申请日开始计算的。从申请日开始，申请人已经可以实施其发明，他人已经不可能就同样的发明创造再申请专利。因此，在很多情况下，专利申请人在专利授权前已经实施了专利。如果将职务发明人的报酬限定为授权后的报酬，即使同时认为职务发明人可以主张授权前的职务技术成果报酬，也是人为制造麻烦。将“在专利权有效期限内”理解为专利申请日开始到终止日，发明人就可以主张从申请日开始计算报酬。这样不但可以省去将专利授权日前和授权日前报酬的计算人为地分为两段的麻烦，对于发明人和专利权人来说是公平的。但是，对于专利授权前职务发明的报酬，由于只有在专利授权后才明确专利保护的范围，也才能明确单位实施的是否是该专利，如果在专利授权前就提起诉讼，法院将难以审理。因此，对于专利授权前的职务发明报酬，发明人应当在专利授权后提起诉讼。

3. 计算报酬的截至时间

如果诉讼期间专利尚未到期，发明人能否一并主张判决之后的报酬？在方长明案中就出现了这一问题。案中专利的申请日为 1999 年 12 月 3 日，到期日为 2019 年 12 月 2 日。原告起诉要求新华肯孚公司一次性支付 15 年的报酬。法院认为，报酬系在专利权有效期内根据实施该专利所得每年税后利润予以计算，但鉴于专利权的不稳定性，不能确定涉案专利是否至 2019 年 12 月 2 日一直处在有效的法律状态，因此，对于方长明要求一次性支付报酬的主张，在新华肯孚公司不同意的情况下，不宜支持。

从其他判决看，法院在计算报酬截至时间时也最多计算到判决日，没有出现将判决日后的报酬一并计算并判决的案件。法院这样做的原因在于，法院作出判决的依据应当是确定的，而判决日之后的报酬数额是难以确定的。计算职务发明的报酬必须有两个前提：一是专利有效；二是专利权从专利中取得收益。在判决之后，专利可能被宣告无效，也可能被专利权人放弃。即使专利仍然有效，也有可能出现新的技术使专利失去市场价值。这都会使职务发明的人后续报酬成为未知数。即使通过评估和鉴定，也很难计算出相对准确的数额。因此，除非双方当事人就后续报酬达成一致意见，法院不应支持后续报酬的诉讼请求。

类似的情况在日本也曾出现过。在轰动世界的中村修二案件中，东京地方法院认为中村修二应得的适当报酬应当为 604.3006 亿日元。在计算上述数额时，法院一直计算到专利到期日 2010 年。❶ 而该判决的判决日是 2003 年，自 2003 年至 2010 年被告的收益额是法院根据市场成长率、被告占有率、被告成长率等推算的，总额为 1068 亿日元。案件上诉到东京高等法院后，双方达成了由日亚公司向中村修二支付共计 8.4391 亿日元的发明补偿金的和解协议。东京高等法院向双方提出的《法院关于和解的意见》中也计算了 2003 年以后收益额。法院认为由于专利所属领域技术更新特别快，很可能会出现替代技术，因此以 1994 年至 2002 年的平均收益额的 70％计算，2003 年后的收益额为 2．5 亿日元。可见，虽然东京高等法院也计算了后续的报酬，但两级法院计算的被告收益分别为 1068 亿日元和 2．5 亿日元，差距是非常大的。这也说明，判决日后的收益及报酬计算是很难的，并且结论也是不可靠的。

（八）职务发明报酬额的计算问题

从我国法院关于职务发明奖励报酬纠纷的判决看，所有案件都涉及职务发明的报酬，而只有一件案件除涉及报酬外，还涉及奖励。可见，职务发明奖励报酬纠纷的争议点主要在于报酬而不是奖励。由于奖励有固定的数额标准，而报酬需要计算，报酬的计算问题往往成为案件中双方争议的焦点。

1. 并非以职务发明奖励报酬名义发放的奖金是否应计为已发放的奖励报酬

很多企业除了以职务发明奖励报酬的名义发放奖金外，有时会以其他名义发放奖励，比如，特别贡献奖、年终奖以及晋升工资等。这些奖励，往往与发明人作出的发明创造有联系。职务发明人往往因其专利给企业带来贡献而容易获得这些奖励。在发生纠纷时，有时会出现这些奖励是否计为已发放的奖励报酬的问题。

在谢文南案中，被告根据该公司的《合理化建议与技术改进奖励实施办法》，于 1996 年发布“关于九六年度合理化建议和技术改进项目的表彰

❶ 东京地方法院平成 13 年（ワ）第 17772 号判决，http：//www.courts.go.jp/hanrei/pdf/6F6054620D5D761C49256E6F0034B198.pdf.

决定”对包括原告在内的有关人员进行了表彰，评定原告的讼争专利架设计的奖励等级为二级，奖励1万元并给予晋升二级工资。法院认为，被告依据其自行制定的《奖励实施办法》对原告进行奖励，应认定已经履行了《专利法》规定的义务。原告因晋升工资而在专利有效期内多收入28 800元，再加上1万元奖金已超过《专利法实施细则》规定的标准。因此，法院判决驳回原告诉讼请求。

在朱瑞震案中，被告威霸公司主张，在朱瑞震离职之时已经支付了额外的经济补偿10万元人民币给朱瑞震，由于朱瑞震系自动辞职，用人单位没有相应的补偿义务，因此，该笔补偿不属于劳动法律法规所规定的经济补偿金，而是包括了朱瑞震所应得的所有报酬，也包括朱瑞震的职务发明创造发明人、设计人报酬。法院认为，由于威霸公司提交的该证据二收据和汇款凭证上并无说明系包括给予朱瑞震职务发明创造发明人、设计人的报酬，威霸公司也无提交其他证据证明该款项的性质，因此，该证据不足以证明威霸公司已经支付朱瑞震职务发明创造发明人、设计人报酬。

上述两件案件看起来有明显不同，谢文南案中法院将其他形式的奖金、工资计为已发放的报酬，而朱瑞震案中法院没有将补偿金计为已发放的报酬。但法院的观点并不矛盾。法院的基本观点是，因发明而得到的奖励报酬，可以计为已发放的职务发明奖励报酬。奖励报酬是否是因发明而得到的，应由专利权人方举证。专利权人应证明发明人得到的奖励报酬与其他因素无关，只是因完成发明创造而获得。特别是在晋升工资的情况下，专利权人应当证明工资晋升只是因完成发明创造而获得，而不是通常情况下的工资晋升，并且也没有影响正常的工资晋升。专利法规定的职务发明奖励报酬的目的是给发明人合理的报偿，并激励发明人完成更多的发明创造。由于企业情况各异，企业给技术人员的奖励和激励措施也呈现多样化。如果不把其他形式的奖励计为职务发明报酬，会制约企业运用多种形式奖励调动职工积极性的动力。

2. 发明人曾将发明据为己有，是否会影响其获得的奖励报酬

有时单位和职工会产生是否属于职务发明创造的争议，如果原属于职工所有的专利被法院判决为归单位所有，职工就成为职务发明的发明人。在这种情况下，职工是否还有权得到职务发明的奖励报酬呢？苟卉案就涉及这个问题。苟卉曾以自己的名称申请了涉案专利并获得授权，后法院认定专利应属于归被告所有的职务发明。苟卉提起职务发明奖励报酬的诉讼后，被告主张，原告将属于本公司的技术成果以个人名义申请专利的行为，违背了公平诚信原则，没有理由获得奖励。法院认为，虽然涉案专利最初是原告以其个人名义申请并获得专利权，但北京市高级人民法院的终审判决书已确认涉案专利系原告在北京路翔公司的职务发明创造，专利权应归属北京路翔公司，因此该公司应根据法律规定给予作为涉案专利主要设计人的原告合理数额的奖金。因此，法院的意见是，只要在诉讼中的专利为职务发明，单位就有义务支付奖励报酬。

3. 单位实施专利时如何计算单位的利润额

按照《专利法实施细则》的规定，单位实施专利时，应当按照所得利润额为基数，计算应付给发明人的报酬。但单位的所得利润额应如何计算，是很多案件中争议的焦点。

在翟作仁案[1]中，被告沈阳纺织研究院曾使用涉案专利制造设备并以成本价出售，并没有获利。法院认为，虽然买方同时购买纺织研究院生产的涂塑布，但没有证据证明涂塑布的购买者将涂塑布全部通过专利设备制成导风筒，从而将涂塑布的利润同该设备完全联系起来，即由涂塑布获得的利润不能等同于设备利润。因此，法院认定被告没有从使用专利中获得利润。

在荀卉案中，法院根据被告使用专利制造和销售数量、销售价格及合理的制造成本等因素，综合确定计算报酬的数额。

在薛利民案中，被告一枝花公司提出使用原告技术生产销售洗衣粉虽然有销售利润，但分摊了财务和管理费用后是亏损的，不应当支付报酬。法院认为，被告利用薛利民的专利生产的洗丽洗衣粉，除去生产和销售成本后，得到近662万元的销售利润，如果一枝花没有用薛利民设计的专利设备生产洗丽洗衣粉，其摊到该部分洗衣粉上的相关费用并不会因此就减为零，而是要摊到其他产品上去的，亏损的总额并不会发生多大变化，与此相对应的是，一枝花公司利用薛利民专利生产洗丽洗衣粉获得了利润，从而减少了亏损额，并且，一枝花公司在未举证证明一般洗衣粉和利用该专利装置生产洗衣粉在一定时间内，投入成本和获取利润各有多大等情况下，将该公司的财务费用和管理费用按产品销售总额进行笼统分摊，就会

[1] 翟作仁诉沈阳市纺织科学研究院，辽宁省高级人民法院（2005）辽民四终字第36号判决（判决时间：2005年5月27日）。

造成不论生产成本高低、利润空间大小而平均分摊的问题；加之该公司相关财务和管理费用数额巨大，存在即使实施该专利获取再大一些利润，但一经分摊相关费用后可能仍为负数的情况，显然这对于专利职务发明人的奖励是不公平的。况且，一枝花公司也并未按专利法的相关规定，在每一年度进行核算、奖励。因此，一枝花公司以总体亏损为由拒付薛利民报酬的做法法院不予支持。最后，法院根据销售利润中，综合酌定一枝花公司应当支付给薛利民的 2001 年和 2002 年报酬共 6 万元。

在朱瑞震案中，被告威霸公司未对其使用专利所得利润举证。一审法院认为，威霸公司作为实际生产销售主体，自主掌握各类产品的生产销售情况，故威霸公司生产销售各项专利产品所获得的税后利润的举证责任应当由威霸公司承担，威霸公司对之不举证应当承担举证不能的不利后果。最后，法院以威霸公司 2004 年度税后利润总额，即人民币 1454.71 万元作为计算外观设计专利设计人报酬的税后利润。二审法院认为，原审判决以威霸公司 2004 年度的税后利润来计算职务发明创造设计人报酬不符合有关行政法规的规定，但一审认定的数额尚属合理，因此维持了一审判决。

在唐开平案中，被告嘉陵公司以自己的利润统计表中利润为负为由主张不应向发明人支付报酬。而原告则以专利摩托车与其他摩托车不含税价差乘以销售数量作为被告的利润。最后，法院对双方的主张都没有采纳。理由是，嘉陵公司单方制作利润表，无法与审计报告对应佐证，且不能完整反映所有专利摩托车的税后利润。而唐开平的计算，不同摩托车价差受多方面因素的综合影响制约，两种摩托车除了专利点火系统外还有其他差异。最后，法院参照摩托车行业整体情况及摩托车点火器的市场平均利润率，以点火器的销售价格、平均利润率和使用数量计算出利润总额。

在严世鑫案中，法院以采用专利技术吨钢消耗降低，产生经济效益增加值作为利润总额。

可见，由于企业往往不对单一产品进行独立核算，要计算企业使用专利技术的利润额是很困难的。对此，法院应根据不同的情况确定计算利润的方法。而对于利润的举证责任，按一般的举证责任分配规则，应当由原告举证。但原告很难就被告的利润举证。因此法院在有的案件中加重了被告的举证责任。笔者认为，对于利润额应合理分配举证责任。原告应证明被告使用了涉案专利。在此基础上，被告应就其利润额举证。如果被告不举证，法院可以根据平均利润率等推定被告的利润额。当被告举证的利润额为负数时，法院应审查其扣除的成本、费用是否合理，并以其真实的利润额作为计算依据。即使被告的利润额确定为负数，法院也不宜驳回原告的诉讼请求。因为被告使用专利总会带来一定的收益，或者养活了亏损。法院应当根据情况酌定原告的报酬额。在没有现成的利润额可以作为依据时，根据产品的成本和销售价格计算利润，不失为一种科学的方法。

4. 如何确定计算报酬的比例

我国《专利法实施细则》规定了计算报酬的最低比例，在产生争议时，法院是否可以确定高于最低比例的比例？从我国法院的判决看，有三个案件确定的比例高于最低比例。在唐开平案中，法院按照6%的比例计算实施专利的报酬；在翁立克案❶中，法院按照30%的比例计算许可专利的报酬，主要理由是被告消极对待他人提起的专利无效，致使原告根据涉讼专利在专利权期限届满之前继续被推广应用所产生的经济效益而主张报酬的权利行使不能。在石孝冰案中，法院将实施专利的报酬比例确定为10%，主要理由是重庆市地方法院规定的报酬比例较高、发明人贡献较大而被告放弃了专利等。

由于《专利法实施细则》规定的是最低报酬比例，在一般情况下，法院都应当按照最低比例确定报酬数额，但也可以根据情况确定高于最低比例的比例。如果按照最低比例确定的报酬数额较低，法院可以确定较高的比例。例如，在唐开平案中，法院按6%计算的报酬额为2万元。如果按2%的比例计算只有6000多元。或者有其他理由，以高的比例计算报酬才是公平时，可以确定较高的比例。例如翁立克案、石孝冰案就属于这种情况。

5. 是否考虑专利技术对利润的贡献率

我国《专利法实施细则》规定的报酬计算办法，是基于“实施发明专利所得利润”以及“许可实施该项专利收取的使用费”。因此，利润和使用费都应是实施或许可他人实施专利带来的。如果利润或使用费中包括其他因素，则应当将其他因素扣除。例如，在翁立克案中，被告将包括涉案专利在内的喷油泵总成技术许可给他人。法院委托鉴定机构对涉讼专利在相关喷油泵总成中的技术比重进行鉴定，并按照鉴定机构确定的比例确定

❶ 翁立克诉上海浦东伊维燃油喷射有限公司，上海市高级人民法院（2008）沪高民三（知）终字第23号判决（判决时间：2008年4月18日）。

了专利使用费在使用费总额中的数额。可见，该案确立了当许可的技术不只是涉案专利时，应当分清涉案专利在技术许可中的比例，并按比例计算专利使用费的原则。

但是，当专利权人自己使用专利技术生产产品时，如果产品中还含有其他专利，或者其他因素对于利润的形成起重要作用，是否还应当考虑专利在产品中的利润贡献率？现有判决并没有涉及这个问题。笔者认为，有时一件产品往往包含多项专利，甚至几十、上百项专利，如果不考虑专利的利润贡献率，单位就每一个专利都按照总利润的一定比例支付职务发明报酬，有时可能报酬总额会超过利润额。有时即使产品中的专利数量并不多，但专利所起的作用明显不同，或者其他因素起到更大的作用。[1] 在这些情况下，可以考虑专利对利润的贡献率。总利润乘以贡献率所得的利润，才应是“实施发明专利所得利润”。

6. 专利无效、放弃对职务发明人报酬的影响

有时专利权人故意放弃专利或者放任专利被无效，发明人对专利被放弃或无效后的报酬仍提出请求。例如，在石孝冰案中，被告于 2003 年 8 月书面声明放弃涉案专利权。发明人的继承人认为被告放弃专利权的行为有主观上的恶意，其放弃行为应为无效。一审法院认为，被告在诉讼过程中放弃专利的行为，并不能影响发明人应当获得的法定报酬。二审法院认为，权利人只要不违背法律的禁止性规定，就可以按自己意愿处分该权利。专利权失效以后，不论重庆长江涂装机械厂是否仍然依照该技术生产产品，发明人都不再享有获得报酬的权利。在翁立克案中，由于被告的放任，专利于 2005 年 12 月 23 日被无效，原告主张报酬计算到 2011 年专利到期日。法院认为，原告只能要求被告伊维公司支付专利权被宣告无效前基于专利许可使用费的收取所应提取的相应报酬。在唐开平案中，原告因担心专利无效，提出要求在涉案专利权的放弃、终止、无效纠纷时嘉陵公司通知其共同维护专利权的诉讼请求。法院认为，唐开平是涉案专利的设计人之一，但并非专利权人，其依法只能请求嘉陵公司就涉案专利给予一定的奖励与报酬。嘉陵公司等专利权人在处分专利权时，可能会影响到唐开平获得报酬的权利，但这一权利实现与否本来就取决于专利权人实施专

[1] 据中国石化有关人员介绍，如果将按该公司成品油销售的利润计算成品油冶炼中所用专利的职务发明报酬，每一个专利都是一个天文数字。因此不可能按照全部利润计算报酬额。

利的情况与处分专利的方式，处分专利权是专利人固有的权利，职务发明创造的发明人或设计人无权干涉。

专利法规定的发明人报酬应当在专利有效期内支付。不管专利在何种原因而归于无效，原专利权人都无义务再向职务发明人支付报酬。上述案件中，法院都确认了这一原则。但专利无效或放弃会涉及发明人的利益，特别是在专利权人故意放弃专利或放任专利被无效，有人认为是一种为了不向发明人支付报酬的恶意行为。因此，在翁立克案和石孝冰案中法院都确定了比最低标准更高的报酬比例。但对于是否还应当给专利权人其他“惩罚”，笔者认为并无必要。一般情况下，即使给职务发明人支付报酬，单位所得的利益仍远远大于给发明人的报酬。因此，理性的人是不会因避免支付发明报酬而放弃专利的。

四、专利法实施细则修订对职务发明奖励报酬的影响

2010 年《专利法实施细则》进行了第二次修订。《专利法实施细则》对职务发明奖励报酬进行了重大修改。其修改点之一是不再区分国有单位和非国有单位，而是适用于“被授予专利权的单位”。其修改点之二是增加了“约定优先”的原则。该实施细则所规定的奖励报酬的数额和比例，仅适用于单位与职工没有约定也未在依法制定的规章制度中规定的情形。“约定优先”的修改，与《日本专利法》2004 年的修改有异曲同工之处。[1]

随着新修订的《专利法实施细则》的施行，企业在职务发明的奖励报酬方面将有更大的自主权，企业有权根据自己的实际情况确定职务发明奖励报酬的支付标准和支付方式。其标准可以低于也可以高于《专利法实施细则》规定的标准。可以预见，今后大部分企业将会制定自己的标准。因此，以后的职务发明奖励报酬纠纷，法院首先会遇到是否有约定以及约定是否合法的问题。在没有约定或者约定无效的情况下，法院才会按照《专利法实施细则》规定的标准确定职务发明奖励报酬。

[1] 《日本专利法》2004 年修改增加了第 35 条第 3 款、第 4 款，主要内容是在单位与职工有约定的情况下要考虑约定的合理性，在约定不合理时则按照法律规定的标准确定职务发明报酬额。

地方性专利法规的完善

季任天[1] 柴书英[2]

摘 要

专利需要完善的专利法律的保护才能发挥其应有的作用。对于各地发展不平衡的我国等国家来说，其国家层面的专利法很难实现最优化，而需要各地根据实际情况制定相应的最适宜当地情况的地方专利法规。由于专利是企业核心竞争力之一，因此地方性专利法规在提高企业核心竞争力中起到了非常重要的作用。以浙江省为例，可以说明地方性专利法规的现状。为加强地方性专利法规在提升企业核心竞争力中的作用，需要完善地方性专利法规。

❶❷ 作者单位：中国计量学院。

一、地方性专利法规的作用

就产业发展而言，技术发明是提升产业竞争力的源头和必经路径（技术发明→专利产品雏形〈商品化〉→创新产品、新创企业、附加值〈产业成长〉→技术贸易、产品出口〈国际竞争力〉）；重大的技术发明可引起产业生产力的巨大飞跃，并进而影响生产关系的调整和社会变革。因此，发明专利与产业发展肯定存在着关联关系。❶

专利是企业提高核心竞争力的一个利器。但同时，专利又是一把双刃剑。专利之刃，动辄能伤；专利影响，非正即负：如果专利保护与企业发展水平相吻合，必将加速该企业的追赶升级。因此，专利法律制度的最优化有助于保障专利尽量发挥其有利的作用，降低有害的作用。

由于专利是企业核心竞争力之一，因此地方性专利法规在提高企业核心竞争力中起到了非常重要的作用。企业核心竞争力具有 4 个特征：一是稀缺性，是企业所特有的；二是可延展性，核心能力可以使企业进入各种相关市场参与竞争；三是价值性，核心能力能够使企业为客户创造价值；四是难以模仿性，核心能力应当不会轻易地被竞争对手所模仿。企业核心竞争能力包含多个层面，归纳起来主要包括以下 5 个方面：（1）资源优势。资源包括有形资源、无形资源和人力资源，各种资源的有效整合是核心竞争力的基础。（2）企业的核心市场营销能力。（3）组织协调企业各生产要素，进行有效生产的能力。（4）企业文化与经营理念。（5）核心技术与技术创新。❷

对于各地发展不平衡的我国来说，其国家层面的专利法很难实现最优化，而需要各地根据实际情况制定相应的最适宜当地情况的地方专利法规。

我国于 1985 年实施的《专利法》更侧重规定专利申请、专利审批、专利保护等方面的宏观内容，但对于如何鼓励专利申请和促进专利技术的

---

❶ 李培英，王楠．成都发明专利与主导产业发展分析［J］．软科学，2007，21，（2）：111.

❷ 罗良忠．通过知识产权战略提升企业核心竞争力研究［J］．科技管理研究．2009（2）：248.

推广运用等方面，缺乏具体的规定，而已出台的地方性专利法规都在这方面进行了较为具体的说明，如最新出台的《重庆市专利促进与保护条例》，就在地方性专利法规中首次提出，将通过设立专利资金、专利新产品享受税收优惠、政府优先采购专利产品等，促进专利的申请与推广。

地方性法规作为法律体系中的一个的组成部分，发挥着重要的作用。地方性专利法规最大的优势就在于它能以立法的形式创制性地解决应由地方自己解决的问题，以及国家立法不可能解决的问题。也就是说它在凸显地方特色及针对性上有很大的优势。实践证明，地方性专利法规已经成为地方专利工作的重要依据。

不少地方专利法规还结合当地实际，规定了保护专利权的具体执行措施，提高了专利法的可操作性。如一些地方在专利法对专利侵权纠纷处理的原则性规定基础上，进一步规定了地方知识产权行政部门在处理纠纷过程中应采取的调查、取证手段等。

二、我国地方性专利法规的现状

新中国成立后，我国的地方立法工作是从 1979 年 7 月 1 日第五届全国人大第二次会议通过《中华人民共和国地方各级人民代表大会和地方各级人民政府组织法》，赋予省级人大及常委会制定地方性法规权和省级人民政府制定规章权起步的。我国的地方性专利法规的立法则启动于 1984 年《专利法》。鉴于专利的国家授予性、专有性、地域性、时间性等特点，对专利的保护需要各地根据自身的实际情况，作出适当的安排，尤其是我国东西部差异显著，全国适用统一的专利政策有显失公平之嫌。因此，继 1984 年《专利法》颁布之后，各地纷纷颁布了地方性专利法规。我国目前已有 24 个省区市都制定了地方性专利法规，东部地区包括北京、河北、辽宁、上海、浙江、福建、山东、广东等；中部地区包括山西、黑龙江、安徽、河南、湖北、湖南等；西部地区包括重庆、四川、贵州、云南、陕西、甘肃、宁夏、新疆、广西等。另外有杭州、宁波、广州、青岛、汕头、厦门、苏州、长春、太原、武汉、淄博、洛阳等十多个地市也制定了地方性专利法规。这些地方性专利法规，大多称为专利保护条例、专利促进与保护条例、专利管理条例等，各具特色。这些法规的制定和实施为在全社会鼓励与保护发明创新和促进发明创造的推广应用提供了强有力的法律保障。与已颁布20余年的具有原则性、框架性的专利法相比，各地结合实际情况制定的地方专利法规，如今已成为专利法的具体化和重要补充。

纵观全国各地的地方性专利法规可以看出，各地对专利保护的力度很大，给予企业很多政策扶持和资金扶持，更为企业运用专利扫清了障碍。各地在制定专利法规时都有所侧重。有的侧重管理，有的侧重保护，还有的保护、促进并重。内容上也各具特色。这些特色性规定，为企业创造、利用、管理、保护专利，进而提高企业核心竞争力提供了有力保障。在发达国家，专利申请量和授权量，是标志一个国家和地区的经济活力和科技创新能力的晴雨表。[1] 目前在我国，一个企业的经济活力与创新能力也基本上在专利的申请和授权量上表现出来。据统计，自各地颁布了专利法规，尤其是2003年以后，各地的专利申请和授权量都有了大幅度提高。由此可见，自地方专利法规颁布以来，大大提高了各地专利创造的动力和积极性，取得了突破性的进展。为企业增添了活力及核心竞争力。

已经出台的地方专利法规，对于我国全面贯彻专利法，在全社会营造鼓励和保护发明创新的良好法制环境，提高我国自主专利权的数量和质量方面发挥了重要作用。但是还是有些省份尚未出台地方性专利法规，已经出台的地方性专利法规的完善水平不一，产生的效果也不同。

下面以浙江省为例具体说明地方性专利法规的现状。浙江省专利的地方立法真正启动于1987年的《浙江省处理专利纠纷暂行规定》，这是由浙江省省政府针对专利纠纷的处理而颁布的暂行规定，其内容有很大的局限性，直到1998年被《浙江省专利保护条例》所取代，该条例成为浙江省开展专利管理和保护的重要法律依据。

1998年的《浙江省专利保护条例》由总则、专利管理与保护、专利纠纷的处理、法律责任和附则几部分构成，该条例整体上的特点是，针对当时浙江省已发现的实际情况，作了专门的规定，在内容上略显粗糙，体例上还有不合理之处，但其成为对浙江省专利管理与保护工作的法律依据，发挥了一些积极作用。

2005年，浙江省人大常委会通过了对《浙江省专利保护条例》的修改。此次修改在体例上沿用了1998年的条例，但在内容上显得规范了许

[1] 孙智．发展知识产权经济提升企业竞争力［J］．管理科学．

多，也更加明确具体。与 1998 年《浙江省专利保护条例》相比，其特点表现在：(1) 在总则中增加了对“鼓励发明创造，形成自主知识产权，促进专利实施”的规定，说明浙江省的专利工作已经进入到一个新的阶段，保护范围扩大，重点开始转移。(2) 总则中明确了各地区政府及行政部门的职责。为明确权责提供了依据。(3) 增加了“县级以上人民政府设立专利专项资金”用于促进专利创造、实施与产业升级。并加强了地方政府在该方面的职责。(4) 增加了政府资助、广告宣传、展会的规定并规范了专利具体业务的规范。(5) 新增了对专利纠纷的处理机制，并缩短了专利行政部门受理专利纠纷的期限。(6) 细化了法律责任的部分，使其更具操作性。

具体说来，浙江省地方性专利法规在企业提高核心竞争力中的作用主要表现在：

(一) 确立政府的责任，为企业提供政策、资金扶持

《浙江省专利保护条例》(以下简称《条例》) 在总则的第三条明确规定了省、设区的市、县等地方政府及科技、工商、公安、海关、经济贸易等有关行政管理部门的专利管理与保护的职责。第五条、第六条、第七条分别规定了提高专项资金，资助专利创造、加强政府对企业的指导以形成自主知识产权、政府为国际专利交流和合作提供帮助和指导等。这些激励政策及扶持政策大大激发了企业的创造积极性。在这一系列政策的激励下，企业加大了对专利的投资，专利申请量和授权量大幅度提高。

(二) 明确专利相对人的权利义务，指导企业发明、申请、运用、管理、保护专利，禁止侵犯专利的行为

《条例》的第八条至十九条分别规定了禁止假冒专利行为及帮助假冒专利行为、鼓励企业在对外贸易中进行专利检索并提供资助、广告经营者和广告发布者的权利义务、专利中介机构的权利义务、专利的海关保护、各种展会举办者的权利义务等内容。这些规定，明确了专利权人及相关人的权利义务，使得企业和专利相关人的行为都必须在法律的框架下作出，否则会受到处罚。这在一定程度上遏制了不法分子侵犯专利的行为，规范了专利相关人的行为，更重要的是保护企业的利益，使得企业不再有后顾之忧，可以充分利用自己的专利增强实力，提高核心竞争力。

（三）确立纠纷解决机制，查处违法行为并进行处罚，为企业运用专利提高核心竞争力提供保障

《条例》的第三章、第四章、第五章分别规定了专利纠纷的处理、专利违法行为的查处及相应的法律责任。自2005年浙江省修改《条例》以来，浙江省的专利申请量及授权量大幅度提高，但专利纠纷及侵权行为却有所下降。至2007年，浙江省侵权纠纷累计立案1693起，累计结案1448起；其他纠纷累计立案77起，累计结案66起；查处冒充专利行为累计立案79起，累计结案78起；查处冒充他人专利行为累计立案9起，累计结案7起。与2006年相比，2007年浙江省侵权纠纷立案由172起降到76起，查处冒充专利行为由3起降到1起，并且没有其他纠纷及查处假冒他人专利行为的案件立案。

由此可见，《条例》的实施可以减少专利纠纷及冒充专利、假充他人专利的行为，为企业利用专利提高核心竞争力提供了良好的社会环境。

三、地方性专利法规的完善

由以上分析可知，地方性专利法规在企业提高核心竞争力中发挥着重要的作用。并且，随着经济发展的加快、对外交流的加强，完善专利地方立法也更加具有了必要性、紧迫性。专利是知识产权的核心内容之一，完善专利地方立法，努力提高专利的创造、运用、保护和管理水平，是当前全面实施知识产权战略的重大举措，对于提升企业的核心竞争力和实现经济又好又快发展具有重要意义。专利地方立法要从实际情况出发，把促进企业提高核心竞争力和当地经济发展放在首位，明确各级政府及相关部门在促进专利发展中的职责，规定切实可行的鼓励和扶持措施，促使行政管理和地方立法更好地为加快经济发展而服务。

虽然地方性专利法规在企业提高核心竞争力中发挥了一定的作用，但在经济日新月异的当今社会，地方性专利法规还应该发挥更大的作用。目前各地的地方性专利法规都在不同程度上存在一定的问题。例如：（1）专利地方性法规立法存在盲目性并且扩张趋势加剧；（2）专利地方性法规立法缺乏统一性、完整性和规范性；（3）专利地方性法规内容与上位法或其他法律、法规、规章重叠或冲突，不能体现地方特色；（4）未能把握地方事务的实际情况，其规范缺乏可操作性；（5）具体专利法律制度缺失（如专利融资规范的缺失)，不能为地方解决本地区实际问题提供依据等。

这些问题的存在都要求我们不断探索，努力完善地方性专利法规，使其在企业提高核心竞争力中发挥其应发挥的作用。

国内外有一些研究涉及地方性法规，例如关于行政法规和地方法规效力关系❶、地方性法规及规章立法质量评价❷、地方性授权立法❸、地方性法规的立法时机❹、地方性法规的绩效评估❺以及地方法治❻等地方性法规一般原理方面开展了一些研究，此外也有关于旅游❼、海事❽、图书馆❾、档案❿、林业⓫、水资源⓬等具体领域的地方性法规研究。但是，很少有关于地方性专利法规的正式研究成果发表。因此，对地方出台的与专利相关的法规进行总结和对比，对具有创新性并产生良好实际效果的法规进行分析和评价，为其他地方出台类似法规或修改专利法规提供借鉴和参考，是具有非常重要的现实意义的。

《专利法》第三次修改已于 2008 年 12 月 27 日通过，并于 2009 年 10 月 1 日起施行。此次修改涉及“五大板块”：(1) 关于专利权的归属、转让和共有；(2) 关于授予发明和实用新型专利权的标准；(3) 关于外观设计保护制度；(4) 关于强制许可制度；(5) 关于专利权保护的加强。第三次修改后的专利法已经实施，要求各地的地方性专利法规必须根据《专利法》第三次修改内容作出相应调整，以符合下位法遵守上位法的基本原

---

❶ 周宏韬．行政法规和地方法规效力关系浅析今日南国（理论创新版）[J]．2008 (3)．

❷ 王勇．如何体现地方立法特色——甘肃省地方性法规及规章立法质量评价随感．人大研究 [J]．2008 (9)．

❸ 俞荣根．地方性法规授权立法研究——以重庆地方立法为例 [J]．重庆行政，2008 (4)

❹ 郭俊．准确把握地方实施性法规的立法时机 [J]．人大研究，2009 (2)．

❺ 李国平．地方科技政策法规绩效评估与建议 [J]．科技进步与对策，2009 (2)．

❻ 陈柳裕．论地方法治的可能性——以“法治浙江”战略为例 [J]．浙江社会科学，2006 (2)．

❼ 韩钧雅．我国地方综合性旅游法规立法体例比较研究 [J]．旅游学刊，2005 (3)．

❽ 张彪．完善地方法规体系 加快吉林海事发展 [J]．中国水运，2006 (3)．

❾ 高波．我国地方图书馆法规比较研究 [J]．图书馆学刊，2006 (4)．

❿ 刘迎红．我国地方档案法规的比较研究 [J]．兰台世界，2006 (22)．

⓫ 黄宗华．加强地方林业立法工作 推进广西生态文明建设——对完善我区地方林业法规体系的思考 [J]，广西林业，2007 (6)．

⓬ 刘惠荣．对地方水资源法规执行效能的实证研究 [J]．河海大学学报（哲学社会科学版)，2008 (3)．

则。在此背景下，开展地方性专利法规的研究显得格外意义重大。

地方立法要敢于创新，突出特色，要总结国内经验，吸收国外合理经验，在坚持上位法基本原则和精神的前提下，尝试设计或规定一些新制度、新措施，进一步对我国专利法加以补充和具体化。各地要互相学习地方性专利法规的立法经验，结合地区实际，将本地区一些行之有效的制度和做法上升为地方法规，推动地方专利工作的开展。地方专利法规要显现出专利行政保护的特色，形成一套比较完整的专利行政管理和执法工作体系，在处理专利纠纷、查处假冒专利方面要不断加大执法和协调力度。

中国知识产权刑法保护的改革与创新

钱翠华❶

摘　要

现阶段，中国知识产权刑法保护的改革与创新，应明确中国知识产权刑法保护发展的方向、改革创新审判体制与工作机制，建立适合中国特色的中国知识产权刑法保护的长效机制，并采取相关措施，逐步解决存在的问题，以实现“优化审判资源、简化救济程序、保证统一执法”之目标。

---

❶ 作者单位：深圳市中级人民法院。

一、中国知识产权刑法保护的改革契机与动因

中国知识产权刑法保护是中国知识产权保护的组成部分，从某种意义而言，中国知识产权刑法保护是中国知识产权司法保护的最高形态，它以剥夺侵权者人身自由，并可以同时处以罚金为刑罚手段，充分体现了知识产权刑法保护不同于其他部门法的惩罚力度。

当前，中国知识产权刑法保护面临新问题、新契机。一方面，知识经济成为国内应付国际金融危机的主要措施，这意味着知识产权审判事业迎来前所未有的挑战。另一方面，知识产权保护存在不统一、不协调，甚至矛盾等问题，反映在知识产权刑法保护上，主要是知识产权刑法保护的审判体制和工作机制上存在一些突出问题。这些问题的存在，已经影响和制约知识产权刑法保护水平的提高与司法保护整体效能的发挥，与贯彻实施国家知识产权战略存在差距。因此，探讨法院就当前经济形势下如何做好知识产权刑法保护工作，进一步明确中国知识产权刑法保护发展的方向、审判体制与工作机制，并采取相关措施，逐步解决存在的问题，建立适合中国特色的中国知识产权刑法保护的长效机制，并形成一些建设性意见，是本文之目的。

二、中国知识产权刑法保护改革现状的基本认识和判断

中国知识产权刑法保护发展迅速、决心坚定、力度空前，但也面临一些矛盾和问题。

（一）历史地看，中国知识产权刑法保护立法进入了规范发展阶段

我国知识产权刑法保护立法以及司法解释工作取得了积极进展，相关制度和体系也建设日臻完善，具体表现在：其一从条文数目看，从 1 条增加至专节 7 条。1979 年《刑法》第一百二十七条规定“假冒注册商标罪”，1997 年《刑法》增设专节共 7 条规定了侵犯知识产权犯罪。其二从罪名规定看，从 1 条罪名增加至专节和 7 条罪名。从“假冒注册商标罪”罪名，到专节规定“假冒注册商标罪”、“销售假冒注册商标的商品罪”、“非法制造、销售非法制造的注册商标标识罪”“假冒专利罪”、“侵犯著作

权罪”、“销售侵权复制品罪”、“侵犯商业秘密罪”。其三从单行条文看，构成了单行刑法与刑法互补制度与体系。1982 年《商标法》第四十条规定的“擅自制造或者销售他人注册商标标识的行为”，也属于假冒注册商标罪。1984 年《专利法》第六十三条规定的“假冒专利罪”。1993 年《全国人大常委会关于惩治假冒商标犯罪的补充规定》提高了假冒注册商标罪的量刑幅度，规定最高刑可判处有期徒刑 7 年，增加了“销售假冒注册商标的商品罪”，“非法制造、销售非法制造的注册商标标识罪”，并且规定了对单位犯罪的处罚原则。1990 年制定的《著作权法》并未规定侵犯著作权的犯罪。1994 年《全国人大常委会关于惩治侵犯著作权的犯罪的决定》规定了侵犯著作权罪、销售侵权复制品罪的刑事责任，还规定了对单位犯罪的处罚原则。其四从追诉标准看，明确了统一执法尺度。《最高人民检察院、公安部关于经济犯罪案件追诉标准的规定》，进一步明确了侵犯知识产权犯罪的追诉标准，包括非法经营数额的标准、销售数额的标准，违法所得数额的标准、直接经济损失数额的标准等。2004 年 12 月 8 日和 2007 年 4 月 5 日，最高人民法院、最高人民检察院先后共同颁布了两个司法解释，即《关于办理侵犯知识产权刑事案件具体应用法律若干问题的解释》（一）（二），“明确了定罪量刑标准；解释了刑法条文中易引起分歧的术语；明确了触犯不同犯罪时的处罚原则，降低了单位犯罪时的处罚原则，增加了共犯的规定”[1]。其五从衔接机制看，完善了相关规定。1987 年 3 月 11 日，最高人民法院、最高人民检察院、公安部《关于在审理经济纠纷案件中发现经济犯罪必须及时移送的通知》指出：“各级人民法院在审理经济纠纷案件中，如发现有经济犯罪，应按照 1979 年 12 月 15 日最高人民法院、最高人民检察院、公安部《关于执行刑事诉讼法规定的案件管辖范围的通知》，将经济犯罪的有关材料分别移送给有管辖权的公安机关或检察机关侦查、起诉，公安机关或检察机关均应及时予以受理，各级人民法院在审理经济纠纷案件中，如果发现有经济犯罪事实的，即应及时移送。”

（二）从当前来看，中国知识产权刑法保护总体上发挥了主导作用

第一，法院将知识产权的刑法保护提升到前所未有的高度。《国家知

[1] 见原最高人民法院副院长曹建明在知识产权刑事司法解释新闻发布会上的讲话：《贯彻知识产权刑事司法解释，加大知识产权司法保护》（2004 年 12 月 21 日）。

识产权战略》明确要求，“加强司法保护体系建设，发挥司法保护知识产权主导作用，提高司法效率和水平”，并指出，“加大行政执法机关向刑事司法机关移送知识产权刑事案件和刑事司法机关受理知识产权刑事案件的力度”。为贯彻落实《国家知识产权战略》，最高法院在2009年不到1个月内的时间，先后制定了两个贯彻意见，即《最高人民法院关于贯彻实施国家知识产权战略若干问题的意见》和《最高人民法院关于当前经济形势下知识产权审判服务大局若干问题的意见》，将知识产权刑法保护，放在法院全局工作当中来谋划、统筹和安排以完善知识产权刑法保护审判体制和工作机制为重点，以科学发展观为方法论，全面发挥中国知识产权刑法保护的职能作用。第二，中国知识产权刑法保护工作取得重大进展。“2005年，全国地方各级法院共审结涉及知识产权侵权的犯罪案件3529件，同比上升28.28%”[1]。“2007年全国地方法院共审结涉及知识产权侵权的刑事案件2684件，判决发生法律效力4328人，其中有罪判决4322人”。[2]“2008年，全国法院审结涉及知识产权侵权的刑事案件3326件，判决发生法律效力5388人”[3]。第三，各地知识产权刑法保护积累了一些行之有效的经验。比如广开征求意见门路，及时制定知识产权刑事司法解释；每年举行知识产权司法保护新闻发布会，集中力量审理一批案件，选择一些典型案例公开宣判和媒体报道，上网公布知识产权裁判文书；每年开展知识产权司法保护的专项行动等，努力营造一个有利于中国知识产权刑法保护的司法环境和社会环境。第四，已初步形成中国特色的知识产权刑法保护体制与工作机制。中国知识产权刑法保护立法与刑事司法解释不断完善，审判体制与机制不断探索，一个审判庭统一受理知识产权民事、行政和刑事案件的试点工作以及采用扩大合议庭组成或知识产权民事法官参与知识产权刑事、行政案件审判的探索工作，正在稳妥加以推进。具有中国特色的知识产权刑法保护体制和工作机制，正逐步形成与不断完善。

（三）从各地情况看，中国知识产权刑法保护形成了不同的审判模式

由于各地案件数量与案件类型、保护水平、发展速度、认知与重视程

---

[1] 见最高人民法院新闻发言人孙华璞在知识产权司法保护新闻发布会上的讲话（2006年3月10日）。

[2] 见最高人民法院副院长奚晓明在2008年知识产权司法保护国际研讨会上的演讲稿《中国知识产权司法保护的新发展》（2008年7月10日）。

[3] 2008年中国知识产权保护状况（摘编）[N]．中国知识产权报，2009-4-22.

度等不同，中国知识产权刑法保护的做法也有差异，形成了不同模式的实践，这些实践模式，为完善我国知识产权刑法保护提供了值得总结的经验与教训。

一是根据诉讼程序不同，分为“先刑后民”“先民后刑”“刑民并行”三种模式。根据刑事诉讼法和民事诉讼法的不同规定，法院内部分为民三庭（知识产权庭）统一受理知识产权民事纠纷，刑事庭统一受理知识产权刑事犯罪案件。“先刑后民”模式，即刑事庭先审理知识产权刑事犯罪案件，知识产权庭（民三庭）后审理知识产权民事纠纷案件；“先民后刑”模式，即知识产权庭（民三庭）先审理知识产权民事纠纷案件，刑事庭后审理知识产权刑事犯罪案件；“刑民并行”，即刑事庭和知识产权庭（民三庭）对各自管辖的刑事犯罪与知识产权民事纠纷案件同时审理。

二是根据审判组织的不同，可分为“统一受理模式”“扩大合议庭组成人员模式”“参与审理模式”。“统一受理模式”，如深圳市南山区人民法院，在知识产权庭的基础上，重新构建知识产权庭，统一集中受理知识产权刑事、民事和行政案件，“保证知识产权案件司法尺度统一，提高知识产权保护的能力和水平，为全国法院知识产权审判机制改革和创新积累经验”。[1]“扩大合议庭组成人员模式”，即审理知识产权民事纠纷案件的合议庭，吸收刑事法官参与庭审与合议。“参与审理模式”，即审理知识产权刑事犯罪案件的合议庭，吸收民事法官参与庭审与合议。“扩大合议庭组成人员模式”与“参与审理模式”有交叉，但侧重点不同：前者以民事法官为主审理知识产权刑事案件，而后者以刑事法官为主审理知识产权刑事案件，但两者所体现的价值目标与“统一受理模式”的价值目标一致，都是为了保证执法统一，维护司法权威与公正。

（四）从发展情况看，中国知识产权刑法保护不同程度存在一些矛盾和问题

总体而言，我国知识产权刑法保护进入了规范发展的阶段，突出表现为三点：一是刑事立法不断完善；二是刑法保护迅猛发展；三是已初步形成有完整保护体系的中国知识产权刑法保护的审判体制与工作机制。

尽管各地法院在知识产权刑法保护体制与机制上探索了一些做法，但均是在现有法律框架下进行，难免出现一些共性的矛盾和问题，归纳起来

[1] 林广海．“三审合一”知识产权司法保护新机制述评［J］．河北法学，2007（2）．

主要有以下两个方面的问题：

一方面，现有的中国知识产权刑法保护审判体制，已不能完全适应知识产权审判工作任务的重大变化。(1) 从受理案件看，知识产权民事案件的受理件数远高于知识产权刑事案件的受理件数，知识产权审判工作的主要任务是知识产权民事案件的审理。“2003 年至 2007 年 5 年间，全国地方法院共受理知识产权民事一审案件 64 625 件，年平均增长 20.60%，比上一个 5 年增长 148.39%. 其中，2007 年全国地方法院共受理知识产权民事一审案件 17 877 件，比上年增长 25.73%……2007 年全国地方法院共审结涉及知识产权侵权的刑事案件 2684 件”。[1] (2) 从审判力量看，知识产权民事审判庭已经形成了一支比较稳定的专门化审判力量队伍，而知识产权刑事审判队伍力量，集中在应对暴力刑事犯罪及经济犯罪上，审理知识产权犯罪的法官尚未形成一支专门化审判力量，审判力量不足，专业化审判工作受限。(3) 从审判质量看，知识产权民事案件的审理，已形成了一套能适应知识产权案件专业性强特点的审判工作机制，以保证知识产权案件的审判质量，而知识产权刑事犯罪案件的审理，尚未形成一套适应知识产权案件特点的刑事审判工作机制。

另一方面，现有的中国知识产权刑法保护工作机制已日显其相对滞后的一面，存在以下六个问题：(1) 级别管辖问题。知识产权刑事案件管辖级别与知识产权民事案件的管辖级别不协调。根据《刑事诉讼法》的规定，知识产权刑事犯罪案件的管辖级别与其他刑事案件的管辖级别相同，均由基层法院管辖，而知识产权民事案件的管辖级别，一般由中级人民法院管辖，经批准的部分基层法院也有权管辖[2]。管辖级别的不协调，难免出现程序上的不衔接，造成事实认定、证据采纳上的不协调甚至矛盾冲突。(2) 事实认定问题。刑事法官，着重审查有关犯罪行为构成要件和量刑情节的事实，在认定事实上，以是否符合犯罪行为构成要件和量刑情节为衡量标准，而常常忽略审查是否是真正权利人、技术特征比对是否相同、近似、等同。而知识产权民事法官着重审查知识产权纠纷产生和发展

---

[1] 见最高人民法院副院长奚晓明在 2008 年知识产权司法保护国际研讨会上的演讲《中国知识产权司法保护的新发展》(2008 年 7 月 10 日)。

[2] 截至 2008 年 5 月底，全国经指定具有专利、植物新品种和集成电路布图设计的案件管辖权的中级法院分别为 71 个、38 个和 43 个，经批准可以审理部分知识产权民事案件的基层法院 49 个。

的事实和知识产权民事法律关系构成要素的事实，是否是真正权利人、技术特征比对是否相同、近似、等同，才是要查明的案件事实。以商业秘密为例，在审理侵犯商业秘密案件中，刑事法官注重委托鉴定机构鉴定是否构成商业秘密和营利数额，然后根据鉴定结论来确定是否构成犯罪以及如何量刑，鉴定结论成为认定是否构成犯罪以及如何确定量刑情节的“帝王证据”。知识产权民事法官着重审查：权利人请求保护的商业秘密的内容，该内容是否是商业秘密，权利人是否是适格主体，被告有无具体接触到权利人的商业秘密，被告获取、使用或披露的商业秘密与权利人请求保护的商业秘密是否相同、近似或不同，而这些正是知识产权民事纠纷案件认定是否构成侵犯商业秘密的事实要件。由于刑事法官与知识产权民事法官审理的侧重点不同，对法律认识与理解也不同，有可能导致刑事裁判认定构成侵犯商业秘密罪，而知识产权民事判决认定不构成侵犯商业秘密行为的冲突，如此，造成执法上的冲突与不协调，影响执法权威与公正。(3) 鉴定结论采纳问题。鉴定结论是认定事实的关键证据，在认定事实过程中起着证明案件事实的作用。由于刑事诉讼法与民事诉讼法关于证据的规定存在差异性，在提交鉴定材料、委托鉴定内容、鉴定结论采信上也必然存在差异。公安机关、检察院和人民法院，不同审判庭刑事法官、民事法官，对同一技术问题委托鉴定内容可能不同，不同鉴定机构接受的检材不同、鉴定专家的认识不同、鉴定程序不同，得出的鉴定结论可能并不一致。公安机关委托的鉴定，根据刑事诉讼法的程序设置，不需要经过当事人质证，因而得出的鉴定结论可能是“构成商业秘密，被控侵权内容与权利人请求保护内容相同”，但法院知识产权民事法官，对是否是商业秘密的认定一般不委托鉴定机构鉴定，而由知识产权民事法官甄别，如涉及技术问题，知识产权民事法官委托鉴定的内容往往包括“是否是公知技术”，得出的结论可能是“被控侵权内容与权利人请求保护内容不相同或虽相同但是公知技术”，而公知技术依法不能为权利人所垄断的，所谓的权利人并不是真正的权利人，权利人请求保护“公知技术”的结果，要么被驳回全部诉讼请求，要么被准予撤诉。(4) 物证问题。“证据必须经过当庭出示、辨认、质证等法庭调查程序查证属实，否则不能作为定案的根据”。[1] 被控侵权物证是知识产权案件定案的关键证据。已被法院民事法官当庭拆封的物证能否作为刑事案件定案的物证，通过公安、检察侦察手段获取的物证能否作为民事案件定案的物证，如互不能作为物证使用，是否增加了权利人的救济成本，一定意义是否浪费了审判资源；如已开封的物证互相作为证据使用，有无法律依据？从权利救济及节约审判资源角度而言，已开封的民事、刑事物证可互为证据使用，但从法律依据而言，还有待完善条文规定。（5）中止问题。不同审判庭法官审理知识产权案件，无论是“先刑后民”，还是“先民后刑”审理模式，都涉及是否中止的两难问题。对于已进入刑事诉讼程序的知识产权案件，民事诉讼程序是否应中止。对于已进入民事诉讼程序的知识产权案件，刑事诉讼程序是否应中止。不中止，会不会造成裁判结果上的不协调甚至矛盾之处。“先刑后民”，假如刑事判决书定性认定错误，民事判决书与刑事判决书如何协调？“先民后刑”，是否会影响被告的羁押期限、是否会违背刑事诉讼法审限的规定，进而影响审判效率。（6）确认不侵权之诉与无罪的衔接问题。对于原告提起的确认不侵权之诉，法院知识产权民事判决书支持了原告的诉讼请求，已进入刑事诉讼程序的知识产权案件，是否应当庭宣判无罪，如刑事审判法官与民事审判庭法官对定性认识不统一，如何协调与统一执法。

三、中国知识产权刑法保护改革的定位与目标

中国知识产权刑法保护是贯彻落实国家知识产权战略的重要组成部分，中国知识产权刑法保护的改革发展，必须置于法院围绕大局、服务发展的全局工作来统筹与谋划，从中国知识产权刑法保护长期发展以及确保司法公正与诉讼效率的角度，来考虑中国知识产权刑法保护的审判体制与工作机制的改革与完善，这不能仅仅依靠选择不同审判模式而得到解决。

（一）中国知识产权刑法保护的定位：知识产权保护的重拳

“刑法在根本上说与其说是一种特别的法律，还不如说是其他一切法

[1] 见《最高人民法院关于执行〈中华人民共和国刑事诉讼法〉若干问题的解释》（法释〔1998〕23号，1998年6月29日最高人民法院审判委员会第989次会议通过）第五十八条之内容。

律的制裁”[1]，这句话恰当地说明了知识产权刑法保护的定位。

从知识产权案件审理的专业性特点以及知识产权民事案件增长比例远远高于刑事案件、知识产权民事案件受理覆盖面远远宽于刑事案件的实际情况和现阶段我国的国情特点出发，应当将知识产权刑法保护定位于：知识产权保护的最高形态，是知识产权保护的一支重拳。这个定位包含两层含义：一是强调它的权威性。权威是建立在公正与效率基础之上的，权威是建立在统一协调执法基础之上的，权威是建立在其他手段无法救济或救济不力基础之上的。“凡是适用其他法律足以遏制某种违法行为、足以保护合法权益时，就不要将其规定为犯罪；凡是适用较轻的制裁方法足以遏制某种犯罪行为、足以保护合法权益时，就不要规定较重的制裁方法”[2]二是强调它的不可替代性。中国知识产权刑法保护定位于重拳，既然是重拳，便有轻重缓急之分，便有审判力量分配之别。应当集中专门化的审判力量，集中优势审判资源，确保重拳有组织保障与审判人才优势保障。既然是重拳，便具有不可替代性，当其他救济手段不足以制止具有社会危害性的行为时，作为重拳的刑法必须发挥其惩罚与教育的作用。

（二）中国知识产权刑法保护的改革目标：优化审判资源、简化救济程序、保证统一执法

现有的中国知识产权刑法保护，在肯定其成绩的同时，也存在一些亟待完善的不足。针对前面陈述的两方面的问题，对中国知识产权刑法保护的审判体制与工作机制进行改革已是大势所趋。《最高人民法院贯彻实施国家知识产权战略若干问题的意见》中指出：“积极探索符合知识产权特点的审判组织模式。按照《纲要》要求，研究设置统一受理知识产权民事、行政和刑事案件的专门知识产权庭，优化知识产权审判资源配置，实现知识产权司法的统一高效。”根据最高院的上述贯彻意见，中国知识产权刑法保护审判体制与工作机制，应当是以达到实现“优化审判资源、简化救济程序，统一执法标准”为目标，设置专业知识产权庭（民三庭），统一受理知识产权刑事案件、民事案件。其发展前景是：（1）有利于专业化审案。充分发挥知识产权庭有一支相对稳定且比较专业的审判资源优势，相对固定审判资源、集中精力审理知识产权刑事、民事案件；（2）有

[1] ［法］卢梭．社会契约论［M］．何兆武，译．北京：商务印书馆，1980：73.

[2] 张明楷．刑法在法律体系中的地位［J］．法学研究，1994（6）．

利于统一执法。解决不同审判庭、不同法官审理知识产权案件在定性与量刑等方面的认识不统一、处理结果与程序可能存在冲突与协调问题；(3)有利于简化救济程序。知识产权刑事、民事案件物证互相具有证明力，委托鉴定内容及采纳鉴定结论的认识得到统一，事实认定的冲突得到解决，刑事与民事程序得以衔接，以最小的诉讼成本投入、最低的审判资源消耗，实现诉讼公正的最大效果。其发展意义在于：能实现中国知识产权刑法保护的改革目标，确保知识产权审判的统一，公正、高效与权威。

四、创新中国知识产权刑法保护的思路和建议

中国知识产权刑法保护，是通过由《刑法》与单行部门法共同组合起来的法律体系以及与之相适应的审判体制与工作机制来实现的。中国知识产权刑法保护，作为一个体系的运作，需要立法、体制、机制、管理全方位到位，立体互动。

（一）明确发展的总体思路和方向，统一认识，分步推进

目前及未来一段时期内，中国知识产权刑法保护改革与创新的总体思路大体可以概括为：深入贯彻落实科学发展观，从知识产权案件特点出发，将知识产权刑法保护存在的问题与解决这些问题结合起来，进一步明确发展方向、理顺体制、完善制度、规范运作、优化资源，形成定位准确、规范有序、审判专业、保障与促进并举的知识产权刑事保护的发展格局，有效发挥知识产权刑事审判的重拳作用。

中国知识产权刑法保护发展的基本方向和相关重要问题可以归纳为：

第一，中国知识产权刑法保护的改革创新应与其定位相适应。中国知识产权刑法保护是法院审判工作的组成部分，应纳入法院全局工作统筹；中国知识产权刑法保护是知识产权保护的重拳；目前中国知识产权刑法保护存在一些问题，亟待改革和完善；创新知识产权现行审判体制和工作机制，是保护知识产权人合法权益的需要、是改革现行审判制度的需要、是发展和完善社会主义司法制度的需要、是统一执法、确保司法权威的需要，是提高我国国际形象的需要。

第二，管辖制度的改革应逐步推行。知识产权刑事、民事案件的管辖冲突主要反映在级别管辖方面。根据《刑事诉讼法》的规定，知识产权刑

事案件级别管辖是由犯罪地、被告人居住地的基层人民法院管辖❶，而根据民事诉讼法规定，知识产权民事案件，一般集中在中级人民法院管辖，基层人民法院经授权，也可以管辖部分知识产权民事案件❷。这就存在知识产权刑事案件由基层法院管辖与知识产权民事案件一般由中级法院管辖的级别冲突问题。随着知识产权民事案件管辖权限的部分下放，部分基层法院也被授权管辖知识产权一审民事案件❸。在现有诉讼法规定及审判体制下，协调管辖冲突时既要坚持原则，也要灵活处理。对未被授权管辖知识产权民事案件的基层法院，知识产权刑事案件由中级人民法院知识产权庭统一受理，对已被授权管辖知识产权民事案件的基层法院，知识产权刑事案件仍由基层法院知识产权合议庭（知识产权庭）统一受理。另外，根据《刑事诉讼法》第一百七十条第二款规定，不是所有的知识产权刑事案件都由公安机关立案侦查，知识产权自诉案件便不涉及管辖冲突。被害人有证据证明的轻微刑事案件（可能判处有期徒刑 3 年以下的案件），应由被授权管辖知识产权民事案件的基层法院直接受理，只有在基层法院未被授权的情形下，由中级人民法院知识产权庭统一受理。

第三，鉴定结论不能被视为知识产权罪与非罪的“帝王证据”。鉴定结论是司法机关委托有专门知识和专业技能的中介机构就专门性问题所作出的书面鉴定意见。它是专家从专业角度就专门性问题所作出的推理性的结论，而不是事实本身的陈述。既然是推理性结论，自然存在法官取舍的问题，裁判法官不能将鉴定结论作为定案的惟一证据，鉴定结论是否采纳由裁判法官决定。几份鉴定结论情形下，一般意义而言，鉴定资质条件、鉴定能力高的优于资质条件、鉴定能力低的；上级机构鉴定结论优于下级机构鉴定结论；国家级鉴定机构结论优于省级鉴定机构结论。但是，有足

---

❶ 《刑事诉讼法》第二十四条规定：“刑事案件由犯罪地的人民法院管辖。如果由被告人居住地的人民法院审判更为适宜的，可以由被告人居住地的人民法院管辖”。

❷ 《民事诉讼法》第十九条第三项规定：“中级人民法院管辖由最高人民法院确定由中级人民法院管辖的一审案件”。《最高人民法院关于审理专利纠纷案件适用法律问题的若干规定》第二条规定：“专利纠纷第一审案件，由各省、自治区、直辖市人民政府所在地的中级人民法院和最高人民法院指定的中级人民法院管辖”。《最高人民法院关于审理著作权民事纠纷案件适用法律若干问题的解释》第二条规定：“著作权民事纠纷案件，由中级以上人民法院管辖。各高级人民法院根据本辖区的实际情况，可以确定若干基层人民法院管辖第一审著作权民事纠纷案件”。

❸ 以深圳市为例，深圳市共 6 个区基层法院，除盐田区法院未被授权外，其他 5 个区基层法院均被授权管辖部分一审知识产权民事案件。

够的证据或理由可以确定鉴定结论证明力的，可以不受上述限制。

第四，证据的采纳应适应知识产权的特点。知识财产具有无形性，侵犯知识产权行为具有隐蔽性，调取侵犯知识产权证据具有相当难度。因此，审理知识产权刑事、民事案件，应当正视知识产权侵权特点，形成一套适应知识产权特点的证据取证与采纳规则。比如，公安机关通过侦查手段收集的证据、人民法院通过保全方式保全的证据，在知识产权刑事、民事案件中可以互为应用；民事案件允许“陷阱取证”，所取得的物证可以作证据使用[1]，刑事案件也应允许“警察陷阱取证”，所取得的物证也可以作证据使用，并可以互为证据。但“警察陷阱取证”，应当严格控制，严格审批，谨慎使用，如实施“犯意诱发性”陷阱取证，或者违反规定造成严重后果的，应当承担相应的刑事责任。

第五，民事强制措施应作为刑事强制措施的补充。由于知识产权刑法保护的“重拳”定位，其他救济手段、强制措施，应作为知识产权刑事强制措施的补充，适用于知识产权刑事案件，但刑事强制措施是针对犯罪嫌疑人采取，不适用知识产权民事案件。刑事诉讼法第六章规定，公、检、法对知识产权犯罪嫌疑人可以采取拘传、取保候审、监视居住、拘留以及逮捕等强制措施，这些强制措施不适用知识产权民事案件的当事人。民事诉讼法规定，权利人可以申请采取证据保全、财产保全、诉前禁令、先予执行等强制措施。民事诉讼法规定的强制措施，可以适用于知识产权犯罪嫌疑人。

第六，知识产权有关冲突问题因统一受理得以解决。因知识产权刑事、民事案件的分开审理，涉及中止的冲突、刑事判决罪与非罪的认定，与民事判决侵权与不侵权确认的冲突、刑事判决与民事判决对事实认定的冲突等问题，但知识产权刑事、民事案件由知识产权庭统一受理，从审判组织程序上协调了上述冲突。

第七，案件管理应统一规范。案号表述规范为：一审案号，年份＋法

---

[1] 《最高人民法院关于审理著作权民事纠纷案件适用法律若干问题的解释》（2002 年 10 月 12 日最高人民法院审判委员会第 1246 次会议通过法释〔2002〕31 号）第八条：“当事人自行或者委托他人以定购、现场交易等方式购买侵权复制品而取得的实物、发票等，可以作为证据。公证人员在未向涉嫌侵权的一方当事人表明身份的情况下，如实对另一方当事人按照前款规定的方式取得的证据和取证过程出具的公证书，应当作为证据使用，但有相反证据的除外。”民事“陷阱取证”的合法性判断标准，一是有无侵害他人的合法权益；二是有无违反法律的禁止性规定。

院简称＋知＋民/刑初字＋第×号；二审案号，年份＋法院简称＋民三终字/刑二终知字＋第×号；案件审批规范为：凡知识产权刑事案件，分别报负责分管知识产权庭的院长审查后，再报分管刑事案件的院长审批。凡知识产权民事案件，按正常程序报审判长、庭长、分管知识产权案件的院长审批。

总体而言，上述的分析是建立在中国知识产权刑法保护所处的发展阶段和所面临的环境条件下，针对中国知识产权刑法保护现状、存在的问题和发展所提出的思路和建议。由于各地探索模式不同、发展环境不同，很难做到"一刀切"，一些适合于作为原则性的东西应允许变通；一些适合于作为方向性的东西，应发挥其指导作用；一些很难一步到位的东西，不能强求其迅速进行大的转变。而且随着时间的推移，立法、执法环境的变化，这些思路与建议，也应作相应的调整，以适应中国知识产权刑法保护的现实需要及其发展方向。

（二）尽快制定相关的司法解释和指导意见，完善相关立法

第一，中国刑法及相关知识产权单行法，为配合《与贸易有关的知识产权协议》以及其他国际规则的实施，在立法上作了一些修改与补充，但这远远不够。根据中国知识产权刑法保护面临的新情况新问题，建议尽快制定规范化的办案指导意见，条件成熟时制定司法解释，依法规范知识产权刑事、民事审判行为，协调知识产权法律适用中的冲突问题。如《刑法》第二百一十七条第一款规定的复制发行，与《著作权法》及《著作权法实施条例》的复制发行概念是否相同，是否需要进一步界定与明确？《著作权法》及《著作权法实施条例》规定了"合理使用""法定许可"，是否同样适用刑事案件？目前侵犯著作权罪和销售侵权复制品罪与非罪界限是以"营利为目的"，但"不能排除为了人身权利或者其他复杂动机侵犯知识产权，引起恶劣后果等严重情节的可能性"[1]，不以"营利为目的"，是否仍构成犯罪，这需要刑事立法的完善。中国刑法未规定禁止从业的资格刑，所谓资格刑，一般是指剥夺犯罪分子永久或暂时享有或行使一定从业权利和资格的刑罚，这种禁止从业的资格刑，与中国刑法传统上剥夺政治权利的资格刑还是有区别的，有利于从根源上打击知识产权犯罪

---

[1] 张文，李汉军．论知识产权的刑法保护［J］．中国法学，1995（3）；梁华仁，朱平．知识产权犯罪若干问题探讨［J］．政法论坛，2000（1）．

行为。在我国刑法未规定竞业禁止资格刑的实际情况下，为充分保护权利人合法权益，建议民事救济措施用足用充分。

第二，司法解释或规范化的办案指导意见，应当结合中国知识产权刑法改革与创新的总体思路与方向，在刑法保护的定位，以及知识产权刑事、民事审判管辖、立案、结案、鉴定结论、证据采用、强制措施、中止、协调、案件管理、案件监督、责任追究等盲点、冲突与衔接等方面内容，加以规范与完善。

第三，以新的司法解释或新的规范化的办案指导意见办法为上位法，清理规范相关的指导意见，统一执法标准。

（三）建立和完善相应措施，解决当前存在的相关问题，防止可能产生的新的矛盾与执法不统一

第一，针对现阶段知识产权刑事、民事案件法律适用中的冲突问题，建议尽快形成一个解决冲突问题的业务指导意见，明确知识产权法律适用中的实体与程序的衔接问题；

第二，针对多年来知识产权刑事、民事案件仍分别由不同审判业务庭审理现状，建议审判组织改革先行到位，知识产权刑事、民事案件统一由知识产权审判庭或合议庭（未设知识产权庭的）审理，从审判组织上、审判专业人员上，确保知识产权审判效率高效、执法统一；

第三，针对近年来知识产权敏感案、关联案、社会影响大案等情况，建议在分析敏感案、关联案、社会影响大案原因和总结各地处理这类案件的经验教训的基础上，作出统一部署，建议完善重大案件报告制度、建立案件协调制度、建立健全信息畅通机制、加强案件诉讼指导等制度，本着既要妥善处理，保持稳定，又要符合中国知识产权刑法保护的发展前景与发展方向的原则，激励与保护创新，实现中国知识产权刑法保护的社会利益最大化。

地理标志制度在贵州的实践初探

安守海[1]

摘　要

相对于其他知识产权，地理标志制度的实施更需要政府的介入。本文对实施地理标志制度的政府作为进行了分析，对建立政府层面的统筹协调机制进行了探讨。结合贵州省近年来的地理标志工作实践，本文对地理标志关联性、地理标志申请时机、地理标志保护渠道、地理标志申请机构、地理标志保护的地域范围、地理标志保护的产品形式、地理标志名称等进行了初步探讨。

由于技术创新能力较弱，相对于发达省市，贵州省拥有技术知识产权[2]的数量和质量处于劣势。而另一方面，丰富的生态、文化和生物多样性资源，造就了贵州省数量众多的符合地理标志保护条件的农产品和地方特色产品（以下简称农特产品）。以实施地理标志制度为突破口，把地理标志资源优势转变为品牌知识产权优势参与市场竞争，是贵州省实施知识产权战略的必然选择。本文拟结合贵州省推进地理标志工作的实际情况，对地理标志制度的实践进行初步探讨。

---

❶ 作者单位：贵州省知识产权局。

❷ 《贵州省知识产权战略纲要》(2006—2015) 把知识产权分为技术知识产权、品牌知识产权和作品知识产权。

一、实施地理标志制度的政府作为分析

地理标志保护对象多为农特产品，地理标志保护的受益对象主要是特定区域内所有符合一定条件的生产经营者，包括广大农户❶。实施地理标志制度，有利于加快转变农业发展方式，优化农业结构，培育区域主导产业，为“一县一业”、“一乡（村）一品”建设创造条件。归结起来，有利于“三农”问题的解决。❷ 而解决“三农”问题，是政府的责任。

地理标志的财产价值为特定区域内的生产经营者共同享有。如果把特定区域视为“权利主体”，那么，对该特定区域而言，地理标志和其他知识产权一样具有私权属性，而在特定区域内，地理标志的权益不为任何企业或个人专有，因而，地理标志又具有公权属性❸。为此，相对于其他知识产权，特定区域的政府及其有关部门有理由也有必要更多地介入实施地理标志制度的各个环节。

（一）地理标志申请的政府作为

某一产品是否申请地理标志，除了本文将探讨的影响的诸因素外，起决定性作用的是当地政府。从某种程度上，是否申请地理标志，在于当地政府发展该产品（产业）的信心和决心。只有当地政府把该产品（产业）纳入到地方重点产业发展规划❹，并付诸行动，申请地理标志才有意义，地理标志核准注册或审核批准后的监督管理才能落实到位。

---

❶ 不仅如此，地理标志的受益对象还有多个“利益方”。参见董炳和．地理标志知识产权制度研究［M］．北京：中国政法大学出版社，2005：201-212.

❷ 有学者提出，地理标志具有亲农性特征，笔者十分赞同，参见赵小平．地理标志的法律保护研究［M］．北京：法律出版社，2007：31-33.

❸ 比如，《地理标志产品保护规定》本身就打上了深深的公法烙印，参见冯寿波．论地理标志的国际法律保护—以 TRIPS 协议为视角［M］．北京：北京大学出版社，2008：313.

❹ 《农产品地理标志管理办法》第六条规定值得提倡，即“县级以上地方人民政府农业行政主管部门应当将农产品地理标志保护和利用纳入本地区的农业和农村经济发展规划，并在政策、资金等方面予以支持”。

目前，我国地理标志保护 3 条渠道并存❶，即：地理标志证明商标或集体商标渠道（以下简称工商渠道）、国家质检总局规定的地理标志产品保护渠道（以下简称质检渠道）和农业部规定的地理标志初级农产品保护渠道（以下简称农业渠道）。如果没有政府作为，保护渠道的选择就将成为地理标志申请的第一道难题。另一方面，地理标志申请政策性、技术性强，涉及面广，有诸多环节需要政府相关部门的指导、协助乃至参与。除了地理标志的相关规定中明确由政府及其相关部门负责的事项外，各级工商、质检（包括出入境检验检疫局）、农业等地理标志职能部门要分别按照《集体商标、证明商标的注册和管理办法》、《地理标志产品保护规定》、《农产品地理标志管理办法》等的规定，指导地理标志的申请。涉及农产品的地理标志申请，有关部门，特别是农业部门，无论是否通过农业渠道申请，都要指导、协助地理标志申请机构❷准备地理标志申请资料。涉及地方特色产品的地理标志申请，则少不了文化、旅游等管理部门的参与。

（二）制定技术标准和生产技术规范的政府作为

尽管表述不尽相同，3 条渠道都规定地理标志产品要具有相应的技术标准和生产技术规范❸。地理标志产品的特定质量、信誉或者其他特征（为叙述方便，以下简称特定品质）以及特定品质与该地区自然因素或者

---

❶ 1994 年 12 月 30 日，国家工商行政管理局发布《集体商标、证明商标和管理办法》，从 1995 年 3 月 1 日起，开始以注册商标的形式保护原产地名称。1999 年 7 月 13 日，国家工商行政管理局发布《集体商标与证明商标注册指南》，把原产地名称纳入证明商标保护范围。2001 年 10 月《商标法》第二次修订，明确了地理标志的定义。根据 2003 年 6 月 1 日起施行的《集体商标、证明商标注册和管理办法》，地理标志可以作为证明商标或者集体商标申请注册。1999 年，原国家技术监督局发布《原产地域产品保护规定》，2001 年，原国家出入境检验检疫局发布《原产地标记管理规定》及其实施办法；2005 年 6 月 7 日，国家质检总局公布《地理标志产品保护规定》，自 2005 年 7 月 15 日起施行。2007 年 12 月 25 日，农业部发布《农产品地理标志管理办法》，自 2008 年 2 月 1 日起施行。

❷ 获得地理标志保护后，工商渠道的申请机构将成为地理标志证明商标或集体商标注册人；农业渠道的申请机构将成为地理标志登记证书持有人。工商渠道和农业渠道的申请机构将承担部分管理义务。质检渠道的申请机构没有类似的“权利主体”的概念，主要体现在，使用地理标志产品专用标志的管理由当地质检部门负责。但在实践中，大多数质检渠道的申请机构在地理标志审核批准后，仍然在引导该产品（产业）发展方面承担一定的管理义务。

❸ 工商渠道没有直接规定提交技术标准和生产技术规范，但《集体商标、证明商标注册和管理办法》第七条、第十条、第十一条的规定，隐含了相关内容。

（和）人文因素[1]的关联性，反映在相应的技术标准和生产技术规范之中。而且，地理标志产品的技术标准和生产技术规范，事关产品品质特征的稳定和提高，同时也是使用地理标志专用标志准入的门槛。为此，科学合理制定产品技术标准和生产技术规范，是实施地理标志制度的基础性工作。地方质检、农业部门作为标准化管理部门，按照有关规定，应组织草拟、发布地理标志产品的地方标准（或者生产技术规范），为地理标志的申请和获得地理标志后的市场监管打下基础。

（三）执行地理标志产品专用标志准入机制的政府作为

以产品技术标准和生产技术规范为重点，执行好使用地理标志产品专用标志的准入机制，是实施地理标志制度的关键环节[2]。而地理标志执法措施不力[3]，却又是全国性的老话题，长期遭到诟病。获得地理标志保护而不使用专用标志，等于没有实施地理标志保护；不执行或不严格执行准入机制，损害了区域品牌形象，还不如不实施地理标志保护，符合准入条件的生产者不如不使用地理标志产品专用标志。在调研中有企业表示，在市场监管不力的情况下，宁愿靠企业自己的品牌（商标）参与市场竞争，也不愿意使用地理标志产品专用标志（区域品牌）。

地理标志职能部门一方面要根据相应的地理标志产品专用标志管理的有关规定，指导地理标志产品专用标志的规范使用；质监、出入境检验检疫部门要严格执行使用地理标志产品专用标志的有关规定[4]。另一方面，必须加强市场监管，严格执法，如此才能实现地理标志的价值[5]。

二、地理标志关联性分析

某一产品是否符合地理标志保护条件，一是要有特定品质，二是其特

---

❶ 商标法表述为“自然因素或者人文因素”。质检渠道表述为“自然因素和人文因素”、农业渠道表述为“自然生态环境和历史人文因素”。

❷ 比如法国，其成功的地理标志制度的实施，主要在于对产品的质量和生产过程的严格控制。

❸ 参见曹新明．我国地理标志保护制度之完善—以促进我国农业经济发展为视角［J］．知识产权，2007（1）：28－29.

❹ 参见《地理标志产品保护规定》第二十条。

❺ 参见李祖明．传统知识视野下的地理标志保护研究［J］．知识产权，2009（1）．

定品质主要由该地区的自然因素或者（和）人文因素所决定。一般而言，拟申请地理标志保护的产品都有相当长的生产历史，其特定品质大多已在掌握之中。在实践中，重点是研判产品特定品质与自然因素或者（和）人文因素之间的关联性（以下简称关联性）。显然，关联性可分为自然因素、人文因素、自然因素和人文因素关联性。

（一）自然因素关联性

大多数初级农产品及其部分加工制成品，其特定品质主要取决于自然因素。贵州自然因素关联性最为典型的例子当属是茶叶。作为国内惟一低纬度、高海拔、寡日照兼具的产茶区，海拔高度、年均气温、日照时数、空气湿度、年降雨量、土壤酸碱度等，都特别适宜茶树生长；所产茶叶水浸出物、氨基酸、茶多酚的平均含量均高于国家标准，具有香高馥郁、鲜爽醇厚的独特品质。

在自然因素关联性分析中，农作物、畜禽品种是不可忽视的因素。品种对关联性的影响有两种情形。一是品种对关联性影响较小，如贵州茶叶，由于生态环境使然，所有品种都具有关联性（当然，品种不同可能致使经济效益不同）。二是品种影响关联性，甚至决定关联性。贵州省很多地方传统品种，经历几百上千年的种植或养殖，亦即长时间的自然选育，其自然因素关联性一般已得到公认，其特定品质的关联性与其说是主要决定于自然因素，还不如说起决定作用的是品种因素。比如，贵州省作为全国四大地道药材产区，很多中药材由于品种和自然因素的结合而具有自然因素关联性。另外，列为地方“品种资源目录”的一些农作物和畜禽品种，大多也属于此类情形。如三穗（县）麻鸭历经 300 多年的生产选育，1983 年正式列为我国地方家禽品种，定名为三穗鸭。在《贵州省农特产品地理标志保护建议名录》[1]（以下简称《建议名录》）287 个产品中，约 20％的产品属于此类情形。

顺便提及，保存、提纯复壮地方传统特色品种，是保证地理标志资源的一项基础性工作。特色品种的消失，很可能就是一个地理标志产品的消失。如在贵州省已有 300 多年种植历史的印江（县）红香柚，由于品种退化，现今市场上已难觅踪影。

---

[1] 参见贵州省知识产权局会同地理标志职能部门于 2009 年 2 月共同下发的《贵州省农特产品地理标志保护建议名录》。

（二）人文因素关联性

贵州民族成分众多，少数民族人口占全省总人口的38.1%，有17个少数民族为世居民族，传统文化资源十分丰富。这些传统文化所表达的产品，其特定品质，大多具有人文因素关联性。具有代表性的当属安顺蜡染，除独特的工艺外，还承载了民族文化元素，人文因素关联性突出。具有人文因素关联性的产品形式主要包括：民族服饰和装饰品（如蜡染、苗绣）、工艺品（如银饰）、少数民族乐器（如芦笙、苗族姊妹箫等）。在《建议名录》中，近20%属于此类情况。

（三）自然因素和人文因素关联性

多数情况下，产品特定品质具有自然因素关联性的同时，也具备人文因素关联性。从贵州的情况看，最具代表性的莫过于贵州茅台。酱香型白酒和茅台镇自然因素之间的关联性，独特的传统酿造工艺、悠久而深厚的文化底蕴所形成的人文因素关联性，已成为教科书式的典型例子。在《建议名录》中，超过50%属于此类情况。

三、地理标志申请时机分析

（一）当前没有必要申请地理标志的情形

符合地理标志保护条件，不等于必须申请地理标志。贵州省相当数量的农产品，由于各方面的原因，至今仍“养在深闺人未识”，产业化进程缓慢；多数具有人文因素关联性的特色产品，产业化水平整体低下；一些产品市场有待开拓，生产规模较小，或者扩大生产规模受限。在这些情形下，则没有申请地理标志、培育区域品牌的必要性。

未实现产业化的产品，没有必要申请地理标志。如黔东南州雷山（县）苗族五色姊妹饭、铜仁地区沿河（县）土家族烟火架等，以在节日期间自产自销为主，尚未进入市场。主要依赖野生资源的产品，而且数量有限，如一些中药材、野生蔬菜（包括食用菌）和野生鱼类等，没有必要申请地理标志。一些产品物种数量极少，甚至处于濒危状态，而人工种植、养殖规模尚未取得突破，当前也没有必要申请地理标志。如黔南州贵定（县）大鲵、毕节地区赫章（县）可乐猪等。

生产规模太小，且难于扩大，参与市场竞争的紧迫性不强，连同考虑地理标志保护的经济和行政成本，当前也没有必要申请地理标志。如黔东南州凯里市湾水（镇）苗刀、黔南州三都县巫不（乡）香猪等。

与人文因素关联的产品，特别是承载民族民间文化的传统工艺品，受市场制约较大，短期内没有必要申请地理标志。如六盘水市水城（县）布依谷花酒、六枝（特区）长角苗头饰；黔南州枫香染；黔东南州凯里市旁海（镇）苗族堆花绣；铜仁地区德江（县）傩面具、印江（县）纸伞等。

另外，单一企业生产的产品，而且预计相当长的时间内不会增加新的企业，则申请地理标志的意义不大。如黔东南州镇远（县）青酒，培育企业品牌（商标）参与市场竞争即可。

（二）尽早申请地理标志的情形

产品品质特征突出，产业化水平较高，具有较高知名度和历史渊源，特别是纳入地方重点产业发展规划的农特产品，应尽早申请地理标志。在其他条件相同的情况下，生产者特别是农户数量越多，申请地理标志的意义越大。

（三）适当规模申请地理标志的情形

产品市场，继而产品生产规模，与实施地理标志保护是相互相承的。在产地范围或生产能力不受制约的前提下，规模的大小取决于市场因素。实施地理标志保护，培育区域品牌，有利于市场的开拓和市场份额的提高，从而为扩大生产规模创造了条件。因此，如果某一产品的市场或市场预期较好，在其他条件具备的情况下，适当的规模即可申请地理标志。如铜仁地区沿河县的沙子空心李，仅2个乡的规模，获得地理标志后依然取得了较好的效果。

四、贵州省农特产品地理标志保护名录分析

2007年4月至9月，贵州省组织开展了以县为基本单元的地理标志资源普查工作，对符合地理标志保护条件的农特产品进行调查摸底，共收集到农特产品资料971份❶。通过进一步的专题调研，地理标志职能部门和专家论证，关联性和申请时机等的综合分析，形成了《建议名录》。《建

❶ 各县（市、区、特区）对农特产品地理标志保护的内涵把握不够，所提交的普查资料参差不齐，对产品所具有的特定品质、自然因素或者人文因素关联性说明较少。尽管如此，通过普查，初步建立了包含符合地理标志保护条件的农特产品数据库，为分析全省农特产品地理标志保护适用性奠定了基础。

议名录》中，农特产品分3种类型。

第一类，地理标志关联性好，产品品质特征突出，市场或市场预期较好，具有较高的知名度，产业化水平较高或具有历史渊源，可作为全省重点推进地理标志保护的农特产品。《建议名录》中，该类产品共30个。

第二类，地理标志关联性较好，相对具有地理标志保护现实必要性，可由各市、州、地重点推进地理标志保护的农特产品。《建议名录》中，该类产品共136个。

第三类，具备地理标志关联性，但产业化水平较低，规模较小，当前实施地理标志保护的必要性相对较小，随着产业化水平的提升或其他条件的改善，可由各地择机申请地理标志保护的农特产品。《建议名录》中，该类产品共121个。

另外，还有一些农特产品需要进一步分析论证，才能确定是否具备地理标志关联性。此类产品约76个。

事实上，第二类和第三类之间并无明显的界限。随着地方产业发展布局，种植、养殖业结构的调整，市场情况的变化，乃至种植养殖技术的突破等，这一种界限将更加弱化。第三类中，仅具人文因素关联性的产品，相当一部分只是具备地理标志关联性而已，并非都需要申请地理标志。还有一些民族民间传统工艺品，尽管具有人文因素关联性，因分布过于零星，没有完全列入《建议名录》。随着各地特色产业的发展，特别是一些地方传统品种的价值得到充分体现，以及农特产品加工技术的进步，还会有更多需要申请地理标志的农特产品等待发现。

五、地理标志保护渠道分析

本文无意探讨地理标志保护3条渠道的法律地位、正当性等问题，而是关注3条渠道并存的情况下如何实践地理标志制度的问题。问题之一，就是如何选择地理标志保护渠道。

理论上，地理标志保护3条渠道大致相同，但在操作层面，区别却是显而易见的。在产品方面，工商渠道针对商品类别，质检渠道针对具体产品，农业渠道仅针对来源于农业的初级产品。在保护适用性方面，工商渠道规定商品的特定品质“主要由该地区的自然因素或者人文因素所决定”，而质检渠道则是“本质上取决于该产地的自然因素和人文因素”，农业渠道与质检渠道大致相同。[1] 为此，同时具备自然因素和人文因素的产品，工商渠道、质检渠道均可，如果属于初级农产品，也可选择农业渠道。仅具备自然因素或者人文因素的产品，则只能选择工商渠道。

按照商标法的规定，地理标志既可作为证明商标，也可作为集体商标申请注册。在实践中，二者的实质性区别在于，证明商标的注册人不得在自己提供的商品上使用该证明商标。由于证明商标、集体商标注册人要对商标的使用进行有效管理或者控制，注册人自己不使用商标显然优于使用商标。而且，商标渠道的地理标志来自于以注册证明商标的形式保护原产地名称。综合考虑并结合实践经验，工商渠道中，一般应优先选择证明商标形式。

从贵州省目前已经获得的 20 个地理标志[2]情况看，获准注册为证明商标的有 3 个，其余 17 个均为质检渠道审核批准。其中，11 个产品通过贵州省质监局申报，其余 6 个（11 个产品系列）经贵州省出入境检验检疫局申报。农业渠道尚无农产品地理标志登记。与工商渠道直接向商标总局提出申请不同，质检渠道地理标志申请向当地（县级或县级以上）质监部门或者出入境检验检疫局提出，省级质检部门提出初审意见；农业渠道由省农业部门受理并初审。相对而言，质检渠道和农业渠道获得地理标志的“距离”似乎较短，地方质检和农业部门的指导性更强。这或许是目前贵州质检渠道多于工商渠道的原因。但可以预见的是，随着工商部门对农产品商标工作的重视，这一区别将不复存在。

申请渠道的选择，在 3 条渠道均可的情况下，还必须考虑到地理标志保护区域所在的工商、质检和农业部门的行政能力和对地理标志工作的重视程度。

值得一提的是，工商渠道申请地理标志需要关注相同商标注册情况。按照商标法的规定，县级以上行政区划的地名不得作为商标，但具有其他含义的除外。贵州安顺市在组织申请“安顺蜡染”地理标志证明商标时发现，“安顺”因为有其他含义而已经有同类商品类别的商标注册。为此，

---

[1] 关于应该是自然因素或者人文因素还是自然因素和人文因素，学界争论颇多，各国的实践也不相同。参见董炳和．地理标志知识产权制度研究［M］．北京：中国政法大学出版社，2005：64－65. 笔者认为，从我国国情出发，特别是从保护传统知识的角度，以“自然因素或者人文因素”为宜。

[2] 包括质检渠道 2005 年 7 月 15 日前审核批准的原产地产品保护。

安顺市有关部门拟改由质检渠道申请。

六、地理标志申请机构分析

（一）地理标志申请机构应具备的基本条件

按照工商渠道和农业渠道的规定，地理标志申请机构[1]应当具有监督和管理地理标志产品特定品质和专用标志的能力。农业渠道还规定，农产品地理标志登记申请人要具有为地理标志产品生产、加工、营销提供指导服务的能力。质检渠道注重对使用地理标志产品专用标志的管理，对地理标志申请机构没有特别的规定。笔者认为，地理标志申请机构应具备的基本条件，实践中至少应具备农业渠道规定的基本条件。

（二）现阶段一般性团体、协会、其他组织以及企业作为地理标志申请机构存在的问题

从贵州省的实际情况看，目前多数团体、协会或者其他组织（包括农民专业合作经济组织）尚不完全具有监督和管理地理标志产品特定品质和专用标志的能力，更不具有为地理标志产品生产、加工、营销提供指导服务的能力。尤其是在当前强调非政府组织和政府部门脱钩的情况下，“协会即政府派出机构”的情形不复存在，让协会（包括类似协会的团体或者其他组织）具备这些能力实在是强人所难。尽管截至 2008 年 7 月，我国工商渠道获准注册的 393 个地理标志中，59％的申请机构为协会，但笔者认为，相当一部分由协会申请的地理标志，要么没有充分发挥作用，要么协会仍然具有政府派出机构的性质[2]。

对工商渠道而言，地理标志申请机构要制定证明商标或集体商标的使用管理规则，规定使用地理标志专用标志的条件、权利和义务、使用人违反管理规则应当承担的责任等。地理标志核准注册后，申请机构要严格执行使用地理标志产品专用标志的准入机制。这对一般的团体、协会或者其他组织而言，并不是一件轻松的事情。比如，执行地理标志产品的检验监

---

❶ 和其他知识产权不同，地理标志的申请人不能简单理解为权利主体的概念。故本文从实践需要出发，直接对地理标志申请机构进行探讨。

❷ 比如，贵州“湄潭翠芽”（茶叶）地理标志获准注册后，专用标志的使用问题由于没有加入协会的茶叶生产企业不信任湄潭县茶叶协会而无法解决。最近，该协会秘书长改由湄潭县茶桑局官员担任后，这一问题可望得到解决。

督制度需要经费支持。尽管现阶段协会作为申请机构还存在不少问题和困难，但随着经济社会的发展，市场经济秩序的不断完善，非政府组织也将不断完善，自律水平和公益性将不断提高，可以预见的是，从长远看，协会仍然是地理标志申请机构的最佳选项之一。

质检渠道规定，地理标志申请可以由企业提出。尽管地理标志审核批准后，其他生产者可以向质检部门申请使用专用标志，但与团体、协会、其他组织，特别是特定的产业发展机构申请地理标志不同，申请地理标志的企业没有鼓励其他生产者使用地理标志专用标志的主动性，更不可能本着培育区域品牌、整体推进产业发展的高度去指导帮助其他生产者的发展。贵州省审核批准的地理标志中，6 个为企业申请，在履行地理标志产地范围内的生产经营者集体共有的权益和义务方面作为甚少。其中，3 个企业地理标志保护的范围仅限于企业产区范围，除了企业产品出口时可发挥一定作用，其地理标志在某种程度上仅相当于企业商标而已。

（三）优先选择产业发展机构作为地理标志申请机构的必要性

从 3 条渠道的规定看，选择特定的产业发展机构作为申请机构是可行的❶。从全国的情况看，选择产业发展机构作为申请机构的情况相当普遍。比如，新近获得“龙井茶”证明商标的权利主体为浙江省农业厅经济作物管理局。

近些年来，为了突出地方特色和优势资源，推进特色产业的发展，不少县级、地市级政府成立了特色产业发展机构。在贵州，此类机构包括大多数县成立的中药现代化产业办公室、产茶大县成立的茶叶产业发展办公室；毕节的织金县以竹荪著名，成立有竹荪产业发展办公室；为了申请并管理好“安顺蜡染”地理标志，安顺市政府近日成立了蜡染产业办公室❷。事实上，农业主管部门、工业主管部门（分别对应农产品、加工制成品）等内设机构也可作为地理标志申请机构。如有必要，在承担相应产业发展职责的部门加挂特色产业发展机构的牌子，承担地理标志申请和管

---

❶ 工商渠道规定的地理标志申请机构为团体、协会或者其他组织；质检渠道规定的是县级以上人民政府指定的申请机构或认定的协会和企业；农业渠道规定的是农民专业合作经济组织、行业协会等组织。显然，产业发展机构可视为其他组织或县级以上人民政府指定的申请机构。

❷ 近几年来，安顺蜡染协会一直试图申请“安顺蜡染”地理标志，但由于个别较大规模的蜡染生产企业没有加入协会、协会的号召力较弱、协会团体会员之间的协作性较差，以及缺少资金支持，始终未能启动地理标志申请。

理的工作也是可行的选项。

与一般性团体、协会、或者其他组织以及企业申请地理标志不同，产业发展机构本身就以发展特定产业为己任，把地理标志制度运用于产业发展，是应尽的责任；显然，产业发展机构更具有监督和管理地理标志产品特定品质和专用标志的能力，具有为地理标志产品生产、加工、营销提供指导服务的能力。值得注意的是，对分布县域较多的农特产品，更应该选择产业发展机构作为地理标志申请机构。

七、地理标志保护的地域范围分析

跨区域存在的相同或相似的自然因素和人文因素，致使具有相同或相似品质特征的农特产品也跨区域分布。不同区域的特定产品如果具有相同的品质（以下简称同质性），同时具有地理标志关联性，该区域范围即为地理标志所标示的地区的范围或地理标志产品产地范围（以下统称地理标志保护的地域范围）。

极少数情况下，产品仅在一个行政村或自然村范围内具有同质性。如遵义市桐梓县松坎镇的水通萝卜，只有水通村特定的土壤、气候条件下，这种萝卜（品种）才具有同质性。少数情况下，产品主要在一两个乡镇范围内表现出同质性。如沿河沙子空心李，其地理标志保护的地域范围就仅限于沿河县的沙子镇和中界乡。贵州的调查结果表明，地理标志保护的地域范围大多跨乡镇区域，相当一部分跨县域。大宗农产品如茶叶、辣椒、大米等，基本跨县区域分布。

科学合理界定地理标志产品地域范围，主要考虑两点。一是在具有同质性和地理标志关联性的前提下，划定地理标志保护的地域范围应遵循最大化原则。二是要对具有同质性的范围进行科学论证，必要时，对产品的有关理化指标和感观指标进行分析研究。在实践中，可参照质检渠道的规定，即申请保护的产品在县域范围内的，由县（市、区、特区）政府划定地域范围；跨县域范围的，由市、州、地政府（行署）划定地域范围；跨市、州、地范围的，由省政府划定地域范围。或执行工商渠道的规定，即地理标志所标示的商品的生产地域范围应在省级或省级以上的行业主管部门出具的证明中予以确认。

八、地理标志保护的产品形式分析

地理标志产品形式，在具备关联性的前提下，首先应尽可能是终端市场消费者接受的形式，其次是尽可能延伸到加工制成品、顾及所有产品类别。调研表明，贵州省核准注册或审核批准的地理标志产品形式，总体合理，但也存在两个方面的问题。一是产品形式单一。除茶叶、白酒之外，贵州的地理标志产品只有从江香猪涉及系列产品。二是对产品形式定位欠妥，或限制了产品形式。以茶叶为例，贵州地理标志目前所保护的，茶青以独芽或一芽一叶为主；在产品形状方面，以扁形茶为主。如产茶大县湄潭，其“湄潭翠芽”地理标志产品形式是扁形茶，当地产量较大的针茶则不在保护之列。

在品种对关联性影响较大或品种决定关联性的情况下，要明确农作物或畜禽品种。反之，则不应加以限定，除非是为了突出品种特征。

九、地理标志名称分析

通常情况下，由县域机构申请的，地理标志名称一般由县名加产品名构成；由市、州、地地域机构申请的，一般由市、州、地名称加上产品名构成。对特定产品而言，其特定品质总有一个最具代表性的区域，以该区域名称命名，是选项之一。跨县域分布的产品，最具代表性的县名加上产品名，即构成地理标志名称。如贵州毕节地区威宁、纳雍、赫章一带所产苦荞，因威宁县所产苦荞在特定品质方面的各项理化指标最具代表性，显然可冠名“威宁苦荞”申请地理标志。

以地域范围内具有较高知名度的其他地理名称命名，也是可行的选项，而且往往优于一般的行政区划名称。一些地理标志是一种事实存在，其名称历史久远。甚至于，无论是否获得地理标志保护，已然达到驰名商标的认定标准❶。如黔东南州岑巩县古称思州，所产石砚以“思州石砚”闻名，显然，冠名“思州石砚”优于“岑巩石砚”。一些乡镇（村、自然

❶ 李祖明．我国商标法对地理标志保护的探讨——兼评商标法修改稿第七章的规定［J］．知识产权，2007（6）：51.

村）名称长期冠名特定产品，在市场已具有一定知名度，冠名作为地理标志名称也是恰当的。如黔西南州贞丰县北盘江镇下辖的顶坛自然村，所产花椒在市场已具有一定知名度，故该县审核批准的地理标志为“顶坛花椒”。另外，知名的山川河流名称也可冠名作为地理标志名称。仍以威宁、纳雍、赫章一带所产苦荞为例，如考虑到纳、威、赫同处乌蒙山区域，冠名“乌蒙苦荞”申请地理标志也是选项之一。

十、地理标志工作的统筹协调机制分析

地理标志保护 3 条渠道并存的现实、地理标志具有的“公权”属性、受益对象的特殊性和地理标志保护对培育特色优势产业的重要性，决定了在政府层面建立地理标志工作统筹协调机制的必要性。在知识产权办公会议制度，或者实施知识产权战略联席会议制度框架下，建立地理标志工作统筹协调机制是可行的选项。贵州省政府提出，各地要建立政府统一领导，知识产权管理部门牵头，农业、工商、质检等部门配合的工作机制，统筹协调本地区的地理标志工作[1]。

（一）地理标志保护渠道的统筹协调

选择适宜的地理标志保护渠道，是运行地理标志工作统筹协调机制要解决的问题之一。在全国范围内，特定区域内同一产品既通过工商渠道又通过质检渠道申请地理标志的情况屡见不鲜[2]。而且，随着 2008 年农业渠道的实施，还可能发生 3 条渠道同时申请的情况。在贵州，都匀毛尖已获得地理标志证明商标，但有关方面又提交了质检渠道的地理标志申请。多渠道申请地理标志，在浪费行政资源、增加投入的同时，也使地理标志申请人无所适从，更是给获得地理标志后的监管、行政执法带来不良后果。

（二）地理标志保护地域范围及相应申请机构的统筹协调

在贵州的调研表明，在地理标志保护的地域范围方面，各自为政现象

---

[1] 参见贵州省政府办公厅《关于加强农特产品地理标志工作，大力促进我省农特经济发展的意见》（黔府办发〔2009〕2 号）。

[2] 比如：日照绿茶、安吉白茶、古田银耳、宣威火腿、涪陵榨菜，参见赵小平．地理标志的法律保护研究［M］．北京：法律出版社，2007：297－348.

比较普遍。跨行政区域的产品申请地理标志时，没有顾及相邻地域；在产品同质性很强的情况下，一个县域地理标志的申请，造成了另一个县域的“攀比”。只顾自己“一亩二分地”的做法，在特定区域的整体自然资源或人文资源优势得不到发挥的同时，还造成行政资源的浪费、增加了对外宣传推介的成本，不利于集中力量创建区域品牌。以遵义市的茶叶为例。辖区内湄潭、凤冈、正安、道真等均为产茶大县，且地域相邻。目前，湄潭、凤冈已分获茶叶地理标志，正安也有意申请。因此，在申请地理标志前，必须执行地理标志统筹协调机制，召集地理标志职能部门和相关单位，组织专家就地域范围进行论证。拟申请地理标志的产品跨行政区域分布的，应向上一级执行地理标志统筹协调机制的部门（比如知识产权局）报告，通过执行上一级的地理标志统筹协调机制就地域范围进行论证。

在拟申请地理标志的产品跨行政区域分布的情况下，由哪一个行政区域提出地理标志申请，亦需执行统筹协调机制。多数情况下，最先提出地理标志申请的行政区域，其拟申请的地理标志产品的产业化水平和知名度较高。但也不排除相邻行政区域拟发挥“后发优势”而最先提出地理标志申请的情形。在此情形下，需通过执行上一级地理标志统筹协调机制组织专题研讨，征求各方意见，综合分析产业化状况，明确申请和管理地理标志的行政区域。在产业化水平相当的情况下，应当由最能代表该产品品质特征，知名度和管理水平较高的行政区域提出申请。

对跨多个县域分布的大宗农产品，如遵义市的茶叶、辣椒等，与其说需要调协，不如说更需要统筹。最科学合理的，是由遵义市统筹申请地理标志，相应的申请机构，以“市茶办”、“市农产办”等为宜。对跨市、州、地地域范围的农特产品，如有必要合并，则由省人民政府通过地理标志工作统筹协调机制提出适宜的申请机构。

（三）地理标志工作和其他相关工作的统筹协调

围绕稳定和提高地理标志产品的特定品质、提高知名度、做大做强特定的产品产业，必须在更大范围内形成统筹协调机制，推进地理标志工作与农业标准化、农产品认证、生态环境建设、技术创新等方面工作的整合。

（1）地理标志与农业标准化。制定实施农业标准、监督标准的执行，是农业标准化的主要内容，也是发展现代农业的必然要求。这和地理标志保护的关键环节，即通过制定和实施标准，稳定和提升农产品的特定品质是一致的。

（2）地理标志与无公害农产品、绿色食品和有机食品认证。无公害农产品、绿色食品和有机食品认证，是质量安全的保证，也是创建和保护农产品品牌的手段，在树立农产品品牌形象，提高市场竞争力方面，和地理标志工作的结合无疑会产生协同效应。

（3）地理标志与生态环境建设。保持良好的生态环境，是地理标志产品发展的应有之义。一旦生态环境遭到破坏，地理标志产品的自然因素关联性则不复存在。

（4）地理标志与技术创新。在良种选育、对地理标志关联性起主要作用的传统特色品种的提纯复壮、高产优质栽培、储藏保质技术、精深加工、产品质量安全保证等技术领域，必须加大技术创新力度，为地理标志产品发展提供科技支撑。

专利保护客体

当前金融危机下的商业方法保护和其他专利法问题

Joseph Straus[1]/Simon Klopschinski[2]

黄洪佳[3]　王增岩[4]　译

张韬略[5]　校

摘　要

起于2007年的金融危机，其导火索是美国住房抵押贷款证券，即所谓的“资产支持证券”(ABS)。许多人并没有意识到，作为一种金融产品，ABS实质是一种商业方法，而其可专利性一直是专利法所讨论的对象。金融市场危机的主要原因正是因为商业方法的集中，因此商业方法的法律和经济意义远不止于对专利法技术性的辩论。在介绍了美国两个银行、金融业商业方法专利之后，文章尝试着去分析，如何通过专利法和相应的行政法规，去严加控制金融产品发明。在商业方法可专利性上，作者认为技术性不应做为判断之基准，而应考虑此类创新的可专利性所带来的经济整体上的效用。文章批判了欧洲、德国的保守作法，并认为问题不在于是否给予专利，而在于

---

[1] 作者单位：慕尼黑大学。

[2] 作者单位：慕尼黑马克斯一普朗克知识产权法、竞争法和税法研究所。

[3][4][5] 译校者单位：上海同济大学。

在授予专利时应严加把握授权的标准，因为这样反而通过专利申请和公开增加了商业方法的透明度，也为从公共秩序和善良风俗等角度进行独立的审查提供了可能。

一、商业方法所导致的2007/2008年金融市场危机

2007年6月纽约投资银行贝尔斯登（Bear Stearns）旗下三家对冲基金的破产首次明确揭示了这场危机迫在眉睫。它始于美国抵押贷款市场，接着严重威胁到金融业和银行业，并同时影响了全球经济。至今人们还不知道这些负面影响何时才能结束。危机的导火索是美国住房抵押贷款证券，所谓的“资产支持证券”（ABS）。这项金融产品于20世纪70年代末出现在市场上，从80年代中期开始流行，从2000年起伴随着美国住房市场的兴旺和所谓的“次级抵押贷款”——向没有或只有有限偿还能力的贷款方发放抵押贷款——的出现，经历了一场高速繁荣。

乍看之下，金融市场危机与专利法的关联并不明显。对此，商业银行（Commerzbank）在1965年向德国专利局提交的储蓄罐实用新型申请，并未提供令人满意的答案❶，虽然在当前局势发展下，借助该发明以激励银行客户储蓄的目的，赢得了毫无保留的支持。

然而，当人们意识到，ABS是商业方法，且其可专利性一直是专利法所讨论的对象时，专利法和当下金融市场的发展之间可能有所关联的想法，就变得清晰起来。❷虽然至今为止立法者和法庭都未曾努力去详细地解释商业方法，但是《欧洲专利公约》（EPü）和德国专利法（PatG）都提到了商业方法这个概念。然而这并非意味着，人们未曾尝试界定商业方法。例如，下面的定义是欧洲专利局在针对一项欧盟指令的讨论中提出的，该欧盟指令涉及计算机执行发明的可专利性。从中人们能明确得知，诸如ABS一样的金融市场产品，是商业方法：

“……商业方法可以是更多地关注人际关系、社会关系和金融关系而非工程题材的任何主题——因而例如资产评估、广告、教学、从候选者中

❶ 登记号：DE 1933358U，http：//depatisnet. dpma. de.

❷ 参看 *Beier*，Zukunftsprobleme des Patentrechts，GRUR 1972，214（220 ff.）；*Jänich*，Sonderrechtsschutz für geschäftliche Methoden，GRUR 2003，483.

选出适合一项工作的人，……”❶

2000 年由美国国会议员 Berman 和 Boucher 在众议院提出的《商业方法专利改进法》（Business Method Patent Improvement Act）草案，对那些表现出与金融市场产品有关联的商业方法，给出了更广泛的定义。虽然这个提案最终未以法律形式确定下来，但这一可能被纳入美国专利法新§100（f）的定义，在学术讨论中流传甚广：

“‘商业方法’这一术语意味着：

（1）一种方法——（A）用以管理、经营或运作一个企业或组织，包括开展和指导业务的技巧；或者（B）处理金融数据；

（2）任何在运动、教学或个人技能领域所使用的技巧；以及

（3）任何由计算机辅助实施的（1）中所指的方法或（2）中所指的技巧。”❷

二、商业方法在欧洲和美国能否得到专利权保护

当人们质疑商业方法的可专利性时，经常能听到，在欧洲根据《欧洲专利公约》第 52 条第 2 款 c）项以及第 3 款的规定，商业方法并未受到保护。与之相反，在美国，自从 1998 年美国联邦巡回上诉法院（CAFC）对美国 *State Street Bank* 案的判决之后，“阳光之下由人所创造的一切有用之物”，原则上都是可专利的❸。

---

❶ 引自：*Wagner*, Business Method Patents in Europe and Their Strategic Use - Evidence From Franking Device Manufacturers, Econ. Innov. New Tech. 17（2008）173（174）.

❷ Sec. 2 Business Method Patent Improvement Act of 2000（Introduced in House），H. R. 5364（106th Congress），http：//www. thomas. gov.

❸ *CAFC*, GRUR Int. 1999, 633 - *Finanzdienstleistungs－Anordnung*; *CAFC*, GRUR Int. 2000, 174 - *AT&T v. Excel*; *Schwartz*, The Patent Office Meets the Poison Pill: Why Legal Methods Cannot be Patented, Harv. J. L. & Tech. 20（2007）333（342 ff.）; *Adelman/Rader/Klancnik*, Patent Law, 2008, S. 55 ff.; *Mes*, PatG/GebrMG, 2. Aufl., 2005, § 1 PatG Rn. 72; *Moufang*, in: Schulte, PatG, 8. Aufl., 2008, § 1 Rn. 156 ff.; *Gruber/Adam/Haberl*, Europäisches und Internationales Patentrecht - Einführung zum EPü und PCT, 6. Aufl., 2008, Rn. 12. 10 ff.

1. 欧洲

人们参考《欧洲专利公约》第 52 条第 2 款 c）项及相应的《德国专利法》第 1 条第 3 款第 3 项的规定，就会发现，商业活动的计划、规则和方法，即商业方法，以及数据处理装置的程序，都被排除在专利保护之外，这证实了上述印象。然而，如果人们接着读这些法律文献，看到《欧洲专利公约》第 52 条第 3 款或《德国专利法》第 1 条第 4 款时，则会豁然开朗，因为它们将《欧洲专利公约》第 52 条第 2 款 c）项及相应的《德国专利法》第 1 条第 3 款第 3 项限制在一定的情况下，即寻求商业活动或者计算机程序“本身”（als solche）的专利保护。这意味着，《欧洲专利公约》并未排除所有商业活动或者计算机程序的可专利性，某些商业活动是可专利的。然而什么时候是商业活动“本身”，什么时候不是呢？在欧洲专利局技术申诉庭（Beschwerdekammern）的裁判实践中，人们试图这样来回答这个问题：当一个商业活动包含技术特征时，应视其为具有专利能力的发明❶。

然而人们至今还没搞清楚，怎样才叫做一个商业活动含有技术特征。因此人们可能形成这样的印象：一个神秘感并不减弱的概念“包含技术特征的商业方法”，取代了神秘莫测的商业方法“本身”。欧洲专利局技术申诉庭在寻求这道谜题答案的过程中向人们证明，在过去几年中，对于在何种条件下商业活动或计算机程序包含或不包含技术特征这一问题的回答，

❶ *EPA*, T 1173/97, GRUR Int. 1999, 1053 (1055 ff.) - *Computerprogrammprodukt/IBM*; *EPA*, T 931/95, GRUR Int. 2002, 87 (89 ff.) - *Steuerung eines Pensionssystems/PBS PARTNERSHIP*; *EPA*, T 258/03, GRUR Int. 2005, 332 - *Auktionsverfahren/HITACHI*; *EPA*, T 424/03, GRUR Int. 2006, 851 (852 ff.) - *Clipboardformate I/MICROSOFT*; *EPA*, T 1351/04 - *File search method/FUJITSU*; *EPA*, T 1227/05, GRUR Int. 2008, 59 (60 ff.) - *Schaltkreissimulation I/INFINEON TECHNOLOGIES*; *EPA*, T 154/04, GRUR Int. 2008, 337 (340 ff.) - *Schätzung des Absatzes/DUNS LICENSING ASSOCIATES*; *EPA*, Prüfung computerimplementierter Erfindungen im Europäischen Patentamt unter besonderer Berücksichtigung computerimplementierter Gesch? ftsmethoden, ABl. EPA 2007, 594; *von Hellfeld*, Ist nur Technik Stand der Technik? - Zum neuen Neuheitsbegriff im Europäischen Patentamt und dessen Anwendung auf rechnergestützte Erfindungen, GRUR Int. 2008, 1007.

趋于不同[1]。

在计算机程序方面，技术申诉庭在*Computerprogrammprodukt/IBM*案中裁定，计算机程序并不因为其是计算机程序，就一定包含技术特征。而是伴随着该程序命令的执行，必须产生一个其他的技术性效果[2]。对此，技术申诉庭在*Steuerung eines Pensionssystems/PBS PARTNERSHIP*案中裁定，仅和商业活动的经济方案和方法有关的方法（Verfahren），不是《欧洲专利公约》第52条第1款所指的发明。如果一个方法的属性，是将技术手段应用于纯粹的非技术目标和/或处理纯粹的非技术信息的，则这样的方法并不必然包含技术特征[3]。

与此相反，技术申诉庭在*Auktionsverfahren/HITACHI*案中同意，当一个方法包含了技术手段，则是《欧洲专利公约》第52条第1款所指的发明。[4]技术申诉庭在*Absatzes /DUNS LICENSING ASSOCIATES*案中遵循这一法律见解，仅基于使用了技术手段——在此案中是一个计算机处理器，便确认了企业管理研究程序的技术性。[5]

在这里我们不再讨论，在其他的审查可专利性前提要件下，不同起点会引向怎样的"歧路"[6]。需要提醒的是，在《欧洲专利公约》第52条第1款框架下，降低对技术性的要求，并未解决这一问题。相反，现在的问题是，例如，当一项发明表现出技术特征以及非技术特征时，哪些构成了《欧洲专利公约》第56条所指的创造性步骤。对此应考虑发明的技术特征

---

❶ 参看：Antrag der Präsidentin des EPA gem. Art. 112 Abs. 1 lit. b）EPü vom 22.10.2008, S.7 ff. http://documents. epo. org/projects/babylon/eponet. nsf/0/B89D95BB305AAA8DC12574EC002C7CF6/MYMFile/G308 _ en. pdf；*von Hellfeld*, GRUR Int. 2008, 1007.

❷ *EPA*, T 1173/97, GRUR Int. 1999, 1053 (1055 ff.) - *Computerprogrammprodukt/IBM.*

❸ *EPA*, T 931/95, GRUR Int. 2002, 87 (89 ff.) - *Steuerung eines Pensionssystems/PBS PARTNERSHIP.*

❹ *EPA*, T 258/03, GRUR Int. 2005, 332 - *Auktionsverfahren/HITACHI*；*EPA*, T 1351/04, S. 6 - *File search method/FUJITSU*；*EPA*, T 424/03, GRUR Int. 2006, 851 (852 ff.) - *Clipboardformate I/MICROSOFT*；*EPA*, T 1227/05, GRUR Int. 2008, 59 (60 ff.) - *Schaltkreissimulation I/INFINEON TECHNOLOGIES.*

❺ *EPA*, T 154/04, GRUR Int. 2008, 337 (344) - *Schätzung des Absatzes/DUNS LICENSING ASSOCIATES.*

❻ 参看 *von Hellfeld*, GRUR Int. 2008, 1007 (1012).

是否含有创造性步骤，还是考虑整个发明是否含有创造性步骤[1]?

2. 美国

当人们仔细研究美国专利法后，会立即明白，那些老生常谈只是部分正确，并不是所有“阳光下”的、有用的，都可受到专利保护。直到2008年美国联邦巡回上诉法院才在美国 *State Street Bank* 案和 *AT&T v Excel* 案的裁决中确定了在美国商业方法可受专利权保护。自2008年10月30日起情况又起变化，美国联邦巡回上诉法院在 *In Re Bilski* 案中修正了在美国 *State Street Bank* 案中的部分判决[2]。

直到 *In Re Bilski* 案的判决发布，商业方法可受专利权保护的法律状态才通过以下形式确定下来：和《欧洲专利公约》相反，《美国专利法》的适用范围不受限于技术发明。美国最高法院在 *Diamond v. Chakrabarty* 案中作出了如下论断：

“委员会报告及1952法案告诉我们，国会有意让法定主题‘包括阳光下所有由人类所制造的事物’。”[3]

最高法院排除了自然规律、自然现象和抽象概念的可专利性[4]。根据美国联邦巡回上诉法院在美国 *State Street Bank* 案中的判决，如果上述事物是有用的，则是可专利的。例如，应用某项原理对任何人是有用的，能得到具体的实际的结果。同时美国联邦巡回上诉法院在美国 State Street Bank 案中确定：至今为止排除商业方法可专利性的做法（商业方法之例外）[5]，不再具有法律效力[6]。

美国 *State Street Bank* 案的判决和后来美国联邦巡回上诉法院在 *AT&T v. Excel* 案中的判决被视为美国强化商业方法专利的号角，在美

---

[1] *von Hellfeld*, GRUR Int. 2008, 1007.

[2] *CAFC*, GRUR Int. 1999, 633 - *Finanzdienstleistungs—Anordnung*; *CAFC*, GRUR Int. 2000, 174 - *AT&T v. Excel*; *In Re Bilski*, Urt. v. 30.10.2008, Serial No. 08/833, 892 (CAFC), http://www.cafc.uscourts.gov/opinions/07—1130.pdf.

[3] *Diamond v. Chakrabarty*, 447 U.S. 303 (308) (S.Ct., 1980); CAFC, GRUR Int. 1999, 633 (634) - *Finanzdienstleistungs—Anordnung*.

[4] *Diamond v. Diehr*, 450 U.S. 175 (185) (S.Ct., 1981).

[5] *CAFC*, GRUR Int. 1999, 633 (635) - *Finanzdienstleistungs—Anordnung*; *Nack*, Die patentierbare Erfindung unter den sich wandelnden Bedingungen von Wissenschaft und Technologie, 2002, S. 36 ff.

[6] *CAFC*, GRUR Int. 1999, 633 (636) - *Finanzdienstleistungs—Anordnung*.

国 *State Street Bank* 案和 *In Re Bilski* 案中适用的法规，不仅适用于计算机执行的商业方法，也包括在其应用领域内的商业方法“本身”。[1]

美国联邦巡回上诉法院在 2008 年 10 月 30 日 *In Re Bilski* 案中作出的判决不同于以前的判例，它把“应用某项原理对任何人是有用的，能得到具体的实际的结果”这个问题，替换成了“机器或转化测试”(machine—or—transformation)。根据这个测试，当一个方法与一个确定的机器相结合，或者把一个事物转换为另一种状态或另一事物时，这个方法就是可专利的[2]。虽然美国联邦巡回上诉法院的这个判决意味着中断了至今为止的实践；但另一方面该判决并未把技术性标准引入《美国专利法》，也不想设定比现在更宽泛的可专利性之排除。尤其，美国联邦巡回上诉法院未重新启用因 *State Street Bank* 案而废除的商业方法之例外[3]。现在还不能清晰预测以后会有怎样的发展，因为联邦巡回上诉法院暂时尚未回答以下问题，即“机器或转化测试”对于通过机器执行有怎样的要求：

“对于机器执行的精确表述，以及其他特定问题的答案，例如是否或者何时计算机的请求（*recitation*）足够把一个方法的权利要求绑定在一个特定机器上，我们留给未来的案子。”[4]

三、商业方法、金融市场危机和后果[5]

商业方法的法律和经济意义远不止于对专利法技术性的辩论，现在的金融市场危机使这一点越发明显。金融市场危机的主要原因是商业方法的集中，即 ABS 交易似乎已经在某一时刻达到了一个重要的量并导致了金融市场核心崩溃。当门外汉们观察这些设计精巧而又莽撞、导致了至今为

---

[1] *CAFC*, GRUR Int. 2000, 174 - *AT&T v. Excel*; *Adelman/Rader/Klancnik*, a. a. O., S. 55 f.; *Schwartz*, Harv. J. L. & Tech. 20 (2006—2007) 333 (344); *Wagner*, Econ. Innov. New Techn. 17 (2003) 173 (175); *Riederer*, Anmeldungen und Patente auf Geschäftsmethoden - Statistischer Vergleich USA, EP und DE für den Zeitraum von 1995—2006, GRUR Int. 2007, 402.

[2] *In Re Bilski*，由首席法官 Chief Judge Michel 提出的法院意见，S. 10.

[3] *In Re Bilski*，由首席法官 Chief Judge Michel 提出的法院意见，S. 21.

[4] *In Re Bilski*，由首席法官 Chief Judge Michel 提出的法院意见，S. 24.

[5] 编者注：因篇幅限制并经作者允许，此部分对正文和注释进行了较大的删节。

止的金融世界崩溃的金融产品时会发现，与 Amazon 的“一键专利”相反[1]，“一键专利”的基本原理门外汉也能迅速理解，但导致了银行和金融部门现有危机的商业方法却空前复杂，常使人头晕目眩。ABS 交易的构造使得 21 世纪的金融数学家仿佛中世纪的炼金术士，能从石头中炼出金子来。

1. ABS 交易结构

ABS 交易通常涉及三方。首先是贷款银行（发起人），然后是目标公司，所谓的“特殊目的载体”（SPV）（发行人），最终是投资人。在 ABS 交易中，银行向 SPV 出售发放给客户的抵押贷款的利息与偿还款项。该 SPV 再发放投资者可购买的、由抵押贷款借款方支付的利息和偿还款项作为担保的短期资本市场证券。这种证券被称为“抵押担保证券”（MBS）。MBS 通常在非管制市场上被交易，所以没有受到管制市场上对证券的严格透明度约束。ABS 交易使非资本市场的抵押贷款转化成了资本市场的贷款，成为适合投资者的投资目标。

在投资者购买证券前，信用评级机构受 SPV 或银行的委托，对 MBS 的风险进行评级。高风险的评级低。为了改善某一 MBS 的评级，投资者会得到 MBS 风险保险（信用担保—信用违约互换）。另一个改善评级的方法是构建“抵押担保债券”（CMO）。把一个 SPV 所集中的贷款债权按级别分成几个部分，SPV 按部分发放资本市场证券。CMO 的升级版是“债务抵押债券”（CDO）。人们把多个 CMO 放在一个 SPV 里，像 CMO 一样，把资产分成等级不同的几个部分，按部分发放资本市场证券。此外，之前提到的信用担保，即信用违约互换（CDS），是可交易的投机商品。债务人无力偿还 CDS，不履行债务时，债权人得到保险的可能性越高，该 CDS 的价值就越高。人们把多个 CDS 集中在一个 SPV 里，分成等级不同的几个部分，按部分发放资本市场证券，这就是所谓的“合成 CDO”。

2. 银行业和金融业的 ABS 交易

在银行看来，ABS 交易的优点是，它们能把卖给 SPV 的贷款从账本中删除。这样银行的自有资本，又可以拿去发放新的贷款。在任何情况下，ABS 交易都使银行独立于它们的自有资本，只要它们在 ABS 交易框

---

[1] 参看第 5.960.411 号美国专利，http：//patft. uspto. gov/.

架内转售封闭的贷款合同，就能无限制地发放贷款。

3. 2007/2008 年金融危机发生之前

从 20 世纪 80 年代中期开始通过 ABS 实现的抵押贷款证券化，导致了增长的房产需求，并使不动产价格持续走高。从 2000 年开始，美国房产市场产生了对 ABS 的巨大需求。因为这种金融产品一方面基于信贷评估机构出具的优质评估而确保了安全性，另一方面提供了相当于政府公债的高利率。对 ABS 越来越大的需求和抵押贷款市场上日益激烈的市场竞争导致了提供抵押贷款的条件不断降低。通常经纪人不再向借款方要求收入证明。

4. 2007/2008 年金融市场危机过程

从 2005 年开始美国房屋价格持续猛烈下降，房屋所有人不能再通过更多的抵押贷款或出售不动产来偿还之前的抵押贷款债务，次级抵押贷款市场受到重创。结果是多家美国抵押贷款银行宣告破产。ABS 市场的崩溃导致了那些把抵押贷款证券化卖给 SPV 的银行必须兑现它们所作的担保。接下来尤其影响了德国的银行，它们为 SPV 许诺承担得太多，只能依靠国家的帮助解困。2008 年 9 月美国投资银行雷曼兄弟公司的破产更加剧了这场危机。……冰岛、巴基斯坦、匈牙利、白俄罗斯和乌克兰在这场危机中到了国家破产的边缘，需要国际货币基金组织的帮助。此后，对愈加恶化的情况，各国政府至今只以个别行动的方式作出反应，德国发布了《金融市场稳定法》（FMStG），美国国会通过了《2008 紧急经济稳定法案》（EESA），其他国家也制定了类似措施来保护自己的银行。……

5. 金融市场危机原因：规则之忽视/缺失

现阶段可能列出的这场经济危机的原因有：

• 发放贷款标准的缺失。

• 金融经济的常规风险评估工具不适用于评估和复杂、相对新型的金融产品，如 MBS、CMO 或 CDO 相关的风险。

• 投资者没有进行充分的风险评估，而是依赖评级机构所作的评级。

• 面对 MBS、CMO 和 CDO 的复杂性和新颖性，评级机构使用的评估模型失灵了。此外，评级机构对由 ABS 构成的资金情况未足够谨慎、小心地进行评价。由于评估机构主要是受证券发行银行或 SPV 委托而不是投资者，因此还存在着利益冲突。

• 风险管理和风险评估的缺失，以及证券发行时金融业激励机制公开的缺陷。对于发行银行来说，ABS 交易对全面收集抵押贷款信息的激励很小。报酬系统误导决策者去冒高风险且忽视长期的危险。

• 通常只有一小群投资者在互相交易 ABS。因此适合于管制市场金融产品的透明度规则在这里失灵了。

• 未充分强调银行公开 SPV 信息的义务。

• 国家监管机构未认识到金融和银行业面对的风险的整体规模，未及时采取措施，应对危机。执行 Basel II（巴塞尔第二号协议）法律框架的缺乏，导致了管制风险、过度风险和流动性风险管理不善。

四、金融市场产品的专利

在讨论了债务抵押债券（CDO）、抵押担保债券（CMO）、资产支持债券（ABS）、抵押担保证券（MBS）、信用违约互换（CDS）及特殊目的载体（SPV）之后，我们再回到专利法上来。文章开头阐述了专利法和金融危机之间的关系，这一关系通过向美国专利与商标局（USPTO）递交的第 20080154789 号美国专利申请，及该局授予的第 7386505 号美国专利得以体现。这两个专利都是以银行、金融业的商业方法为对象的。[1]

1. 第 20080154789 号美国专利申请：进行单期组合 ABS 衍生交易的商业方法

美国第 20080154789 号专利申请与金融危机的关系是显而易见的。该专利申请是由现已破产的美国投资银行雷曼兄弟于 2007 年 9 月 6 日向美国专利与商标局提出的。专利申请的名称为“进行单期组合 ABS 衍生交易的商业方法”。

在申请中，该发明被描述成组合 CDO 交易的一种改良。CDO 由于其复杂性和新颖性而被视为现今金融市场所鄙弃的主要原因之一。[2]按照申请人的观点，这项发明与一般的 ABS 交易相比具有很多优点。申请中所描述的组合 CDO 交易不需要 SPV 的介入，并且该金融工具的结构灵活，因而随后可以进行各种修改。此外，申请的这项组合 CDO 交易与迄今为止的其他金融产品相比所带来的边际收益也更高。这里仅以请求的总计

[1] 参照美国专利与商标局的网页，http：//patft. uspto. gov.

[2] 巴塞尔银行监督委员会，a. a. O.，S. 12 ff.

27 项专利权利要求中的第一项为例进行说明：

“一种方法，包括：提供单期衍生交易，其中衍生交易涉及一项参考组合，其中单期衍生交易涉及在含有复合参考份额的资产结构中的单期交易份额；在参考组合中反向分配现有资金的最大风险，反向序列从最次要的参考份额开始；为每一个参考份额确定发生的利息亏空（*interest shortfall*）；从发生利息亏空的最重要的参考份额开始，逐一分配一个或多个利息亏空的偿还，以次要的份额结束；并为每个参考份额确定发生的利息亏空的偿还数额。”

多数已提交的专利申请都不会在公众中引起广泛注意。然而，由于在2008 年 10 月 26 日，即雷曼兄弟公司破产的消息公布约一个月以后，《法兰克福汇报（周日版）》（FAS）在一篇评论中严厉地称该专利申请为“超银河系的金融数学工具”，整个散发着“傲慢与危机的味道”，导致公众对该专利申请有了一定的负面看法。[1]这里还要提到著名投资家沃伦·巴菲特，早在 2003 年他就将类似的金融产品称为“大规模杀伤性的金融武器”[2]。

美国专利与商标局至今未就该专利申请作出决定，该专利申请的命运将何去何从，仍是一个未知数。[3]在经历了前几个月的动荡之后，人们将矛头指向美国专利与商标局的审查员们，认为他们应该根据《美国专利法》第 101 条，以缺乏实用性为理由拒绝该申请。[4]按照美国专利与商标局的审查指南，实用性是指申请专利的发明能够给社会公众带来直接的好处![5]过去几个月的情况更加充分地说明，就组合 CDO 而言，是否具有实用性是格外值得怀疑的。

2. 第 7386505 号美国专利：使与贷款法规自动相符的系统和方法

当前金融危机的一个主要原因是评级机构的失误，这些机构过去在ABS 市场中的评估和定价方面起着主要作用。这些评级机构在 ABS 交易

---

[1] *Polatschek*，Frei erfunden - Theoretisch top，praktisch pleite，FAS 26. 10. 2008，S. 66.

[2] 引自：*Luttermann*，RIW 2008，737（738）.

[3] 有关申请程序的状态，参照：申请号 11/851，297，http：//portal. uspto. gov/external/portal/pair.

[4] 35 U. S. C. § 101.

[5] § 2107. 01 MPEP，http：//www. uspto. gov/web/offices/pac/mpep/documents/2100 _ 2107 _ 01. htmJHJsect2107. 01.

中所使用的方法由于没有充分反映实际存在的风险而尤其受到指责。[1]在这一点上，*Engel* 和 *McCoy* 指出：在对抵押贷款（即 ABS 交易的基础）的评估中，通常采用计算机审查程序，而这类程序只对贷款的合法性作出审查。然而，美国支离破碎的贷款法律并未对与发放抵押贷款相关的所有风险作出调整，因而，若想对此类合同中所引含的风险作出真实的评估，仅靠该合法性审查是不够的。不仅如此，因为软件存在缺陷或者数据录入发生差错，贷款经常通过这类计算机程序所扩展的网络而落空。这些审查程序上的缺陷使得进行有效的风险评估十分困难。[2]

位于加利福尼亚的 *LogicEase Solutions* 公司在对抵押贷款合同进行审查的计算机程序的开发领域处于领先位置。该公司于 2008 年 6 月 10 日被授予一项名为“使与贷款法规自动相符的系统和方法”的美国专利，专利号为第 7386505 号，该项专利所保护的发明改进了 *Engel* 和 *McCoy* 所描述的计算机程序。

依照专利文件的记载，该领域现存的计算机程序都存在如下缺陷：即对每个单独的抵押贷款合同都从头到尾进行审查，因而对计算机的性能有很高的要求。此外，法律规定还必须被译成计算机语言。专利的摘要对该受保护发明的主要特征做了如下说明：

“该项发明提高了验证一项金融交易（如贷款）是否符合一项或几项相关立法的有效性和准确性。通常，相关立法中的规则以英文商业规则的形式加以表达和储存。一个自然语言的处理器产生基于规则的程序代码，该程序代码包含着程序概念。一个法规引擎负责执行该程序代码，并将每个程序概念与在应用服务器上执行的功能进行匹配。

在相关立法被系统编码后，待分析的金融交易（如贷款）的条款以一种已知的文件格式被接收。一个应用服务器存取贷款的条款，直接接入贷款文件格式的数据，并充当与法规引擎架接的桥梁。在接收到贷款的条款后，法规引擎便执行英文的法规，并判断该贷款是否必须符合以及是否符

---

[1] *BaFin*, a. a. O., S. 16; *IOSCO*, The Role of Credit Rating Agencies in Structured Finance Markets, Consultation Report, Technical Committee of IOSCO, March 2008, http://www.iosco.org; IOSCO, Report of the Task Force on the Subprime Crisis, Final Report, Technical Committee of IOSCO, May 2008, S. 19 ff. http://www.iosco.org; *Basel Committee on Banking*, a. a. O., S. 13 ff; *Lowenstein*, New York Times 27. 4. 2008.

[2] *Engel/McCoy*, Fordham L. Rev. 75 (2006—2007) 2039 (2081 ff.).

合这些相关的立法。法规引擎作出的合法与否的判定结果，由应用服务器输出。”

凭借该项发明，*LogicEase Solution* 公司获得了一项有问题的专利。应该说，该发明能够消除抵押贷款合同自动审查过程中的技术问题。然而，该发明却无法克服 *Engel* 和 *McCoy* 所指出的由于将此类合同的审查限制在合法性领域而导致的审查缺陷。

五、通过专利法规制金融产品

有了这次金融危机的教训，人们必须重新考虑对银行、金融业的监管。当人们将目光投向《欧洲专利公约》时，会发现该公约第 53 条第 a 项排除了那些在工业应用上违反公共秩序和善良风俗的发明的可专利性。初看起来，该项规定至少提供了单独控制此类申请专利的金融产品的可能。

虽然人们几乎不可能立即期待在宪法或宪法性法律的层面上建立对金融市场的监管，然而依据该条款，人们却可以认为，带有雷曼兄弟公司专利申请的权利要求的专利，起到了有悖于法律秩序和社会的作用[1]，因而不应继续予以保护。

按照这种思路，人们可以接着设想，对于申请专利的金融产品，是否可以由各国专利局直接承担起这些过去由评级机构负责却没能妥善履行的职责。这样的话，人们可以在授予专利的程序中加入一道评估程序，在最后将以评价的“好”与“坏”确定授予专利或者拒绝授予专利。虽然以现在的观点来看，下述情形还只是一种推测，但这种推测并不是完全不恰当的：即以目的与法律秩序和社会相违背为由而拒绝 ABS 交易的专利申请可能会在金融界引发抗议，然而这同时也可以理解为一种“警示”。假如绿色和平组织（Greenpeace）对于金融领域的专利活动也像在基因技术和干细胞领域一样进行大力的追踪，此类报道同样也会成为新闻的头条。这样的报道肯定会具有更为客观的合理性！也许它们还能起到阻止事态扩大的作用。

---

[1] *Melullis*, in Benkard, PatG/GebrMG, 10 Aufl., 2006, § 2 PatG Rn. 5a，参见其中关于专利法第 2 条第 1 款规定的目标。

1. 没有人会两次踏入同一条河流——公众的伦理、社会及科学观点的可变性

如前所述，对根据其性质仅能用于与法律和道德明显相违背的目的的发明，专利法上的公共秩序概念应该阻止其授予专利。对这些发明的利用，是造成当前规模堪比 1929 年世界经济危机的金融和经济危机的主要原因。难道不该反对利用这些发明吗？

下面的文字引自 2004 年一项 ABS 交易的说明书，这些说明现在回想起来令人发指，因而若依照《欧洲专利公约》（EPü）第 53 条第 a 项或《专利法》（PatG）第 2 条第 1 款作出不授予专利的决定，看起来会更加合理：

“在许多情况下，抵押贷款组合（*mortgage pool*）的抵押贷款是由 Terwin 顾问有限责任公司从包括抵押贷款经纪人及其他非发起人在内的来源获得的，而他们并无法提供发起人承包准则（*underwriting guidelines*）的详细信息。而抵押贷款组合中的抵押贷款的发起所采用的承保准则可能是不同的，并且一般不符合房利美（*Fannie Mae*）和房地美（*Freddie Mac*）的准则。因此，存款人无法提供各个发起人的承保准则的详细说明，或判断抵押贷款组合中的抵押贷款是否已按照发起人的承保准则进行了承保。如果没有按照房利美或房地美的准则进行承保，则抵押贷款有可能面临更高的拖欠、不履行、丧失赎回权以及破产的风险。”❶

然而，如果忽略了 2006 年 4 月国际货币基金组织（IMF）的“全球金融稳定报告”中的下列部分——它对 ABS 交易作了很积极的评价，则人们对整个事情的认识还是不完整的：

“信用衍生工具的应用便利了信贷风险在范围更广的投资者间进行分配，正如在之前的全球金融稳定报告（*GFSR*）中所讨论的，这将会增强金融的稳定性。过去，信贷风险一般由银行承担，银行通常采取扩大经济周期的方式，求助于准备金（provision）以应对经济和信贷的周期变化下的损失。如今，在监管者和股东的鼓励下，银行越来越倾向于以信贷发起

---

❶ MYM 305，664，100（Approximate）Terwin Mortgage Trust，Asset－Backed Certificates，Series TMTS 2004－5HE，Terwin Advisors LLC（seller），Merrill Lynch Mortgage Investors，Inc.（depositor），Prospectus Supplements（to prospectus dated June 18，2004），S. 16，http：//www. sec. gov/Archives/edgar/data/809940/000095013604002052/0000950136 － 04 －002052. txt.

人的身份出现，而将信贷风险尤其信贷集中通过资本市场转移给他人。在此过程中，银行更加积极地管理多样化的信贷风险。银行也利用这些市场来提高营利能力并优化其资本基础。通过风险转移和增加资本回报，银行会更具有弹性并且财务更稳定。”❶

就这一点，还应该考虑到：联邦金融业监管局，即联邦金融管理局（BaFin）的前身之一，在 1997 年 3 月 19 日的一项通告中原则上同意了 ABS 交易。❷

2. 公共秩序与专利法

如果人们把今天对 ABS 交易的评价与国际货币基金组织（IMF）在 2006 年对此的表述作一比较，就可以很明确地看出，从伦理、社会和科学角度对某一事物所做的评价是随时间、地点的不同而变化的。因而，作为对公众观点可变性的反应，每个法律秩序都对物的长期有效的权利取得，与对物的短暂的使用作出区分。例如，按照民法，权利取得有民法典（BGB）第 950 条规定的原始取得和第 929 条规定的继受取得两种。根据民法典（BGB）第 903 条第 1 句的规定，在不违反法律和不损害第三人权利的情况下，所有权人可以按照意愿自由处分其财产。❸法律上的限制出自诸如刑法、公共建筑法、环境保护法等法律。❹

关于这一区别及其结果的一个极端的例子出自麻醉品法（BtMG）：如果一个麻醉品制造者利用原料生产可卡因或者其他麻醉品，则根据民法典（BGB）第 950 条他将取得生产的麻醉品的所有权。虽然依照麻醉品法（BtMG）他不得对这些麻醉品做任何使用，但是法律却并没有否认他就这些麻醉品的所有权人地位。如果将来人们对麻醉品的看法发生转变并且麻醉品法（BtMG）也进行了修改，则该制造者就可以排除第三人而行使他对其所生产的麻醉品的所有权。

与物权法对待物的方式相同，人们也可以对发明的权利做专利法层面和行政秩序法（ordnungsrechtlich）层面的区分。由专利法调整发明的专

---

❶ IMF, Global Financial Stability Report, April 2006, S. 62 , http: //www. imf. org.

❷ *Bundesaufsichtsamt für das Kreditwesen*, VeräuβBundesaufsichtsamt für das Kreditwesen, erung von Kundenforderungen im Rahmen von Asset-Backed Securities-Transaktionen durch deutsche Kreditinstitute - Rundschreiben 4/97, WM 1997, 1820.

❸ 参照 § 364 Abs. 1österreichisches ABGB; Art. 641 Abs. 1 schweizerisches ZGB.

❹ *Münchner Kommentar/Säcker*, BGB, 4. Aufl., 2004, § 903 BGB Rn. 29.

利授权，而专利的实施则根据专利法（PatG）第9条第1句由相应适用的法律进行调整。对于生物技术的发明或者基因技术领域的发明，其实都受到基因技术法（GenTG）、动物保护法（TierSchG）、药品法（AMG）、干细胞法（StZG）以及胚胎保护法（ESchG）等法律的规制。与金融产品相关的发明的实施受到资本市场法的调整，而资本市场法由金融业法（KWG）、洗钱法（GwG）、交易所法（BörsG）、证券交易法（WpHG）、证券章程法（WpPG）等法律组成。在德国对干细胞严格限制的立法几乎禁止在德国境内进行该领域的任何活动的背景下，欧洲和美国现行的资本市场法对当前的金融危机视而不见，已被证明是不合适的。[1]在所有技术领域内，专利的实施都受到卡特尔法的调整。

《欧洲专利公约》（EPü）第53条第a项和专利法（PatG）第2条第1款将工业应用违反公共秩序和善良风俗的发明等排除在可专利之外，这是介于专利法层面与行政秩序法层面之间的一种规定，因为它允许将发明、新颖性、创造性和实用性这些常规的专利授权条件之外的考量因素纳入专利授权程序。*Kraßer*将专利法（PatG）第2条第1款和《欧洲专利公约》（EPü）第53条第a项中所包含的实现和保护对社会具有根本意义的价值和道德的法律秩序和规范的原则，归入到公共秩序这一概念之下。[2]

德国对干细胞的立法也体现了相同的精神。干细胞法（StZG）第1条明确将尊重人类尊严和生命的权利作为法律更高层次的目标。如同干细胞法（StZG）或证券章程法（WpPG）一样，关于专利实施的规定并不影响专利权的取得，然而《欧洲专利公约》（EPü）第53条第a项和专利法（PatG）第2条第1款会导致申请人无法获得专利权的法律后果。另一方面，由于相关专利局仅负责专利的授权，而并不管理发明的实施，因而拒绝专利申请并不能阻止对发明的工业应用。[3]

---

[1] 参照 Stammzellen：*Taupitz*，in：Sattler de Sousa e Brito，Kommerzialisierung von Stammzellen und ihre Forschung im Europa von Morgen – Tagungsbericht，GRUR Int. 2007，712（715）.

[2] *Kraßer*，Patentrecht – Ein Lehr– und Handbuch zum deutschen Patent– und Gebrauchsmusterrecht，Europäischen und Internationalen Patentrecht，5. Aufl.，2004，S. 249.

[3] *Melullis*，in：Benkard，a. a. O.，§ 2 PatG Rn. 3；Straus，Optionen bei der Umsetzung der Richtlinie EG 98/44 über den rechtlichen Schutz biotechnologischer Erfindungen，Eidgenössisches Institut für Geistiges Eigentum，Publikation No 2（05. 04），S. 29 ff. http：//www. ige. ch/d/jurinfo/documents/j10015d. pdf.

正如在金融危机中所表现出的那样，人们对一件事物从科学、社会和政治角度的思考方法是会改变的。ABS 交易就是一个极端的例子，人们对它的评价几乎一夜之间发生了 180 度的大转弯。不久前，多数人还将该金融产品视为一项好的发明，如今，人们则愤怒地指责它是金融危机的“元凶”。同样，一件原本在公众评价中以坏的形象出现的事物也会“变身”获得人们积极的评价。这方面一个经典的例子是避孕药具，早先人们并不能接受它。❶

如果对一项发明的应用在过去由于被视为违反公共秩序或善良风俗，因而根据《欧洲专利公约》（EPü）第 53 条第 a 项和专利法（PatG）第 2 条第 1 款不能获得专利权保护，那么会出现，在公众对应用该发明的观点改变之后，该发明人仍然不享有专利权保护，并且他人可以不必向发明人支付报酬而利用该项发明以及为此而投入的资金。❷这样的结果不仅不公平，而且也会导致人们不敢对将来的技术进行投资。❸

如果欧洲专利局（EPA）不考虑成员国行政秩序法的规定，仅依照《欧洲专利公约》（EPü）第 53 条第 a 项的规定就不授予专利，则更成问题。技术申诉庭在 1995 年除草剂案中就表现出了这种警惕，其在判决中指出，对一件事物是否违反公共秩序或善良风俗的问题，必须独立于相关国家的国内法律规范来判定。反过来说，基于同样的原因，仅因为一件事物的应用获得了几个或所有缔约国的同意，也不能保证该事物自动符合《欧洲专利公约》（EPü）第 53 条第 a 项的要求。国内法律或行政法规允许或禁止应用一项发明，并不是通过《欧洲专利公约》（EPü）第 53 条第 a 项的审查的充分条件❹。当技术申诉庭自己要求扮演这样一个从国内法律秩序剥离出来的角色，并认为自己有权不理会成员国就适用《欧洲专利公约》（EPü）第 53 条第 a 项的立法决定时，它实际上就是在主张目前只属于欧洲法院（EuGH）和国内宪法法院的职权。这样的结果并不是《欧洲专利公约》（EPü）的制定者所希望的。毋宁是，只要成员国的法律允许应用一项发明，就必须抛开《欧洲专利公约》（EPü）第 53 条第 a 项的

❶ 参照 *BGH*，GRUR 1973，585 - IUP.

❷ *Melullis*，in：Benkard，a. a. O.，§ 2 PatG Rn. 3a；Straus，a. a. O.，S. 31.

❸ *In Re Bilski*，Rader dissenting，S. 4；Straus，a. a. O.，S. 31.

❹ *EPA*，T 356/93，Rn. 7 der Entscheidungsgründe - *PLANT GENETIC SYSTEMS/Greenpeace.*

规定。❶

如果行政秩序法层面的特殊考量被明确地纳入专利法，从而阻碍了对那些现在可能有争议而在将来会被视为有利的技术的长期投资，这种做法同样是值得怀疑的。比如，《欧洲专利公约实施细则》（AOEPü）第 28 条第 c 项规定：根据《欧洲专利公约》（EPü）第 53 条第 a 项的规定对人类胚胎做工业或商业目的的利用不得授予专利。对此，各成员国尚未就诸如胚胎的概念等问题达成一致。❷与技术申诉庭在除草剂案中的判决相似，扩大申诉庭于 2008 年 11 月 25 日在 *WARF/Thomson* 案中对《欧洲专利公约》（EPü）第 53 条第 a 项和《欧洲专利公约实施细则》（AOEPü）第 28 条第 c 项作了如下表述：

"鉴于这一结果，对本次申诉中提出的以下问题进行讨论既是不需要的，也是不合适的：即公共秩序或善良风俗的标准是否应该是欧洲统一的，如果某些欧洲国家允许破坏人类胚胎以获得干细胞的研究行为是否要紧，发明服务于人类的福祉是否应该与对胚胎的破坏进行平衡，以及何时应该援引《欧洲专利公约》(EPü）第 53 条第 a 条中的公共秩序或善良风俗。"❸

与欧洲的法律相反，《美国专利法》的授权程序将自身限制在常规的专利授权条件中。与《欧洲专利公约》（EPü）第 53 条第 a 项和专利法（PatG）第 2 条第 1 款理念相似的普通法规则，在此期间已被美国联邦巡回上诉法院（CAFC）废除。❹

六、展　望

一般说来，就商业方法的可专利性，必须考虑到专利法是一种鼓励创

---

❶ *Straus*, Patenting Human Genes in Europe - Past Developments and Prospects for the Future, IIC 1995, 920 (930); *Rogge*, Patente auf genetische Informationen im Lichte deröffentlichen Ordnung und der guten Sitten, GRUR Int. 1998, 303 (307 f.).

❷ 例如参照 § 3 Nr. 4 StZG 以及 Sec. 1 (1) U.K. Human Fertilisation and Embryology Act 1990; *EPA*, G 2/06, Rn. 20 der *Entscheidungsgrunde* - *WARF/Thomson*.

❸ EPA, G 2/06, Rn. 31 der Entscheidungsgründe - WARF/Thomson.

❹ *Schwartz*, Harv. J. L. & Tech. 20 (2006—2007) 333 (359 ff.); *Adelman/Rader/Klancnik*, a. a. O, S. 64 ff.

新和保护投资的经济学工具。因而，立法者为欧洲专利局（EPA）所预先确定的“配方”，即将问题归结到技术性的问题上，看起来是不妥的。在商业方法的可专利性这一问题上，不应考察这类发明是否具有技术特征，而必须考虑，此类创新的可专利性所带来的经济整体上的效用是否大于与之相伴的弊端。❶

到目前为止，对于商业方法专利的效用尚无明确的说法。不过，至今也并未看出这类专利会导致损失或阻碍创新。❷美国在实践中对众多知名或不知名的商业方法授予了专利，由此所引发的异议，并没有动摇这类发明获得专利的基本的合法性。❸相反更加清楚地表明，对于授予专利的条件即新颖性、创新性和实用性的严格审查，对于一个专利法体系的正常运转是尤其必要的。❹在人们拒绝对商业方法提供专利保护之前，应该考虑到，在金融行业和其他服务行业人们对研发同样作出了投入。❺

最后，对商业方法授予专利必须面向服务业的需求。这里不能忘记下列数据：2007 年，服务业占当年德国国内生产总值的比重为 21.9%，金融和租赁业以及商业和运输业所占的比重分别为 29.4%和 17.7%，然而，制造业的总和仅占当年国内生产总值的 26.0%。❻因而，服务业企业在创造德国国内生产总值中所作的贡献最大，而商业方法通常是服务业最重要的资产。拒绝对如此重要的经济部门的创新提供法律保护，从经济学的角

---

❶ *Straus*, in: Klopschinski/ Prinz zu Waldeck und Pyrmont, Der Schutz geistigen Eigentums in einer globalisierten Welt - Bericht über ein Fachhearing der Bayrischen Staatsregierung und des Munich Intellectual Property Law Center (MIPLC) am 29. Februar 2008 in München, GRUR Int. 2008, 393 (406).

❷ *Basinski u. a.*, Patentschutz für computer－softwarebezogene Erfindungen, GRUR Int. 2007, 44 (49); *Hunt*, Ten Years After: What Are the Effects of Business Method Patents in Financial Services?, Business Review Q3 2008, 21.

❸ *In Re Bilski*, Mayer dissenting, S. 12 ff.; Kraβer, a. a. O., S. 172.

❹ *Straus*, Is There a Global Warming of Patents?, J. World Intell. Prop. 11 (2008) 58 (61).

❺ *Hunt*, Business Review Q3 2008, 21 (26 ff.).

❻ *Statistisches Bundesamt*, Statistisches Jahrbuch 2008, S. 628, http: // www. destatis. de/ jetspeed/ portal/ cms/ Sites/ destatis/ SharedContent/ Oeffentlich/ AI/ IC/ Publikationen/ Jahrbuch/ VGR, property=file. pdf.

度看是否明智，值得思考。[1]

遗憾的是，美国联邦巡回上诉法院（CAFC）在通过 *In Re Bilski* 案对美国法律所作的新调整中也并未给出这一问题的答案，而是引入了“机器或转化测试”（machine－or－transformation test）的限制，且这一测试的具体方法目前还并不清楚。然而，如果这种新的测试方法变成了判例法，成为类似于欧洲专利局（EPA）技术申诉庭用以评价商业方法技术特征的裁决实践时，结果将是令人堪忧的；这依旧无法解决具有决定意义的问题，即商业方法获得专利保护的经济合法性问题。

从以上介绍中可以看出，在专利法的争论中明显存在着严重的不平衡。一方面，人们在专利法和行政秩序法两个层面对欧洲生物和基因技术的发明进行严格限制。并且，这两套规则体系相互交叉，并未明确各自的目标，也没有考虑到其对未来研究和发展的意义。另一方面，对商业方法的可专利性的讨论则仅仅围绕着技术性这一要件展开。同时，从行政秩序法层面看，对于银行金融业的商业方法，现行的资本市场法也被证明根本不足以对此类商业方法的使用作出有效调整。虽然人们现在都真切地体会到了一个缺少有效调整的金融市场所具有的风险，但是迄今为止人们还没有提出这一问题：如果废除技术性要求，使商业方法原则上有可能获得专利，这能否在一定程度上改变目前棘手的状况。这是非常值得人们思考的，因为这样可以通过申请和公开而增加透明度，也为从公共秩序和善良风俗等角度进行独立的审查提供了可能，最后还要强调的是，这会对重要服务行业中的创新提供适当的保护，以应对“搭便车”的行为。

[1] 参照 *Nack*，Sind jetzt computerimplementierte Geschäftsmethoden patentfähig? - Analyse der Bundesgerichtshof－Entscheidung “Sprachanalyseeinrichtung”，GRUR Int. 2000，853（858）.

药品监管和可专利性环境中“新化学单体”的定义[1]

Chan S. Park[2]

李雪莹 译[3] 陈少芳 校[4]

摘 要

“新化学单体”(new chemical entity)的概念出现在TRIPS协议第39.3条中，但没有给出定义。如何定义“新化学单体”目前仍缺乏明确共识。本文探讨了“新化学单体”在药品监管等不同环境中已有的定义，并说明采用不同定义对数据保护/独占范围的潜在影响。进一步地，分析了定义该概念中存在灵活性的参数，发展中国家可以充分利用这些灵活性，采用一种最能有效地促进廉价仿制药的快速上市的定义。

---

❶ 本文最初由位于新德里的世界卫生组织东南亚区域办公室出版。本文的中文译文由世界卫生组织东南亚区域办公室授权国家知识产权局翻译和出版。

❷ 著者单位：世界卫生组织。

❸❹ 译校者单位：国家知识产权局专利局。

一、引　言

近年来，“新化学单体”的概念成为讨论和辩论较多的主题。讨论最初出现在药品监管领域（尤其是围绕着数据独占的辩论），随着人们日益关注专利保护对廉价仿制药的可获得性的影响，相关讨论最近已经转入到药物专利领域。尽管存在着很多辩论，对于“新化学单体”如何能够或者应该如何被定义似乎还缺乏明确共识，并且各种可能的定义在药品监管和可专利性中对药品可获得性的实际影响也不清晰。

本文试图探讨“新化学单体”及类似概念在各种环境中已有的定义，或者如何能够定义各种背景中的“新化学单体”及类似概念，并说明采用不同定义可能存在的实际影响。特别是，本文讨论了三个不同但相互关联的领域，其中“新化学单体”的概念化可能是潜在关联的。

第一个领域，涉及各国为了获得新药上市许可、服从于国家药品监管机构而提交的临床数据的保护范围。加入了《与贸易有关的知识产权协议》（以下简称 TRIPS 协议）的国家在法律上有义务给那些为了寻求“新化学单体”的上市许可的药物申请人提交的某类数据提供一些保护措施。在该领域定义“新化学单体”是至关重要的，因为该定义确定哪些药物有资格获得数据保护。

必须指出，TRIPS 协议要求的数据保护模式不是数据独占，即在指定期间禁止药品监管机构批准等同的仿制产品。但是，尽管 TRIPS 协议下的数据保护义务并不要求各国推行数据独占制度，一些发展中国家还是因为这样那样的原因引入了这一制度。对于这些国家来说，认真考虑如何定义“新化学单体”可能是特别重要的。

由于公共卫生关注数据保护所引起的呼声，特别是数据独占对廉价仿制药的可获得性的负面影响，为了将数据保护/数据独占限制在绝对必要的范围内，发展中国家可能想要探索一些参数来缩小“新化学单体”的定义。本文探讨其中的某些参数，并评估采用不同的定义对数据保护/独占的范围可能产生的影响[1]。

---

[1] 为了本文的目的，术语“数据保护”是指 TRIPS 协议第 39.3 条要求的保护模式。这有别于“数据独占”，即国家药品监管机构在若干年内不能依据发明人的数据来批准仿制药，这远远超出了 TRIPS 协议的要求。在两种保护模式都可适用于讨论时将使用术语“数据保护/独占”，而单独使用“数据保护”或“数据独占”将表示上面描述的一种特定模式。

可以肯定的是，定义“新化学单体”的方式只是几个参数之一，通过这些参数国家可以保留内在的灵活性，以减轻数据保护/数据独占制度对廉价药品的可获得性的潜在不利影响。

第二个领域与第一个领域密切相关，但在概念上有所不同，其是指必须向药品监管部门提交进一步的临床实验数据的监管门槛，这些数据用以确保正在寻求上市许可的药品的安全性和有效性。本文将试图证明，第一个领域和第二个领域中的定义不需要必然相连。换言之，提交临床数据的要求，目前不是，也不应该是在数据保护或数据独占制度下授予一个药品“新化学单体”地位的必要或充分条件。我们将会看到临床数据的提交没有伴随任何形式的数据保护的情形，以及申请人根本没有提交任何独立的临床数据却被授予独占权的情形。本文将从限制数据保护/独占制度的范围至狭义定义的新化学单体，仍然能确保获得行政许可的药品的安全性和有效性的角度，说明这两个概念能够而且应该完全分离。

最后，“新化学单体”的概念在药品专利领域成为关注焦点。“新化学单体”不是一个传统上一直使用的或在专利法中定义为“技术术语”的概念。由于人们担心在药品各种次要特征方面专利的增多可能不适当地拖延仿制药竞争的引入，在专利领域围绕着“新化学单体”的辩论不断增加。在此背景下的辩论重点是，国家是否可以，以及在何种程度上限制这些二次专利或后续专利的授权。本文考察了药物专利的最常见的类型，并探讨加强可专利性基本标准的方法，以减少仿制药准入中潜在的不必要的专利壁垒。

二、各种背景下新化学单体及其相关概念的定义

“新化学单体”的概念和相关概念，虽然不完全，但主要用于药品监管领域。本节回顾了在各种不同情形下“新化学单体”和类似术语是如何被定义的。

1. 新化学单体在美国食品和药品法中的定义

美国用来规范食物及药品的法律定义“新的化学单体”为“一种药品，不含有任何由［食品与药品管理局］批准的根据［食品，药品和化妆

品］法案第505（b）节提交的其他申请中的活性成分”❶。接着，“活性成分”被定义为“在药品中发生生理或药理作用的分子或离子，不包括使该药物成为酯、盐（包括含氢键或配位键的盐）、或该分子的其他非共价衍生物（例如配合物、螯合物、或包合物）的附加部分”❷。

因此，根据美国的定义，一个已被批准的药物的新的酯、盐、或其他非共价衍生物将没有资格成为新化学单体，因而不适用美国法律为新化学单体提供的5年独占期❸。此外，一个已被批准的药物的新的适应症、组合物、制剂或剂型也没有资格获得5年独占期。

然而，如果进一步的临床研究（除生物利用度研究之外）结果的提交对于新的盐、适应症等的批准是必不可少的，该物质将获得补充的3年独占期❹。重点注意，即使该物质不符合新化学单体的定义，根据美国法律还是可获得追加的3年独占期。因此，严格地说，在美国可利用的补充的独占期并不是从“新化学单体”本身的定义中产生的，而是与为新化学单体提供的保护分开的、不同的保护形式。

2. 欧洲共同体所定义的“新活性物质”

在欧洲共同体（EC），欧共体条约不使用术语“新化学单体”，主要是在“对照药品（reference medicinal product）”和“仿制药品（generic medicinal product）”之间进行区分❺。根据目前的欧共体条约，如果仿制品具有“与对照药品相同的定性或定量的活性成分组成和药剂形式”，一个“仿制药品”的申请人则不须按照“对照药品”的申请人的要求那样提交全部的临床及药理档案❻。然而，在对照药品批准之日起8年内，仿制药申请人没有资格申请上市许可，并且在原上市许可10年期满之前，仿制药产品不能投放市场❼。此外，如果原上市许可的持有人在前8年内获得了任何被视为带来了“重要临床意义”的新的适应症的上市许可，独占

❶❷ 美国政府，联邦法规，21 CFR 314.108（a）（2002）。

❸ 同上注，21 CFR 314.108（b）（2）（2002）。根据该条款，原批准之日起5年内，任何人不得提交已获批准的新化学单体的审批申请。然而，如果仿制药申请人提交了证据证明该包含该药物的专利权是无效的，或者仿制药申请人没有侵犯其专利权，该期限可缩短为4年。

❹ 同上注，21 CFR 314.108（b）（4）（iv）（2002）。

❺ 同上注，第10（2）（a）－（b）条。

❻ 同上注，第10（2）（b）条。

❼ 美国政府，联邦法规，21 CFR 314.108（a）（2002），第10（1）条。

期将延长至11年❶。

在欧共体有资格获得数据独占的物质类型的范围可能会远大于美国为新化学单体提供的独占权。在“仿制药品”定义中，欧盟指令指出，“活性物质的不同的盐、酯、醚、异构体、异构体混合物、配合物或衍生物应被视为是相同的物质，除非它们的安全性和/或有效性特性明显不同”❸。因此，如果一个已经批准的活性物质的各种衍生物显示出明显不同的安全性和/或有效性，那么严格来说，它们不能被认为是欧共体条约规定的“仿制药品”。

然而，欧共体表示，可能会有一些情形，一个已经批准的活性物质的衍生物的性质非常不同，以至于被视为一种“新活性物质”❹。因此，欧共体指南定义一个“新活性物质”为包括“一种此前没有在欧盟作为药品被批准的化学……物质”和“此前在欧盟已经作为药品被批准的化学物质的异构体、异构体混合物、配合物、或者衍生物或盐，其安全性和有效性特性不同于此前被授权的化学物质”❺。可以推测，如果一个已经批准的活性物质的衍生物具有足够的不同，其将被认定为欧共体条约下的“新活性物质”。

此外，欧共体已经表示，已批准药物的新组合将有资格获得整整10年的独占期。欧盟指令指出，在“医药产品，其包含已批准的医药产品的组合物中使用的、但至今没有被用于治疗目的的组合中的活性物质，必须提供与该组合相关的新的临床前实验或临床实验结果……但不必要提供与每个活性物质相关的科学依据”❻。欧共体指南将该条款解释为“新‘组

❶ 美国政府，联邦法规，21 CFR 314.108（a）（2002），第10（1）条。

❸ 美国政府，联邦法规，21 CFR 314.108（a）（2002），第10（2）（b）条（强调）。

❹ 参见欧洲委员会，给申请人的通知：卷2A：上市许可程序；第1章：上市许可（2005年11月），第23页：“如果与活性物质的本性变化相关的其他信息不能确定未带来安全性或有效性的显著改变，则可能需要提交临床前试验和临床试验的结果……或活性物质被认定为新活性物质”（强调）。另见欧洲议会指令2001/83/EC的附件I中，被2003/63/EC修订，第II部分，第78页：“如果一个本质上相似的医药产品的活性物质包含与已授权产品相同的疗效基团，所述活性物质涉及不同的盐/酯复合物/衍生物，必须有证据表明，可能改变安全性/有效性特性的基团药效动力学、药理动力学和/或毒性没有改变。如果不是这样的话，该派生物应视为一个新活性物质”（强调）。

❺ 给申请人的通知。

❻ 欧洲议会指令2001/83/EC，经指令2002/98/EC修正，经2004/24/EC修正，经2004/27/EC修正，第10b条。

合’医药产品将有一个在共同体范围内的从其第一个授权开始的独立的数据独占期和市场保护期”见表1。

表1：美国和欧共体的数据独占方案的概要

	美国	欧共体
新化学单体/新活性物质的定义	新化学单体：一种药品，不含有任何由［食品与药品管理局］批准的根据［食品，药品和化妆品］法案第505（b）节提交的其他申请中的活性成分； 活性成分：“在药品中发生生理或药理作用的分子或离子，不包括使该药物成为酯、盐（包括含氢键或配位键的盐）、或该分子的其他非共价衍生物（例如配合物、螯合物、或包合物）的附加部分”	新活性物质 “一种此前没有在欧盟作为药品获得授权的化学……物质”或“此前在欧盟已经作为药品获得授权的化学物质的异构体、异构体混合物、配合物、或者衍生物或盐，其安全性和有效性特性不同于此前被授权的化学物质”。
独占期	5年（如果仿制药申请人证明专利是无效的/或者不侵权，4年后申请可以被接受）	10年（申请人可在8年后提交仿制药的申请，但是直到10年后才能上市）
补充的独占期	3年，如果进一步的临床研究的提交对于新组合或适应症的批准是必不可少的；独占限于批准的新组合或适应症	10年后延长1年，如果一个新的适应症在前8年内被批准，并且带来了“重大临床效果”；独占延伸到所有适应症，而不仅是新的适应症
新的盐、异构体等	3年，如果进一步的临床研究对批准是必不可少的	没有补充的独占期；新的10年独占期，如果安全性/有效性显著不同
新组合	3年，如果进一步的临床研究对批准是必不可少的	新的10年独占期

3. 智利对“新”的定义

虽然美国和欧共体定义的化学单体的“新”都与一种物质是否已得到了在前的各自管辖范围内的上市许可相关，但是这不是“新化学单体”定义的内在要求。例如智利就是一个明显的例外。2005年，智利提出了数据独占的法律，写到一种已经在世界上任何国家获得上市许可超过 12 个月的药物，不具有获得数据独占的资格[1]。因此，不是以一种特定的药品是否已获得其管辖范围内的上市许可来定义“新”，国家反过来可以根据该物质是否已经获得了世界上任何地方的上市许可来定义“新”，并给申请人提供一个合理的“优先期”，在该期限内，申请人必须在他们的国家注册该药品。

4. 印度提议的定义

国家可以采用类似于专利法中的“新颖性”的要求更为严格定义“新”的概念，并且规定如果一种活性物质是已知的或者注册日之前已被文献描述过，该物质将没有资格得到保护[2]。虽然还没有国家采用这样的“新化学单体”的严格定义，印度政府最近提出采用一种接近的定义。2007 年 5 月，印度政府化学品和肥料部发表了一份报告，建议印度履行 TRIPS 协议第 39.3 条的义务[3]。该报告提出了“新化学单体”“可选择”的定义中的一个选项，如下：

一种基于新化学单体的药物，在印度没有相同药物的在前审批申请，或者相同的药物或化学单体不是此前商业上已知的。然而，下列将从新化学单体的定义中排除：新适应症，新剂型，两个或更多的药物的新组合，已知物质的多晶型/水合物/溶剂化物/异构体、盐、酯、代谢物、颗粒大小、异构体混合物、配合物、螯合物、单纯的混合物或组合物等，除非它们显著提高了该物质的已知疗效。[4]

---

[1] 智利，Ley 第 19.996 号，Modifica La Ley 第 19.039 号，Sobre Propiedad Industrial，第 91（e）条（2005）。

[2] 参见 C Correa，保护为药物注册提交的数据：实施 TRIPS 协议的标准，南方中心（2002)，第 16 页：“虽然该术语大概不会强加一个专利新颖性的标准，成员国可以根据［TRIPS］选择采用这样的标准”。另见 T Cook，“药品和其他部门的监管数据保护”，卫生和农业创新中的知识产权管理：最佳实践手册（A Krattiger 等编辑。）MIHR/PIPRA（2007），第 442 页：然而，［第 39.3 条］并未授权给予一个老的、已授权的化学单体或活性物质新数据的保护，无论它们最初付出怎样的努力。

[3] 参见 S Reddy 和 G S Sandhu，印度政府根据 TRIPS 协议第 39.3 条的数据保护条款采取的措施的报告，印度政府，化学品及化肥部（2007），可在 http：//chemicals. nic. in/DPBooklet. pdf 获得。

[4] 参见 S Reddy 和 G S Sandhu，印度政府根据 TRIPS 协议 39.3 条的数据保护条款采取的措施的报告，印度政府，化学品及化肥部（2007），可在 http：//chemicals. nic. in/DPBooklet. pdf 获得。第 49～50 页（强调）。

如此，这种“新化学单体”的定义，确定了药品的“新”不仅涉及此前该活性物质是否在国内已被批准，而且还涉及该物质是否是“此前在商业上已知的”。

5. 国际纯粹与应用化学联合会（IUPAC）的定义

由于印度或世界上其他地方尚未采用印度提出的定义，因此尚不清楚如何解读“商业上已知”的概念。例如，一个众所周知并在文献中描述过、但实际上从未商品化的物质是否被视为“商业上已知”？鉴于 TRIPS 协议中缺少“新化学单体”的定义，各国似乎也必然会以这种方式定义化学单体的“新”。实际上，使用术语“新化学单体”表示一个迄今尚未成为已知或在文献中被描述过的物质是在药物化学领域的普遍定义。化学命名的世界权威机构，国际纯粹与应用化学联合会（IUPAC），定义“新化学单体”为“此前未曾在文献中描述过的化合物”。[1]

6. 欧共体孤稀药条例对“相似医药产品”的定义

正如我们所看到的，根据美国食品药品监督管理条例，已被批准的物质的所有非共价衍生物（例如，盐、配合物、螯合物）不被认为是新化学单体[2]。然而，具有与活性药物基团连接的共价键，从而可能被视为已批准物质的共价衍生物的酯类衍生物也被从新化学单体的定义中排除了。因此，虽然所有的非共价衍生物都被从新化学单体的定义中排除，只有一种类型的共价衍生物——“导致药物成为酯”的那些——从该定义中被排除[3]。但是，没有什么是新化学单体的概念中所固有的，不排除某些国家从他们的定义中排除其他的共价衍生物。

举例来说，1982 年 3 月美国食品药品监督管理局批准了阿昔洛韦。然而，由于阿昔洛韦的口服生物利用度差，人们开发了能够提高该药物的药代动力学特性的阿昔洛韦的酯类前体药物。1995 年 6 月，美国食品药品监督管理局批准了伐昔洛韦，其是已批准的物质阿昔洛韦的酯类前体药物，其中一个氨基酸（缬氨酸）与阿昔洛韦分子共价连接。然而，由于伐昔洛韦仅仅是一个已批准物质的酯化产物，它未被授予新化学单体的地位，而是被授予补充的 3 年独占期。

---

[1] C G Wermuth 等，“药物化学中使用的术语汇编”（IUPAC 推荐，1998 年），纯粹和应用化学，70（5）：1129～1143（1998），第 1139 页。

[2][3] 美国政府，联邦法规，21 CFR 314.108（a）.

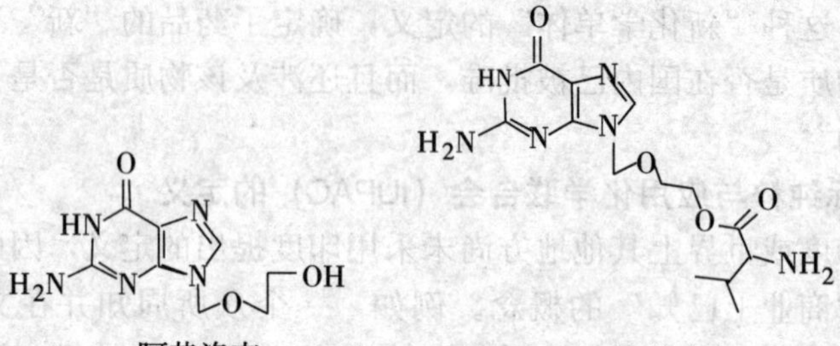

阿昔洛韦　　伐昔洛韦

图 1：阿昔洛韦与伐昔洛韦的分子结构

相反地，美国食品药品监督管理局于 2007 年 2 月批准了用于治疗注意力缺失症的赖氨酸安非他命，并授予新化学单体的地位。与伐昔洛韦类似，赖氨酸安非他命是一种前体药物；它是用于注意力缺失症的已批准物质 d—安非他命的前药，其中氨基酸（赖氨酸）共价连接到安非他命的分子上，以改善药物的药动学特征[1]。因此，尽管赖氨酸安非他命与伐昔洛韦类似，都是一个已批准的活性物质的共价衍生物，但是只有前者被授予了新化学单体的地位。可推知的是，这是由于赖氨酸共价连接到安非他命分子上的位点并未构成酯连接。

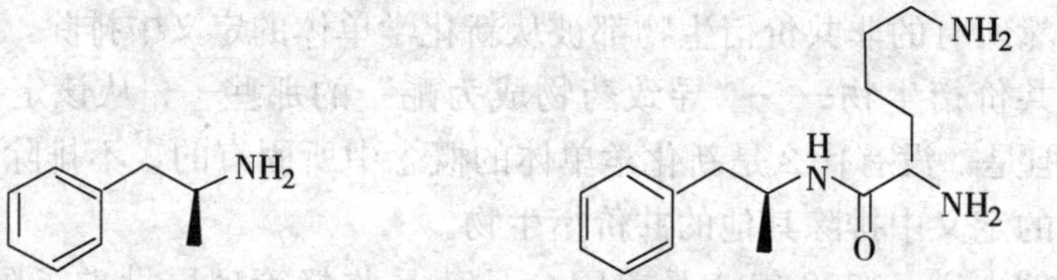

安非他命　　赖氨酸安非他命

图 2：安非他命和赖氨酸安非他命的分子结构

这两个例子说明，酯类前体药物应该从新的化学单体的定义中排除，而非酯类前体药物衍生物应包括在内，并没有任何内在原因。但是，一旦被接受，也没有任何内在理由从该定义中排除已批准物质的一些或所有共价衍生物。扩展“新化学单体”的定义，以排除已知药物的一些或所有共

[1] 美国专利 7105486，Mickle 等，2004 年 6 月 1 日申请，2006 年 9 月 12 日授权，第 3－4 栏。

价衍生物可能会大大缩小可被视为新化学单体的物质的范围。许多，并非全部，“新药”实际上是先前已知的分子的共价衍生物，即结构类似物，其中对已知先导分子进行相对较小的改变以创造一个具有类似结构和作用机制的“新的”药物分子[1]。

虽然目前生效的“新化学单体”的监管定义没有提出结构类似物的问题，但是也不存在为何无法从结构上进行定义以便排除已知的或已批准药物的结构类似物的内在原因。从关注激励到药物发展的角度来看，其超越现有药物，作出了显著的临床贡献，考虑采用这样的定义是有意义的。事实上，欧共体在药物监管的相关领域已经采用了这样一种模式：“孤稀(orphan)”药。

“孤稀”药是指为治疗罕见的或“孤稀”疾病而开发的药物[2]。欧共体、日本、美国和少数其他国家采用了孤稀药立法，以努力为孤稀疾病的研究和发展制造额外的激励[3]。所述激励包括：大量免税贷款用于临床试验费用，以及授予一个相对于新的非孤稀药时间更长（美国）[4] 或者更广泛的（欧共体）[5] 的独占期。

欧共体条例为孤稀药提供了独占期，阻止相同治疗适应症的“相似医药产品（similar medicinal product）”的注册[6]。“相似医药产品”定义为一种医药产品，包含目前已授权的孤稀药品中包含的物质的相似活性物质，并且意图用于相同的治疗适应症[7]。接着，“相似活性物质”被定义

---

[1] 根据一项调查，“模拟设计”产生的药物占小分子（即非生物）药物总销售额的 2/3。参见 C. Wermuth，“药物相似性：模拟设计的思考”，Drug Discovery Today，，11（7—8）：348—354（2006 年 4 月）。

[2] 例如，根据欧共体条例，孤稀药被定义为包括一种“医药产品，其用于诊断、预防或治疗威胁生命的或慢性使人衰弱的疾病，这些疾病影响共同体内 10000 人中不超过 5 个人”。欧共体公报，委员会条例（欧共体）第 847/2000，2000 年 4 月 27 日，第 2（1）条。

[3] 参见消费者技术项目（现知识生态国际）“与孤稀药法案相关的问题”，可在 http：//www. cptech. org/ip/health/orphan/ for a review of orphan drug laws around the world 上获得。

[4] 美国授予孤稀药 7 年的独占期。参见 21 U. S. C. 360cc（a）（3）（2006）。

[5] 欧共体授予 10 年的独占期，但在此期间内不授予相同或“类似的”药品行政许可。欧共体公报，委员会条例（欧共体）第 141/2000，欧洲议会和理事会，1999 年 12 月 16 日，第 8（1）条。

[6] 欧共体公报，委员会条例（欧共体）第 141/2000，欧洲议会和理事会，1999 年 12 月 16 日，第 8（1）条。

[7] 欧共体公报，委员会条例（欧共体）第 847/2000，2000 年 4 月 27 日，第 2（1）条。

为包括相同的活性物质，以及具有“相同的主要分子结构特征（但不一定是所有相同的分子结构特征）并通过相同的机制进行作用”的活性物质❶。这一定义明确包括了“一种活性物质，其与原活性物质的区别仅在于分子结构的微小改变，例如结构类似物❷。”

因此，根据欧共体孤稀药条例，甚至是已批准的孤稀药的“相似（me—too)”药物可能在独占期内也不能被批准出售，除非申请人能通过适当的对比临床数据，证明“相似”药物“临床上优于”已批准的孤稀药❸。

因此，欧共体对“相似活性物质”的定义与结构相关，不仅涵盖已批准物质的新的酯类或非共价衍生物，而且覆盖通过相同机制发生作用的已批准物质结构类似物或衍生物。

7.《美国－约旦自由贸易协定》中新化学单体的定义

虽然大多数发展中国家在定义“新化学单体”时具有充分的自由来行使全部的灵活性，但是必须指出，许多上文讨论的灵活性作为与发达国家签订的双边或区域贸易协定的选项正逐渐被消除。特别是，美国和发展中国家之间的几个自由贸易协定（FTA）包括一些具体条款，不仅批准数据独占，而且对于如何定义“新化学单体”的概念作了具体的限制。

例如，如上所述，“新化学单体”的定义不必（并且在美国或者欧共体没有）包括已批准药物的新用途或适应症。然而，一些自由贸易协定明确要求为老药物的新适应症提供一个补充的独占期❹。有趣的是，美国约旦自由贸易协定将新适应症的补充的独占期纳入到“新化学单体”要求的所谓“保护”（实际上等于独占）中：“可以理解的是，‘新化学单体’的保护也必须包括为老化学单体的新用途提供的 3 年保护期”❺。因此，根

---

❶ 欧共体公报，委员会条例（欧共体）第 847/2000，2000 年 4 月 27 日，第 3（3）（c）条（强调）。

❷ 同上注，第 3（3）（c）（1）条（强调）。

❸ 参见《欧共体条例》第 141/2000，前注 27，第 8（3）（c）条；《欧共体条例》第 847/2000，前注 29，第 3（3）（d）条。该条例还规定，如果原许可持有人同意，或者如果能够证明许可持有人无法提供足够数量的产品，第二个申请人可以获得许可。

❹ D Cullen，“数据保护：新知识产权前沿－现行法律法规的回顾”，*Journal of Generic Medicines*，5：1，9—25（2007)，WTO 成员国现行数据保护法的全面概述。另见 K Timmermans，“垄断临床试验数据：影响和趋势”，*PLoS Medicine* 4（2）(2007)。

❺ 参见《美国—约旦自由贸易协定》第 4.22 条。

据美国约旦自由贸易协定，新适应症补充的独占期被并入到“新化学单体”要求提供的保护中。

显而易见的是，这些和其他被纳入到自由贸易协定中的要求大大扩展了为新化学单体的相关数据提供的保护范围。正处于与发达国家谈判过程中的国家或正在考虑进入与发达国家自由贸易协定谈判的国家可能要考虑接受这些与新化学单体相关的要求带来的影响。

(一) 定义“新化学单体”内在灵活性的参数

上述讨论表明，没有任何关于“新化学单体”的定义的普遍共识，国家具有广泛的自由来以最适合其政策重点的方式定义该概念。存在所述灵活性的一些参数可以概括为如下：

国家不必在“新化学单体”的定义中包括任何已批准的物质的酯、盐和其他非共价衍生物，不论衍生形式的安全性或有效性是否存在显著差异(例如根据美国法规，所有这些物质均超出了“新化学单体”的正式定义)；

“新化学单体”的概念，不需要与申请人为行政许可必须生成并提交的数据的类型和数量相对应（例如，美国氨水 13 的案例，其中药物申请人没有生成任何审批所需的数据，但是仍然被授予整整 5 年独占期，相反地，甚至在申请人按要求生成了补充的临床数据的情况下，欧洲“混合”申请也没有获得任何独占期。)；

化学单体的“新”没有必要根据该物质此前是否已在注册国获得了行政许可来确定，例如可以采用 IUPAC 关于新化学单体的定义，其描述新化学单体为“一个此前未在文献中描述过的化合物”，并且可以根据该物质是否已知或在文献中描述过，和/或根据该物质是否已获得世界上任何地方的上市许可来确定。

已知的或已批准的物质的一些或所有共价衍生物可能被排除；为了确定一个密切相关的共价衍生物为一种新化学单体，国家可以选择要求“临床优势”的证据（例如欧共体孤稀药法案中“相似医药产品”的定义)。

根据各种选择，一个国家可能制定这些参数中的一个或多个，“新化学单体”的定义带来的保护或独占的范围也将产生变化。可能的定义可以看作一个连续谱上的点，范围从对一大组药物的保护到仅对较少数量的药物提供保护的狭义概念。

如果现有药物的新用途或新适应症视同“新化学单体”（如基本上是

美国—约旦自由贸易协定中的情形)，数据保护/独占的范围将非常广阔。此外，正如我们已经看到的，根据相关欧共体条例，已批准药物的新组合，以及安全性和/或有效性特性明显不同的新的酯类、盐和其他衍生物，将有资格获得保护，而根据美国的定义，这些均没有资格成为新化学单体。因此，美国定义导致了一个较窄的保护范围。

然而，对什么构成“新”，国家应当选择采用一个更为严格的定义，从而排除已知的或在文献中描述过的药物，或在其他地区已批准上市的药物，以大大限制有资格获得保护的药品数量。类似地，如果“新化学单体”的定义排除现有药物的共价衍生物，例如结构类似物，也将明显限制保护的范围。图 3 示意该谱中不同的“新化学单体”的概念。

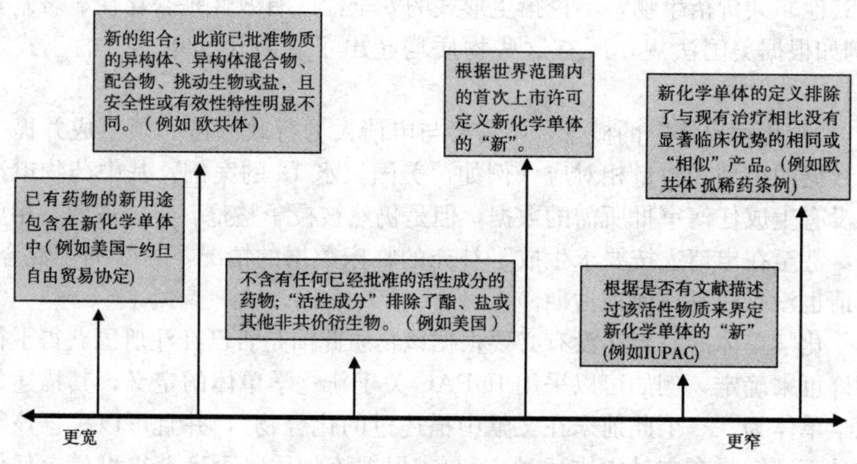

图 3：新化学单体可能的定义谱

明显，定义“新化学单体”这一概念的参数不是相互排斥的，并且可以结合起来。因而，一个国家可以决定在“新化学单体”的定义中引入一个“新”的严格定义，并且从“新化学单体”定义中排除“衍生物”这一个广泛的定义。这两个特征相结合，很显然会导致“新化学单体”的定义更加狭窄。

（二）TRIPS 协议，数据独占和新化学单体

在国际法律环境中，“新化学单体”的定义对提供给药品行政许可所需的临床数据的保护范围具有最直接、最相关的影响。术语“新化学单体”出现在 TRIPS 协议第 39.3 条：

当成员国要批准使用了新化学单体的药品或农用化工产品上市时，要求提交未披露过的实验数据或其他数据作为条件，如果该数据的原创活动包含了相当的努力，则该成员国应对该数据提供保护，以防止不正当的商业使用。此外，除非出于保护公众的需要，或除非采取了措施保证对该数据的保护、防止不正当的商业使用，成员国均应保护该数据以防其被泄露（强调）。

已经指出，TRIPS 协议中没有定义“新化学单体”的概念，国家具有相当大的灵活性来采用一种定义以满足他们的特定需求[1]。事实上，“新化学单体”的定义是 39.3 条中已被确认的几个内在“灵活性”之一。首先，在这些灵活性中，关键是要注意，第 39.3 条没有要求成员国引入“数据独占”，该概念阻止国家药品监管机构在指定的时间内，通常是 5 年至 10 年内，依赖于原料药公司提交的临床数据批准该药物的等同仿制药[2]。人们关注到这样一个事实，即数据独占制度将推迟更多基本药物的廉价仿制药的入市，并且发展中国家已提出警告反对引入这种制度[3]。

尽管如此，一些发展中国家还是同意引入数据独占制度，例如，在世贸组织一入盟谈判中，或作为双边或区域自由贸易协定的结果[4]。那些选择引入数据独占的国家已经提出了若干建议，以减轻该制度对廉价的仿制替代品可获得性的影响[5]。这些建议中突出了数据独占的范围应限于含有新化学单体的药物。

但是，正如已经指出的，由于术语“新化学单体”在 TRIPS 协议中

---

[1] 参见，例如，C Correa，保护为药物注册提交的数据：实施 TRIPS 协议的标准，南方中心（2002），第 16－18 页；另参见贸发会议－可持续发展中心，关于 TRIPS 和发展的资源集，剑桥大学出版社（2005），第 530 页。

[2][3] 参见，例如，知识产权委员会，创新和公共卫生，公共卫生，创新和知识产权，世卫组织（2006），第 124 至 126 页。

[4] 参见 Cullen（2007），WTO 成员国中现有的数据保护法的全面概述。另见 Timmermans（2007）。

[5] 参见 Timmermans（2007）。另见 S Reddy 和 G S Sandhu，印度政府根据 TRIPS 协议 39.3 条的数据保护条款采取的措施的报告，印度政府，化学品及化肥部（2007），可在 http://chemicals.nic.in/DPBooklet.pdf 获得。

没有定义，并且具有几种可能的解读，一个国家采用的确切定义在确定数据保护或数据独占制度的范围和影响力方面具有深远的影响。

（三）评估新化学单体的不同定义的潜在影响

鉴于“新化学单体”可能的定义范围很广，了解这些不同的定义将会对数据保护/独占的范围产生的实际影响将是有益的。幸运的是，我们可以通过考察新药审批的最新数据来估计这些不同定义的影响。

因此，在尝试评估“新化学单体”的不同定义对数据保护/独占的范围和深度的潜在影响中，我们研究和分析了从 2005 年 1 月至 2008 年 4 月美国食品药品监督管理局批准的所有新化学单体。总共有 57 个新药申请在此期间被授予新化学单体的地位。此外，我们还研究了此期间美国食品药品监督管理局对“新组合”和“新酯、新盐、或其他非共价衍生物”的审批。最后，我们还研究了所有导致授予补充的 3 年独占期的与新用途或适应症相关的补充的审批。除了 57 个新化学单体，美国食品药品监督管理局总共批准了 31 个新组合、9 个新的酯类，盐类或其他非共价衍生物，以及 197 个新适应症、新的给药方案等，附带在相关时间期限内的补充的 3 年独占期❶。

定义“新化学单体”的概念不包括已知的或文献中描述过的物质，以及现有分子的结构类似物，可以大大削减数据保护或数据独占制度的范围和影响力。正如我们所看到的，如果该概念是这样定义的，美国食品药品监督管理局从 2005 年 1 月至 2008 年 4 月批准的 57 个新化学单体中有多达 28 个（或更多）（49%），可以视为未落入“新化学单体”的定义中（见表 2）。

使用美国食品药品监督管理局的“新化学单体”的定义作为基准，那么，“新化学单体”不同的可能定义可以用来评估数据保护/独占制度的范围受到所述定义影响的程度。因此，举例来说，一个与美国定义相同的“新化学单体”的定义，但没有任何形式的新用途和适应症的补充的保护，将导致 57 个药品在相关时期内被认定为新化学单体一与美国食品药品监督管理局批准的新化学单体的数量一致（见表 2）。

---

❶ 对现有药物的这些补充的批准的分类包括“新的或改进的适应症”，“新的给药方案”，“改变的患者群”，“新的患者群”，“临床数据支持的疗效补充”和“对比疗效声明”。仅计算了有补充的 3 年独占期的那些补充的批准。

但是，如果如《美国—约旦自由贸易协定》基本要求的那样，在“新化学单体”的定义中包括新的用途或适应症，那么多达 98 个额外的申请将可能有资格获得补充的独占期（197 个补充的批准中有 98 个是关于新的或改进的适应症的；见附件 5）。类似地，如果仿效欧共体模式，在“新化学单体”的定义中包括“新的组合”，美国食品药品监督管理局批准的另外 31 个药物申请将有资格得到保护。最后，另外 9 个新的酯或盐的批准将可能有资格得到保护，取决于安全性或有效性的“显著不同”是如何解读的（见表 2）。

相反地，采用“新化学单体”更严格的定义显然会缩小有资格获得数据保护/独占的药物的数量。此外，通过研究在相关时期内 57 个新化学单体的批准，可以估计采用这些更严格的定义的实际影响。例如，如果调整“新化学单体”的定义，以排除所有已知的或已在文献中描述过的物质，那么美国食品药品监督管理局批准的许多新化学单体将不具有作为新化学单体的资格。

举个例子，美国食品药品监督管理局于 2008 年 2 月批准用于治疗主要抑郁症的 desvanlaxafine 琥珀酸上市。该药被授予 5 年的新化学单体独占期❶。然而，美国食品药品监督管理的橙皮书中列出的该药物的专利之一公开了 desvenlaxafine 是文拉法辛的主要代谢物，并且 1992 年来已经已知并在文献中描述过❷。文拉法辛本身是美国食品药品监督管理局 1993 年批准的一个单独的药品❸，它已是众所周知的，并且在文献中描述了文拉法辛，一旦被人体摄入，自然会在体内代谢为 desvenlaxafine❹。但是，

❶ 食品药品监督管理局的网上“橘皮书”，其提供（除其他外）与为已批准的药物列出的专利有关的数据，可浏览：http：//www. fda. gov/cder/ob/.

❷ 美国专利 6673838，A Hadfield 等，2002 年 2 月 11 日申请，2004 年 1 月 6 日授权，第 1 栏，第 16－22 行。代谢物被定义为“代谢产生的任何中间体或产品”。文拉法辛，一旦被人体摄入，在体内自然代谢为 desvenlafaxine。

❸ 网上“Drugs@FDA”数据库可以链接：

http：//www. accessdata. fda. gov/scripts/cder/drugsatfda/；以及 and at：http：//www. fda. gov/CDER/rdmt/default.

http：//www. accessdata. fda. gov/scripts/cder/drugsatfda/.

http：//www. fda. gov/CDER/rdmt/default.

❹ 美国专利 6673838，第 17～22 行。

因为在1993年获得美国食品药品监督管理局批准的“活性成分”是文拉法辛，并且因为它的代谢产物，desvenlafaxine不是“酯、盐……或其他非共价衍生物”，也没有被美国食品药品监督管理局明确批准过，因此根据美国法律它有资格获得整整5年独占期。但是，如果“新化学单体”的定义与活性物质是否是此前已知的或被文献描述过有关，desvenlaxafine显然没有获得数据独占的资格。

根据“新”的这一更严格的定义，估计被美国食品药品监督管理局认定为新化学单体的57个药物中至少有17个（30%）在相关的时间内不具有作为新化学单体的资格（见表2）。

此外，如果从该定义中排除“me－too”药物，我们还可以估计将被排除的新药的近似数目，其中“me－too”药物是指与现有药物的结构类似物，但其没有体现对现有治疗的显著改进。在审查之前，美国食品药品监督管理局将新药申请分为“标准”或“优先”两类。能提供“(1) 安全和有效的治疗，如果没有令人满意的替代疗法存在；或（2）与市售的产品相比具有显著的改善”的那些药物作为后一类申请可以得到加快审批❶。

因此，美国食品药品监督管理局采用标准审查程序审查对现有疗法没有带来显著临床进步的药物。从2005年1月1日至2008年4月30日获得批准的57个新化学单体的申请中，26个申请被授予优先地位，而其余31个根据标准程序进行审查。使用美国食品药品监督管理局标准审查的指定，作为没有提供比现有疗法的显著临床进步的药物类型的代表，每一个标准审查就是确定药物是否是已知的或已批准的物质的衍生物或结构类似物。在31个落入标准审查类型的药物申请中，我们发现至少有11个（所有新化学单体的35%）利用了已知的或已批准物质的结构类似物或其他衍生物作为活性物质（见表2）。

❶ 美国食品药品监督管理局，药物评价和研究中心，新药办公室，政策和程序手册“分类政策的回顾：优先（P）和标准（s）”，MAPP 6020.3（2007），第2页。

表 2：“新化学单体”的不同定义对保护或独占范围的影响

	新化学单体的定义	可能具有新化学单体资格的药物数目（2005 年 1 月至 2008 年 4 月）
更宽 ↑	新化学单体中包括已有药物的新用途（例如《美国—约旦自由贸易协定》）	155（57，加上 98 个新的适应症）
	新的组合、新的盐、酯等，其疗效与新化学单体明显不同。（例如欧共体条例）	97（57，加上 31 个新组合，加上 9 个新的盐或酯）
	不含有任何已批准的活性成分的药物；“活性成分”排除了酯、盐或其他非共价衍生物。（例如美国）	57
	根据是否有文献描述过该活性物质来界定新化学单体的“新”（例如 IUPAC）	40（57，减去 17 个已知的或被文献描述过的药物）
	新化学单体的定义排除了与现有治疗相比没有显著临床优势的相同或“相似”产品（例如欧共体孤稀药条例）	46（57，减去 11 个授予标准审查的结构类似物）
更窄 ↓	根据是否有文献描述过该活性物质来定义新化学单体并且从新化学单体的定义中排除与现有治疗相比没有显著临床优势的相同或“相似”产品（即 IUPAC 和欧共体孤稀药条例相结合）	29（57，减去 17 个已知的或被文献描述过的药物，减去 11 个授予标准审查的结构类似物）

三、在确立安全性和有效性方面定义新化学单体

在美国和其他发达国家，“新化学单体”的概念构成了为获得行政许可而必须提交的申请类型的基础。因此，对于被认为是新化学单体的物质，药物申请人一般必须（但不总是）提交一份全面的临床档案，详细记录足以确定药物的安全性和有效性的临床试验结果和其他数据。被认为不是新化学单体的药物，一般可利用申请的一些省略的形式，并且仅仅需要

用于支持特定申请的必要数据❶。

但是，如果某些国家选择采用如上面描述的更严格的（或更窄的）“新化学单体”的定义，则有必要使该概念与为了获得行政许可所需提交的信息的类型和数量相脱离。例如，由于活性物质先前已经在文献中描述过，导致药物未落入“新化学单体”更严格的定义的事实，并不一定意味着不再需要确立药物的安全性和有效性的全面的临床档案。因此，为了授予数据保护/独占目的设立的新化学单体的概念，必须独立于为了确立药物的安全性和有效性而必须提供的信息方面的要求。

同样，从确定“新化学单体”各种可能的定义，如在 TRIPS 协议 39.3 条中使用时定义的角度看，没有任何内在的原因推断出该定义必须对应于行政许可需要的数据的类型和数量。例如，即使没有为审批进行并提交独立的临床实验，美国立法也允许药物被视为新化学单体❷。其中一个例子是氨水 13，其仅仅是氨（NH_3），其中氮是 N－13，氮的一种不稳定放射性同位素。美国食品药品监督管理局于 2007 年 8 月批准了用于正电子发射断层扫描的氨水 13❸。然而，有趣的是，申请人没有提交独立的临床数据来支持该物质的安全性和有效性，而是提到了美国食品药品监督管理局对氨水 13 的独立审查，该审查的结论是“因为该审查中引用的证明该产品用途的安全性和有效性的数据是公众可获得的，所以安全性和有效性的要求……通过援引该审查的文案号即可以满足”❹。因此，申请人仅仅引用了美国食品药品监督管理局对公众可获得的文献的审查，而不是进行自己的临床研究。尽管如此，该产品被授予新化学单体的地位和 5 年的独占期❺。

这个例子说明了一个事实，即“新化学单体”的定义不一定需要对应于申请人为了审批而必须生成并提供到药物监管机构的数据的类型和数

---

❶❷ 例如，美国食品药品监督管理局规定，一个新化学单体的申请将通常包括一个申请表、索引、摘要、五或六个技术单元、病人数据的案例报告表、病例报告表、药物样品、和商标，其中包括，如适用，任何本章 208 部分规定的药物指南。其他申请通常只包含这些项目的一些，并且信息将仅限于需要支持特定申请的那些。美国联邦法规，21 CFR 314.50（2007）。

❸ Drugs@FDA 数据库。

❹ 美国食品药品监督管理局，药物评价和研究中心，申请号 22－119，医疗评论（2007），在 Drugs@FDA 数据库可获得。

❺ 参见美国食品药品监督管理局电子橙皮书，其提供关于为已批准的药物列出的专利的数据（除其他外）。可以访问：http：//www.fda.gov/cder/ob/.

量。伴随着指定新化学单体的独占期的授予，其正当原因往往是药物申请人必须有机会弥补行政审批所必需的临床数据的生产成本。然而，在氨水13的案例中，尽管申请人没有生成审批所需的任何数据，而是完全依赖于能表明该物质的安全性和有效性的公众可获得的文献，申请人还是获得了5年的独占期❶。

我们还可以看到，国家可能在一些或全部案例中选择放弃提交临床档案的要求，反过来依赖其他国家相同或类似药物的注册作为药物的安全性和有效性的充分证据❷。因此，虽然在这些案例中，没有为审批提交任何临床数据，行业团体认为，数据独占仍然是新化学单体的要求❸。例如，即使依赖于其他国家的“在先上市许可证据”来证明药物的安全性和有效性，中美洲自由贸易协定的缔约方也被禁止在独占期内批准等同药物上市❹。

因此，如果“新化学单体”的定义与审批需要提交的数据的类型和数量之间没有必然的联系，那么，似乎没有任何原因可以解释为什么不允许各国采用这样一个“新的化学单体”的定义，该定义中排除一些仍然需要提交完整的临床档案的药物。这样做将允许各国利用TRIPS协议39.3条的内在灵活性以与其政策重点一致的方式定义“新化学单体”，并且仍能确保获得上市许可的药品的安全性和有效性。

四、在专利环境下定义新化学单体

（一）背景

如上所述，“新化学单体”的概念最初用于药品监管领域中。然而，近年来，出现了关于类似概念是否能在确定药物专利的可专利性中发挥作用的辩论。学术界，政府机构和公共卫生倡导者对一般认为是对现有药物

❶ 美国食品药品监督管理局已经明确认识到，可以在药物申请人完全没有生成数据的基础上进行新化学单体申请的审查和批准。参见美国食品药品监督管理局，“工业指南：505（b）（2）节所涵盖的申请”，（指南草案），1999年10月。

❷ 参见印度政府，药品和化妆品规则，进度表Y。

❸ 例如，国际制药商协会联合会（IFPMA）批判了阿根廷政府制定的数据保护法，其允许在相同或类似药物已在其他地方获得批准的证据基础上批准一个仿制药。国际制药商协会联合会，鼓励新的治疗药物发展：数据独占的作用（2000），第9～10页。

❹ 《中美洲自由贸易协定》第15.10条。

的不重要或微不足道的改变的专利的盛行表示忧虑[1]。由于担心这些二次专利可能会被专利持有公司滥用，以至“长青”现有药物的有效垄断期，公共卫生倡导者—特别是在印度——直倡导积极措施遏制这种专利的授予[2]。其中一项建议是将药物专利的授予限制在仅包括那些新化学单体。

在印度，将药物专利的授权明确限制在那些新化学单体，是否与TRIPS协议兼容的问题也是激烈辩论的主题。2005年，在用尽了TRIPS协议提供的过渡期之后，印度修改了专利法，引入药物的产品专利保护。但是，部分由于公共卫生倡导者担心专利保护对印度仿制药业成为整个发展中世界低价基本药物主要供应商的可持续能力的影响增加，印度在其专利法中引入一些独特特征用于限制可能获得专利保护的二次专利申请的数量。其中之一是《印度专利法》第3（d）条，其规定下列各项不属于发明（因此不能被授权）：

仅仅是发现已知物质的新形式，并且不会带来该物质已知疗效的改善，或者仅仅是发现了已知物质的新的性质或新用途，或仅仅是发现了已知方法、机器或器械的用途，除非所述的已知方法产生了一种新的产品或者使用了至少一个新的反应物。

（二）说明

这一条款的目的是，已知物质的盐、酯、醚、多晶型、代谢产物、纯度形式、颗粒大小、异构体、异构体混合物、配合物、组合和其他衍生物，应视为是相同的物质，除非它们在疗效上显著不同[3]。

很显然，本节的用语——特别是解释部分——非常接近于欧共体的“仿制药”的定义，其中“活性物质的不同的盐、酯、醚、异构体、异构体混合物、配合物或衍生物应被视为是相同的物质，除非它们的安全性和/或有效性特性显著不同”[4]。因此，根据印度法律，涉及已知物质的各种

---

❶ 参见，例如，CIPIH报告，第130－134页；美国联邦贸易委员会，促进创新：竞争与专利法律和政策的适当平衡（2003），欧洲委员会，医药部门调查，初步报告，DG竞争人员工作文件（2008）。

❷ 参见，例如，廉价药品和治疗的运动，提交给专利法问题的技术专家组，将医药物质专利的授权限制在新化学单体是否符合TRIPS协定（2005），可在http：//www.lawyerscollective.org/content/mashelkar－committee－intro获得。

❸ 印度政府，专利法，1970（1970年39），专利（修正）法修订的，2005（2005年15），第3（d）节。

❹ 欧盟指令2001/83/EC，第10（2）（b）条。

新的盐、酯和其他衍生物的专利申请被认为是不能授予专利权的，除非这些新的形式带来了疗效的显著提高。

印度议会辩论过，但仍悬而未决的一个问题是：印度能否进一步将药物专利的授权仅仅限制在涉及新化学单体的专利，并且始终与其在TRIPS协议中的义务相一致？虽然为解决这一问题作了一些尝试，这个问题最终没有得到解决[1]。

国家是否可以在符合TRIPS协议的条件下，从可授权客体中排除除了新化学单体之外的所有物质，是一个极为复杂和有争议的问题－该问题超出了本文的讨论范围。然而，即使不直接处理这个棘手的问题，仍然可以考察国家在抑制二次专利常见类型的授权中灵活性，这些二次专利可能会被用来阻止仿制药的生产和销售。

（三）限制非新化学单体申请的专利

正如一些专家已经指出的，尽管TRIPS协议27.1条要求，"一切技术领域中的任何发明，无论产品发明或方法发明，只要是新的、具有创造性并能够工业应用"，均应有可能获得专利权，关键术语"发明""新""创造性"和"工业应用"未给出定义，这留给国家相当大的灵活性来确定这些标准[2]。采用每个参数的严格标准，授权的二次专利的数量可能会大幅度减少。我们将依次讨论这些参数。

1. 定义"发明"

虽然TRIPS协议第27.1条要求"发明"可获得专利权，准确地说，什么构成一项发明并没有普遍认同的定义。例如，虽然许多国家对"发现"和"发明"作出了根本区别，并仅对后者提供保护，但是美国定义"发明"是"一项发明或发现"，并规定"无论谁发明或发现任何新的和有用的方法、机器"，都有资格获得专利权[3]。其他地域保留了发明和发现

---

[1] 印度议会成立了一个专利法问题的技术专家小组，目的是在这个问题上提供意见。该小组提交了一份报告，但后来撤回了该报告，被指控一些关键结论从行业投资的报告中抄袭。参见R Sharma和S Hiddleston，"Mashelkar专利法委员会撤回报告，寻求更多的时间"，在印度，2007年2月22日。

[2] 参见，例如，C Correa，药物专利审查指南：形成一个公共卫生的视角－工作稿，可持续发展中心－开发计划署－世界卫生组织（2006），第3～5页，参见知识产权和发展政策的结合，知识产权委员会（2002年），第114～119页。

[3] 美国法典，35 U.S.C. 100（a）；101（强调）。

之间的区别，但是划出了一个例外以使一些发现是可专利的。因此，例如，尽管欧洲专利公约（EPC）作为一般规则，提出“发现、科学理论和数学方法”从“发明”的定义中排除[1]，仍作出了一个例外，其中“一种从人体分离出来的元素或通过技术手段制造的其他物质，包括序列或基因的部分序列，可构成可授权的发明，即使该要素的结构与天然元素的结构相同”[2]。

然而，根据TRIPS协议没有义务将“发明”保护客体扩展到包括“发现”。因此，与欧洲专利公约不同，如果他们选择，国家可能坚决地从可授权客体中排除一切天然形成的物质，因为这些物质的分离或确认，严格来说，特征在于发现。例如，美国食品药品监督管理局橙皮书中为美卡舍明（美国食品药品监督管理局于2005年批准的用于增长生长激素缺乏症的药物）列出的一个专利表明，活性物质由纯化的天然蛋白质组成[3]。虽然可以想象，确认或纯化天然物质的方法可能获得专利权，但是根据TRIPS协议没有义务，使天然形成的物质本身成为可授权的客体。

此外，“发现”的范围不必限于天然形成的物质。在制药领域有很多其他类型的“发明”可以更准确地被描述为“发现”。例如，在各种各样的（包括药物和非药物）物质中，多晶型是一种常见的存在形式，其导致物质具有任何数目的、不同的固态形式。因此，医药物质，一旦被“发明”，在不同环境条件下，可以以不同的多晶型的形式表达自身，其中的一个或多个多晶型的形式可能比其他形式在药学上更有用。然而，“多晶型是一种自然属性，多晶型不是‘被创造的’或‘被发明的’，它们是作为与药物制剂相关的常规实验的一部分被正常发现的[4]。”

因此，例如，美国食品药品监督管理局橙皮书中为泊沙康唑（美国食品药品监督管理局于2006年9月批准的一种抗真菌药）列出的三个专利之一请求保护此前已公开的化合物的“一种结晶的多晶型I”。[5]专利说明书指出，“我们发现式I化合物可以以3种结晶的多晶型形式存在，每一种多晶型形式与其他多晶型形式和无定形形式在物理化学参数、物理性质

[1][2] 《欧洲专利公约》(2000)，第52 (2) (a) 条。

[3] 美国专利5，200，509。

[4] Correa (2006)，第10页。

[5] 美国专利6958337，D Andrews等，2004年2月25日申请，2005年10月25日授权，第14栏，第33～64行。

和制备方法上都有明显的不同［原文如此］……，晶型I是最稳定的”。❶这些公开的信息清楚表明，不同的多晶型的形式是发现的，而不是发明的，一种多晶型形式的有益性质的存在并不一定使这种发现成为可授权的。

制药领域的其他例子可能包括，发现一个之前已知的化合物以不同的立体异构形式（例如，作为对映体）存在，并且其中一个或更多立体异构形式在药学上更有效，或发现一个已知化合物的特定代谢物显示出有价值的药学属性。

2. 定义“新颖性”和“工业实用性”

采用一种严格的新颖性标准也可以有效减少制药领域中二次专利的数量。虽然许多国家的新颖性要求的定义是相当狭窄的，如此，甚至是对已知的或现有技术已描述过的内容的很小的改变也可能被认为是新的，但是国家有理由采取更严格的定义。

例如，各国有理由认为已知化合物的所有新用途都不符合新颖性的要求。事实上，有些地域则认为有必要专门划出一个新颖性要求的例外，以使已知物质的新用途成为可专利的。例如，欧洲专利公约指出，新颖性要求“不应排除包含在现有技术中的任何物质或组合物在方法［治疗］中的用途的可专利性，只要其用于任何所述方法的用途不包括在现有技术中”❷。因此，即使物质是现有技术已知的，该新颖性要求的例外允许专利申请人通过请求保护“使用物质Y治疗疾病X的方法”而不是请求保护该物质本身来“绕过”任何新颖性反对意见。

然而，许多国家的法律排除“治疗方法”权利要求，因它们不具有工业实用性❸。但是，一个例外不时形成，指出这项规定“不得阻止由被视为是能够［工业应用］的物质或组合物组成的产品，仅仅因为它是为了在

❶ 美国专利6958337，D Andrews等，2004年2月25日申请，2005年10月25日授权，第2栏，第9～16行（强调）。

❷ 《欧洲专利公约》第54（4）条。这通常被理解为允许一个已知物质的首次医药用途的授权。第54（5）条，进而指出，新颖性要求“不应当排除任何［第54（4）条中］涉及的物质或组合物在方法［治疗］中的任何特定用途的可专利性，只要其用于任何所述方法的用途不包括在现有技术中”。这具体支持了已知物质的二次或后续医药用途的可专利性。

❸ 参见，例如，南非专利法，1978年第57号，被2002年第58号专利法修正案修订，第25（11）节。TRIPS协议，第27.3（a）条明确规定，无一例外，各国可能会从可专利性中排除“对人或动物的诊断，治疗和外科手术方法”。

任何所述方法中使用而被发明的"[1]。因此，为了特别允许已知物质的新用途的授权，一些国家发现有必要同时划出新颖性和工业实用性标准的例外。

一些发展中国家，如马来西亚[2]和南非[3]，也采取了类似的"划出"。与此同时，正如我们已经看到的，印度的第3（d）节从可专利性中不仅排除了一大类已知物质的"新形式"，而且排除了已知物质的"任何新的性质或新的用途"[4]。因此，例如，根据对新颖性和工业实用性广义的解读，该广义解读排除已知物质的任何新的用途或者任何治疗方法权利要求，橘皮书中为替比夫定（用于治疗乙肝，2006年10月获得批准）列出的四个专利的任何一个将不太可能获得授权。如专利中披露的那样，替比夫定中的活性化合物（2′－脱氧－β－L－ethrythro－pentofuranonucleosides）多年前已成为现有技术[5]。因此，该专利包括使用有效量的活性化合物治疗乙肝的方法，而不是请求保护活性化合物本身[6]。虽然这是一个在许多国家通常的做法，但TRIPS协议中没有要求，或新颖性概念中没有隐含任何要求，需要各国自己认识到已知物质的新用途满足新颖性要求[7]。

除了排除已知物质新用途的授权，一个新颖性标准严格的理解可能对制药领域产生其他重要的影响。例如，代谢物是原来的药物在体内正常代谢过程产生的物质。在某些情况下，一个给定的化合物的特定代谢物可能会比原来的药物活性更高，并且有时代谢物会成为一个单独的专利申请的主题。不过，假定在摄入已知化合物后，体内自然地"制造"代谢物，那么我们没有义务将已知物质的代谢物看作新的（或者，将该物质为认定为

---

[1] 南非专利法，第25（12）节。

[2] 参见马来西亚专利法，1983年法案291，2002年法案A1137修正，第14（4）节。

[3] 参见南非专利法，第25（9）节。

[4] 印度专利法，前注57，第3（d）节。印度的法律对治疗方法也有一个广泛的排除，规定"任何人类的医学，手术，治疗，预防，诊断，治疗，或其他处理方法"不是印度法律中的发明。同上注，第3（i）节。

[5] 参见，例如，美国专利6395716，第2列，第37～54行。

[6] 参见美国专利6395716，6444652，6566344和6569837。

[7] 参见知识产权委员会的报告，"我们告诫只是接受最近欧洲法学中的反直觉概念的发展中国家，如果确定了一个产品的新用途，则该产品可能被视为新的"。

一项“发明”)[1]。因此，根据对新颖性标准的严格理解，涉及较早批准的利培酮[2]的主要代谢物帕潘立酮[3]的专利并不需要被认定为是一种新物质。根据类似的推理，可以认为一个之前已知的外消旋混合物隐含公开了其中每一个对应体。

3. 定义“创造性”

“创造性”的要求是专利法中最主观的，却又是最重要的概念之一。创造性要求的基本原理是，一个想法如此显而易见以至于该“创新”无论如何都会形成，则该专利申请人不应该被授予独占权。虽然存在不同的“测试方法”来确定一项发明与现有技术相比是否具有充分的“创造性”，最终总是需要一个本质上主观的判断来确定发明是否具有充分的“创造性”或“非显而易见的”。

正是由于其主观性质，在确定设定创造性高或低的标准上，创造性要求给各个国家提供了广泛程度的灵活性。这些标准可以并且常常因国而异，并且在某一管辖地域内甚至可以随时间变化[4]。事实上，长期被认为是世界上最宽松的可专利标准的美国，最近采用了许多人认为可能是“非显而易见性”明显更严格的测试方法。在采用这种较严格的标准时，美国最高法院认为，“给予在正常进程下可能出现的，没有真正的创新的改进专利保护将阻碍进步”，并认为不是所有的技术改进都必然是可专利的，尽管它们可能有用：

当存在一个设计需要或解决一个问题的市场压力时，并且存在有限数量的确定的、可预测的解决方案时，本领域普通技术人员有充分理由在他或她的技术知识范围内实施已知的选择。如果这样能获得预期的成功，则很可能该产品并非创新，而是普通技术和常识[5]。

---

❶ 参见，例如，先灵公司诉日内瓦制药公司，339 F. 3d 1373（联邦巡回法院 2003）（主张根据“隐含预期”理论，假定存在 loratidine 并且其将自然代谢为请求保护的物质，包括抗组胺 loratidine 代谢物的在后专利的权利要求是无效的）。

❷ 参见 J Fang 等利培酮被人类细胞色素 P450 2D6 和 3A4 代谢为 9－羟基利培酮，Naunyn－*Schmiedeberg* 的药理学档案，359（2）：147 － 151（1999 年 1 月）。

❸ 美国专利 5158952，C Janssen 等，1989 年 10 月 17 日申请，1992 年 10 月 27 日授权。

❹ 例如，美国，过去曾经有一个可专利性更高的标准，例如一个专利为了通过审查，必须要有“创造性天才的闪现”。参见知识产权委员会的报告，引用库诺工程公司诉自动化设备公司，314 U. S. 81（1941）。

❺ KSR 国际公司诉泰利福公司，550 U. S. 127 S. Ct. 1727（2007）。

如果发展中国家采用和实施这些标准，大量的药物专利的效力有可能受到重要影响。

（四）结构类似物和其他共价衍生物

正如在药品监管领域的新化学单体中提到的，目前归类为新化学单体的一些新药物是现有药物的结构类似物。通过采用“新化学单体”更严格的定义，其反映出如欧洲孤稀药条例中使用的“相似医药产品”的定义，具有数据独占资格的新药的数量可能大大减少。类似地，在专利领域，国家可以采取一种总的原则，规定如果没有令人信服的相反证据，已知物质的结构类似物和其他共价衍生物应被视为是显而易见的。

事实上，美国专利与商标局根据该原则进行操作。它们的专利审查程序手册，在题为“化合物（同系物、类似物、异构体）的结构相似性”的一节中指出，一个“当化合物具有非常接近的结构和类似的用途时，可认为其具有看起来确凿的（*prima facie*）显而易见性”[1]。证明请求保护的化合物具有“预料不到的改进的性质”的证据，以及其他因素，可以否定看起来确实是显而易见的[2]。

当然，每个国家可以自由地确定足以克服表现显而易见的证据的种类和数量。例如，专利局可以要求已知物质的结构类似物或其他衍生物与已知化合物相比，具有预料不到的和显著改进的性质，并要求专利申请人提供足够的数据证明这一事实。

（五）盐，组合物，剂型

研发特定的药用化合物的药学上可接受的盐是制药业的常规工作。一个药物的特定盐的形式可能会导致很多重要参数的改进，包括生物利用度、稳定性、易于制造和其他固态属性[3]。然而，这些改进是有益的这一事实并不一定得出它们具有创造性的结论，因为在工业中用于生产药学上可接受的盐的已知酸的数目有限，并且碱分子转化为盐的可预期性是众所周知的，并且虽然使用特定盐比未修饰的碱的好处是真实的和实质性的，

---

❶ 美国专利与商标局，《专利审查程序手册》，第 2144.09 节（2007 年 9 月）（强调）。

❷ 参见 *In re Dillon*，919 F. 2d 688（联邦巡回法院 1990）。

❸ 参见，例如，J Baston 等，“药用新化学单体的盐的选择和优化过程”，*Organic Process Research and Development*，4（5）427—435（2000 年 7 月）。

往往没有理由认为这些好处是特别令人惊奇的或预料不到的[1]。

同样的道理也适用于大量其他的药物改进，它们是专利权利要求的常见主题，包括医药产品的最终组合物或制剂形式的专利申请。通常，这些组合物权利要求将包含活性成分和为了生产，如片剂或注射剂型的一个或多个常见医药惰性载体或辅料。鉴于混合任何给定的活性成分成为一个药学上可接受的剂型的显而易见的需要和好处，一个创造性要求的严格理解可能减少经得住审查的那些专利申请的数量，从而减少在一个给定的药物上授权的专利的数量。

为了说明，在橘皮书中舒尼替尼（美国食品药品监督管理局于2006年1月批准的一种抗癌药物）列出的专利之一包括两个权利要求：

(1) 化合物5－（5－氟－2－氧代－1，2－二氢吲哚－3－亚基甲基）－2，4－二甲基－1H－吡咯－3－羧酸（2－二乙氨基乙基）酰胺［舒尼替尼］的L－苹果酸盐。

(2) 包含权利要求1的化合物和药学上可接受的载体或赋形剂的药物组合物[2]。

第一个权利要求包括舒尼替尼的苹果酸盐，第二个权利要求包括包含舒尼替尼的苹果酸盐与载体或赋形剂的组合物。但是，该专利的说明书中没有包含关于舒尼替尼的苹果酸盐的特别的好处的信息，苹果酸作为可以与舒尼替尼结合以得到药学上可接受的盐的几个酸加成盐列出[3]。类似地，对于药物组合物，说明书指出：“本发明的药物组合物可以通过本领域已知的方法制备。”[4] 前面的讨论清楚地表明，一个创造性要求更加严格的应用可能使人对上述两项权利要求的有效性产生怀疑。

（六）新化学单体审批中列出的专利的分析

通过更严格的方式定义发明、新颖性、创造性和工业实用性的基本概

---

[1] 参见，例如，辉瑞公司诉Apotex的公司，480 F. 3d 1348（联邦巡回法院2007），认为包含氨氯地平的苯磺酸盐的权利要求是显而易见的。法院指出：“考虑Berge公开的范围中有53种阴离子，本领域技术人员能够预见到这些阴离子提供具有一定范围性质的盐，其中一些可能是较好的，其中一些可能是较差的……Pfizer仅仅是没能证明其结果是非显而易见的”。

[2] 美国专利7125905，P Tang等，2004年1月4日申请，2006年10月24日授权，第200栏，第43～49行。

[3] 同上注，第14栏，第56～67行；第15栏，第1～11行。

[4] 同上注，第120栏，第18～20行。

念，各国有可能显著减少药品上授权的专利数量。在尝试衡量这些概念的更严格定义产生的影响中，我们考察了从 2005 年 1 月至 2008 年 4 月美国食品药品监督管理局橙皮书中列出的与 57 个新化学单体批准相应的专利。

至 2008 年 5 月 30 日，在电子橘皮书中为这 57 个药物一共列出了 147 项专利[1]。我们考察了每一个专利，以确定权利要求的性质。在这 147 项专利中，只有 30 个（20％）涉及似乎不是现有物质的结构类似物的新的分子。较少数目的（19 个）是可以认为是已知物质的结构类似物的新分子。其余 98 项专利（67％）是治疗方法、组合物/剂型、盐的选择、天然物质、或者多晶形/对映体/代谢物（见图 4）。

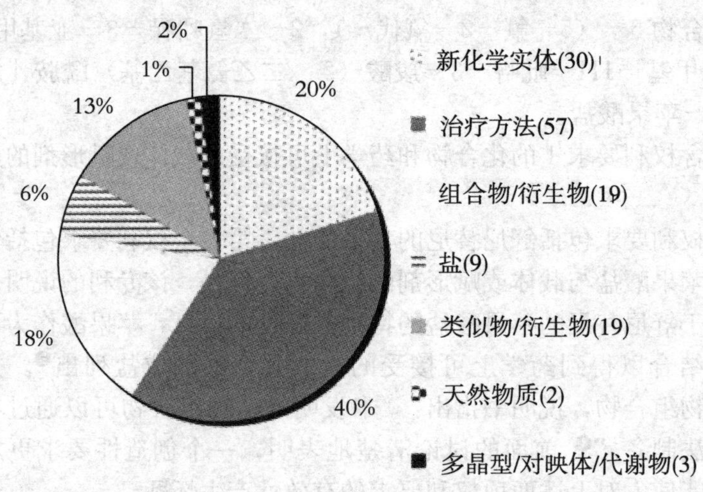

图 4：橘皮书中列出的与美国食品药品监督管理局新化学单体批准有关的专利的类型（2005 年 1 月至 2008 年 4 月）

此外，此期间 57 个新化学单体的审批中，只有 20 个（35％）曾在橘

---

[1] 对于一些新化学单体的批准，尤其是最近批准的药品，很可能有一个或多个专利申请仍在接受美国专利与商标局的审查。根据美国法律规定，专利申请人须提交所有现有的专利以及原申请。对于药物申请获得批准后授权的专利，申请人须在授权日后 30 日内在橘皮书列出该专利。参见 21 C. F. R. 314. 53（d）（1）。

皮书中列出了包括不是已知物质的结构类似物的新分子的一个或多个专利。相比之下，27个（47%）新化学单体的审批与其他类型的一个或多个专利有关，10个（18%）没有列出任何专利❶（见图5）。因此，多达37个（65%）新化学单体要么根本就没有专利壁垒，或仅仅有可能被认为是脆弱的专利/在可专利性基本标准更严格的解读下不能被授权的专利。

这一分析表明，药物监管领域中大多数围绕着被认为是“新化学单体”的专利实际上并不包括专利领域中可以被认定为新分子的物质。恰恰相反，其中大多数关注的主题要么是完全从可专利性中排除的，或至少是在没有相反证据的情况下，被认为看起来确实是不可专利的。然而，国家专利立法可能不允许行使这些灵活性（例如，立法可能包含明确允许新用途或治疗方法权利要求的条款），因此为了清除二次专利的专利屏障，立法的改变可能是必要的。然而，在许多国家，专利局采用适当的专利审查指导规则可能就足够了。

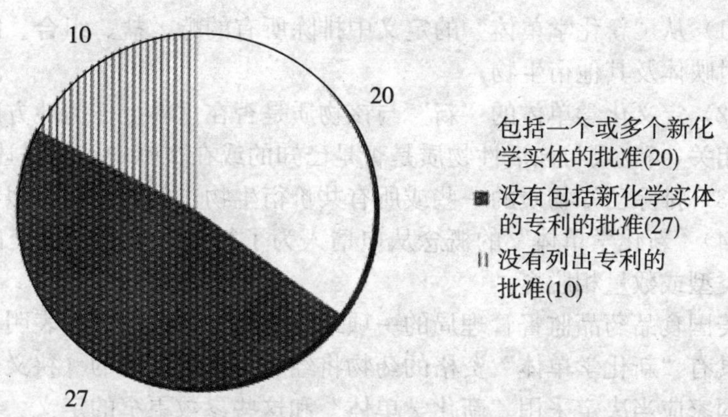

图5：美国食品药品监督管理局新化学单体审批与橘皮书中列出的相应专利的分析（2005年1月至2008年4月）

❶ 注：橘皮书中列出的专利并不一定反映包括该特定药物的所有专利。这是因为美国食品药品监督管理局不允许列出方法专利或请求保护包装、代谢物或中间体的专利，仅仅允许列出多晶型的专利，如果申请人证明了测试数据表明该多晶型形式与原料药申请中描述的药物表现相同。此外，在行政许可之日仍在审查中的专利申请显然不会被列出（但申请人必须在药物被批准后和专利授权后30天内列出授权的任何专利）。参见 U.S.C. 355（b）（1）（G）和21 C.F.R. 314.53。

五、结　语

鉴于对于如何定义“新化学单体”的概念没有任何具有约束力的国际准则，或在此问题上，缺少广泛的全球共识，国家有足够的灵活性来以最适合他们的政策重点的方式进行定义。对于卫生预算有限的发展中国家，采用一种最能有效地促进廉价仿制药的快速上市的定义可能是可取的。

特别是在“新化学单体”的定义最直接相关的数据保护/独占方面，存在若干参数各国可以选择采用与目前在发达国家，例如美国和欧共体地域实行的标准相比更为严格的标准。虽然 TRIPS 协议下的数据保护义务不要求各国实施“数据独占”制度，对于可能由于某种原因已经引入该制度的一些发展中国家，确保数据独占的范围尽可能地窄是特别重要的。国家具有灵活性的一些参数可以概括如下：

（1）从“新化学单体”的定义中排除所有的酯、盐、组合、制剂、剂型、对映体及其他衍生物；

（2）定义化学单体的“新”与该物质是否在世界上任何地方已经获得批准相关，和/或与该活性物质是否是已知的或在文献中已经描述过相关；

（3）排除已知物质的一些或所有共价衍生物，例如结构类似物；及

（4）“新化学单体”的概念从申请人为了行政许可必须提交的临床数据的类型或数量相脱离。

美国食品药品监督管理局的一项最近的药物审批的分析表明，大量在美国具有“新化学单体”资格的药物将经受不起更严格的（狭义）定义。

国家应当决定采用“新化学单体”和这些参数更窄的定义。然而，至关重要的是，“新化学单体”的定义——用于确定哪些药物符合数据保护/独占的条件——与为确保药物的安全性和有效性而必须提交的信息类型相关的监管要求脱钩。

最后，虽然“新化学单体”的概念目前没有被世界上任何的专利立法所采用，人们越来越关注的是，与活性成分无关的药品的二次专利的扩散对仿制药的竞争构成了不公平的障碍。正如已经表明的那样，与美国食品药品监督管理局从 2005 年 1 月至 2008 年 4 月批准的 57 个新化学单体相应的 147 个专利中，绝大多数不涉及活性分子本身，但是涉及不同的次要

特征，例如治疗方法、制剂、组合物和盐的选择。采用可专利性基本准则更严格的定义无疑包含各个国家的考虑，并且可能是一个的特别有效的手段，用以确保药物的次要特征专利不会不合理地阻止竞争仿制药的快速进入。

非治疗目的的外科手术方法的可专利性

王　京[1]　俞翰政[2]　马玉青[3]

摘　要

根据《审查指南 2006》（以下简称《审查指南》）的规定，如何以实用性公正、合理地处理涉及非治疗目的的外科手术方法的申请，关键在于对“外科手术方法”含义的正确理解和把握。笔者在本文中试以个人对此问题的理解提出浅薄观点，以求抛砖引玉，更求此问题能够妥善解决。

[1][2][3] 作者单位：国家知识产权局机械审查部。

引　言

针对以有生命的人或动物为实施对象的非治疗目的的外科手术方法（以下，简称为“非治疗目的的外科手术方法”），按照我国2006年《审查指南》的规定，应以其不具备《专利法》第二十二条第四款规定的实用性为由，拒绝此类方法的可专利性。

但在我们目前的审查实践中，当采用实用性来处理各种各样涉及非治疗目的的外科手术方法的申请时，却存在相当大的分歧和困惑。在此，笔者拟就这一问题，试谈一些个人的观点，以就教于方家。

一、问题的提出

关于涉及非治疗目的的外科手术方法的申请案件的列举：

案件1涉及一种罗非鱼个体标记的方法，其独立权利要求为：一种罗非鱼个体标记的方法，其特征是采用以下工艺步骤：先将标记及其注射器在消毒液中浸泡1～15分钟；用麻醉剂将罗非鱼麻醉；再将消毒过的标记置于注射器针头内，注射器针头从靠近罗非鱼肛门前部的腹棱一侧刺穿腹壁，沿腹壁推入腹腔内；待针头进入腹腔，轻推注射器针筒，将标记推入罗非鱼腹腔内后，抽出针头。

案件2涉及养殖无毒暗纹东方鲀家系的剪鳍标示方法，其独立权利要求为：养殖无毒暗纹东方鲀家系的剪鳍标示方法，其特征是：将鱼的左右胸鳍、腹鳍、背鳍、尾鳍不同程度的剪掉，其一侧的鳍条不剪、剪掉一半或者全部剪掉，另一侧的鳍条不剪、剪掉一半或者全部剪掉，这样每个鳍可以形成八种以上不同的鳍条缺损形状，五个鳍的不同形状就可以产生不同的鳍缺模式，定点销售养殖无毒暗纹东方鲀家系时每个单位都以固定模式的鳍式供货，用以区别野生或未经检测的暗纹东方鲀商品鱼，剪鳍的时间可以是从越冬或养殖销售运输过程的任何时候。

案件3涉及一种淡水有核再生珠的养殖方法，其独立权利要求为：将养殖好的淡水育珠蚌，用手术的方法取出珍珠；然后，将另外制备好且直径大于所取出珍珠的珠核送入育珠蚌原来的珍珠囊中，继续进行养殖育珠。

案件 4 涉及一种用免疫代谢调控技术培育珍珠的方法，其独立权利要求为：使用免疫代谢调控技术培育珍珠的方法，其特征在于，该方法包括以下各步骤：(1) 对珍珠贝进行插核手术前，用浓度为 5～20ppm 的调控剂Ⅰ即呋喃唑酮浸泡待插核珍珠贝 15～30 分钟待用；(2) 用浓度为1%～8%的调控剂Ⅱ浸润外套膜小片和珠核 15～30 分钟，调控剂Ⅱ的组成成分为生物矿质液与之的任何一种，其比例为：每毫升生物矿物质加 PVP1 克、ATP0. 02 克或镁盐 0. 2 克；(3) 在经步骤 (1) 处理过的珍珠贝的足基部的表皮上开一切口，由此送进 1－2 个珠核并随即将调控剂Ⅱ浸润过的外套膜小片的外上皮紧贴在珠核上；(4) 将调控剂Ⅲ放入创口处，调控剂Ⅲ为甲氧苄啶、磺胺甲恶唑和磺胺嘧啶按 1∶2. 5∶2. 5 的比例，再加以一定的敷料制成直径为 1～1. 5mm 的小丸；(5) 将手术贝在温度范围为 15℃～35℃的海水中吊养 9～12 个月，即完成珍珠贝的养殖。

案件 5 涉及智能动物的虚拟阳性强化方法，其独立权利要求为：一种智能动物的虚拟阳性强化方法，采取由 PC 机控制的发射站发出指令信号，由一个背在受训动物背部或固定在其他适宜位置的控制器电路接收指令信号，再由控制器电路作出相应刺激信号，并将刺激信号传输至已植入受训动物三个神经核团三对微电极中某一对或几对微电极，促使受训动物做出设定动作；其中两对微电极分别植入左、右两侧的体感皮层代表区 S1，另外一对微电极植入受训动物团腹侧被盖区或中脑黑质。

案件 6：在活牛腹部的胆囊附近埋入引流管，插在胆总管中，另一端穿出腹臂并将其缝合固定，然后继续放养该牛。这样，每天可以从活牛身上采集到一定数量的胆汁，以便制取胆红素。

很明显，上述案件存在的共同之处在于：它们的权利要求所保护的技术方案均包含以有生命的动物作为对象，利用器械对有生命的动物体进行穿刺、切除、缝合、植入等创伤性或者介入性处置的技术特征，例如案件 1 中以注射器刺入鱼的腹部，案件 2 中剪掉鱼的左右胸鳍、腹鳍、背鳍、尾鳍，案件 3 中用取出活体育珠蚌体内的珍珠，案件 4 中切开珍珠贝的足基部的表皮，案件 5 中植入受训动物体内的微电极，案件 6 中在活牛腹部的特定部位插入引流管并缝合。

针对此类案件，在实际审查中，审查界目前普遍采用以下处理方式：根据《审查指南》第二部分第一章 4. 3. 2. 3 中“外科手术方法”的定义（即，外科手术方法是指使用器械对有生命的人体或者动物体实施的剖开、切除、缝合、纹刺等创伤性或者介入性治疗或处置的方法）以及《审查指南》第二部分第五章 3.2.4“人体或者动物体的非治疗目的的外科手术方法不具有实用性”的规定，只要权利要求包含针对有生命的人或动物实施创伤性或者介入性处置的技术特征，便认定其不符合专利法第二十二条第四款有关实用性的规定，由此拒绝这类申请的专利性。非治疗目的的外科手术方法不具有实用性的理由在于：“有生命的人体或者动物体”确实存在个体差异性，在对其实施外科手术时，手术的实施者应当根据个体情况制订不同的方案，故存在随机因素，并且，实施效果也会因个体差异而不同，因此，无法以专利法意义上要求的产业形式实现。

针对审查员的上述审查意见，申请人往往会提供翔实、有力的事实或证据证明其权利要求所要保护的技术方案确已在产业上实现和使用并且取得了较为显著的经济效益，权利要求中所包含所谓涉及外科手术的技术特征只是本领域普通技术人员，甚至是本行业中最普通的从业者（例如，普通工人或农民）即可完成的。另外，有时申请人还会质疑审查员对《审查指南》中“非治疗目的的外科手术方法”的理解，这些申请人认为《审查指南》（参见《审查指南》第二部分第五章 3.2.4）中所指的不具实用性的非治疗目的外科手术方法仅指外科手术方法本身，确切地说是指具体的外科手术方法，不应理解为涵盖包含外科手术特征的所有技术方案。

在审查员和申请人各执一词、相持不下的情况下，审查员往往根据《审查指南》的现行规定，套用《审查指南》中记载的相关内容，果断地给出这些申请不具有实用性的结论，但是，面对申请人提出的意见陈述以及提供的理由和证据，审查员的审查意见常常显得苍白无力，因此，其以不具有实用性为由作出驳回决定的这种处理方式未免有点缺乏说服力。

另外，还应越来越引起我们注意的是，涉及此类问题的申请已不是个案，在实际审查中，我们接触和处理过相当数量的此类申请，例如，通过划开珍珠贝外套膜放入异物以形成珍珠的珍珠育殖方法、在动物的养殖中利用刺入动物体内的注射器械将药液注入动物体内的动物养殖方法、采用创伤性或介入性方式将电子元器件植入动物体内等等，其中不乏涉及我国传统领域和优势领域以及经济效益较高的专利申请。倘若审查员按照现行做法，均以这些申请包含涉及外科手术的技术内容而不具有实用性为由断然拒绝它们的专利性，那么“外科手术”显然已构成这类专利申请获得专利保护的瓶颈。

因此，究竟如何妥善、合理地处理涉及非治疗目的的外科手术的申请将会关系到畜牧业、养殖业以及生物技术等领域的诸多申请案件的命运。由此可见，我们对该问题作进一步的研究和探讨确有一定必要性。下面，笔者试谈一下个人看法，以求抛砖引玉。

二、国外相关审查实践的参考

鉴于我国《审查指南》主要是参照和借鉴欧洲专利局的专利审查指南以及实践经验制定，因此，进一步分析和研究欧洲以及其他国外同行的审查实践应该能够为我们妥善、合理地解决上述问题带来一些帮助。

《欧洲专利公约》的规定以及日本的专利审查实践都是将人或动物诊断、治疗和手术方法与专利申请实用性的法定条件联系在一起。根据《欧洲专利公约》第 52 条第（4）以及日本特许厅专利审查指南的规定，都将外科手术方法排除于可获得专利保护的范围之外，无论该方法是为医疗目的还是为非医疗目的。

例如，《欧洲专利公约》第 52 条第（4）规定人体或动物的外科手术治疗的方法或人体或动物的诊断的方法不被认为是具有工业实用性的发明。为了回答一项方法权利要求是否是公约第 52 条第（4）允许的，按照诉讼委员会的解释，需要确定该方法的措施是否落入公约第 52 条第（4）所规定的禁止之列，换句话说，一项方法所披露的内容是否落入所说的禁止条款所涵盖的范围之内。如果是这样，这类方法就不能成为可专利主题，或者说方法权利要求覆盖的部分就不能成为专利主题。如果权利要求包括了至少一个限定身体特性或活动的技术特征，而该身体特性或活动又构成对人体的治疗方法，那么这种权利要求是不允许的。在这里，要求保护的主题的目的以及所考虑的技术特征的不可避免的效果是最相关的标准。

日本在 1997 年之后，有关手术、治疗和诊断方法的专利审查指南与《欧洲专利公约》的规定基本一致，但对疾病的治疗、诊断方法和手术方法解释的范围要宽于欧洲专利局的解释。

通过以上介绍似乎可以看出，就“非治疗目的的外科手术方法”的处理而言，目前我国审查界当前的理解和现行的处理方式原则上似乎与欧、日专利局没有差异，即均以不具备实用性拒绝了这类申请的可专利性。

但是，事实真是如此吗？

三、个人观点

1. 对外科手术方法的再认识

仔细研究欧洲专利局的专利审查指南及申诉委员会的案例法和日本特许厅的解释，笔者认为在处理“非治疗目的的外科手术方法”这一问题上，我们本应重视但确实忽略了至关重要的一点，即：“外科手术方法”本身的真实含义究竟是什么？

欧洲专利局申诉委员会案例法提到，日本特许厅的专利审查指南明确指出疾病的治疗与诊断方法以及外科手术的方法通常是由医师或在医师的指导和监督下实施的。欧洲专利局申诉委员会的案例法明确解释了对于在动物体上实施的疾病的治疗是否属于禁止之列，判断的标准就在于该方法是由兽医实施还是由农民实施。

例如，欧洲专利局申诉委员会案例在 T116/85 中，界定了在何种情况下兽医的治疗方法是否具有实用性的界线。申诉委员会评论指出，用于单个动物的方法具有兽医治疗方法的性质，当它用于牧群时，该方法同样具有工业性的性质。申诉委员会认为，如果要求专利权的方法必然地是动物治疗处理的方法，即使该治疗处理方法一般地是农业的一部分，且一般来说农业方法具有潜在的可专利性，仍应以公约第 52 条第（4）为依据将这类方法排除于可专利性之外。然而，在这里，申诉委员会不认为下列事实在法律上不可能：找出该方法由农民实施与该同样的方法由兽医实施之间的区别，当该方法由农民实施时，它是工业活动，当该方法由兽医实施时，它是公约第 52 条第（4）之下的无专利性的治疗方法。另外，欧洲专利局于 1996 年 3 月 6 日授权的 EP0 480 529B1 即涉及通过在牛的耳廓根部与最接近皮肤的软骨组织之间插入导引件，从而插入发射器的技术。该专利同样也被日本特许厅于 2000 年 4 月 4 日授予了专利权，参见 JP3027632 B2。

同样，日本特许厅也对涉及类似问题的某些专利申请授予了专利权，尽管这些被授权专利的权利要求中包含了对有生命的动物体实施创伤性或者介入性处置的技术特征。例如，除了上面提到的 JP3027632 B2 以外，于 1992 年 12 月 10 日授权的涉及珍珠养殖的插核方法的 JP4078251 B，在其被授权的权利要求中包含切开健全母贝的卵巢并吸出卵以及将珠核插入母贝卵巢以进行珍珠培育的技术内容；于 2006 年 7 月 26 日授权的涉及活体乌贼的保存和运输方法的 JP3802524B2，在其被授权的权利要求中也包含切开乌贼的墨袋排出其中的墨汁的技术内容。

显然，以上专利申请在欧、日两局被授予专利权并非偶然，其进一步证明了他们对于疾病的治疗与诊断方法以及外科手术的方法的审查标准。仔细推敲上述欧、日两局的审查实践，我们应该能够理解，在欧、日同行的思想认识中，外科手术作为疾病诊断和治疗的一种重要手段，其实施往往要基于医生或兽医这类人员的知识水平和业务技能。

这一点与我们在日常生活中对“外科手术”的普遍性认识并没有任何差异，例如，在商务印书馆出版的《现代汉语词典》中，对“手术”的解释即为“医生用医疗器械在病人的身体上进行的切除、缝合等治疗”。

但是，按照我国《审查指南》的规定，外科手术方法是指使用器械对有生命的人体或者动物体实施的剖开、切除、缝合、纹刺等创伤性或者介入性治疗或处置的方法。仅仅从以上内容判断，我国《审查指南》似乎仅对外科手术方法的实施对象（即，人或动物的活体）以及实施方式（即，采用器械对有生命的人体或动物实施创伤性或介入性治疗或处置的方法）作出了规定，而没有对外科手术的实施者进行任何解释和限定。正是基于这种理解，审查员在实际审查中便根据《审查指南》、以不具有实用性为由拒绝了任何所谓的“非治疗目的的外科手术方法”的专利性。

由此可见，目前我国审查界对于“外科手术方法”的理解与欧、日同行乃至我们日常的认识确实存在差异。究竟是我国《审查指南》在“外科手术方法”这一问题上另辟蹊径，还是我们对《审查指南》中“外科手术方法”含义的理解发生了偏差?

笔者认为，在回答这一问题之前，不妨再仔细研究一下我国《审查指南》中的“外科手术方法”。

在我国《审查指南》中，“外科手术方法”的定义出现在第二部分第一章 4.3.2.3 外科手术方法中，而这部分内容涉及的是“疾病的诊断和治疗方法”，因此，综合考虑《审查指南》第二部分第一章 4.3 和 4.3.2.3 等部分的相关内容，我们可以得出以下结论：“治疗目的的外科手术方法属于治疗方法（参见《审查指南》第二部分第一章 4.3.2.3），而治疗方法是由医生完成的（参见《审查指南》第二部分第一章 4.3）”。综上所述，笔者认为：虽然《审查指南》在“外科手术方法”的定义中没有特意强调外科手术方法的实施者，但结合上下文来看其还是暗示了“治疗目的的外科手术方法”是由医生来完成的，加之《审查指南》以专利法第二十五条将包含外科手术技术内容的“疾病的诊断和治疗方法”排除在可专利的主题之外，故目前《审查指南》中关于“外科手术方法”的定义对于“治疗目的的外科手术方法”的处理而言是不会出现问题的。

“非治疗目的的外科手术方法”与“治疗目的的外科手术方法”相比，差异仅仅在于手术的目的不同，而实现这两种方法所涉及和要求的知识和技术水平均不存在差异。由此，我们应该能够推知：在《审查指南》中，所谓的“外科手术方法”，无论其目的是治疗目的还是非治疗目的，由于包含了特定的知识或技术，故对于其实施者均存在特定的要求，即需要由如医生这样的特定人员才能实施完成，这一点与欧、日同行以及我们日常的认识是一致的。因此，笔者认为当前审查界对“外科手术方法”基本含义的理解发生了偏差，以致可能会扼杀相当数量此类申请的命运。

2. 基于以上认识的合理性

如果基于外科手术方法由医生或者兽医这类特定人员来实现的认识，将“非治疗目的的外科手术方法”归入“实用性”一章并以其不具有实用性来处理，笔者认为是合理的，其合理性也在欧、日两局的审查实践中得到了印证。因为属于非治疗目的的技术领域与属于治疗目的技术领域相比，显然存在很大差异，例如非治疗目的的技术领域会涉及农业、水产业、畜牧业、生物技术领域等多个领域。在这些技术领域中，对于所属技术领域的技术人员的要求，明显不同于非该技术领域的技术人员但却是外科手术方法的实施者一医生或兽医，这些技术领域的技术人员应该说并不具有实施外科手术方法的能力，因此，在这些技术领域中，如果某项发明的实现必须依赖于外科手术方法，换句话说，必须依赖于医生或兽医这样的特定人群，那么显然已超出了该技术领域的技术人员能够再现发明的能力范畴，由此以实用性拒绝该方法发明的专利性自然是顺理成章的。相反，某项发明虽然包含了使用器械对有生命的人体或者动物体实施创伤性或者介入性治疗或处置的技术措施，但是，如果我们能够判断或事实表明，这些技术措施完全可以由相关技术领域的技术人员，甚至由该技术领域的普通从业者即可实现，那么这些技术措施不应属于“外科手术方法”的范畴，进而，其不应影响相关发明的实用性。另外，笔者还认为，在进行专利审批时，除了以政策性排除授予专利权的情形之外，在对技术层面的判定上，应以被审查技术方案所涉及的技术领域的技术人员为标准进行审查，实用性的判断也不例外。如果在对实用性所涵盖的“人体或者动物的非治疗目的的外科手术方法”进行审查时，弃用“所属领域技术人员”这一标准，则我们的审查实践必然会与《审查指南》规定的实用性的概念以及审查基准相矛盾，从而可能导致审查体系和审查标准的混乱。

综上所述，笔者认为，对于“《审查指南》中的外科手术方法需要由如医生这类特定人员完成”的理解是合理、正确且可行的。

为了进一步说明，笔者试以上述案例的处理进行简要分析：

案件1中“使注射器针头刺穿腹壁”的技术内容，案件2中“将鱼的左右胸鳍、腹鳍、背鳍、尾鳍不同程度的剪掉”的技术内容，不言而喻，显然由所属技术领域的普通从业者即可完成，故这些技术内容不属于“外科手术方法”的范畴，它们并不会影响相关申请的实用性；

案件3和案件4均涉及珍珠的养殖和培育方法，众所周知，这类方法常常需依赖于切开活体育珠蚌，甚至案件3还自称“用手术的方法取出珍珠”，但是，实际情况清楚地表明，珍珠养殖场的工人已掌握了对活体育珠蚌实施切开处理来放入珠核及取出珍珠的技术，且他们无需在医师的指导下，即并可独立、大规模地实施该技术，因此，笔者认为即使申请人自己声称在珍珠的培育中采用了手术的方法，但此“手术方法”非《审查指南》中的“外科手术方法”，其本质上不会影响相关申请的实用性；

在针对案件5的审查中，申请人承认微电极的植入是利用外科手术方式实现的，但申请人同时辩称本案中依赖于外科手术方式的植入方法对于植入人员或植入条件均无任何限定，只需将微电极植入动物体内的正确位置即可。但是，笔者认为：申请人的意见并不成立。因为在案件5中，对于在动物体中植入微电极的部位（即，体感皮层代表区，团腹侧被盖区或中脑黑质）的准确确定、如何以创伤性或介入性方式正确地将微电极植入活体动物的规定部位均要求掌握一定医学知识的医师才能完成，这显然超出了该技术领域的技术人员的能力范畴。如果申请人不能提供充分的理由和证据反驳这一点，则有充分的理由认定本案中“植入”属于“外科手术方法”的范畴并以案件5不具有实用性为由拒绝该申请的专利性。

案件6的判断方式与以上案件5相类似，需判断“将引流管植入活牛体内特定位置并进行缝合固定”的实现是否超出本技术领域的技术人员的能力范畴。如果超出，则审查员完全有理由以本案不具有实用性为由作出驳回决定。

3.《审查指南》相关规定的瑕疵

笔者认为，尽管《审查指南》对于“外科手术方法”的定义原则上没有问题，但是，如上所述，由于“外科手术方法”的定义仅出现在第二部分第一章4.3.2.3外科手术方法中并且该定义本身并没有明确提及外科手术的实施者，在没有进一步解释和说明的情况下，将该定义本身直接平移至“实用性一章中3.2.4人体或者动物的非治疗目的的外科手术方法”，加之与其相关的举例（如该章节中采用外科手术从活牛身上摘取牛黄的方法等）又过于简单，难免会造成“只要包含针对有生命的人或动物实施创伤性或者介入性处置的技术特征即不具有实用性”的误导，以致此类专利申请的专利性的丧失。因此，笔者建议，《审查指南》有必要在相关章节，特别是在“实用性一章的3.2.4人体或者动物的非治疗目的的外科手术方法”中对“外科手术方法”的含义作出进一步澄清。对于涉及“非治疗目的的外科手术方法”申请的审查，应从这类案件所涉及的技术领域、创伤性或介入性处置方式的实施者、实施对象、实施方式等要素进行综合考虑，以此确定能够决定申请命运的创伤性或介入性处置方式是否属于“外科手术方法”的范畴，进而确定相关申请是否具有实用性。这样，才能使最终的审查结果更为合理、更具说服力。

四、结　语

当前，以实用性公正、合理地处理涉及非治疗目的的外科手术方法的申请，关键在于对“外科手术方法”含义的正确理解和把握。笔者试以个人对此问题的理解进行上述分析，见解相当浅薄，权做抛砖引玉，但该问题的解决已迫在眉睫。

循证医学视角下的涉及诊断方法的专利保护

赵　鑫[1]　张旭波[2]

摘　要

在涉及诊断方法权利要求的专利保护时，对于如何看待“现有技术中的医学知识”，以及怎样界定“从所获得的信息本身能够直接得出”这两个较难把握的标准，本文从循证医学的角度给出了启示。从一种全新的视角来看待涉及诊断方法权利要求的判断。

引　言

为了更好地体现以人为本、治病救人的精神，我国《专利法》第二十

---

❶ 作者单位：国家知识产权局专利复审委员会。

❷ 作者单位：国家知识产权局专利局。

五条第一款第三项规定疾病的诊断和治疗方法不授予专利权。目前的医疗技术已经发展到诊断方法与诸如检验、测量、统计等辅助方法密不可分的地步，因此在进行涉及诊断方法的权利要求的判断时，对其是属于诊断方法还是属于辅助的检验、测量、统计等方法，其标准比较难以把握。而专利申请中涉及诊断方法的权利要求，又常常和最新的医学成果密不可分。在其飞速发展的过程中，医学显示出许多不同于其他领域的特有性质，不断有新的事物出现，不断有新的理论提出，也不断有旧的认知被重新审视。医学的这种属性注定了专利保护中涉及医疗方法是复杂和多变的。

2006 年 7 月 1 日颁布的《审查指南》对涉及诊断方法的专利审查标准作了较大改动，例如从判断是否属于诊断方法的三条标准中删除了最后一条标准："包括诊断全过程"；并将如血压测量法等一些方法明确界定为诊断方法而不予专利保护。但是该改版后的《审查指南》仍未就一些边缘性主题给出明确的指示，因而在专利的授权和保护方面仍存在诸多的困惑。

一、涉及诊断方法的专利审查

专利审查中有关诊断方法的界定在某些方面是相对比较复杂、较难把握的，因为有些方法权利要求就其具体限定而言很难明确判断是属于诊断方法，还是属于生理指标的检测、监测及统计方法。而对其作出的不同判定必将导致两种截然不同的结果：如果认定权利要求属于诊断方法，则成为不是受专利法保护的客体，也就根本不能考虑被授予专利权；如果认定权利要求不属于诊断方法，而是生理指标的检测、监测及统计方法，则属于专利法保护的客体，可进一步进行新颖性、创造性的评判。在这类权利要求的审查过程中，审查员与申请人之间常常存在较大的分歧。并且基于其各自的经验和掌握的知识，不同的审查员得出的结论也可能有所差异。虽然《审查指南》中明文规定了"如果请求专利保护的方法中包括了诊断步骤或虽未包括诊断步骤但包括检测步骤，而根据现有技术中的医学知识和该专利申请公开的内容，只要知晓所说的诊断或监测信息，就能够直接获得疾病的诊断结果或健康状况，该方法仍属于以获得疾病诊断结果或健康状态为直接目的。"但是上述规定只是一个方向性的指示，并没有明确地指出如何根据现有技术中的医学知识，在知晓所述诊断或监测信息的情况下，直接获得疾病的诊断结果或健康状况。同时，《审查指南》中也规定了“直接目的不是获得诊断结果或健康状况，而只是从活的人体或动物体获取作为中间结果的信息的方法，或者处理该信息（形体参数、生理参数或其他参数）的方法，只有当根据现有技术中的医学知识和该专利申请公开的内容从所获得的信息本身不能够直接得出疾病的诊断结果或健康状况时，这些信息才能被认为是中间结果。”因此，如何根据现有技术中的医学知识判断是否能够直接得出疾病的诊断结果或健康状况，是在面对临界于诊断方法的权利要求时难于作出判断的症结之所在。

要解决该症结，首先必须明确什么是“现有技术中的医学知识”，以及怎样才可以认定“从所获得的信息本身能够直接得出”。

众所周知，医学是一门快速发展、日新月异的学科，为改善人类的健康，全球的医疗机构、研究团体都在进行着不懈的努力。在这个知识激增的年代，随着网络强大力量的进一步突现，各种研究成果、问题探讨的传播几乎已经不存在交流时间和空间上的障碍，所属医学领域的技术人员可以随时共享最新的研究成果。而专利意义上的“现有技术中的医学知识”，不仅指目前已经成为医学界普遍采用的判断标准或记载在教科书中的某些定论内容，而且还应不断更新，从而包括现已可获知的国际医学会议所展示的各种医学研究成果，甚至扩大到所有分散科研单位所进行的相关小样本研究实验。因为虽然这些研究成果尚未记载在教科书中，或尚未成为更广泛的医学界人士所熟知的“金标准”，但是其中一些正确的医学知识已经在国际医学研讨会上得到肯定或者正在受到更为广泛的业界人士的鉴定与评判。

从所获得的信息本身能够直接得出疾病的诊断结果或健康状况是指临床医生在获得患者有关的检测信息或统计数据后，不用进一步查证就可以直接对患者的健康状况作出判断或制定相应的治疗方案。到目前为止，人们通过统计分析已经能够获知绝大部分生理参数正常的范围阈值。虽然有很多生理参数还不能判定直接与某些疾病或人的健康相关联，但这并不意味着医疗工作人员不能或不应该以其掌握的医学知识为基础，通过咨询、查证当今有关最新的研究成果，并通过对所检测或监测的信息实践“循证”而给出明确的结论意见。

二、循证医学

随着医学技术的进步，循证医学日益受到更多数医疗从业人员的认同，使其成为对传统医学的一个有益、必要的补充，并日渐作为一种新颖的医学实践模式为人们所推广。医学界的这种做法也给涉及诊断方法的专利保护提供了相应的启示。

循证医学（evidence－based medicine）简称 EBM，是近十余年来在医学实践中发展起来的一门新兴学科，它将预防医学中群体医学的理论与观念应用于临床医学实践，旨在帮助临床医师在对具体病人诊断、治疗等决策之前收集提供充分的、最佳的、科学的证据。换言之，任何临床的诊治决策，必须建立在当前最好的研究证据与临床专业知识和患者价值相结合的基础上。所谓最好的研究证据，就是指迄今已有的，包括最新的，最接近事实的证据，它们是指来自于当前所有与临床相关的研究（包括医学基础研究），特别是以患者为中心的临床研究所得出的证据，如：精确的诊断试验（包括临床检查）、预后指标的强度、治疗和康复及预防措施的有效性和安全性等。这些不断更新的证据，不仅可以否定以前曾被接受的诊断试验和治疗方案，并且也能被更强、更精确、更有效和更安全的证据所取代。所谓临床专业知识，是指临床医师用其临床技能和经验去迅速辨别每一位患者的健康状况、诊断其潜在的危险或有利之处以及患者的个人价值和期望的能力。而所谓患者的价值是指当患者被作为服务对象时，其每个人所特有的爱好、关切的事情和期望都必须在临床决策中得到充分的考虑、结合和体现❶。

循证医学是传统医学的进一步继承和发展，传统医学是循证医学的前提和衣钵。两者的相同点都是在于对患者的诊治是建立在“遵循证据”的基础上的；两者的不同点是其采用的“证据”有所不同。行医治病，从古时的郎中，到今日的医生，均在自觉或不自觉地循证。传统医学上的“循证”主要是靠经验的积累；而循证医学强调的是知识更新和科学证据。EBM 实践就是通过系统研究，将个人的经验与能获得的最佳外部证据融

❶ Sackelt DL，Richardoson WS，Rosen bergw，etal. Evidence－based medicine how to practice and teach EBM. Ind ed. Church Livingst，2001. 1.

为一体。其强调，任何医疗决策的确定都要基于临床科研所取得的最佳证据，即临床医生确定治疗方案、专家确定治疗指南、政府制定卫生政策都应根据现有的最佳证据来进行。在应用证据时，要考虑病人的特殊性，并根据自己的临床经验，综合考虑各种因素，作出最合适的选择。

三、循证医学的具体实施

目前临床大夫对疾病的诊断并不仅停留在通过掌握症候和生理指标，并利用经典的医学理论和以往的临床经验而给出判断上，更多的临床医生则采用通过实践循证医学的方式，来给患者制定出最接近真实情况的诊断和治疗方案。而实践循证医学，就是面对患者的状况，提出问题，进而通过网络查阅相关资料，借鉴别人就相关问题已经取得的进展，充分利用前人作出的研究成果，并结合随机对照临床试验（randomizing control trial，RCT）、系统评价（systematic review，SR）和荟萃分析（meta－analysis，MA）等手段来辅助诊断目前这种特例情况❶，从医生和患者双方的角度给出最佳的治疗方案。

荟萃分析（又称 meta－分析）是指采用统计学方法，将多个独立的、针对同一临床问题、可以合成的临床随机对照研究综合起来进行定量分析。其可以把多个小样本的 RCT 研究合并起来，解决单个研究尚不能回答的问题，尤其在缺乏大样本 RCT 时，meta－分析是回答某些特殊问题的最佳来源。

系统评价又称系统综述，其基本特点是以问题为基础，按照特定的病种和疗法，全面收集全世界所有已发表或未发表的临床随机对照研究结果，采用临床流行病学方法严格评价文献，筛选出符合质量标准的文献，进行定量合成即 meta－分析，去粗取精、去伪存真，从而得出综合可靠的结论。同时，随着新的临床随机对照研究的出现及时进行更新，随时提供最新的知识成果和信息，作为重要的决策依据，以改进临床医疗实践的指导临床研究的方向，最有效地利用有限的卫生资源为人类健康服务。

目前，meta－分析与大样本 RCT 基本上已经成为诊断和判断疗效的金标准。以下即为一个实例，在尚未对 5－HT_3 受体拮抗剂就急性化疗后

❶ 吴泰相，等．循证医学与循证检验学的概念［J］．中华检验医学杂志，2001（1）．

呕吐是否有效作出大量随机临床对照试验，并且在 5－HT_3 受体拮抗剂对急性化疗后呕吐有很好疗效已成为大家熟知和可应用的知识之前，为了判断 5－HT_3 受体拮抗剂和传统止吐药在预防急性化疗后呕吐疗效的优劣，研究人员经过文献收集、评价等步骤，共收集到符合标准的 15 篇随机对照临床试验文献，共 2634 例病例。经过 meta－分析进行统计学处理后，用优势比（Odds Ratio，OR）图 1 显示结果如下：

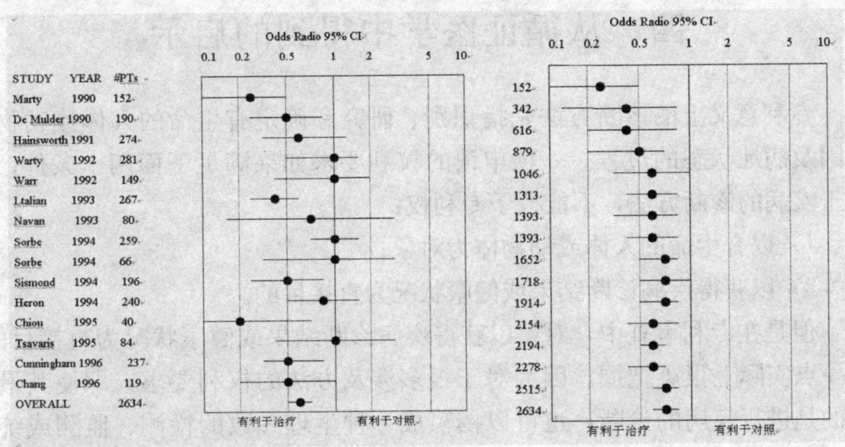

图 1：meta 分析比较 5－HT_3 受体抗剂和传统止吐药预防化疗后呕吐的疗效

图左侧方框表示 15 个独立的研究结果，用 OR 和 95％CI 来表示，黑点“(”表示 OR 值，水平线“－”表示 95％CI 的水平线横穿中间的垂直线（代表 OR＝1），表明其研究结果尚不能得出肯定结论，即两组之间的差异无统计学意义。如表示 95％CI 的水平线落在方框左侧，即在 OR＝0.1～1 的范围内，表明新止吐药 5－HT_3 受体拮抗剂优于传统止吐药；如果水平线落在方框的右侧，则表明传统止吐药优于 5－HT_3 受体拮抗剂[1]。

从研究结果可以看出两个不同的研究者可能得出的定量结果不完全相同，但是从定性的角度看它们是一致的，都反映出新止吐药 5－HT_3 受体拮抗剂优于传统止吐药。

[1] Jantunen IT，KatajaVV，Muhonen TT. An overview of randomized studies comparing 5－TH_3 receptor antagonists to conventional anti－emetics in the prophylaxis of acute chemotheraphy－induced vomiting. Eur J Cancer. 1997：33（1）：66－74.

上述示例表明，对于一个未知的判断标准是否能够直接用于诊断目的时，临床医师既未盲目直接采信，也未因循经典而一概否认，而是采样循证的方法，利用手边能够收集到信息，经过科学分析而给出比较正确的结果或解决方案。这也为判断涉及诊断方法的权利要求给出了一种全新的思路。

四、从循证医学中得到的启示

专利意义上的诊断方法是指识别、研究和确定有生命的人体或动物体病因及病灶状态的过程。一项申请的权利要求如果满足下面两个条件，则属于疾病的诊断方法，不能授予专利权：

1）以有生命的人体或动物体为对象；

2）以获得疾病诊断结果或健康状况为直接目的。

但是在专利审查中，对“以获得疾病诊断结果或健康状况为直接目的”这一点实际上很难把握。因为对于很多涉及方法的权利要求，即使其最终目的是进行疾病的诊断，也可以撰写成一种生理参数的检测、监测或统计方法。从循证医学的实践可以看出，充分利用他人就相关问题业已取得的成就，充分汲取最新的研究来取代目前已有的陈旧、甚至存在错误的知识，充分利用目前资源共享、通讯便捷的优势，迅速找到待解决问题的最佳方案，已经成为越来越多医疗工作者的共识，成为医学界日渐崇尚的做法。而在面对可能涉及诊断方法的专利性技术方案时，相关人员也应像医疗工作者一样以不断研究、随时掌握最近研究进展的心态，通过在原有技术知识的基础上，辩证地吸收当前各国际医学会议所确认的最新研究成果，努力对有关申请的技术方案进行“询证”，慎重地对可能涉及诊断方法的技术方案进行判断。在全面理解说明书所记载整个技术方案的基础上，准确判定其权利要求所限定的保护范围，在不能明确权利要求是否属于诊断方法时，可通过广泛检索、查询与请求保护的技术方案有关的得到权威认可的研究成果，来辅助判断其是否属于诊断方法的范畴，或者也可如临床医师那样通过各种统计分析来给出令人信服的结论。

如果涉及诊断方法的权利要求属于开创性发明，则就不会产生前面所述的困惑，因为开创性发明本身就说明其在某一领域作出了他人以前不知晓或根本没有考虑过的内容，故不存在需要通过现有的医学知识对其进行判断的基础。而如果涉及诊断方法的权利要求并非属于开创性发明，则相关人员就应该用现有的广泛医学知识对其进行慎重考虑，仔细辨别。

例如，2006 年 11 月 4～6 日，国际卫生组织（WHO）和国际糖尿病联盟（IDF）组建的联合技术顾问组在日内瓦的 WHO 总部召开了会议，讨论了糖尿病、糖耐量受损（IGT）及空腹血糖受损（IFG）的诊断标准方面最突出的问题。并提出血糖测定方法中虽然静脉血浆葡萄糖是测定和报告的标准方法，但是由于毛细血管血糖已经被广泛使用，特别是在一些发展中国家，所以应该提供负荷后的毛细血管血糖向静脉血浆葡萄糖的转化方法。不论是毛细血管血糖检测还是静脉血糖检测，抑或是无创的红外温度检测血糖，其检测结果不论与静脉血糖检测结果的差异有多大，最终都应当、也必须与现在经典的静脉血糖检测标准之间有个换算过程，因此，不论是毛细血管血糖检测、红外温度血糖检测抑或是其他方式的血糖检测，其最终的检测标准都应该能够与目前经典的标准相对应。即，如果通过静脉血糖检测结果能够直接对患者有关血糖的健康状况作出定论，那么新颖构思的其他血糖检测方法理论上也能直接对患者有关血糖的健康状况作出定论，因为再新颖的测量方法所得的结果最终是要和现行的经典测量方法所得结果相对应。因而，如果关于静脉血糖检测方法属于诊断方法，则目前国际医学会议尚未给出测量标准的红外温度血糖检测方法也应界定为属于诊断方法。

另一个例子也说明了同样的问题。有研究表明黏液素－1（MUC1）与胰腺癌密切相关，但各种评价并不一致，并且由于各研究团体所做的样本量较少，其结果难以完全信服。如果权利要求涉及一种通过测定黏液素－1 来评价胰腺癌的专利申请时，不论是审查员还是专利代理人都难以根据自己目前所掌握的医学知识来判定其是否属于诊断方法。对此，我们可以像医学工作者一样利用 Meta 分析，探讨 MUC1 对胰腺癌的诊断价值。目前已有相关的研究，通过检索可获得公开发表的研究免疫组化技术检测 MUC1 诊断胰腺导管腺癌的相关文献，筛选文献，评价文献质量并提取纳入文献中有关准确度的数据，对诊断准确度指标进行 Meta 分析并进行综合受试者工作特征分析。结果：17 篇文献符合纳入标准，涉及研究对象 1363 例。异质性检验无阈值效应，但存在其他异质性。Meta 分析的结果显示 MUC1 诊断胰腺癌的总敏感度 0.83（95% CI .81－0.86）、总特异度 0.63（95% CI 0.59－0.66）、总诊断优势比 20.44（95% CI 9.53－43.85）。综合受试者工作特征曲线下面积 0.8879，Q＊指数为 0.8185❶。结论：MUC1 检测对胰腺癌的诊断准确度中等，可作为胰腺癌筛查的检查方法。可见在教科书上没有规定、国际医学会议没有指示，仅有零散的研究机构就涉及权利要求所保护的议题进行过小规模的研究讨论时，可以借鉴临床医师的做法，广泛收集与权利要求所请求保护的技术方案相关的实验数据、学术论文和问题讨论等，利用系统综述和 Meta－分析来判断面对涉及与权利要求的技术方案相同命题时，世界上大多数相关人员是否是出于直接的医学目的，是否能在权利要求所保护的范围下直接得出疾病的诊断结果或患者健康状况。当 Meta－分析结果的置信度和置信区间都落在较好的统计学意义范围内时，就有理由认为该权利要求保护的技术方案是以诊断结果或患者的健康状况为直接目的，在其限定的范围内医疗人员通过小样本临床随机实验会聚能够直接得到疾病的诊断结果或能够直接给出针对性的治疗方案，则该权利要求属于诊断方法；反之，如果 Meta－分析结果的置信度和置信区间落在统计学意义不大的范围内，可以认为医疗人员针对该权利要求保护的技术方案并非以诊断结果或患者的健康状况为直接目的，也不能直接得到疾病的诊断结果或能够直接给出针对性的治疗方案，则该权利要求不属于诊断方法。该方法的优点还在于虽然不同的人所收集、筛选的文献可能会有所差异而导致分析的结果从定量的角度看会有不同，但是从定性的角度看应该是一致的，从而消除了判断的主观性。

五、结 语

总之，随着医疗技术的不断深入发展，很多涉及诊断方法权利要求的判断不再一目了然。当面对一份涉及诊断方法的权利要求时，不论是审查员还是专利代理人，都应怀着一份谨慎的态度去充分研读其专利申请中所公开的内容，判断其权利要求保护的技术方案，必要时通过咨询和查证涉

❶ 江志敏，等 MUC1 对胰腺导管腺癌诊断效能的 Meta 分析［J］. 世界华人消化杂志，2008（4）：1248－1253.

及申请内容的相关知识，对权利要求是否属于诊断方法作出恰当、公正的自由裁量，从而在保证医疗工作者可以充分享有不受专利制约地采用各种诊断方法治病救人的权利，与最大限度地保护申请人的发明成果之间形成一种“公正”的衡平。

中日关于产品界面设计法律保护的比较研究

管育鹰[1]

摘　要

创新性的产品界面设计是值得知识产权及相关法律保护的智力成果。从理论上说，著作权法、商标法及反不正当竞争法及专利法等知识产权法都可以从不同角度对产品界面设计提供保护。但在实践中，由于产品界面设计的实质是应用在产品上的新颖独特的外观设计，赋予其产业实施专有权的法律保护是最符合其特点和需求的。国外已有多个国家通过专利法或专门的外观设计保护法对产品的界面设计进行了明确的法律保护，中国的《专利法》及其配套法规、规章应当关注这个问题并根据情况提出解决产品界面设计保护的具体方案。

引　言

要理解本文所称的“产品界面设计”，首先要从电子信息产品图形用

❶ 作者单位：中国社会科学院法学研究所。

户界面（Graphical User Interface，即GUI）的概念入手。用户界面，指供使用者在使用机器、电子设备、软件时与机器进行信息交换的各种媒介。好的GUI设计可以大幅度提高软件或电子设备的易用性，而GUI的易用性在当今对软件及其相关产品在市场上取得成功极其重要；因此，软件的开发者和在产品上使用GUI的制造商往往投入大量人力物力进行设计开发。本文不全面讨论GUI的法律保护问题，而是仅探讨其中的一部分，即产品界面设计的法律保护问题。所谓“产品界面设计”，是指电子产品通电后液晶屏幕上显示的、供使用者操作以使该产品进入能发挥相应机能的新式图像设计。由于产品是指制造意义上的工业品，产品界面设计不包括软件的GUI。

现今随着信息技术（IT）的飞速发展，信息产品更新换代十分快，因此新的产品界面设计已成为提高IT产品竞争力的重要成分，结合了高科技与人性化因素的新的产品界面设计不断产生。这些设计的开发者理所当然希望自己的智力成果得到保护，一致将目光投向知识产权法律制度。

本文将通过比较研究中日两国在产品界面设计保护相关法律制度方面的异同点，探讨中国专利法律制度保护这一智力成果的必要性。

一、产品界面设计保护现状

IT业相对发达的国家和地区，如美国、欧盟、澳大利亚、日本、韩国等先后建立了产品界面外观设计保护制度。1996年，美国专利与商标局（USPTO）颁布了《电脑成像设计专利申请审查指南》，开始授予电脑成像设计（Computer－Generated Icons）专利[❶]；同时，兰哈姆法和商标法中也可以适用来保护电脑成像设计[❷]。在欧洲各国，在原有的著作权法和反不正当竞争法保护之外，欧盟1998年颁布了《关于外观设计保护的指令（Directive 98/71/EC)》，将“Graphic Symbols（图像符号）”视为

❶ “Guidelines for Examination of Design Patent Applications For Computer－Generated Icons”, Department of Commerce, Patent and Trademark Office, [Docket No. 950921236－6049－03], RIN 0651－XX04；USPTO网站：http：//www.uspto.gov/go/og/con/files/cons094.htm (2009－03－10).

❷ Takeyuki Iwai. Foreign Situations of Design Protections, p61, IIP Bulletin 2005, Institute of Intellectual Property, Tokyo, Japan.

“产品”❶；正如研究者指出的：欧盟外观设计的保护对象应当包括“电脑图像设计及其他图形用户界面（Computer Icons and other GUI Elements)”❷。在亚洲，日本特许厅（JPO）于1993年、2002年、2004年陆续颁布的相关审查指南开始对包含“液晶显示等”表示的产品外观设计进行保护，随后日本于2006年修改了《意匠法》中的相关条款❸，JPO于2007年修改了适用该法的《意匠审查基准》，其中包括“画面设计”的具体适用规则；韩国特许厅（KIPO）于2003年7月1日修改了工业外观设计审查标准，开始受理关于包含“画像设计（화상디자인）”的产品外观设计申请❹。不过，虽然各国都认为界面设计应当适用于具体的产品（如手机）上，但在欧盟由于“产品”的定义包括了“图形符号”，用户界面和界面可以被看作是产品设计、即无须指定适用的其他产品而获得注册和保护❺。反之，日本在2006年修改《意匠法》时，则谨慎地考虑了各方面利益平衡的问题，不仅坚持受保护的界面设计必须适用于有形产品，还规定保护的对象仅限于那种为了使产品进入使用状态而作出的设计；日本特许厅（JPO）在2007年的《意匠审查指南》中特意将在其他国家（如韩国）能注册的网页设计、电脑屏幕设计等排除在《意匠法》保护客体之外。

以下我们将考察中日两国知识产权法律及相关法律对界面设计的保护状况。

---

❶❺ “Directive 98/71/EC of the European Parliament and of the Council of 13 October 1998 on the legal protection of designs”, Article 1：“…a. ‘design’ means the appearance of the whole or a part of a product resulting from the features of, in particular, the lines, contours, colors, shape, texture and/or materials of the product itself and/or its ornamentation; b. ‘product’ means any industrial or handicraft item, including inter alia parts intended to be assembled into a complex product, packaging, get－up, graphic symbols and typographic typefaces, but excluding computer programs; …”.

❷ Annette Kur., Max Plank Institute, Munich：“Industrial Design Protection in Europe——Directive and Community Design”，网址（2009年3月查阅）：www.atrip.org/upload/files/activities/tokyo2003/s05－Kur_art.doc.

❸ 见本文第二部分第四节。

❹ 见韩国特许厅《外观设计审查标准》第三条第1款（C）项：“「물품의 액정화면 등 표시부에표시되는 도형 등」(화상디자인) 이물품에 일시적으로 구현되는 경우에도 그 물품은 화상디자인을 표시한 상태에서 공업상 이용할 수 있는 디자인으로 취급한다. (신설2003. 7. 1)”，디자인심사기준（2005. 07），第174页。

二、日本对界面设计的保护

与其他智力成果相比，产品的外观设计具有多重特性，因此更需要综合性的保护。目前日本对界面设计的法律保护主要是通过《意匠法》来实现；同时《著作权法》、《商标法》和《不正竞争防止法》也为符合其规定条件的界面设计提供保护。

（一）《著作权法》的保护

从理论上讲，体现了足够独创性的外观设计可以受到《著作权法》的保护。根据日本《著作权法》对“著作物”的定义包括美术作品，如果一项外观设计体现了独创性的对审美思想感情的表达方式，则它可以被视为应用美术作品受《著作权法》的保护。另外，《著作权法》中关于汇编作品的规定也可以适用于外观设计。著作权保护的优势在于无须注册的自动保护，此外保护期要长得多。

但是，在实践中外观设计获得《著作权法》保护的前景并不乐观。鉴于工业设计的保护需求与作品的保护需求之间的不同，日本的《著作权法》是否能切实地保护界面设计尚不明确。从理论上说，如果这些界面、图像的独创性符合著作权法的要求就可以获得保护。近几年来有些案子反映出软件界面可以被作为美术或汇编作品受保护[1]。但是，实践中界面设计的情形比较复杂，它通常由常见的、有限的、无可选择的表达组成，而这些要素向来不受著作权法保护；此外，著作权法也不能制止他人的反向工程。比如 Cybozu 案中，尽管法院认为原告的办公软件界面设计具有独创性因而可以受著作权法保护，但却不认为基于相同设计思想但所显示的界面并不相同的被告复制了原告的界面设计而构成侵权[2]。

（二）《不正竞争防止法》的保护

《不正竞争防止法》能有效制止搭便车行为，在单行知识产权法不易

---

[1] 中山信弘：《著作権法》，第 106 页：例如：re Sekisankun（積算くん事件）中大阪地裁平成 12 年 03 月 30 日对平成 10（ワ）13577 案的判决；re ProLesWeb（ProLesWeb 事件）中东京地裁平成 16 年 6 月 30 日对 平成 15（ワ）15478 案的判决，re Cybozu（サィボウズ事件）中东京地裁平成 14 年 9 月 5 日对平成 13（ワ）16440 案的判决；有斐閣，2007 年 8 月出版。

[2] 东京地裁平成 13（ワ）16440 案判决，http：//www. courts. go. jp/hanrei/pdf/024 A64 E6 B03 E207649256 C7F0023 A164. pdf.

适用的领域起着重要作用。日本《不正竞争防止法》规定，使用与周知商品类同的“商品表示”和仿冒他人的“产品形态”是不正当竞争行为。产品的界面设计如果被视为周知的标识则可以受到保护。另外，界面设计还可以作为“产品形态”的一部分，在产品首次投入日本市场后的3年之内获得免受其他人完全仿冒的保护❶。

关于屏幕显示图像是否可以被视为“产品形态”和具有指示来源机能的“商品的表示”也有一些案例❷。比如前面著作权法保护案例中所提到的Cybozu案，原告也寻求了《不正竞争防止法》的保护；但从结果来看，法院并不认同其屏幕显示图像是软件产品的“商品的表示”的观点❸。另外，在实践中，供操作用的屏幕显示也很难被认定为产品形态受到保护，因为多数情形下从标准化的角度说它们是产品的“通用形态”❹。尤其是界面往往只是产品形态的一个部分，而《不正竞争防止法》制止的仅是销售活动对整个产品形态的完全仿冒行为，因此该法的作用是很有限的。

（三）《商标法》的保护

日本的《商标法》关于“商标”的定义与外观设计十分相似❺；因此从理论上说，具有识别性的独特的外观设计可以作为商标受到保护。界面设计受《商标法》保护的前提是其被作为商品标识使用；即使界面属于日本《商标法》明确规定不能注册的包含通用符号的商标❻；它也可能因为经过一段时间的使用获得识别性而被注册为商标❼。商标保护的主要优势在于能有效制止仿冒和延长保护期。

但是，在实践中，产品的界面设计很少被作为商标使用。实践中几乎

❶ 根据日本《不正竞争防止法》第19条（适用除外等）之（1）（v）（a），如果“从产品投入日本市场起已超过三年”，制止此类不正当竞争行为的请求可能会被拒绝。

❷ （財）知的財産研究所，平成14年3月，“表示画面上に表示された画像デザインに関する保護についての調査研究報告書”，第103页。

❸ 东京地裁平成13（ワ）16440案判决（Cybozu案），http：//www.courts.go.jp/search/jhsp0010? action_id=first&hanreiSrchKbn=01.

❹ Saburo Moriwaki："Study on Protection of Image designs Indicated on the Display Screen"，p14，IIP Bulletin，2002.

❺ 日本《商标法》第2条第1款。

❻ 日本《商标法》第3条第1款。

❼ 日本《商标法》第3条第2款。

不见相关实例，因为根据日本《意匠法》将屏幕外观设计注册为外观设计更贴近设计者的需要；而没有注册的设计，则往往寻求《不正竞争防止法》的保护。

（四）《意匠法》的保护

1. 立法背景考察

产业界对界面设计的保护需求在信息时代日益增强，最终导致日本《意匠法》执法中的回应。JPO 于 1993 年 3 月 31 日签发了《关于液晶显示等的审查指南》，规定符合某些条件的液晶屏幕显示可以申请注册❶。JPO 于 2002 年 2 月颁布了《关于液晶显示等的审查指南（部分外观设计对应版）》❷，将部分外观设计申请的规定及条件适用于液晶屏幕显示图像。2004 年 1 月，JPO 颁布了《外观设计申请的格式及图画要求指南》，具体规定了“界面设计”申请的提交办法。2006 年日本《意匠法》在“外观设计”的定义中增加了关于界面设计的规定❸，之后 JPO 颁布了 2007 年版《意匠审查基准》，为如何适用新法的相关规定作了详细解释。至此，日本已经形成了较完备的保护产品界面设计的法律制度。

2007 年版的《意匠审查基准》规定了界面设计受保护的条件，其核心是必须适用于物品并与物品功能的实施不可分割❹，并明确指出电子计算机图像界面、因特网上显示的界面以及电子游戏机显示的图像不受保护❺。这一制度设计的原因是，要达到保护技术的发展和保护外观设计工业产权之间的平衡，必须明确地将受保护的界面设计限定在与产品不可分

❶ Design Committee：“Study on Protection of ‘The Displayed Images’ under Japanese Design Law”, pp. 26－34, Journal of JIPA, Vol. 3 no. 1, may 2003.

❷ 日本特許庁：「液晶表示等に関するガイドライン」［部分意匠対応版］，平成 14 年 2 月。

❸ 《意匠法》第 2 条 2：“前項において、物品の部分の形状、模様若しくは色彩又はこれらの結合には、物品の操作（当該物品がその機能を発揮できる状態にするために行われるものに限る。）の用に供される画像であつて、当該物品又はこれと一体として用いられる物品に表示されるものが含まれるものとする。”

❹ 日本特許庁：《意匠審查基準》（平成 18 年改正意匠法対応），74.1 部分。

❺ 日本特許庁：《意匠審查基準》（平成 18 年改正意匠法対応），74.4（2）部分。

割的范围，防止其过分扩大，这样法律才得以稳定实施❶。

2. **保护现状描述**

2007 年版《意匠审查基准》为受保护的界面设计设立了四项要求：

第一，界面设计所适用的物品必须是《意匠法》所认可的物品❷。

第二，界面设计必须用于该物品的操作。物品内装载的软件运行所呈现的界面不能成为外观设计权的客体。

第三，界面设计是为了使物品进入能够发挥其机能的状态，即在该状态下物品的机能可以实施，而不是正在实施。“物品正在实施的状态”下的界面，如计算机软件界面、游戏演示界面或网页设计并不属于受《意匠法》保护的对象。

第四，界面设计必须显示在物品或其他与物品一体使用的物品上。代表物品各项机能的图像一般直接显示在其自带的屏幕上，但通常不带屏幕而与其他显示设备一起使用的，则显示在该设备上的界面设计也可以受到保护。

在形式方面，JPO 对提交外观设计申请作出的具体要求，如用虚实线表示部分设计等。要注意的是，仅仅就“界面”本身申请外观设计是不可以的，必须指定其适用的产品及类别。此外，如果屏幕显示的图像有变化，该变化前后的样态应当具有一致性，否则在初步审查之后申请将被驳回❸。

当然，外观设计的一般实质性要件，即实用性（工业利用性）、新颖性（新规性）、创造性（创作非容易性）、与在先申请不同以及不属于明文规定的不予保护的情形等也是界面设计获得保护不可缺少的条件。

---

❶ 日本“産業構造審議会知的財産政策部会”：“Recommendation for Revision of the Design System”，Chapter 3，Part 1，Secssion3，sub－secssion2：“Screen designs not subject to protection”，IIP2007 年译文第 1911 号第 3 页。日文原文：《意匠制度の在り方について》，2006 年 2 月；网址（2009 年 1 月查阅）：http：//www.jpo.go.jp/iken/pdf/iken _ ishou _ kekka/shiryou02.pdf.

❷ 日本特許庁《意匠審査基準》（平成 18 年改正意匠法対応），21.1.1.1 部分。

❸ 特許庁審査業務部意匠課意匠審査基準室：《意匠登録出願の願書及び図面の記載に関するガイドライン》第 10 章：“液晶表示等に関するガイドライン（部分意匠編）”，第 117 页，http：//www.jpo.go.jp/shiryou/kijun/kijun2/pdf/zumen _ guideline/paper10.pdf.

三、中国对界面设计的保护

中国的工业设计业起步相对较晚，以什么方式保护屏幕显示界面在中国的知识产权界一直是个有争议的问题。实践中，存在以下可能性：

（一）《著作权法》的保护

中国《著作权法》及其实施条例都没有关于保护基于软件产生的显示界面的条款。针对软件界面，从理论上说，它可以作为“美术作品”受到保护；但界面设计往往不能享有充分的创作自由、很容易被视为“表达惟一性”或“有限表达”归入不受著作权法保护的“构思”或“思想”范畴。《计算机软件保护条例》中也找不到关于界面设计保护的任何规定。因此，在碰到此类案件时法官只能按照自己对《著作权法》及其相关条例的理解来判案。最近的两个案例值得关注：

第一个是北京“久其软件”诉上海“天臣软件”著作权侵权案。原告是“久其软件”的著作权人；被告开发出与“久其软件”功能相同的“天臣软件”并开始销售。原告向法院起诉被告侵害其“久其软件”的用户界面（GUI）。案件争议的焦点是 GUI 是否受《著作权法》保护。经过中、高两级人民法院的审理，最终判决认为构成“久其软件”GUI 元素，如菜单命令名称、按钮、对话框、窗口、滚动条、表示特定报表的图标等都是用户界面设计中通常使用的，缺乏独创性而不受《著作权法》保护[1]。

第二个是关于计算机路由器界面是否受著作权保护的。一审法院经过对比认为两种路由器产品的 GUI 基本一致，因此被告侵害了原告的著作权。但二审法院认为，两种产品上显示的对话框、窗口等要素用户界面设计通用的，其选择、编排、布局也不符合中国《著作权法》对作品独创性的要求[2]。

在这两个案例中法院是从汇编作品的角度分析的。汇编作品的独创性要求不如美术作品那么高，但即使如此，界面设计也很难被判定为汇编作品而受到中国《著作权法》的保护。

---

❶ 上海市第二中级人民法院法院判决：（2004）沪二中民五（知）初字第 100 号；上海市高级人民法院判决：（2005）沪高民三（知）终字第 38 号。

❷ 广东省高级人民法院判决：（2005）粤高法民三终字第 92 号。

（二）《商标法》和《反不正当竞争法》的保护

产品的界面设计是否能获得中国《商标法》的保护是很不确定的，它很容易被视为产品的通用表达或功能性表达而不能注册为商标。还有一点值得注意的是，中国商标局和商标评审委员会一般不会核准含有过于复杂图形或结构的标记，因为这种标记太过复杂、不易于识别、而且缺乏显著性[1]。

中国《反不正当竞争法》列举的不正当竞争行为包括“擅自使用知名商品特有的名称、包装、装潢，或者使用与知名商品近似的名称、包装、装潢，造成和他人的知名商品相混淆，使购买者误认为是该知名商品”的行为。据此，产品的界面设计只有在被视为“知名商品”的“商品特有的包装装潢”，并构成相关公众认知上的混淆时才可能得到保护。

2006 年 12 月 30 日最高人民法院的司法解释针对什么是商品特有包装、装潢作出了阐释[2]。根据此解释，产品的外观设计只有具有很高的独特性才可能被视为“商品特有的包装装潢”；此外“知名商品”和“混淆”的举证责任也在于原告。由此可见，界面设计获得《反不正当竞争法》保护的可能性并不如所期望的那么大。

（三）《专利法》的保护

根据中国《专利法》第三条规定：“外观设计，是指对产品的形状、图案或者其结合以及色彩与形状、图案的结合所作出的富有美感并适于工业应用的新设计。”实践中，已注册的外观设计包括针对产品的局部外观作出的新设计。

界面设计是否属于产品的外观设计在中国的专利制度中无法找到相关的内容。尽管国家知识产权局（SIPO）颁布的 2006 版《审查指南》（本文简称《指南》）中包含“产品通电后显示的图案”不是外观设计专利保护的客体这一令人误解的规定，并且这一规定在 2010 年新修订的《专利审查指南》中仍然保留[3]，但实践中还是有越来越多的含有液晶显示屏幕设计的产品被提交到 SIPO；而且，由于外观设计的申请不进行实质性审

[1] 中国《商标审查标准》第二部分第五节，商标局及商标评审委员会颁布，2005 年 12 月。

[2] 《最高人民法院关于审理不正当竞争民事案件应用法律若干问题的解释》第二条。

[3] SIPO2006 年《审查指南》第一部分第三章 6.4.3（11）；SIPO2010 年《专利审查指南》第一部分第三章 7.4（11）。

查，相关申请一般都可以获得授权（这一点可以通过从网上查询 SIPO 公布的关于液晶显示屏幕设计的产品外观设计证实）。还有，2010 年《专利审查指南》明确了外观设计简要说明的作用；这一点有利于作为整个外观设计创新点的界面设计的保护。应当指出的是，由于没有部分外观设计制度及相应实施办法，从表面形式上看，界面设计在中国是作为产品整体外观设计的组成部分获得保护的。

申请外观设计要按照中国《专利法》、《专利法实施细则》以及《专利审查指南》的相关规定完成相关程序。由于外观设计专利权的保护范围是以申请时提交的图片或照片为准的，怎样制作图片并表示出该设计的新颖独特之处对权利的保护具有很重要的作用。这样，表现液晶显示图形的动态外观设计的“使用状态参考图”的法律地位需要进一步明确。2010 年的《专利审查指南》指出了可以提交“使用状态参考图”，至于该图的法律效果，则需要相关执法部门确定。

四、中日两国对界面设计的法律保护制度比较与评述

中、日两国在知识产权及相关法律在界面保护方面的异同点如下：

（一）著作权法的保护

外观设计也可以受到著作权法保护的理论在中、日两国都不陌生；两国的司法规则也表明，只要具有独创性，外观设计可以被视为作品受到著作权法的保护。但是在实践中，著作权法的保护主要是针对软件的界面设计，而且两国的案例都表明著作权法对软件界面或界面设计的保护并不如我们所想的那么乐观，原因是这类界面设计和容易被认为缺乏足够的独创性；或者说著作权法的保护难以延及“思想”，因此反向工程或反编译一般不被视为侵害著作权（当然，是否构成使用者与权利人合同的违约另当别论），这对界面设计的创设者很不利。

著作权法保护界面设计不够有效的问题在日本因《意匠法》2006 年的修订已经不是很紧迫了。在日本，除软件界面之外的大多数 IT 产品的界面设计都可以寻求《意匠法》保护。在中国，《著作权法》若要有效地为界面设计提供保护，只有降低著作权执法过程中对独创性的要求。首先改变将界面设计视为美术作品的做法以增加其受著作权保护的可能性；其

次可以参考网页设计保护的司法经验[1]将其视为汇编作品。但在实践中，连比较复杂的软件界面设计都难以达到汇编作品的独创性要求，更何况产品的界面设计。研究者和立法机关应当考虑著作权领域之外的应对措施。

（二）不正当竞争禁止法和商标法的保护

在日本，如果被不正当仿冒的界面设计能满足“周知商品表示”或“产品形态”的条件就可以受到《不正竞争防止法》的保护；但实践中要满足这一条件并不容易；另外因为依据《意匠法》注册外观设计是设计者更常见、更有效的选择，现实中适用《不正竞争防止法》保护界面设计的案例很少。

在中国，《反不正当竞争法》并不包含界面设计相关事项，法院在判决时通常只能引用“一般条款”[2] 作为依据。目前来看，未注册的、也不能获得《著作权法》保护的界面设计，除非能被认定为“知名商品的包装装潢”才能受到《反不正当竞争法》保护，这在现实中的可能性不大。

商标法理论上也是可以保护界面设计的，但在中、日两国的实务中都没有出现设计者寻求商标法保护的相关案例，原因是很少见到界面设计作为商标注册或使用的实例。在日本，界面设计的权利人一般寻求《意匠法》、《著作权法》和《不正竞争防止法》的保护。在中国，由于商标注册制的限制，产品界面设计能获得显著性的可能性也极小，《商标法》能起的作用非常有限。

（三）外观设计法的保护

1. 日本意匠制度对界面设计的保护评述

鉴于前面所述的著作权法、反不正当竞争法、商标法对界面的保护缺乏明显功效，日本于2006年在修订的《意匠法》明确将界面设计的概念纳入到“工业品外观设计”的定义（第2条第2款）中；随后JPO在新的2007年《意匠审查基准》里详细地制定了包含界面设计的外观设计申请注册及审查规则。对于现行的日本外观设计保护制度，笔者认为以下几个方面值得关注：

---

[1] 北京市第二中级人民法院，厦门信达商情有限公司诉汤姆有限公司侵犯网页著作权纠纷案法律问题研究［M］．审判前沿，北京：法律出版社，2004.

[2] 《反不正当竞争法》第二条：“经营者在市场交易中，应当遵循自愿、平等、公平、诚实信用的原则，遵守公认的商业道德”。

(1) 尽管日本《意匠法》加强了对界面设计的保护，但很谨慎地要求指定“适用的物品”作为前提条件，并严格把界面设计的保护控制在“为使物品进入能够发挥其机能的状态”的范围之内。也就是说，软件的界面设计并不在《意匠法》的保护范围之内。另外，笔者同意日本意匠制度中关于对界面设计的保护应仅限于产品通电后出现的初始菜单以及点击该菜单后能看出与初始菜单之间变化关系的画面，而不必将保护产品界面外观设计的范围过分扩大。

(2) 鉴于部分外观设计的申请和注册量在日本外观设计总量中占据越来越多的比例❶，界面设计在执法方面的预期应当结合部分外观设计保护的现状来考察。2006 年版的日本《意匠法》规定外观设计是否相同或相似由它们是否给相关消费者造成相同或相似的视觉美感来确定❷。JPO 的 2007 年版《意匠审查基准》中也详细地解释了应当如何适用此原则作出判断。但针对部分外观设计类同的判断规则仍不明确，目前日本的有关学说和司法实践中倾向于“创作与混同折中＋要部认定”的综合性判断标准❸。

(3) 值得注意的是，JPO 于 2007 年 4 月 1 日颁布的《日本意匠分类》修订版中增加了“画像意匠分類（W 类）”的规定❹。笔者认为在实践中这一类别的登记将可能影响在后申请的界面设计的新颖性和创造性，事实上起到了对“画像意匠”进行跨产品类别保护的作用。

2. 中国专利制度对界面设计的保护评述

由于界面设计不能在中国申请注册为部分外观设计可能有以下问题：

---

❶ 近年来日本部分外观设计申请量在全部外观设计申请中的比例已接近 1/4。见《我が国における出願と審査・審判の動向》中对 2002－2006 年部分意匠申请的统计，第 12 页，日本特許庁网站，网址（2009 年 1 月查阅）：http：//www. jpo. go. jp/shiryou/toushin/nenji/nenpou2007/honpen/1－1. pdf.

❷ 日本《意匠法》第 23 条第 2 款（2006 年新增）：“登録意匠とそれ以外の意匠が類似であるか否かの判断は、需要者の視覚を通じて起こさせる美感に基づいて行うものとする”。

❸ 青木博通：《知的財産権としてのブランドとデザイン》第 283～299 页，有斐閣、2007 年；板倉集一：“侵害訴訟における部分意匠の類否判断”，刊载于《知財管理》Vol. 57 No. 6（2007 年）第 941 页。

❹ 日本特許庁審査業務部意匠課：《日本意匠分類（平成 19 年 4 月 1 日施行版）について》，日本特許庁网站，网址（2009 年 1 月查阅）：http：//www. jpo. go. jp/shiryou/s _ sonota/pdf/bunrui/190401. pdf.

（1）不方便申请人——用虚实线突出表示自己的设计点更明晰有效；相关公众和法官对产品外观设计的创新点在于其界面设计缺乏直观的认识，影响司法效率。尽管新《专利法》允许提交“简要说明”来作为辅助，但仍不如图形表述直观。另外，“可变化的使用状态参考图”的法律地位不明确，也不便于执法。

（2）中外申请文件的不一致可能会影响申请和维权。在中国，由于外观设计专利申请不需要经过实质性审查，即使在先申请和在后申请的文件不一致，申请人的国际优先权请求一般都能获得授权。但是，这类外观设计专利权在无效或侵权诉讼程序中外观设计专利可能因优先权无效丧失新颖性而无效。以日本为例，外观设计申请有 6 个月的国际优先权期间；但根据《意匠审查基准》的规定，如果在其他国家的在先申请与在日本的申请不同，JPO 将不认可其优先权申请❶，这显然不利于在中国先申请外观设计专利权（整体）、后在日本申请部分外观设计的申请人。

（3）在实践中，由于中国的外观设计专利申请不进行实质性审查，包含界面设计的整个产品的外观设计（而不是该界面部分❷）申请是可以获得授权的。但是，《指南》关于“产品通电后显示的图案”属于“不给予外观设计专利保护的客体”的规定对界面设计获得中国专利制度实际保护的前景造成了不利的影响，取消这一规定将会加强包含界面的外观设计的实际保护。

3. 中国引进部分外观设计工业产权制度保护界面设计的必要性及可行性

笔者以为，目前中国各界对立法上单独设立部分外观设计制度的必要性认识并不深，因此《专利法》第三次修改仍未考虑设立部分外观设计制度。

不过，《专利法》设立部分外观设计制度是有必要的。首先，从法律上明确部分外观设计与整体外观设计一样可以受到保护，并不会导致中国外观设计申请数量的大幅度增加和质量的下降；其次，部分外观设计制度的实施措施能满足那些对产品局部外观作出创新设计的申请人的需要；再

❶ 日本特許庁《意匠審査基準》（平成 18 年改正意匠法対応），71.13（1）。

❷ 如果申请对象是界面本身则在初步审查时即不能通过。见 SIPO《专利审查指南》第一部分第三章，6.4.3 部分（11），国家知识产权局令第三十八号，2006 年 5 月 24 日颁布、7 月 1 日实施。

次，部分外观设计制度的实施有助于快捷、准确地判定外观设计的保护范围；此外，部分外观设计便于与国际优先权有关的申请人和权利人在国内外依法行使权利；最后，采用部分外观设计有利于国际知识产权制度的协调。

以工业产权法保护界面设计是工业国家的一种趋势，如果中国不考虑相应的应对措施，今后在涉及知识产权国际保护的场合中将可能处于被动状态。当然，考虑中国国内的现实发展阶段，对界面设计的立法保护应逐步进行。

在操作上，其一应在《专利审查指南》中增加产品外观局部创新的申请文件应以虚实线表示创新部分的相关规定；其二要删除《指南》中关于“产品通电后显示的图案”不属于《专利法》保护客体的规定；其三，逐步在中国专利制度中引入“部分外观设计”的概念；最后，在必要时将界面设计纳入“外观设计”的定义中，不过，必须将范围限定在与有形“产品”的操作机能相结合的界面设计上。

五、结　论

从理论上说中、日两国多种知识产权及相关法律制度都可以对界面设计进行复合性的保护。然而在实践中，著作权法主要用于保护软件界面而非产品屏幕显示的界面设计，而且其保护效果、尤其是对功能性软件界面的保护作用并不理想。反不正当竞争法及商标法在某种程度上业可以保护界面设计，但在这一领域，界面设计要达到法律所要求的显著性并不容易，因为从一开始设计的目的就不是为了作区分标识而是为了操作的易用性和吸引消费者。因此，以上这些法律对产品界面设计的保护效果是很有限的。

工业产权法对界面设计保护是恰当和必要的。目前绝大多数的 IT 产品都需要电子屏幕显示来方便使用，而且这些产品的使用都是以通电状态为前提的。新颖独特的界面设计集技术性或功能性与简明美观为一体，完全符合工业产品外观设计的定义。日本自 20 世纪 90 年代开始建立、迄今已比较完善的以《意匠法》保护界面设计的制度是比较科学的，它综合考虑了国内国际因素、力求平衡各方利益需求；因此研究该制度并找到其对中国相关制度设计的启示是有意义的。

虽然目前中国的专利制度在实践中可以在一定程度上保护界面设计，

但在实施中可能会产生一些问题。为改变目前中国专利制度中不利于界面设计的因素，最简便快捷的是修改、增删《专利审查指南》中的相关条款。当然，从长远考虑，在《专利法》中明确部分外观设计的概念，并在其配套法规、规章中增加相应的实施措施将起到加强界面设计保护的作用；当时机成熟时，可以考虑将界面设计的概念融入中国对“工业品外观设计”的定义中，但应明确其保护范围和适用规则。

保密审查制度解读及对专利申请策略的影响

李中奎[1] 郭永红[2]

摘 要

现行《专利法》增加了有关保密审查请求的规定。本文对专利申请人该如何解读这一规定，这一规定对专利申请策略有何影响以及专利申请人该如何应对进行了探讨。

现行《专利法》第二十条（以下简称法二十条）规定，任何单位或者个人将在中国完成的发明或者实用新型向外国申请专利的，应当事先报经国务院专利行政部门进行保密审查；并对违反有关保密审查规定的行为规定了惩罚措施：对其在中国的相应专利申请不授予专利权。该条还对专利国际申请进行了特别规定：中国单位或者个人可以根据中华人民共和国参加的有关国际条约提出专利国际申请；申请人提出专利国际申请的，应当遵守有关保密审查的规定。本文谨对上述条款的内容进行解读，并对

❶ 作者单位：北京同达信恒知识产权代理有限公司。
❷ 作者单位：海信集团有限公司。

此条款对专利申请策略的影响以及专利申请人该如何应对进行探讨。

一、保密审查制度解读

第一，关于“国务院专利行政部门”。

根据《专利审查指南 2010》（本文简称《专利审查指南》）第一部分第一章 7.3 节的内容可以看出，法二十条的规定所称国务院专利行政部门是指中国国家知识产权局专利局。

第二，关于“在中国完成的发明或者实用新型”。

根据《专利法实施细则》第八条的规定可以看出，法二十条的规定所称在中国完成的发明或者实用新型，是指技术方案的实质性内容在中国境内完成的发明或者实用新型，并不包括外观设计。但相关规定并没有对如何判断技术方案的实质性内容是否在中国境内完成确定一个明确的判定标准。笔者认为，在实际判断过程中，发明人的身份，尤其是其国籍和最近的工作地和居住地等信息将会显得尤其重要。比如，一件专利申请的所有发明人都从来没出过国，申请人却声明该发明创造的实质性内容是在美国完成的，这一声明就不太可能被接受。

第三，有关保密审查的内容。

根据《专利审查指南》第五部分第五章 6.1 节的规定，准备直接向外国申请专利的，向外国申请专利保密审查请求的文件应当包括向外国申请专利保密审查请求书和技术方案说明书。请求书和技术方案说明书应当使用中文，请求人可以同时提交相应的外文文本供审查员参考。技术方案说明书应当与向外国申请专利的内容一致。也就是说，如果向外国申请专利的内容与保密审查请求程序所附的技术方案说明书的内容不符，仍可能会导致其相应国内申请不能被授予专利权的不利后果。

此处需要注意的是，就向外国申请专利的内容与保密审查请求程序所附的技术方案说明书的内容不符的情况而言，相关规定中并没有对是否对其中相符的部分和不相符的部分分别对待进行规定。也就是说，如果在保密审查请求程序所附的技术方案说明书的内容之外，向外国申请专利的内容还包括了其他内容，那么，利用该外国专利申请通过《巴黎公约》途径或 PCT 途径进入中国的对应专利申请如何处理，现有的规范文件中并没有直接的规定。但从其规范逻辑来看，笔者认为，只要利用该外国专利申请通过《巴黎公约》途径或PCT途径进入中国的对应专利申请所请求保护的技术方案限定在保密审查请求程序所附的技术方案说明书的内容范围内，就不会因为受法二十条的约束而不被授予专利权；反之，如果利用该外国专利申请通过《巴黎公约》途径或PCT途径进入中国的对应专利申请所请求保护的技术方案涉及了在保密审查请求程序所附的技术方案说明书所未记载的内容，就会因为受法二十条的约束而不被授予专利权。

综合以上分析可以看出，保密审查请求程序所附的技术方案说明书的撰写标准应该与正常的专利说明书标准相一致。

此外，国家知识产权局专利局在“关于施行修改后专利法实施细则有关事项的通知”还对保密审查请求内容的载体形式进行了规定：申请人仅提交《向外国申请专利保密审查请求书》和《技术方案说明书》而不提交专利申请的，应当直接向国家知识产权局专利局受理处以纸件形式递交或寄交。

第四，有关“保密审查的程序”。

根据《专利法实施细则》第八条的规定可以看出，法二十条有关保密审查的程序针对不同操作行为而不同：(1) 直接向外国申请专利或者向有关国外机构提交专利国际申请的，应当事先向国务院专利行政部门提出请求，并详细说明其技术方案；(2) 向国务院专利行政部门申请专利后拟向外国申请专利或者向有关国外机构提交专利国际申请的，应当在向外国申请专利或者向有关国外机构提交专利国际申请前向国务院专利行政部门提出请求。该条还同时规定，向国务院专利行政部门提交专利国际申请的，视为同时提出了保密审查请求。《审查指南》第五部分第五章第6节进一步作出解释，上述规定中所述的向外国申请专利是指向外国国家或外国政府间专利合作组织设立的专利主管机构提交专利申请，向有关国外机构提交专利国际申请是指向作为PCT受理局的外国国家或外国政府间专利合作组织设立的专利主管机构或世界知识产权组织国际局提交专利国际申请。《专利审查指南》第五部分第五章3.2节还规定，分类审查员在对发明或者实用新型专利申请进行分类时，应当将发明内容可能涉及国家安全或者重大利益，但申请人未提出保密请求的发明或者实用新型专利申请挑选出来。审查员应当参照本章第3.1.2节的规定，对上述专利申请进行保密确定。

从以上细化规定可以看出：

(1) 对在中国完成的发明或者实用新型而言，其专利申请（包括专利国际申请）的第一个受理机构应选择中国国家知识产权局专利局，否则就需要提前进行保密审查，包括向其他国家或地区的专利申请受理机构提交专利申请和向国际局提交专利国际申请；

(2) 因为在向外国申请专利或者向有关国外机构提交专利国际申请前，其向中国专利局提交的专利申请是否已经进行了保密审查不能确定，以及优先权制度中部分优先权概念的存在，主张在先的中国国家专利申请的优先权，向其他国家或地区的专利申请受理机构提交专利申请和向国际局提交专利国际申请的，还需要提前对其在后申请文件进行保密审查；

(3) 保密审查不只是针对向外申请前由申请人提出保密审查请求的情况下才进行，而是对于以中国境内完成的发明创造，向中国专利局提交的所有专利申请都要进行的一个审查程序。也就是说，保密审查包括国内申请的保密审查和向外申请的保密审查两类，前者不需要申请人提交请求就由中国专利局主动启动，或者必须要由申请人提出请求才能启动；

(4) 向国务院专利行政部门提交专利国际申请的，视为同时提出了保密审查请求。因此，与《巴黎公约》途径的涉外申请相比，由于不需要单独提出保密审查请求、并且不会因保密审查程序而耽误向国外提出申请的有效时机，PCT 途径的专利国际申请将显得更加方便。而且，结合国家出台的支持向国外申请专利的政策文件来看，国家比较支持采用 PCT 途径提交专利国际申请。

第五，有关“保密审查的时间”。

《专利法实施细则》第九条对向外申请保密审查的时间进行了进一步的明确，即：申请人未在其请求递交日起 4 个月内收到保密审查通知的，申请人收到保密审查通知但未在其请求递交日起 6 个月内收到需要保密的决定的，可以就该发明或者实用新型向外国申请专利或者向有关国外机构提交专利国际申请。《专利审查指南》第五部分第五章 6.1.2 节进一步细化规定为：“专利法实施细则第九条所称申请人未在其请求递交日起四个月或六个月内收到相应通知或决定，是指专利局发出相应通知或决定的推定收到日未在规定期限内。”

第六，有关“保密审查的结果”。

根据《专利法实施细则》第七条、第九条和第五十五条以及《专利审查指南》第五部分第五章第 6 节的规定可以看出，保密审查的结果有两种：需要保密和不需要保密，对需要保密的发明和实用新型又分为涉及国防利益和涉及国防利益之外的国家安全或者重大利益两种，分别由国防专利局和中国国家知识产权局专利局负责审查，并分别授予国防专利权和保密专利权。

既然保密审查的结果之一是所审查的技术方案需要保密，那么，对保密审查程序认定为需要保密的技术申请外国专利的行为会如何处理呢?

从法二十条的描述来看，它似乎更应该是一个程序性的规定。只是规定在向外国申请专利前需要由中国专利局进行保密审查这一程序的不可或缺性，并没有对保密审查程序认定为需要保密的技术申请外国专利的行为如何处理进行直接的规定。但是，从逻辑上讲，既然法二十条所规定的保密审查结果之一就是所审查技术方案属于需要保密的技术，那也就是说要求当事人不得对该技术向外国提交专利申请，如果当事人仍然对该技术向外国提交专利申请，也应该属于违反法二十条的行为，从而使得其在中国的相应专利申请不被授予专利权。另外，既然一项发明创造在保密审查程序中被认定为需要保密的技术，当事人将其向国外申请专利的行为一般应当属于违反专利法第四条或者第五条的行为，不仅会因为违反《中华人民共和国国家保密法》等法律，而使得其相应国内专利申请因为不符合专利法规定而不被授予专利权，而且还可能会遭受其他行政甚至刑事惩罚。对保密审查程序认定为需要保密的技术申请外国专利的，其相应中国国家专利申请会被中国拒绝授予专利权是理所当然的，但是，这一拒绝授予专利权行为的依据是法二十条还是专利法第五条的规定，还有待专利审查实践的确认。

第七，有关“不授予专利权”。

根据《专利法实施细则》第八条、第四十四条、第五十三条和第六十五条的规定可以看出，法二十条所称的不授予专利权是指：对在中国完成的发明或者实用新型，未经国务院专利行政部门进行保密审查，首先向外国专利受理机构（包括国际局）提交专利申请然后再向中国专利局提交专利申请（包括利用《巴黎公约》途径或 PCT 专利国际申请途径），或者虽然首先向中国专利局提交了专利申请，但在随后向外国专利受理机构（包括国际局）提交专利申请前未经国务院专利行政部门进行保密审查的，在审查过程中被发现的，则该申请被驳回，在被授予专利权之后被发现的，则该专利权可被宣告无效。

第八，有关“保密专利的公布”。

根据《审查指南》第五部分第五章第 4 节的规定，保密专利申请和国防专利申请的授权公告仅公布专利号、申请日和授权公告日。

第九，有关“保密专利的解密”。

根据《专利法实施细则》第九十条的规定可以看出，国防专利和保密专利都是可以解密的。《审查指南》第五部分第五章规定，被认定为需要保密的发明和实用新型的申请人（或专利权人）可以提出解密请求，专利局也会对被认定为需要保密的发明和实用新型进行定期核查。但是，《审查指南》中并没有对国防专利权的解密程序进行规定。

第十，有关法二十条与《专利法实施细则》第一百零二条的关系。

《专利法实施细则》第一百零二条规定，按照专利合作条约已确定国际申请日并指定中国的国际申请，视为向国务院专利行政部门提出的专利申请。法二十条的规定是针对在中国境内完成的发明和实用新型第一次递交专利申请的递交地而言，而《专利法实施细则》第一百零二条则是对专利申请的申请日进行的规定。也就是说，根据有关专利保密审查申请的规定，不管专利的实际申请日如何确定，只要是在中国境内完成的发明创造要提出专利申请，就必须首先向中国专利局递交，或者在经过中国国家知识产权局专利局保密审查，被认定为不涉及保密内容后，向非中国专利受理机构（包括国际局）递交专利申请。

二、专利法第三次修改所增加的有关保密审查请求的规定对专利申请策略的影响

1. 对在中国完成的发明创造，在申请发明或实用新型专利时，第一递交地的选择的影响

第一递交地，也就是第一受理局的不同，会直接导致程序的差别，进一步影响其申请日的确立，并最终影响其专利权，尤其是在中国专利权的获得与否。

如果是采用首先在中国递交中国国家专利申请，然后主张其优先权再递交专利国际申请，则以中国专利局为受理局可随时提交该国际申请，但以国际局为受理局递交该国际申请的，则需要在经保密审查被认定为不需要保密或者保密审查周期结束以后才可以递交。

对在中国完成的发明和实用新型申请专利提交国家专利申请时，如果不是首先向中国专利局递交该专利申请，则需要首先向中国专利局递交一

份保密审查请求并被认定为不需要保密或者等待保密审查周期结束以后，才可以向其他国家或地区递交该专利申请，其申请日也就会发生延后，也就增加了因为不具备新颖性或创造性而不被授权的风险。

2. 对向国外提交专利申请的不同途径选择的影响

向国外提交专利申请有两条途径：PCT专利国际申请途径和《巴黎公约》途径。因为向中国专利局提交PCT专利国际申请，即视为同时提交了保密审查请求，而通过《巴黎公约》途径向其他国家提交专利申请之前还需要提前提出保密审查请求，所以，从时间要求上看，PCT专利国际申请途径明显优于《巴黎公约》途径。

3. 对部分在中国国内设有研发中心的跨国公司的专利申请策略会产生一定的影响

因为部分在中国国内设有研发中心的跨国公司先前大多采用将其在全球的研发成果首先在其本土递交专利申请，然后再通过PCT或《巴黎公约》途径进入到其他国家的申请策略。在《专利法》第三次修改所增加的有关保密审查请求的规定后，这些跨国公司在对其在中国研发中心的研发成果申请专利时继续采用原来的申请策略，将导致其对该研发成果在中国不能获得专利权的严重后果。

4. 对在国外设有研发中心的中国企业的影响

随着中国的崛起，越来越多的中国企业开始执行走出去的战略，也必将会有越来越多的中国企业在其他国家设立自己的研发中心。那么，在法二十条的约束下，这些设置于国外的研发中心的研发成果要申请专利的时候该如何处理呢？首先需要明确的是，中国公司设在国外的研发中心的研发成果不属于中国《专利法》第五条规定的约束范围，因为法二十条只是针对在中国境内完成的发明和实用新型而言的。另外，这个问题还与该研发中心所在国的法律规定有关，如果该研发中心所在国的法律也有类似中国法二十条的规定，恐怕就只能首先遵从其规定了。因此，此问题的解决最终就落到对研发成果完成的举证和确认上来了。如果当事人不能很好地为其研发成果的完成举证，很可能会导致不必要的利益损失。

5. 对其他专利申请策略的影响

法二十条有关保密审查的规定必将对企业的专利申请策略产生重大影响，比如，先前存在的利用其他国家的特殊专利制度，比如美国的临时申请制度抢先申请的专利申请策略的效力将会大大降低。因为在此规定下，在中国完成的发明创造要在其他国家递交专利申请，必须在中国专利局的保密审查周期结束以后才能进行，否则就会导致其对该发明创造在中国无法获得专利权。这将会使其专利申请日发生较先前制度而言的延后，进而增加因为不具备新颖性或创造性而不被授权的风险。

三、笔者建议

1. 对完善保密审查制度的建议

由以上解读可以看出，保密审查请求相关的规定为防止特殊技术（需保密技术）的泄密和出口编织了一个严密的规范网络，但是，其中的部分规定也存在有待商榷之处，主要表现在《专利法实施细则》第八条第二款之（二）。

《专利法实施细则》第八条第二款之（二）规定：向国务院专利行政部门申请专利后拟向外国申请专利或者向有关国外机构提交专地利国际申请的，应当在向外国申请专利或者向有关国外机构提交专利国际申请前向国务院专利行政部门提出请求。这是对法二十条第一款的进一步细化规定。而法二十条第一款是驳回专利申请和宣告专利权无效的理由之一。

《专利法实施细则》第八条第二款之（二）的规定包括了两种途径：(1) 以向中国专利局提交的发明和实用新型专利（申请）为优先权，向国外专利受理机构（包括国际局）提交专利申请；(2) 向中国专利局提交发明和实用新型专利申请后，不以该申请为优先权，而是就该发明或实用新型向国外专利受理机构（包括国际局）提交一份全新的专利申请。很明显，大多数申请人都会采用第一种途径。但是，对于这第一种途径，在适用《专利法实施细则》第八条第二款之（二）规定时，就极容易产生问题。

部分向中国专利局提交的发明和实用新型专利申请/专利文件的公布时间是在其申请日起 12 个月之内的。在其在先申请公布以后、优先权期限届满前，以该申请为优先权基础，向国外专利受理机构（包括国际局）提交专利申请前还要向中国专利局提交保密审查请求，这实在是没必要，因为该技术方案既然已经通过国内申请公开，则表明该技术方案不需要保密。但是，如果不提交保密审查请求，其对应的国内专利申请又可能会因为违反法二十条第一款的规定而被驳回或被宣告无效。这明显是不合理的。

针对上述情况，笔者建议中国国家知识产权局以局令的形式明确规定，对于国内发明专利申请已经公布或者实用新型专利已经授权公告的情况下，就同样的技术方案向外国申请专利的，视为已请求保密审查并认定不需要保密，并在后续的《审查指南》、《专利法实施细则》和《专利法》的修改中将相关规定进行修改。

2. 对专利申请人的建议

（1）对在中国完成的发明创造，在申请发明或实用新型专利时，应优先考虑向中国专利局提交专利申请（包括 PCT 申请）。

（2）向中国专利局提交的专利申请，如果可能通过《巴黎公约》途径向国外提交专利申请，为保证不耽误优先权期限，需对提出保密审查请求的时机谨慎选择。对于在提交中国专利申请时还不确定是否会通过《巴黎公约》途径进入其他国家的情况，建议在提交中国专利申请时一并提出保密审查请求。

如果申请人在提出国内申请后临时决定通过《巴黎公约》途径向其他国家提交专利申请，需要在优先权期限届满日至少 6 个月前向中国专利局提出保密审查请求。如果距离优先权期限届满日已不足 6 个月，则最好采用向中国专利局提交专利国际申请的形式来进行。

需要提请申请人注意的是，新修订的《专利法》关于保密审查的规定自 2009 年 10 月 1 日起实施，因此，对于 2009 年 10 月 1 日后递交的中国国家专利申请，如需通过《巴黎公约》途径向国外提交专利申请的，一定不要忽视及时提出保密审查请求。

（3）对在国外设有研发中心的中国企业的建议。

首先，要对设在国外的研发中心的研发成果的知识产权归属进行明确约定，某些情况下，这对确认研发成果的完成地会很有帮助。其次，使得设在国外的研发中心的研发成果的知识产权拥有人在其所在国具有法人资格也是很有必要的，对确认研发成果的完成地也会很有帮助。比如，美国实际上也有类似于法二十条的规定的（《美国专利法》A184、A185），在此情况下，使得设在国外的研发中心的研发成果的知识产权拥有人在其所在国具有法人资格，对于确保中国和美国的专利申请都不会因为法二十条的类似规定而被拒绝授予专利权会非常有利。最后，要对研发中心所在国的相关法规有所了解，根据不同法规情况制定不同的专利申请策略。比如，不管美国是不是有类似法二十条的规定，基于美国的临时申请制度，在美国研发中心的研发成果（有充分的证据证明其完成地的）应充分利用其临时申请制度可以使申请日客观上被提前的优势，首先在美国提出专利申请，然后再进入到中国。

在先申请未充分公开发明对优先权效力的影响研究

曲燕[❶] 曲淑君[❷] 艾变开[❸] 姚云[❹]

摘 要

当在先申请说明书未充分公开发明时，在后申请是否能享有优先权，对此问题，在专利审查操作中存在困惑。由此，笔者对世界几个主要区域或国家的相关优先权的规定和判例进行了比较研究，剖析了在先申请说明书未充分公开发明对优先权效力的影响，并提出了可以借鉴的处理模式，以利于实际操作。

一、问题的提出

在发明专利申请的实质审查过程中，当审查员检索到优先权日与申请

❶❷❸❹ 作者单位：国家知识产权局专利审查协作中心。

日之间公开的可能影响专利申请新颖性、创造性或可能会造成重复授权的文件（PX 、PY 、PE、R）的情况下，需要核实优先权。其中，核实优先权的实质内容为优先权基础的在先申请是否记载了在后申请“相同主题”的发明。

对于所述“相同主题”的认定，根据《审查指南 2006》（本文简称《审查审南》）第二部分第三章第 4.1.2 节对优先权判断中“相同主题的发明创造”的定义可确定，所述“相同主题”是指技术领域、所解决的技术问题、技术方案和预期的效果相同，所谓“相同”并不意味着在文字记载或者叙述方式上完全一致。即在后申请的发明应当明确记载于在先申请中或能够从在先申请中直接地、毫无疑义地确定。

然而，尽管有上述规定指导审查，但在审查实践中，还是出现了令人感到困惑的问题。

例如，作为优先权基础的某在先中国发明专利申请中，记载了技术方案 A，说明书中没有任何可以支持方案 A 的实施例，方案 A 在说明书中公开不充分，不过，申请人在随后提交的在后申请中，对申请文件进行了修改，虽然权利要求仍然为技术方案 A，但说明书中补充了实施例 a，a 足以支持技术方案 A，使其能够实现。审查员在实审过程中，检索到一份 PX 类中间文件，故需核实本申请的优先权，然而发现，在先申请虽然与在后申请具有“相同主题”的发明即技术方案 A，但是，如上所述，本领域技术人员根据说明书记载的内容不能实现发明。虽然，在后申请中，申请人补充了能够支持方案 A 成立的实施例 a，但审查员认为，在先申请的说明书实质上未充分公开发明，即以优先权日为申请日的时候，发明实际上尚未完成，故本申请的技术方案 A 不应当享有优先权，其申请日应当以实际申请日为准。于是，审查员引用了优先权日和申请日之间公开的对比文件评述了请求保护的技术方案 A 不具备新颖性。然而，审查员此举遭到了申请人的强烈反对，申请人辩驳道，核实优先权需要衡量的是，在先申请是否记载了本申请相同主题的发明，能否享有优先权和在先申请的说明书是否公开充分之间没有必然的联系，对本案而言，权利要求请求保护的技术方案 A（本发明）于在先申请中有完全相同的记载，已满足“相同主题”的发明的要求，那么，本申请就应当享有优先权。

申请人争辩的理由似乎也是无懈可击的，因为，毕竟没有相关法律明文规定，当在先申请说明书未充分公开发明时，优先权就不成立。然而，审查员的考虑也是有道理的，试想：一份由于说明书公开不充分而不能被授权的专利申请，当要求作为优先权的基础，通过补充实施例等实质性的修改克服上述缺陷，虽然实体内容已变，但“相同主题”的发明依旧，本来不能授权的发明却由此而获得专利权。这显然是不合理的。

对于处于竞争地位的各方，如果一方抢在其他各方前面，仅仅就一种设想或缺少某一实质性特征或实施方案的情况，提出专利申请，并抢在优先权期限届满前，准备好完整的申请文件，却能享有一份部分或全部没有完成的专利申请的优先权，使申请人在竞争中能够“加塞”到其他各方的前面，抢占先机，势必会造成优先权的滥用，使申请人不当得利，而对其他各方显然是不公平的，明显损害了公众的利益。

那么，对于此类申请，即与在先申请之间满足上述“相同主题”的要求，但在先申请说明书没有充分公开发明，比如实际案例中说明书缺少技术方案必须依赖的实验数据结果，缺少必要的产品发明的制备实施例、用途的说明或其中关键要素的缺失或不清楚，没有公开发明到能够实现的程度，此时，应当采用何种有章可循的规定来约束这类不正当专利权的获得呢？

经过查阅，在《审查指南》中惟一相关之处是在《审查指南》第二部分第三章第4.2.4节“本国多项优先权和本国部分优先权”部分中第（4）项规定的情形：“一件中国在后申请中记载了技术方案A和实施例 a_1、a_2。技术方案A和实施例 a_1 已经记载在中国首次申请中，则在后申请中技术方案A和实施例 a_1 可以享有本国优先权，实施例 a_2 则不能享有本国优先权。应当指出，本款情形在技术方案A要求保护的范围仅需实施例 a_1 支持是不够的时候，申请人为了使方案A得到支持，可以补充实施例 a_2。但是，如果 a_2 在中国在后申请提出时已经是现有技术，则应当删除 a_2 并将A限制在由 a_1 支持的范围内。”

在上述“应当指出”之前，可以进行三种假设，但在第二和第三种情况下还是存在问题：

第一，若技术方案A要求保护的范围仅靠实施例 a_1 支持即可实现，即在先申请充分公开了发明，显然，即使实施例 a_2 于在先的首次申请中没有记载，但技术方案A和实施例 a_1 都有记载，技术方案A理应可以享有优先权。

第二，若技术方案A要求保护的范围仅需实施例 a_1 的支持是不够的，申请人为了使技术方案A得到支持，补充实施例 a_2，即技术方案A依赖实施例 a_1 和实施例 a_2 的结合才能实现，可以这样理解，补充实施例 a_2 是由于在后申请的技术方案A于在先申请说明书中公开不充分所致，那么，此时技术方案A是否能享有优先权?《审查指南》中没有明确。

第三，若技术方案A仅在实施例 a_2 的支持下就能实现，不需要实施例 a_1，但由于实施例 a_2 于在先申请中没有记载，也属于在先申请没有充分公开发明的情况，那么，技术方案A是否能享有优先权?《审查指南》中也没有这方面的规定。

另外，依据上述《审查指南》"应当指出"之后的规定，如果 a_2 在中国在后申请提出时已经是现有技术，《审查指南》规定，应当删除 a_2 并将A限制在由 a_1 支持的范围内。可是，当技术方案A必须依赖实施例 a_1 和实施例 a_2 的结合才能成立时，技术方案A可能无法限制在 a_1 支持的范围内，比如技术方案A为新化合物发明，实施例 a_1 为制备实施例，实施例 a_2 为用途的实验效果例，两者缺一不可，那么，此时如果删除 a_2，方案A是不成立的，无法进一步限制，那么是否意味着技术方案A不能享有优先权?《审查指南》中也没有明确。

由以上分析可知，根据目前我国相关优先权的规定，实质上并没有要求在先申请必须充分公开发明，只要在先申请从整体而言记载了在后申请"相同主题"的发明，则可以享有优先权。在先申请说明书是否充分公开发明与在后申请是否享有优先权之间没有必然的联系。然而，实质上会引发这样的问题：在先申请记载的本来不能实现的发明经过说明书的修改于在后申请中变得具有可实现性，而发明本身没有改变，此时，按照目前的规定是不能拒绝优先权的获得，但这样又是不合理的。可见，在我国，有待于进一步完善享有优先权的实质条件。

为了更好地解决这个问题，笔者对世界几个主要区域或国家的优先权的相关规定和判例进行了比较研究，剖析了在先申请说明书未充分公开发明对优先权效力的影响，并对上述问题寻找合理的解决途径和依据，初步提出可供参考的处理方式。

二、世界各国相关规定的比较研究

目前，欧洲、日本、美国等区域或国家在优先权制度的建立与完善等方面取得了很大的发展，借他山之石可以攻玉，虽然适合其他国家的优先权制度，并不一定适合中国的国情，但参考或借鉴意义非常重大。

（一）欧洲

虽然，《欧洲专利公约》和欧专局《审查指南》也没有明确规定，作为优先权基础的在先首次申请必须满足充分公开的要求。但是，关于获得优先权的实质条件，《欧洲专利公约》第 87 条第（1）款规定为“同样的发明创造（the same invention）”，欧专局扩大申诉委员会在 G2/98 决定的意见中，论述了《欧洲专利公约》第 87 条第（1）款中“同样的发明创造”的完整概念，其中指出，按照《欧洲专利公约》第 88 条，只有当所述领域技术人员运用公知常识能够直接地、毫无疑义地从在先申请整体上得出所要求保护的主题时，欧洲专利申请要求的在先申请的优先权才能被承认；早期判例中确定的“新颖性”检验仍然适用于 G2/98 之后优先权的判断。也就是说，当两件申请包含“相同主题”的发明创造时，就属于《欧洲专利公约》第 87 条意义上的“同样的发明创造”。另外，在先申请的公开意味着欧洲专利申请的权利要求的主题必须从在先申请文件的整体上清楚地确认（参见 T 81/87，T 359/92，T 469/92，T 597/92，T 296/93 和 T 620/94），当然，并不需要一定为相同的文字记载（参见 T 81/87 和 T 184/84）。

而对于能够破坏新颖性的引用文件，欧专局申诉委员会的观点是，其应当是公开充分的，按照这一原则，“新颖性”检验判断在后申请与在先申请是否包含相同主题时，在先申请的优先权文本也必须以本领域技术人员能够实现的方式公开在后申请的发明（参见 T81/87，T193/95）[1]。

例如，T843/03 判例中指出，在先申请以能够实现的方式公开在后申请的发明，这是在 EPC 第 87 条第（1）款的“同样的发明创造”概念范围内，不能把在先申请中未完成（incomplete）的技术公开与在后申请中完成的（complete）的公开看作是“相同”的，在先申请文件中如果遗漏了后来被认为是必要的发明要素（即在后申请中记载的必要的发明要素），则该发明要素不属于申请公开的部分，另外，所述能够实现的公开是指本领域技术人员必须能够获得权利要求范围内的足够的实施方式，且他/她为了达到这个目的，不需要面对过度的劳动。

---

[1] Case Law of the Boards of Appeal of the European Patent Office，5th edition，2006.

可见，虽然《欧洲专利公约》和欧专局《审查指南》中没有明文规定在先申请说明书应当充分公开发明，但是，根据欧专局的相关判例，委员会的基本观点是，由于能够破坏新颖性的引用文件应当是公开充分的，故“新颖性”检验判断在先申请是否披露了欧洲专利申请的相同主题的发明时，在先申请的优先权文本也必须以本领域技术人员能够实现的方式公开在后申请的发明，不能把在先申请未完成的发明与在后申请完成的发明看作是“相同”的。

不过，在欧洲，也有比较特别的国家—英国，1949 年修改并于 1950 年施行的《英国专利法》中明文规定，说明书可以分两步提交，先交简要的临时说明书，后交完整的说明书。虽然 1977 年英国为了加入《欧洲专利条约》，为协调和《欧洲专利条约》的关系，在法律条文上作了一些修改，不再明文规定专利申请分两步进行，但在实践中，他们仍然照此办理。然而，本国人的申请和来自国外的公约申请却会受到不同的待遇，后者在提出申请的同时必须附交一份完整说明书❶。尽管本国申请人附交临时说明书的同时，必须在 12 个月内提交完整说明书（经允许，还可延展 3 个月），否则申请被视为放弃。然而，比起外国申请人来，本国申请人毕竟多出了相当于优先权期的时间来修改与完善其申请。当英国的申请人认为他已搞出一项有用的发明，一般在他充分完善发明之前，他通常就立即在英国专利局提出优先权申请。这个申请仅仅由叙述他所知发明的说明书组成，还可能包括他认为应如何限定该发明范围的声明，里边也可以包括附图，但一般不包括权利要求。申请人有一年时间继续完善他的发明并设计出他的器械结构或合成操作的细节，并必须在提出优先权申请的一年之内，提出完整的专利申请，随附完整的专利说明书和附图。这份完整的申请对优先权申请所公开的任何内容，自优先权申请之日起即保持优先权❷。即修改的完整的在后申请甚至可以“超出”第一次申请的说明书的内容。

可见，在欧洲，英国的审查实践，虽然在法律条文上已作了修改，但实际上，相当于要求本国优先权的申请和相当于要求外国优先权的来自国外的公约申请，待遇还是不同的，要求本国优先权的在先申请实质上是可

---

❶ 杨慧敏．专利优先权的比较与研究［M］．专利法研究，1999：149～167.

❷ 专利代理讲座资料汇编［M］．北京：专利文献出版社，1985：288～301.

以不充分公开发明，他可以让自己的发明在刚刚出炉时即获取专利法的保护，同时用近一年的时间来修改和完善申请内容而不必担心别人会抢先进行专利申请，但来自国外的申请则需要完整的申请文件作为优先权的基础。

（二）美国

美国专利体系的优先权制度比较复杂，《美国专利法》中，对外国优先权，没有关于在先申请是否需要充分公开发明的明确规定。而对于相当于给美国本土的发明人以本国优先权或宽于本国优先权的权利的临时申请，则要求在后申请如果要享受在先申请的申请日，在后申请权利要求所要保护的主题必须按照 35USC112 第 1 款规定的方式获得在先申请的支持。具体而言，对于要求优先权的在后申请权利要求请求保护的主题，在先申请的说明书必须予以充分公开和为其提供实质支持。临时申请的说明书必须包含对在后申请的发明、制造和使用过程及方式的书面说明，以充分的、清楚的、简明的、准确的用语，使普通技术人员能够实施非临时的在后申请要求的发明。其目的不仅仅是解释如何使用和制造，申请人必须向本领域技术人员合理清楚地转达，到要求的申请日，他或她已经拥有或得到发明了。因此，包含在权利要求限定范围内的发明的每一个特征都必须显示公开。另外，应根据申请的特征，衡量所述书面说明是否公开充分，如果一个本领域普通技术人员必须先制造得到发明然后才能够弄清所要求的发明的特征，那么，不能满足公开充分的要求。它并不是一个本领域技术人员根据公开的信息是否能建造专利权人的发明物的问题，而是申请是否必然地公开了所述发明物的问题。

例如案例：New railhead 制造有限责任公司的专利 US5899283 要求了临时申请的优先权日。其专利的权利要求 1 保护一种水平定向钻探岩石的非对称钻头，其中限定钻头体接触探头壳的端部，并限定探头体相对于探头壳是倾斜的。然而，在临时申请公开的“定向的地面钻具”的技术方案中，虽然申请人认为临时申请中，两幅附图显示了钻头和操作期间支撑钻头的探头壳，但实质上附图显示钻头在一个“爆裂”的视图中，探头并没有显示与探头壳接触，而且，临时申请没有任何一个部分明确表述如专利 US5899283 的权利要求 1 所述“相对于探头的倾斜”。美国联邦巡回上诉法院判定该专利不享有临时申请的优先权日。

美国联邦巡回上诉法院特别提到，当专利权人根据 35 U. S. C. S119

要求一个早期的申请日时，调查是否可以“拥有”（possession）（该申请日）是特别有用的[1]。而对于“拥有”（possession），在美国专利审查程序手册[2]中曾这样提出过，对于影响新颖性的现有技术，在对其公开的要求为“能够实现的公开”（enabling disclosure），关于“能够实现”的说明是，如果公众在发明日之前拥有要求保护的发明，即如果本领域普通技术人员能够结合已公布的发明的说明书及他或她自己的知识能获得（make）要求保护的发明，这样的拥有是有效的。

可见，在美国，相当于本国优先权的临时申请，对其要求相当于也是应当公开充分的，这种充分公开的具体要求是本领域技术人员能够实现或得到要求保护的发明。

（三）日本

日本《审查指南》[3] 第4部分第1章第4节对申请是否能享有优先权，作了详细的规定，其中第4.1节给出几种日本申请的权利要求中请求保护的发明不在第一国申请（首次申请）申请文件记载事项范围内的主要类型：

（1）在日本申请的权利要求中记载了在第一国申请的申请文件中没有记载的事项；

（2）在日本申请权利要求请求保护的发明中含有超出第一国申请的申请文件记载事项范围的部分；

（3）第一国申请的申请文件没有记载到可实施的程度，但是在后的日本申请通过追加实施方式而使得其请求保护的发明变得可实施，并且使得日本申请权利要求请求保护的发明不在第一国申请的申请文件记载事项范围内。

上述第（3）种类型中比较常见的两种情况是：（a）在日本在后申请中通过追加实施方式而使得本领域技术人员基于第一国申请的申请文件记载所不能实施的发明变得能够实施的情况；（b）在先申请中的部分发明在在先申请的申请日时不具有可实施性，而随着技术常识改变，在日本在

[1] New Railhead Mfg.，L. L. C. v. Vermeer Mfg. Co.，298 F. 3d 1290，1294，63 USPQ2d 1843，1846（Fed. Cir. 2002）.

[2] 美国专利审查程序手册．Rev. 6，2121.01 节，2100—55，2007 年 9 月。

[3] 日本特许厅，审查指南，平成 16 年 7 月 28 日。

后申请提出时原来不具有可实施性的发明变得能够实施的情况。这两种情况都被认为是超出了第一国申请的申请文件记载事项范围，从而优先权主张不能被认可。

并且，日本《审查指南》第4部分第1章第4.2节中通过举例的方式对优先权主张能否成立的实体条件进行了说明，其中与本文所讨论主题密切相关的主要有［例4］、［例5］和［例6］，具体为：

［例4］通过追加实施方式使得日本申请权利要求请求保护的发明变得可实施的情况

第一国申请：第一国申请的申请文件全文中都没有记载实施方式，因而第一国申请权利要求请求保护的发明被认为不具有可实施性。

日本申请：日本申请权利要求请求保护的发明在文字记载上与第一国申请权利要求请求保护的发明相同，但是日本申请在说明书的详细说明部分和附图中追加了实施方式，从而使得日本申请权利要求请求保护的发明变得具有可实施性。

优先权的判断：通过追加新的实施方式使得日本申请权利要求请求保护的发明超出了第一国申请的申请文件记载事项范围，因而优先权主张不能被认可。

［例5］通过追加表明能够使用的实验结果使得日本申请请求保护的发明变得具有可实施性的情况

第一国申请：第一国申请请求保护的发明是一种遗传基因，其申请文件中记载了该遗传基因的制备方法，但是没有明确其用途，因而第一国申请权利要求请求保护的发明被认为不具有可实施性。

日本申请：日本申请权利要求与第一国申请权利要求请求保护的发明是同样的遗传基因，但是日本申请的申请文件中追加了关于所述遗传基因用途的实验结果，从而使得日本申请中关于所述遗传基因的发明变得具有可实施性。

优先权的判断：由于日本申请中关于遗传基因的发明不在第一国申请的申请文件记载事项范围内，因而优先权主张不能被认可。

［例6］由于技术常识改变而变得具有可实施性的情况

第一国申请：第一国申请权利要求请求保护的是一种遗传基因重组植物，其申请文件中仅记载了有关双子叶植物的实施方式。根据该申请的记载以及该申请递交时的技术常识，与单子叶植物有关的遗传基因重组植物是不能得到的。

日本申请：日本申请与第一国申请记载的内容完全相同，但是第一国申请之后遗传基因重组技术进步了，到日本申请递交时，如果双子叶植物能够进行遗传基因重组，则其相应的单子叶植物也能够进行遗传基因重组已经变成技术常识，因而日本专利申请中关于单子叶植物的遗传基因重组植物也变得具有可实施性了。

优先权的判断：日本申请中关于单子叶植物的部分，由于技术常识的改变而变得超出了第一国申请记载事项的范围，因而其优先权主张不能被认可，而关于双子叶植物的部分的优先权主张能够被认可。

例如，日本的相关判例：毒性选择性优良的8－甲氧基喹啉羧酸的制备中间体案件（平成11年（行ヶ）207号、平成12年9月5日、东京高等法院），本案所涉及的专利申请请求保护化合物I，在先申请（基础申请）中记载了化合物I的结构式，及由中间体化合物II合成化合物I的合成路线，而化合物II是本申请优先权日时文献未记载的新化合物，在基础申请的说明书中不但没有记载其制备方法，就连物性等表明其实际被制备出的证据也没有记载，因此，判决中认为，化合物II在基础申请中实际上是不能被确认的物质。即化合物II不能说已经记载在基础申请的说明书中。那么，以化合物II作为起始原料的化合物I相当于也没有记载在基础申请的说明书中。因此，化合物I不能被认为是记载于基础申请的说明书中。本发明的优先权主张不成立。

另外，在日本相关案例：MB－530A衍生物案件（平成4年（行ヶ）100号、平成5年10月20日、东京高等法院）中提到，在基础申请没有记载到能够实施的程度，而在后申请变得可实施的情况下，优先权主张不能得到认可。另外，由于在前的第1国申请是缺少实施可能要件的未完成发明，所以以其为基础的在后日本申请的优先权主张不成立，不具有根据《专利法》第29条之2所述的在先申请的地位排除在后申请的能力。所引用的审查基准的例子虽然存在于《巴黎公约》优先权部分，但是对于国内优先权也是同样适用的。

由此可见，日本的《审查指南》和相关判例对享有优先权的实质条件作了非常详细的规定，可谓条理清晰。无论是本国优先权，还是外国优先权，如果请求保护的发明不在在先申请文件的记载范围内或含有超出在先申请文件的记载范围的部分，优先权是不能成立的。特别是，作为优先权基础的在先申请，如果没有记载到可实施的程度，例如没有记载请求保护的产品发明的制备方法、用途或验证用途的实验结果等，这样的在先申请实际上包含的是未完成的发明，而在后的日本正式申请通过追加表明发明能够实施的内容，如增加制备方法、用途的说明，或者补充效果实施例及实验数据等，从而使请求保护的发明变得能够实施，或者由于在先申请的申请日后技术常识的变化，导致在后申请递交时发明才变得具有可实施性，那么，即使在后申请请求保护的发明于在先申请中有完全相同的文字记载，但由于发明实质上已超出了在先申请记载的范围，因而其优先权不能成立。

三、在先申请未充分公开发明对优先权效力的影响

（一）各国相关规定的分析

根据《巴黎公约》第 4 条第 7 款规定：不得以要求优先权的发明中的某些要素没有包含在原属国申请列举的权利要求中为理由，而拒绝给予优先权，但以申请文件从全体看来已经明确地写明这些要素为限。可见，只有在先申请中已经明确予以记载的发明才能够享受优先权是《巴黎公约》优先权设立的一个基本原则。但是，在先申请必须公开发明到什么程度才属于“明确地写明”，《巴黎公约》中并没有明文规定。而由以上各国中对相关优先权规定的分析，可以看出，欧洲、日本、美国的专利审查中，都将在先申请公开的程度作为衡量是否享有优先权的指标，其中日本的规定最为详细，日本《审查指南》中清楚而简明地把各种不能认可优先权的情况作了分类总结，并有相应的例子，总体要求是，在先申请应当记载发明到可实施的程度（相当于要求在先申请充分公开发明），否则，在后申请不能享有优先权；欧洲和美国虽然没有明确的法律条文的规定，但根据其相关判例，欧专局申诉委员会和美国的法官基本上也都是认为，在先申请应当充分公开发明到本领域技术人员能够实现或实施的程度，并以此作为判断优先权成立与否的一个原则。英国虽然在实践中偏袒本国申请，本国申请可以先提交简单的临时的说明书，即实际上可以先不充分公开自己的发明，但这样的法律规定已经作了修改，不再有这样的明文规定，而且英国作为《欧洲专利条约》的缔约国，为了协调和《欧洲专利条约》的关

系，来自国外的公约申请须提交完整的说明书。另外，还有一点很重要的是，如上所述，根据欧专局申诉委员会的观点可知，不能把在先申请中未完成（incomplete）的发明与在后申请中完成的（complete）的发明看作是“相同”的；且根据日本的《审查指南》可确定，日本申请权利要求请求保护的发明，如果在在先申请的申请文件中没有记载到可实施的程度，那么将不在在先申请的申请文件的记载范围内。可见，实质上，根据欧洲和日本对“相同主题”的判断可知，不能将在先申请中未充分公开的发明与在后申请请求保护的充分公开的发明视为等同，或当在先申请没有充分公开发明时，相当于发明于在先申请中没有明确地写明。

（二）解决问题的建议

由以上分析可以确定，世界主要区域或国家如欧洲、日本和美国都实质上要求作为优先权基础的在先申请必须以本领域技术人员能够实施或实现的方式公开在后申请的发明，而且，事实上，这样也有利于审查的公正性。但是，结合我国目前的实际规定，笔者综合考虑后认为，至少目前还不能明确要求在先申请的说明书必须充分公开发明。

缘由是，在我国的实质审查中，对于破坏新颖性的对比文件，并不要求考虑其说明书是否充分公开，例如根据《审查指南修改导读》2006❶，其中的修订说明中指出，无需首先将对比文件视作一份专利申请对其进行是否充分公开的审查。那么，根据审查原则一致性的要求，对于作为优先权基础的在先申请的申请文件，也不必考虑说明书是否充分公开的问题，否则会出现审查的双重标准，逻辑上的矛盾。

不过，笔者认为，可以从另一个角度来审视这个问题，以谋求解决途径。具体地讲，可以从享有优先权的实质条件“相同主题的发明”着眼，重新对“相同主题”作更为合理和完善的定义，将“在先申请必须充分公开发明”的要求融入其中。以下进行更为详细的解释和说明：

我国优先权判断中“相同主题”的定义在《审查指南》中曾经有过修改，如根据2001版《审查指南》，其定义为“技术领域、所要解决的技术问题和技术方案实质上相同，预期效果相同”，而2006版《审查指南》中实质上重新定义为“技术领域、所解决的技术问题、技术方案和预期效果

---

❶ 国家知识产权局专利局审查业务管理部．审查指南修订导读2006（2版）［M］．北京：知识产权出版社，2006：151－152.

相同，所谓的相同并不意味着文字记载或者叙述方式上完全一致”，可见，优先权“相同主题”的定义可以进一步地修改和完善。那么，由于上述审查实践带来了无法处理的问题，我们同样也可以对优先权判断中“相同主题”的定义做进一步的修改、明确，以合理解决上述问题，且有利于公正合理的审查，并保证法律的一致性和延续性。

接着，参考欧洲、日本的做法，如果在先申请没有充分公开发明，可以认为，发明于在先申请中没有明确地写明。那么，在“相同主题”的判断中，笔者经综合考虑，建议可以对“相同主题”的发明作进一步如下的补充：如果在先申请的申请文件没有记载发明到能够实现的程度，而在后申请通过补充实施方式或其他方式使得请求保护的发明变得能够实现，那么，虽然，申请请求保护的发明文字记载（或简单的文字变换）于在先申请的申请文件中，但是，由于请求保护的充分公开的发明已经实质上不同于在先申请未充分公开的发明，因此，申请的优先权不能成立。

相应的，笔者认为，上述《审查指南》第二部分第三章第 4.2.4 节“本国多项优先权和本国部分优先权”部分中第（4）项规定的情形中，最好明确以下内容：

第一，若在先申请中记载的技术方案 A 要求保护的范围仅需实施例 a_1 的支持是不够的，申请人于在后申请中补充实施例 a_2，使技术方案 A 在结合实施例 a_1 和实施例 a_2 的基础上才能够实现，那么，此时能够实现的技术方案 A 已经不同于在先申请文件记载的不能实现的技术方案 A，方案 A 不能享有优先权。

第二，若技术方案 A 需要实施例 a_2 的支持才能实现，而不需要实施例 a_1，同样的，如果申请人于在后申请中才补充实施例 a_2，使技术方案 A 能够实现，那么，此时能够实现的技术方案 A 已经不同于在先申请文件记载的不能实现的技术方案 A，方案 A 不能享有优先权。

第三，若 a_2 在中国在后申请提出时已经是现有技术，笔者个人认为，不必要求一定删除 a_2 并将 A 限制在由 a_1 支持的范围内，只需要规定，如果 a_2 在在先申请提出之前还不是现有技术，那么，在后申请中在实施例 a_1 和 a_2 支持下才能实现的技术方案 A 不等同于在先申请文件记载的仅依赖 a_1 还不能实现的技术方案 A，方案 A 不能享有优先权。

另外，笔者还需要补充的是，由于上述规定的情形仅在规定本国优先权的相应部分，在外国优先权的相应部分，还没有上述情形的规定，这样对本国申请极为不利，也不公正。因此，笔者建议，外国优先权的相应部分也应当有如上情形的规定。

优先权制度是专利制度国际化的重要途径，优先权原则设立之初的目的是为了缔约国国民在其本国提出首次的在先专利申请后便于向其他缔约国提出在后申请，使申请人提出的在后申请与其他人在其首次申请日之后就同一主题所提出的申请相比，享有优先的地位。随着专利制度的发展，申请人在提出在先申请后，为了更有把握地获得专利权，往往会利用正式提交之前的期限对在先申请文件进行修改和完善，以克服其中存在的不满足专利法规定的某种缺陷（例如上述说明书未充分公开发明的缺陷）。然而，如上所述，这样可能会导致不正当权利的获得。

目前，随着要求优先权的申请已经呈增长趋势，如何正确理解和执行享有优先权的条件已经愈显重要。笔者试图深入地分析我国及其他区域或国家相关优先权的规定，对在先申请是否应当充分公开才能作为优先权基础的问题，提供了他国可借鉴的操作模式，并结合我国的实际情况提出了可参考的处理方法。希望优先权制度能日益完善，能更有效地在要求享有优先权的申请人和公众之间实现利益的平衡，既充分保护申请人的正当利益，又防止申请人不合理地对尚未作出的发明获得优先权进而获得专利权。

技术特征团和外延比较法

——对修改超范围的判断方法小议

杜　衡[1]　李林霞[2]

摘　要

本文首先分析了造成修改超范围判断困难的客观原因。指出对修改内容合理划分并逐一判断可以降低判断难度并提高判断正确度。同时引入划分所得的最小判断单元“技术特征团”的概念。接着分析了修改不得超范围的本质要求——外延不变。基于“技术特征团”的外延比较，提出一种修改超范围的判断方法——外延比较法，并以逻辑学中直观表达外延关系的手段——欧勒图进行图示说明。

《专利法》第三十三条规定：对发明专利申请文件的修改不得超出原权利要求和说明书记载的范围。由于修改超范围会“违背先申请原则，造成对其他申请人来说不公平的后果”，[3] 因此审查员被要求对此进行严格审查，只要授权文本中被认定存在

---

[1][2] 作者单位：国家知识产权局专利审查协作中心。

[3] 国家知识产权局条法司．新专利法详解［M］．北京：知识产权出版社，2001：228-229.

超范围的修改内容，就算作授权严重错误。但同时，《审查指南》中缺少对修改超范围判断的可操作性指导；[1]《审查操作规程》中虽参照欧洲专利局的相关规定给出了“直接新颖性判断法”和“间接新颖性判断法”，也仅能用于判断“增加特征”、“上位概念替换下位概念”和“删除特征”这三种较为特殊情况，而对于最为普遍也最为复杂的“改变特征”的情况却未涉及。因此，研究修改超范围中的根本判断要素，提炼出一些具有共性且又不过于笼统的判断法则，以减少审查员因难以判断而造成的失误，乃是当务之急。

一、确定最小判断单位——“技术特征团”

对修改超范围的判断难以把握的一个重要原因在于：判断对象的复杂性。

首先，该判断对象的判断单位并不惟一：不局限于完整的技术方案（不同于评价新颖性或创造性时的判断单位），可以是一个技术特征，也可以是几个技术特征的组合。对同一个判断对象做不同的判断单元划分，有时会得到完全不同的判断结论。

其次，该判断对象的表现形式多样化。对于原始文本而言，判断对象涉及记载的内容，也涉及隐含的内容。对于修改文本而言，判断对象涉及改变的内容，有时还涉及未改变的内容。表现形式的多样性导致不能仅从文字改变的情况判断是否修改超范围。即使修改得面目全非，只要仍属于原权利要求书和说明书中直接地、毫无疑义地确定的内容，则修改不超范围。反过来，即使修改文本中的某些内容在原始文本中均有记载，但若原始文本中没有明确提及这些内容之间的关联，则修改文本中这些内容的新组合仍会存在修改超范围。

当修改篇幅增加时，判断对象的复杂性会随之急剧增加。对于大篇幅的修改内容，对其是否修改超范围的判断无疑是十分困难的，甚至让人无从下手。

当人无法吞咽一头整牛时，会将其切割分块然后逐块消灭。同样，当对大篇幅的修改内容无法有效判断时，应当对修改内容进行切割划分，确定出最小判断单位，然后逐个消化——分别判断每一个最小判断单位是否

[1] 欧阳石文．专利法第 33 条的立法目的及其“直接地、毫无疑义地确定”之概念［J］．审查业务通讯，2008（3）．

修改超范围，这样可以有效地降低判断难度。

但是最小判断单位在《审查指南2006（本文简称《审查指南》）》和《审查操作规程》中均没有明文规定。笔者根据《审查指南》和《审查操作规程》的指导精神，借鉴汉语语法中有关"语素"的定义，尝试作出一点解释。语素的定义是：最小的语法单位，最小的语音语义结合体❶。即只有反映出最小语义的最少量语音的组合才能被称为语素。所以，语素并不完全等价于最小的语音——单音字。譬如，"欧姆"表示电阻计量单位，但把"欧姆"拆分为单音字"欧"与"姆"后，均不能表达"欧姆"所包含的语意。因此"欧姆"不能拆分，它是一个最小的语法单位即语素。与此相仿，一个技术特征类似于一个最小的语音，一个最小判断单位类似于一个最小的语法单位；所以同样，一个最小判断单位并不完全等价于一个技术特征，它可以是相对独立的单个技术特征，也可以是彼此不可拆分的几个技术特征的组合。由于这种最小判断单位具有内部不可拆分、外部相对独立的特性，同时又不能简单地划归为普通意义上的技术特征或由技术特征组成的技术方案，所以笔者称之为"技术特征团"。

对于判定一个技术特征与其他技术特征之间是否存在"不可拆分"的关联，可以从该技术特征所达到的技术效果进行考虑。具体而言，所属技术领域的技术人员，根据说明书和权利要求书的记载，若判定一个技术特征不能单独在本发明中达到一种技术效果，而必须结合其他技术特征共同作用才能产生一种技术效果，则说明该技术特征与其他技术特征不可拆分；若判定一个技术特征能在本发明中单独达到一种技术效果，则该技术特征与其他技术特征可拆分。

比如，一种剪刀，它具有左刃和右刃。将技术特征"左刃"与"右刃"拆分后单独考虑，在该发明中，"左刃"或"右刃"均不能单独达到什么技术效果，它们必须共同作用才能达到剪切的技术效果，因此这两个技术特征之间就存在不可拆分的关联。而对于一种刀具，该刀具带有刀刃和刀鞘。将技术特征"刀刃"与"刀鞘"拆分后，在该发明中，"刀刃"可单独达到切割的技术效果，"刀鞘"可单独达到保护安全的技术效果。这两个技术特征之间就不存在不可拆分的关联。

对于所述的"不可拆分"的理解，还可以参考欧洲专利局申诉委员会

❶ 吕叔湘．汉语语法分析问题［M］．北京：商务印书馆，1979：15.

T0201/83 判例（关于如何判定新的组合是否修改超范围的判例）中的相关表述[1]：本领域技术人员是否能够容易地认识到，在确定发明实施方案的整体效果时，具体实施例中公开的特定特征与实施例中的其他特征以惟一方式和显著的程度密切相关。其中所述的“以显著的程度密切相关”接近于本文所述的“不可拆分”。

更直观地理解：若将一个技术特征单独提取进行判断时会产生断章取义的错误，则该技术特征与其他技术特征之间“不可拆分”；反之，则可拆分。

再以语素作类比，技术效果类似于语义，因此只有能达到最小技术效果的最少量的技术特征才能构成一个最小判断单位即“技术特征团”。由于所需要的判断单位是“最小判断单位”，因此还必须强调达到一个“最小”的技术效果。如果达到的不是最小技术效果，那么达到该技术效果的技术特征组合也不能被称为技术特征团。比如上述带有刀刃和刀鞘的刀具，可以产生安全使用的技术效果，但该技术效果是切割效果和保护安全效果的总和，因此不能算作最小技术效果。而对于一种用于测量位移的光栅尺，它具有定光栅和动光栅；通过定光栅和动光栅之间的相对位移产生反映位移量的莫尔条纹。技术特征“定光栅”和“动光栅”必须共同作用才能达到具有莫尔条纹效果，“定光栅”或“动光栅”在该发明中均不能单独达到什么技术效果，因而干涉效果不是几个效果的总和，该技术效果是最小技术效果。

所以，“技术特征团”可归纳为：所属技术领域的技术人员，根据说明书和权利要求书的记载，判定的能在本发明中达到最小技术效果的最少量技术特征的组合。

并由上述分析可知，技术特征团可以表现为两种形式：（1）与其他技术特征可拆分的单个技术特征；（2）相互之间不可拆分的且与其他技术特征可拆分的技术特征的集合。

下面结合一个具体案例进一步分析“技术特征团”在修改超范围判断中所起的作用。

［案例 1］ 权利要求 1 包含特征“无机细粉的平均粒径为 1～4cm 且

---

[1] 刘洪尊．对于审查指南中所列不允许的改变的情形（3）的理解与思考［J］．审查业务通讯，2008（3）．

表观比重为 0.2g/cm^3～0.5g/cm^3”，实施例中使用了二氧化硅粉末，其平均粒径为 2.7cm，表观比重为 0.33g/cm^3。将权利要求 1 修改成“无机细粉的平均粒径为 1～2.7cm 且表观比重为 0.2g/cm^3～0.5g/cm^3”。该修改超出了原说明书和权利要求书记载的范围。因为二氧化硅粉末是一种具体的无机细粉，并且平均粒径为 2.7cm 的二氧化硅粉末与表观比重为 0.33g/cm^3 的关联是固定的。而二氧化硅粉末以外的平均粒径为 2.7cm 的其他无机细粉的表观比重并不是 0.33g/cm^3。

从该案例分析可以看出，修改文本中发生改变的技术特征“平均粒径为 1～2.7cm”不能单独提取作为判断单位。若仅将技术特征“平均粒径为 1～2.7cm”作为判断单位，那么与原权利要求中的技术特征“平均粒径为 1～4cm”及原说明书中的技术特征“平均粒径 2.7cm”进行比较判断，则满足《审查指南》第二部分第八章规定的“修改后数值范围的两个端值在原说明书和/或权利要求书中已确实记载且修改后的数值范围在原数值范围之内”，修改不超范围。而最终结论却是“该修改超出了原说明书和权利要求书记载的范围”。造成这种判断差异的原因是：技术特征“粉末类型”、“平均粒径值”和“表观比重值”之间存在不可拆分的关联(即本案例所述的“关联是固定的”)，构成一个“技术特征团”；技术特征团是修改超范围的最小判断单位，对最小判断单位进一步拆分后所得的单个技术特征不再构成判断单位，若将其作为判断单位则会得到似是而非的判断结论。由此可见，最小判断单位的选择是否正确直接决定了判断结论是否正确；正确地界定技术特征团，不仅是为了降低判断的难度，更是为了保证判断结论的正确性。

从案例 1 中还可以得到启示，有时技术特征团的组成部分不但涉及发生改变的技术特征，而且还涉及与改变的技术特征不可拆分的未改变的技术特征。

从技术特征团的角度，还可以更清楚地解释《审查指南》第二部分第八章第 5.2.3.2 节为何将“将原申请中的几个分离的特征，改变成一种新的组合，而原申请没有明确提及这些分离的特征彼此间的关联”的情形也列入修改超范围的范畴。因为这种新的组合引入了新的不可拆分的关联，由此引入了新的技术特征团，所以必然修改超范围。这就好比将原来记载的“金属铜”和“金属铁”修改成“铜铁合金”，虽然修改前后的金属成分特征没有改变，但“合金”关系是一种新的不可拆分的关联，因此“铜铁合金”是新的技术特征团，存在修改超范围。

二、基于“技术特征团”的修改超范围判断法则——“外延比较法”

在诠释了“技术特征团”这个概念后，笔者进一步尝试归纳出一种具有可操作性的修改超范围的判断法则——外延比较法。“技术特征团”用于明确什么是判断对象中的最小判断单位，接下去需要明确对这种最小判断单位需要做何种比较，即需要明确修改超范围的判断中所比较的实质是什么。

申请人一般须针对审查意见对原始文本进行修改。同时修改不得超范围又要求所做的修改都要保持某种不变。那么究竟要改变什么，又要保持什么？对此如果不能清楚认识，也会造成对修改超范围判断的困难，而《专利法》和《审查指南》中均没有明确指导。

仔细研读《专利法》和《审查指南》后可以发现，所要改变的是对权利要求或说明书中某些特有属性的限定，所要保持的是修改前后相对应的一组特有属性所反映出的对象集合。逻辑学中把特有属性称为内涵，把反映特有属性的对象集合称为外延。套用逻辑学中的术语，可以总结为：必须修改的是原始文本中不符合审查要求的内涵，不得超范围的是涉及修改的所有“技术特征团”的外延。比如，假设“空气中含量最大的气体”是不清楚的表述，那么修改成假定清楚的表述“气体 N_2”。修改后消除了修改前存在的不清楚的属性；同时两者的外延又完全一致，均反映为“氮气”这一对象，因此修改不超范围。

但在实际操作中，一个技术特征团的外延所包含的对象可能是复杂的或者是模糊的，难以将其一一列举，无法进行一一比较。所以在判断两个对应的复杂或模糊的外延是否相同时可采用反证法加以判断，即对于修改前后一组对应的外延，只需举证出修改后的外延所包含的某一个对象不可能存在于修改前的外延所包含的对象中，或者举证出修改前的外延所包含的某一个对象不可能存在于修改后的外延所包含的对象中；则两个外延不同。比如，不知道原始文本中所述的气态卤素单质包含哪些对象。但是知道修改文本中添加的卤素碘不是气态的，那么就能反证修改前后的外延不同。这样就避免了对修改前后两个对应外延的穷尽例举。

本修改超范围判断法则正是立足于判断“技术特征团”的“外延”是否不变这一本质，因此称该判断法则为“外延比较法”。

其操作步骤为：

(1) 对照原权利要求书和说明书，提取修改文本中改变的技术特征。

(2) 对修改文本中上述改变的技术特征进行划分（必要时，须添加与改变的技术特征不可拆分的未改变的技术特征），得到一个或多个技术特征团。

(3) 针对所得一个或多个技术特征团，逐一在原权利要求书和说明书记载的范围中找出对应的技术特征团。如果不能找到，则修改超范围。

(4) 如能找到，则将修改前后对应的一组技术特征团作为判断对象，判断它们的外延是否重合（如果外延包含的对象简单明确，可采用穷尽枚举比较法。如果外延包含的对象复杂含糊，宜采用反证法）。若不重合，则修改超范围；若重合，则修改不超范围。

(5) 反复执行步骤 4，完成对各组技术特征团的判断。提取所有修改超范围的技术特征团作为修改超范围的内容。

为了更直观地阐明“外延比较法”的概念，进一步借用逻辑学中的欧勒图[1]（外延关系的圆圈图表示法）进行说明，见图 1。

对于图 1 做如下说明：首先，在修改文本中划分出涉及修改的技术特征团 a1 和 a2，技术特征团 a1 和 a2 所在的欧勒图互不交叠，这体现了技术特征团须相对独立，不得与其他技术特征之间存在不可拆分的关联。其次，修改前后对应的一组技术特征团（如图 1 中的 a2、b2）的外延必须完全重合才符合修改不超范围的要求，而外延扩大、缩小（如图 1 中的 a1、b1）或者部分交叠均会导致修改超范围。

下面通过案例 2 具体解释外延比较法的判断过程。（该案例参见《审查指南》第二部分第八章 5.2.3.2 不允许的改变例（1）。

[案例 2]　原权利要求限定了一种在一边开口的唱片套。附图中也只给出了一幅三边胶接在一起，一边开口的套子视图。如果申请人把权利要求修改成“至少一边开口的套子”，而原说明书中又没有任何地方提到过“一个以上的边可以开口”，那么修改超范围。

采用“外延比较法”的判断步骤为：

---

[1] 张志成．逻辑学教程［M］．北京：中国人民大学出版社，2006：27.

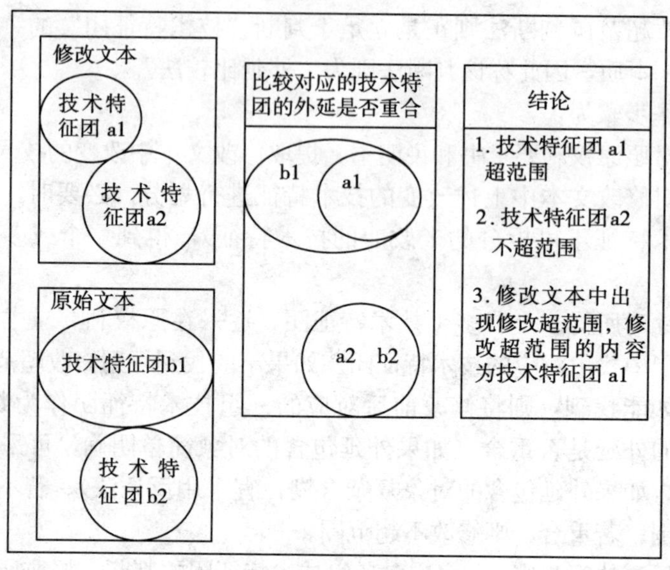

图 1：欧勒图

（1）提取修改文本中发生改变的技术特征：至少一边开口的套子。

（2）对“至少一边开口的套子”不能进行划分，因此得到一个技术特征团 A：至少一边开口的套子。

（3）在原权利要求书和说明书记载的范围中找出对应的技术特征团 B：三边胶接、一边开口的套子。

（4）将技术特征团 A 和 B 划归为一组进行外延比较，A 的外延包括“一边开口的唱片套”、“两边开口的唱片套”、“三边开口的唱片套”等。B 的外延仅包括“一边开口的唱片套”，上述“两边开口的唱片套”、“三边开口的唱片套”不属于 B 的外延。由此判定该组技术特征团外延不重合，修改超范围。

（5）获得修改超范围的内容：至少一边开口的套子。

该案例是典型的“改变特征”的情形，用“外延比较法”判断是否修改超范围，不仅可以正确有效地得到判断结论，还可以提供科学严谨的论证过程，使得判断结论更具说服力。

此外，对于“增加特征”、“上位概念替换下位概念”和“删除特征”的情形均可采用“外延比较法”进行快捷准确的判断。

三、补充说明

《审查操作规程》中还单独列举了“现有技术和基于引证文件的修改”以及“消除申请文件中的明显错误”等情形。这些修改具有各自的特殊性，不宜仅从外延比较进行分析判断，因此不适于使用所述的外延比较法。

值得一提的是：其中“消除申请文件中的明显错误”会使修改前后的外延发生改变。比如将明显错误的“直径 10cm 的隐形眼镜”修改为符合常识的“直径 10mm 的隐形眼镜”，两者的外延必然不重合。但是这种修改也是允许的，或许是因为这种修改不会造成对其他申请人来说不公平的后果。

四、结　　语

透过现象看本质，只有抓住事物本质，才能作出正确判断，不会被纷繁的现象所迷惑。修改超范围的判断对象虽然复杂，但当牢牢抓住“外延不变”这一个本质后，就能进一步作出清醒的判断，而不至于人云亦云或莫衷一是。

他山之石可以攻玉，当本领域中没有明确教导可以遵循，则应当合理地从相关领域寻找启示，进行借鉴。借鉴汉语语法中的“语素”概念构造“技术特征团”，借助逻辑学中的“外延”设计“外延比较法”，均是一种借鉴尝试。

“庖丁解牛”是家喻户晓的故事，里面更蕴涵了智慧的思想。庖丁从不磨刀却能保持锋利，因为他不割筋肉纠缠的地方、更不会直接砍大骨，而是从筋骨相接的缝隙间进刀。划分“技术特征团”本质上也是运用了这种思想，将纠缠的技术特征划归为一个整体进行判断，避免不当的拆分扰乱判断，甚至误导。

以上只是笔者一些浅陋想法的小结，难免存在许多不足甚至谬误。但希望能给同行带来一点启示，融入各自的审查经验中，最终“游刃有余”地处理修改超范围的问题。

专利无效宣告制度的价值及其优化研究

崔国振[1]

摘 要

无论是采用单独设置模式还是并行设置模式，当前主要专利国家和地区都在专利制度中设置了专利权授予后的确权制度，以在社会公众辅助下对专利权的有效性再次进行审查。在专利制度赋予专利权人一定期限的技术垄断以促进技术进步的情况下，专利确权制度对于维护专利制度的正义和秩序两大法律价值至关重要，也为社会公众自由使用现有技术提供了救济途径。由于专利制度和专利确权制度深受经济和技术发展水平的影响，在设置时除了要考虑法律文化和传统之外，还要考虑经济技术发展水平和可供利用的司法、行政资源状况。也就是说，就我国的无效宣告程序的设置而言，要考虑专利授权量和无效宣告请求案件的分布及发展趋势、主管无效宣告案件的专门机构自身的审查能力和可利用的资源等。我国的专利制度和无效宣告制度虽然在二十多年的实践中有了长足的发展，但无效宣告制度在依职权审查和调查以及权利要求修改方面还需要改进，一方面要加大依职权审查和调查的范围和力度，体现该程序的职权主义色彩和法律属性，另一方面还要赋予专利权人在不扩大原专利保护范围的情况下尽可能多的修改专利文件的机会和权利。

[1] 作者单位：国家知识产权局专利复审委员会。

引 言

2008年12月27日通过的《专利法》修正案确立的现有技术/现有设计抗辩制度、专利权评价报告制度无疑会对当前的无效宣告请求案件的数量有所影响，[1] 但由于修改后的专利法并没有对无效宣告程序及其后的司法审查程序本身进行修改，因此仍有必要对无效宣告程序的性质和设置进行深入的探讨。并且，从当前各主要专利国家和地区的专利立法实践来看，专利确权纠纷的解决往往是一项专利权能够得到保护的前提和基础，从这个角度来讲，专利确权制度可以视为当代专利制度的核心制度之一，其设计和变更对于实现专利制度的价值至关重要。此外，专利确权制度的研究有利于我们深入地认识确权制度的本质及发展规律，对进一步改进和完善我国的无效宣告制度以及专利制度有及其重要的作用。

从目前的研究成果来看，我国的理论界和实务界对于无效宣告制度本质的认识不一，存在较大的差异。代表性的观点有两种，一种观点认为，从现行立法来看，专利无效宣告程序是专利法规定的由专利复审委员会这一行政机构主管的程序，其解决的是专利权授予是否适当的问题，并且行政诉讼法也将由此启动的司法审查程序设定为行政诉讼程序，[2] 因此无效宣告程序属于行政程序。另一观点认为，无效宣告程序解决的是双方当事人之间的就其中一方的专利权这一民事权利的有效性发生的争议，在程序中始终存在请求人和专利权人的对抗，因此其本质上属于解决平等主体之间的民事争议的民事纠纷解决程序。[3] 基于此，对于当前的无效宣告制度是否需要变革以及如何进一步完善具体程序和具体制度方面也出现了较大

[1] 《专利法》第六十二条适用于被控侵权人使用的技术或者设计属于现有技术或者现有设计的情形，第六十一条要求专利权人在采取维权行动之前对专利权的稳定性有清楚的认识。这两项制度都为解决专利确权和侵权相互独立而引起的维权程序复杂、周期过长的问题有一定的作用。但众所周知，无效宣告理由不仅仅包括新颖性和创造性，还包括专利权中存在的其他实质性缺陷，因此无效宣告程序能够给社会公众提供更加充分的救济。

[2] 《行政诉讼法》第十四条第一款“中级人民法院管辖下列第一审行政案件：（一）确认发明专利权的案件、海关处理的案件；……。”

[3] 例如，程永顺．无效宣告请求诉讼程序的性质［M］//《专利法》及《专利法实施细则》第三次修改专题研究报告，北京：知识产权出版社，2006：739；李隽，等．专利无效宣告请求诉讼程序的性质［M］//《专利法》及《专利法实施细则》第三次修改专题研究报告，北京：知识产权出版社，2006：777.

的争议。在此问题上，笔者认为，在分析和评价当前的无效宣告制度是否适当或者应该如何设置其程序时，应当从我们的实际需要出发，首先考虑我们设立该项制度要解决的问题和达到的目的，也就是说应该先确定该制度存在的价值，然后在现实国情的基础上，根据实现其价值的需要设置具体的制度和程序。本文以此为逻辑起点，通过对当前主要国家和地区的专利确权制度进行实证法和法理分析，溯本求源归纳专利确权制度的存在价值，并通过对我国的现实国情及我国无效宣告制度的应有属性予以分析，并在此基础上，对当前无效宣告制度的变革提出粗浅的建议。管中窥豹，难免不足，但希望能借此文抛砖引玉，引发更多的思考，以期推进对无效宣告制度的认识。

一、专利确权制度的实证分析

由于经济、效率等方面的原因，世界上任何一个专利授权机构都无法保证其授予的专利权完全符合相应的法律规定，因此，为了防止不当授予的专利权对自由竞争的消极影响和对技术进步的不当阻碍，各主要专利国家和地区都在选择专利制度的同时设置了专利确权制度，以在社会公众辅助和支持下对已授权专利是否符合相应的规定以及授予的专利权的权利范围是否适当进行再次审查，弥补授权机构资源和能力的不足。同时，从比较法的角度来看，由于受到社会文化、法律传统、经济和技术发展水平等方面因素的影响，人们对专利制度以及专利确权制度的本质和价值的认识在不同的历史时期和社会不同发展阶段也有所不同，因此，从具体内容上来看各个国家和地区不同时期的专利确权制度在审查规则和程序设置上亦有所差别。[1] 从各国采用的立法模式上来看，如果以专利确权纠纷和专利

[1] 例如，从名称上来看，当前的专利确权制度大致可以分为四类，包括中国、韩国、德国和日本等的无效宣告制度，欧共体和德国代表的异议制度，美国选择的单、双方当事人复审制度，我国台湾地区为代表的撤销制度等。此外，从立法的历史沿革来看，我国在 1984 年《专利法》中采用了授权前异议制度和无效宣告制度并行的立法模式；在 1992 年《专利法》修正时废除了授权前异议制度，改为撤销制度和无效宣告制度并行的模式；在 2000 年再次修正《专利法》时废除了撤销制度，仅保留了无效宣告制度；日本在 1885 年的《专卖专利条例》中确立了无效制度，1921 年的《专利法》则在此基础上引入了授权前的异议制度，1994 年将授权前异议改为授权后异议制度，而在 2003 年修改《专利法》时，将无效宣告制度和异议制度合并，形成无效宣告制度。

侵权纠纷之间的关系为基准，我们可以将当前各主要专利国家和地区的专利确权制度分为两大类：一是单独设置模式，二是并行设置模式。

1. 单独设置模式

单独设置模式指的是专利确权纠纷的解决独立于专利侵权纠纷解决的一种模式。在该模式中，自一项专利权的授权之日起，任何单位和个人认为其不符合法定授权条件的，只能向法定的专门机构提出确认该专利权是否有效的请求（通常为由行政机构主管的行政确权程序），以通过该专门机构将该专利权的全部或者一部分无效或者撤销，而不能将其确权请求作为抗辩理由或者反诉在侵权纠纷解决程序中提出。并且，在该专门机构对该项专利权作出裁决之前，该项专利权被推定为是有效的，采用这种模式的有中国、德国❶、韩国、欧洲专利局和我国的台湾地区等。在具体的设置中，由于有双方当事人参加，一般都设定了请求人启动程序和证明其主张的理由成立的义务，以及专利权人针对请求人的请求进行答辩的义务，❷ 并且也允许在确权程序中准用民事诉讼法相关规定，但不同于普通的民事诉讼的是，大多数国家和地区都同时规定了专门机构对于请求人未

❶ 德国的情况比较特殊，德国采用发明、实用新型和外观设计三法分立的专利立法模式，三种专利所适用的程序有较大的差别。例如，针对已经授予的发明专利权其既设置了授权后的异议程序（见《德国专利法》第 59 条），同时又设置有德国专利法院主管的无效宣告程序，实用新型专利的无效宣告只能在专利商标局提起（见《实用新型法》第十六条），对于外观设计专利而言，可以在侵权纠纷中解决其有效性的问题（见《外观设计法》第三十三条）。本文关于德国专利法的引用参见：张韬略，胡安琪译 2008 年德国《专利法》、《实用新型法》和《外观设计法》，http：//b log. sin a. com. cn/s/b log _ 4d7d20930100bgrv. html～type＝v5 _ one&label＝rela _ nextarticle.

❷ 《德国专利法》第 82 条，专利法院应当将起诉书送达被告，并要求其在一个月内答辩。若被告未按时答辩，法院可以不经口头审理即认为原告主张的每个事实成立，并依据原告的诉讼请求立即作出判决。

提及的理由和证据进行依职权调查的权力。❶ 在实践中，针对一项专利权提出确权请求的情形主要有以下两种：一是被控侵权人在专利侵权纠纷解决程序中提起，这种情况下，通常在专门机构予以受理之后，专利侵权纠纷受理机构会根据当事人的请求和案件的具体情况中止相应的纠纷解决程序。❷ 二是在没有专利侵权纠纷的情况下，社会公众（包括与该专利权存在潜在的利害关系的民事主体）主动提起。

2. 并行设置模式

并行设置模式指的是除了设置有独立的行政确权程序外，受理专利侵权的司法机关可以根据侵权纠纷当事人的请求对涉案专利权的有效性作出

❶ 例如，《德国专利法》第 87 条第 1 款规定，“专利法院应当依职权调查案件事实。不以当事人陈述的事实和提供的证据为限”，并在第八十八条就具体的调查取证事宜作了进一步的规定，如该条第二款规定，“适当的情况下，在口头审理前，专利法院可以委任一名合议庭成员作为授权法官进行取证，或者就个别的证据问题，请求其他法院代为取证”；EPO 审查指南第五章第 2.2 节关于异议理由的审查中规定，“如果，一旦根据一项可受理的异议（即使该异议可能已在中途被撤销）已经启动了异议审查程序，有理由初步相信存在其他可部分或全部损害专利维持的异议理由，异议组通常应当按照公约 114（1）对这些理由主动进行审查”；我国台湾地区不仅设置有依当事人举发撤销发明专利权的撤销程序，还设置了主管撤销案件审理的公共机构（专利专责机关智慧财产局）启动的依职权撤销程序，参见“台湾地区专利法”（2003 年）第六十七条；《韩国专利法》第 157 条、第 159 条分别对依职权保全和收集证据、依职权对当事人或参加人在审判中没有提出的理由进行审查作出了明确的规定；相对而言，我国的无效宣告程序中对于请求人的举证责任和说明义务设定的过重，依职权的范围和力度都还不足。

❷ 我国《民事诉讼法》第一百三十六条，“有下列情形之一的，中止诉讼：……（五）本案必须以另一案的审理结果为依据，而另一案尚未审结的；……。”《最高人民法院关于审理专利纠纷案件适用法律问题的若干规定》的第九条中规定，“人民法院受理侵犯实用新型、外观设计专利权纠纷案件，被告在答辩期间届满后请求宣告该项专利权无效的，人民法院应当中止诉讼……”；德国实用新型法第十九条规定，在撤销程序期间，如果出现某一诉讼，其判决取决于是否存在实用新型保护的，法院可以裁定，在撤销程序终结前中止审理该诉讼。若法院认为实用新型登记无效，则必须责令中止审理。若撤销申请被驳回，只有在涉及相同的当事人时，法院才受驳回决定的约束。

认定（简称为司法确权）的一种模式，该模式的主要代表国家是美国[1]和日本[2]。虽然在该模式下，同时有行政确权程序和司法确权程序，但二者的功能和效果都有较大的差别，比如行政确权程序中行政机构可以对专利权的有效性作出具有普遍意义的评价，即具有对世效力，而司法确权程序中对专利权的有效性的评价从形式上来看往往仅针对个案发生效力；在程序分立的情况下，由于主管机构及程序的进程的不同，也有可能导致司法确权和行政确权结果上的矛盾。并且，对于当事人来说，行政确权往往比司法确权更经济、省时，[3] 例如，有数据表明，美国单方复审程序历时两年，每方当事人花费约 1 万～10 万美元，而诉讼程序则需要 31 个月，美方当事人需要花费 100 万～300 万美元的费用。从启动方式上来讲，司法确权程序只能由案件中的被控侵权人被动启动。并且，由于行政确权和司法确权性质上的差异，一般而言，相对于行政确权，侵权诉讼中提起确权请求的被告在司法确权模式中负有较重的举证责任和说明义务。[4]

---

[1] 美国由专利与商标局主管的《美国专利商标法》（1980 年修正案确立）的单方复审程序（在此程序中，请求人的权利收到诸多的限制，实质上只有美国专利与商标局和专利权人参与）和 1999 年藉由《美国发明人保护法案》确立的双方当事人复审程序（请求人可以参与到程序中，但其资格和权利受到诸多的限制），由于上述程序均赋予了社会公众在专利保护期限再加侵权诉讼时效 6 年内，可以对已经授予的专利权提出异议，也就是通过单方、双方当事人复审程序请求专利商标局对该专利权的有效性进行再次审查。此外，美国还赋予了专利侵权案件中被控侵权人可以针对专利权的有效性提出异议的权利，虽然法院针对个案的判决不具有普遍的效力，但实际上明确了美国专利确权程序的并行设置模式。

[2] 继 2000 年日本最高法院作出允许被控侵权人在侵权诉讼中以专利权明显无效抗辩的判决之后，日本 2004 年修改后的《专利法》第 103 条第 3 款规定，侵犯专利权或者专用实施权的诉讼中，认定该专利经专利无效审判应当无效时，专利权人或者专用实施权人不得向对方当事人行使其权利。虽然法院对于专利权是否有效的判断仅适用于个案，不具有普遍的效力，但这一规定实际上明确了日本的专利无效宣告的并行设置模式。

[3] National Research Council of the National Academies，“A Patent System for the 21st Century (2004)”，p100。在该书第 100 页相应的表格中，双方复审程序的审查周期及当事人所要花费的费用方面的数据不足，因此本文采用了美国单方复审程序的数据。

[4] 例如，从理论上来讲，由于司法确权适用的是民事诉讼法，采用当事人主义审判模式，双方当事人处于同等的地位，而行政确权则是由行政机构主导的行政程序，具有对专利权效力再次审查的目的；从立法上来说，《日本专利法》对于无效审判中特许厅审判官可以依职权进行审判程序和依职权进行证据调查、证据保全或者就当事人未提出的理由进行审理：例如，依职权延长法定期限或指定期限（第 4 条和 5 条）、选择审理方式（第 145 条）、审判官可以自由裁量进行证据调查和证据保全（第 150 条 1 款和 2 款）；并且规定证据调查和证据保全的相关手续不能准用其中违背职权主义的规定，例如不能准用民事诉讼法第 179 条有关自认的规定（第 151 条）。

3. 小结

正如前言中所指出的，由于专利确权制度的目的为了借助于社会公众的帮助对已经授权的专利进行再次审查，因此从立法内容来看，各主要专利国家和地区的专利确权制度有诸多的相同之处，如在审理模式上，不管是行政机构主管的行政确权程序如我国台湾地区“智慧财产局”主管的撤销程序还是如德国专利法院主管的司法确权程序都带有较普通民事诉讼程序厚重的职权主义色彩；同时，为了实现专利制度鼓励发明创造、保护专利权的目的，各主要国家和地区的专利立法中大都允许专利权人在不扩大保护范围的情况下对权利要求进行修改。❶

二、专利确权制度的价值分析

价值是一个反映主体与客体之间关系的范畴，它反映和说明的是主体与客体之间的一种内在联系，其内涵规定为主体对客体的需要，体现了主体运用客体属性的动机和目的，通常表现为客体对主体的满足程度。从这个角度出发，专利确权制度作为人类在专利制度中创设的一项具体的法律制度，其一方面体现了创设者通过自己的认识、实践和再认识而形成的对于其法律属性的追求，另一方面也表明这项制度本身能够满足创设者对于专利制度的需要。因此，对于专利确权制度价值的考察，也要从该制度的法律属性、特点及其具有的能够满足我们的需要的功能等方面来分别探讨。

1. 法律属性

从法律属性上来看，专利确权制度作为一项具体的法律制度，其应该

❶ 《日本专利法》第 134 之 2 条 1 款规定：专利权人可以在无效审判程序中可以对说明书、权利要求书和附图进行不超出原记载范围的修改；美国专利审查程序手册中分别对单方复审程序和双方复审程序中的专利文件的修改作出了规定，允许专利权人在不扩大原专利权利要求保护范围和增加新的主题的情况下对专利文件进行修改；《欧洲专利公约》（EPC）第 123 条第（2）项：欧洲专利申请或欧洲专利的修改，其主题不得超出原始申请的内容，第 123 条第（3）项：在异议程序中欧洲专利的权利要求书的修改，不得扩大保护范围。

体现法律制度最基本的价值，包括正义价值[1]和秩序价值[2][3]。从这个角度来讲，理想化的专利确权制度内容上至少应该是正义的，同时也应该有利于形成一种稳定的社会秩序。具体而言，通过在专利制度中设立专利确权制度，应该能够尽可能地将不当授予的专利权排除，并将授予的专利权限制到适当的范围，以在某种程度上减少因专利授权机构不当授权而造成的不良社会影响，如前所述，包括利用该专利权进行不正当竞争和阻碍技术的发展，体现专利确权制度的正义价值。并且，通过专利确权机构就社会公众针对已授权专利提出的确权请求进行再次审查，使专利权人和社会公众之间的法律关系更加稳定有序。同时，通过公众辅助下的再次审查也可以使经过确权审查的专利权具有更高的稳定性，以便提高授权专利的质量并给专利权人提供更加有效的保护，由此体现专利确权制度的秩序价值。

2. **特性及功能**

从以上对两种专利确权制度模式的介绍来看，专利确权程序的基本设置都和其他民事纠纷解决程序一样，都是由当事人启动并且是以双方当事人对抗为主的纠纷解决程序。因此，对于某些程序性的事项，各国的专利法中一般都允许主管机构在程序中直接适用本国的民事诉讼法的相关规定。[4]但是，由于专利权的存在与否不仅仅与某一案件中具体的当事人有关，其还涉及社会相关公众使用涉案专利技术的问题。因此，在专利确权程序中，请求人的诉求在某种程度上还体现公共利益的需要，主管机构还承担着维护公共利益和公共秩序的管理职能，而不能完全等同于民事诉讼

[1] “法律的价值首先指的就是正义，其次是指具有伦理属性的功利和法律的确定性”，参见沈宗灵．现代西方法理学［M］．北京：北京大学出版社，1992：47.

[2] “与法律永相伴随的价值，便是社会秩序”，参见斯坦．西方社会的法律价值［M］．北京：中国人民公安大学出版社，1989：38.

[3] “法律旨在创设一种正义的秩序”，参见E. 博登海默．法理学 法律哲学与法律方法［M］. 邓正来，译. 北京：中国政法大学出版社，2004：330. 在本书中作者试图给出的正义的目标是“满足个人的合理需要和主张，并与此同时促进生产进步和提高社会内聚性的程度——这是维持文明的社会生活所必需的”。从这一目标出发，专利确权制度中的正义目标可以理解为是在相应的法律规则中给予专利权人对社会作出贡献部分要求的权利，其对于这部分权利享有排他的实施权，但其权利的行使也不能阻碍社会的进步和影响自由竞争的社会秩序。

[4] 如《德国专利法》第 86 条第 1 款，（联邦专利）法院的审判人员的自行回避和请求回避，参照适用民事诉讼法第 41 条至第 44 条、第 47 条至第 49 条的规定；92 条第 2 款，关于笔录参照适用民事诉讼法第 160 条至第 165 条的规定。日本专利法第 151 条，证据调查和证据保全的相关手续准用民事诉讼法的相关规定。

程序中的裁判者。所以，在程序的设置上，不仅仅要体现双方当事人抗辩及当事人的处分权，还需要有体现管理色彩的职权主义。

从功能上来说，各主要专利国家和地区设置专利确权制度的目的主要体现在以下两个方面：

一是通过赋予请求人（或者侵权诉讼的被告）举证责任和说明义务，以借助于社会公众的辅助对某项已经授予的专利权是否符合法定的授权条件再次进行审查，提高授权专利的质量，减少不当授予的专利权对技术进步和自由竞争的阻碍。实践中主要体现在代表社会公共利益的确权请求，❶ 以及与该专利权有潜在利害关系的相关公众为了预防可能受到的不当侵害或者为了扫清其发展道路上的专利权引起的障碍而提出的防御性请求。

二是给予实际的利害关系人也就是专利侵权纠纷案件中的被控侵权人及其他民事主体❷以救济的途径，这在实践中主要表现为利害关系人为了抗辩专利权人提起的专利侵权之诉而针对相关专利权提出的具有抗辩性质的确权请求。

三、无效宣告制度设置应考虑的因素

首先，无效宣告制度作为专利确权制度在我国的具体运用，其设置和变革也要遵从专利确权制度设置的一般规律，即要从专利确权制度的设置目的及存在价值出发。其次，无效宣告制度作为我国专利制度的核心组成部分，其一方面要平衡专利权人和社会公众之间的利益关系，另一方面，其制度内容又受到我国技术和经济发展状况的限制。所以，在对无效宣告制度进行变革和设置时，除了要考虑到无效宣告制度本身的目的和价值

❶ 主要指的是与被请求确权的专利权无任何现实的或者潜在的利害关系的公共事业单位或者个人提起的确权请求。我国这样的案例比较少，社会上反映较大的就是 2005 年北京大学教授张平请求宣告荷兰皇家菲利普电子有限公司第 95192413.3 号发明专利权无效案，但在美国有公共组织正在积极推行这种确权模式，例如，美国电子边境基金会在 2008 年 5 月的一份题为“专利与公共领域：通过复审改善专利质量”的报告中明确提出，要加强代表公众利益的力量通过复审程序对改善专利制度发挥着关键的作用。

❷ 例如，收到专利权人侵权指控律师函的产品生产者，在展会或者招投标等经济活动中被检举或者投诉有侵权嫌疑的产品销售者等。

外，还有必要考虑我国的国情，包括专利授权状况、目前及今后一段时间内无效宣告请求数量变化情况，主管无效宣告程序的专利复审委员会所拥有和可利用的资源情况以及我国的法律文化传统、当事人对制度的认识和利用水平等，以及如何在当前的国情下如何平衡专利权人和社会公众之间的利益关系，最大限度地发挥专利确权制度和专利制度的功能和价值。

1. 专利授权及无效宣告案件现状

从专利授权量和无效宣告请求的分布来看，一方面，我国专利制度经过二十多年特别是近十年的发展，在知识产权法律制度、政策规划、人才培养等各方面都已有了质的提高，逐步走上成熟。❶ 同时，我国的专利申请量和授权量都有了大幅度的提高，截至 2008 年 12 月 31 日，申请量已经超过了 480 万件，授权量超过了 250 万件。❷ 另一方面，从申请和授权专利的分布来看，其中发明专利申请仅占总申请量的约 1/3，不经过实质审查授权的实用新型专利和外观设计专利约占了已授权专利总量的 81.7%，2008 年无效宣告请求案件的分布与此相似，针对实用新型专利和外观设计专利提出的请求约占总请求量的 82.6%，❸ 而经过专利复审委员会审查，且作出维持决定的专利仅占无效宣告请求总量的 27.6%。❹ 这也在一定程度上反映出“知识产权中的公共领域有不断削减的趋势，而知识产权这种私权本身则有不断扩张之势，……所有这些都导致公共领域面临潜在和现实的威胁”。❺

❶ 从制度建设的角度来看，近些年来，我国不仅积极参与各种国际知识产权条约的制定工作，还制定和完善了《专利法》、《专利法实施细则》、《审查指南》等法律文件，同时还通过制定内部的规范性文件如审查操作规程提高执法的一致性，以尽可能保证授权专利的质量；在人员建设上，不仅培养了大批的专利审查、执法和法律服务人才，还制定了“知识产权人才‘十一五’规划”，并于 2007 年 3 月开始实施 2007～2010 年“百千万知识产权人才工程”。同时，从政策上来看，党的十六大、十七大报告中都明确提出了建立创新型国家的目标，2008 年 6 月国务院印发了《国家知识产权战略纲要》，对我国的知识产权创造、运用、保护和管理提出了具体的战略部署；并且根据我国的国情采取了一系列的重大举措，建立了比较完善的知识产权保护国际国内执法、司法体系，如制定了《国家知识产权战略纲要》、《关于加强知识产权保护和行政执法工作的指导意见》、《关于开展知识产权维权援助工作的指导意见》等。

❷ 《中国国家知识产权局 2008 年度报告》，第 35、45 页。

❸ 《中国国家知识产权局 2008 年度报告》，第 45、49 页。

❹ 该数据指的是全部维持的数据，不包括部分无效和修改后维持的情况，请求总量也不包括视为撤回和主动撤回的请求。

❺ 冯晓青．知识产权法的公共领域理论［J］．知识产权，2007.

2. 专门机构的审查能力和资源

从专门机构自身的审查能力和可利用的资源来看，作为无效宣告案件主管机构的专利复审委员会自 1984 年第一部《专利法》实施以来，一直承担着复审请求和无效宣告请求案件的审查职责，截至 2008 年底，已经审结了 19 408 件无效宣告请求案件和 18 412 件复审请求案件，[1] 积累了丰富的专利确权审查经验。从近 7 年的复审、无效案件的受理和结案数量来看，[2] 专利复审委员会经过多年的努力，案件审查能力逐年提高，并且 2007 年审结量明显超出了受理量，案件审查状况得到了基本的好转，并且截至 2008 年底，无效案件的审查周期已经基本控制到了 7 个月以内。最近的统计数据表明，专利复审委员会无效案件 2009 年 5 月的审查周期为 5.8 个月，比去年同期减少了月 2.7 个月。[3] 上述数据表明专利复审委员会目前的审查能力已经足以应付当前的案件量，并且有能力将审查工作进行得更加深入，如加强依职权审查和调查的力度，适当放宽复审、无效程序中的权利要求修改的形式限制等。并且，通过多年的审查实践，专利复审委员会已经培养了大批既有技术专业素养，又具备法律专门知识的审查人才。但值得指出的是，不论是与其他国家的专门机构相比，还是从专利复审委员会承担的法律职责来说，专利复审委员会并还缺少与充分行使其职责相对应的法定职权。[4]

---

[1] 《中国国家知识产权局 2008 年度报告》，第 49 页。

[2] 表 1 2001～2008 年复审、无效案件的受理和结案数量

年份	2001		2002		2003		2004		2005		2006		2007		2008	
	受理	审结	受理	审结	受理	审结	受理	审结	受理	审结	受理	审结	受理	审结	受理	审结
复审	616	625	961	785	1813	1235	2768	1447	3230	1576	2894	2667	2565	3514	4360	3867
无效	1316	1480	1752	1402	1813	1617	1904	1667	2087	1643	2468	2022	2183	2522	2038	2727
合计	1932	2105	2713	2187	3626	2852	4672	3114	5317	3219	5362	4689	4748	6036	6398	6594

数据来源：2001～2006 年的数据来自专利复审委员会；2007 年的数据来自《中国国家知识产权局 2008 年度报告》，第 40、41 页；2008 年的数据来自《中国国家知识产权局 2009 年度报告》，第 48、第 49 页。

[3] 2008 年 5 月专利复审委员会的无效宣告案件审查周期约为 8.5 个月。数据来源，专利复审委员会。

[4] 如调查取证的权力，对不当利用程序或者违反有关规定的当事人处罚的权力，对程序中出现的某些情况进行裁决的权力，如由于引入请求人提交的逾期证据而给专利权人造成经济损失，在补偿时裁决费用的权力等。

3. 社会公众的认识水平

一方面，随着社会公众知识产权意识的提高，特别是市场主体的知识产权预警应急意识的加强，为实施制造和销售等市场行为提前扫清技术上的障碍的无效宣告请求势必愈来愈受到市场主体的重视。由此，从发展的角度来看，我国今后一段时间内防御性的无效宣告请求不论是从绝对数量还是从相对数量上来说都会逐渐增加，相应地，专利确权制度的防御性价值也将日益受到重视，这也是我们在设置无效宣告制度的具体内容时应该考虑的一个重要因素。

4. 文化和法律传统

从文化传统上来讲，我国社会整体上来讲对行政权有一定的依赖性，长期以来中国社会形成了主要依靠行政的管理来稳定社会的各项秩序，社会公众也倾向于选择主动高效的行政执法来解决纠纷。有的学者甚至认为“东方政治历来都是以行政为本位的，是‘亲行政’的，同时东方没有那么长的议会政治传统，人们并没有从议会那里享受多少恩惠，相反东方人对行政机关却一往情深”。[1] 这从行政立法的合法性为宪法和立法法所承认也可见一斑。[2] 就知识产权而言，我国不仅仅有知识产权司法保护体系，还同时设置了各级管理专利工作的部门进行行政保护。

5. 利益平衡

目的是法律的创造者，法律的目的是平衡个人利益与社会利益，实现利己主义与利他主义的结合。[3] 因此，在对无效宣告请求程序设置时还要考虑到专利权人和社会公众利益平衡的问题，一方面，为了利用专利制度促进科学技术的发展并推动经济的进步，从而使得社会整体进步，我们应该鼓励发明创造专利权，给予专利权人更多的保护，限制社会公众提起无效宣告请求的权利，以免专利权人遭受过多的无效宣告请求侵扰和防止无效宣告请求人通过无效宣告制度不当拖延民事侵权纠纷解决程序，使得专利权人的利益无法及时得到保护。另一方面，由于知识产权的独占性与公

[1] 许崇德，王振民．由“议会主导”到“行政指导”——评当代宪法发展的一个趋势[J]．清华大学学报（哲社版），1997（3）．

[2] 《宪法》第八十九条第一款规定国务院有制定行政法规的权力，《立法法》第71条规定国务院各部委可以制定部门规章，第73条对省级及较大的市的人民政府可以制定地方政府规章。

[3] 张文显．二十世纪西方法哲学思潮[M]．北京：法律出版，1996：129.

共利益存在着天然的冲突，❶ 为了减少因授权机构授权不当而造成的不正当竞争和技术壁垒，给相关公众特别是侵权纠纷中的被控侵权人提供制度上的防预和救济，实现无效宣告制度提高专利权的质量、伸张社会正义和稳定社会秩序的价值，要给予无效宣告请求人更多的机会和便利提出请求，充分发挥社会公众在专利确权审查中的作用。

四、无效宣告制度的优化

根据上述对无效宣告制度的价值和目的的分析，考虑到我国当前的专利授权及无效宣告分布情况、法律文化和传统以及专利权人、社会公众之间的利益平衡等因素，笔者认为有必要对现有的无效宣告制度进行变革，限于文章的篇幅和本文的主要研究目的，下面仅针对其中的依职权审查制度、调查制度以及无效程序中权利要求修改制度提出粗浅的看法。

1. 依职权审查制度

依职权审查主要涉及无效宣告请求人未提及的无效宣告理由或者撤回的无效宣告请求，其主要包括以下三方面的内容：一是针对已经受理的无效宣告请求涉及的专利权，对于不需要证据支持的无效宣告理由，❷ 不论请求人是否提出，专利复审委员会一般应该予以审查，而不是仅依据请求原则径行裁判、等待请求人再次提出无效宣告请求再进行审查。否则，会产生由于当事人（包括被控侵权人）及其代理人对无效宣告制度认识和对具体制度运用能力的不同得到不同的结果。虽然，这在普通的民事诉讼中具有一定的合理性。但是，对于专利权这种经专门的行政机构审查后授予的法定垄断权而言，这种情况下如果不依职权审查不仅会造成社会资源的浪费，并且从某种意义上来说该制度设计上已经在某种程度上背离了公平

---

❶ 颜运秋，周晓明．知识产权滥用的公益诉讼制度构想［J］．知识产权，2007（3）：67.

❷ 主要指的是《专利法》第五条、第二十五条、第二十二条第四款、《专利法实施细则》第二条第二款和第三款、第二十六条第三款、第二十六条第四款和第二十条第一款。对于上述后三个无效宣告理由，如果需要证据支持才能作出判断的，专利复审委员会不应依职权调查。

正义的要求，[1] 并且也无法实现无效宣告制度伸张社会正义，稳定社会秩序[2]的价值，与行政机构的行政管理职能亦不相符。二是对于请求人未提出的无效宣告理由，[3] 如果专利复审委员会认为根据请求人或者专利权人已经提供的证据能够得出有意义的结论的，也应该继续审查，例如：请求人仅针对部分权利要求提出了创造性的无效理由，或者是仅仅提出新颖性的理由，而经过审查，专利复审委员会发现其余的权利要求也不具有新颖性或者创造性，在此情况下，出于同上述相同的目的，专利复审委员会应当依职权对请求人未提及的无效理由或者未涉及的权利要求进行审查。三是对于请求人撤回无效宣告请求的申请，专利复审委员会通常应当予以审查，如果认为在请求人已经提交的证据的基础上足以作出涉案专利权部分或者全部权利要求无效的，应当继续审查并作出审查决定，这一方面体现无效宣告程序的职权主义色彩的特性，另一方面也体现了社会公众对专利无效宣告制度的要求。[4]

2. 依职权调查制度

依职权调查制度主要涉及专利复审委员会根据案件情况的需要，对案件事实主动进行核实或者调查的情形。笔者认为，出于与依职权审查相同的目的，如果下列情形中相应的证据对于案件的结果具有实质性的影响，专利复审委员会一般应当依职权调查，而不必等到下一次无效宣告请求再进行处理。实践中需要专利复审委员会依职权调查的主要有以下四种情

---

[1] 而根据《审查指南 2006》的规定，通常要依据请求原则，对请求人未提出的理由不予审理，这有两种结果，一是由请求人再次提出无效宣告请求将该专利无效，另一种结果是侵权纠纷受理法院据此作出侵权判决，由一方当事人对一项本该无效的专利权支付费用。前一情形通常造成审查资源的浪费，并给当事人造成不必要的讼累；第二种结果则造成实质上的不公正，因为根据《专利法》第四十七条的规定，对于已经执行的侵权纠纷裁定，不能执行回转。

[2] 对于存在有上述实质性缺陷的专利权，如果由于制度的设计使得不同的请求人（包括被控侵权人）由于对无效宣告制度认识和对具体制度运用能力的不同得到不同的结果，实质上该制度设计上已经在某种程度上背离了公平正义，并且，由此形成的社会秩序也是不稳定的。

[3] 主要是《专利法》第二十二条第二款、第三款的无效理由。

[4] “请求专利权无效的案件根本就不应当允许当事人撤诉，为什么设立无效案件？就是为了防止哪些本不应当被授予专利的技术被授予了专利，无效是专利局或者复审委员会代表公众来审理这个案子，它所捍卫的是公共利益，如果你所捍卫的是公共利益，你怎么能够允许他们之间和解呢？因为专利权是一种对世权，它实际上是对公众行为的一种限制，很多国家的专利法就规定，一旦无效诉讼程序启动，那一定就得审理到底。”参见郭禾，“知识产权滥用及其法律规制”2007 年 6 月 14 日于中国人民大学明德法学楼，载于中国民商法律网。

形：一是对于当事人已经提供了确切线索，确因客观原因无法收集、提供的证据，一般可以依职权调取或核查；二是对于当事人逾期提供的证据，如果引入该证据会对案件的结论产生实质性的影响，则一般可以予以接受；三是对于当事人提供的有瑕疵证据，但可以进一步补正的情况，一般也可以接受；四是一方当事人提交的不利于自己的证据，对方当事人没有明确要求引入的情况，一般也应该引入作为定案依据。

需要注意的是，以上仅仅是从实体上对于专利复审委员会应当依职权调查核实证据的情形进行列举，在制定规则或者实际操作中，专利复审委员会依职权调取和审查相关证据或者接受逾期、补正证据时，还应满足听证原则，对该证据举行进一步的质证。因此，作为依职权调查的必要权力，应当赋予专利复审委员会相应的调查取证、裁决相关费用的权力。

通过加强专利复审委员会依职权审查和依职权调查的力度，利用和增加其现有的资源和能力，在社会公众的辅助下对已经引发纠纷或者有引发纠纷可能的实用新型和外观设计专利进行实质性的审查，对授权不当的发明专利申请再次进行审查，可以在某种程度上可以弥补实用新型、外观设计专利申请不经过实质审查授权而造成的专利申请量大对社会贡献不大，授权量大但引发的无效宣告纠纷多且权利稳定性较差的现状。促进我国授权专利整体质量的提高，并间接起到减少不当利用专利制度进行竞争或者借助于专利进行敲诈勒索的现象的作用，以维护社会正义和正常的社会秩序。

相应地，在专利侵权纠纷中，经过无效宣告审查程序审查并予以维持的专利权应当具有较高的稳定性，侵权纠纷受理机构一般可以不中止审理，以缩短侵权纠纷处理的周期。并且，对于针对该专利权的再次提出的无效宣告请求，专利复审委员会也可以较快地审查并作出无效宣告请求审查决定，这在客观上还可以起到缩短无效宣告案件审查周期的效果。因此，通过加强专利复审委员会在无效宣告案件中依职权审查和调查的力度，不仅可以降低专利权人维权的成本，保护真正意义上的发明创造专利权，还可以提高专利权的稳定性，由此实现无效宣告制度稳定由于专利权存在而形成的社会秩序的目的。同时，也可以在很大程度上解决目前专利维权和确权程序繁多，周期过长的问题。

3. 专利文件的修改

从立法上来看，我国在授权后专利文件修改方面与美日等国家的专利制度具有显著的差别。[1] 一方面，我国专利制度中并没有设置单独的专利权人可以自主启动的授权后专利文件修改程序，对于专利文件中存在的不确切或者矛盾之处，专利权人不能主动的予以改正，而只能在无效宣告程序中进行；另一方面，从《审查指南 2006》的规定来看，我国目前的无效宣告程序中并不允许修改外观设计专利的专利文件，实用新型和发明专利仅允许修改权利要求书，并且修改方式也仅限于合并和删除两种方式，[2] 相对于其他国家和地区的专利制度来说，对确权程序中的修改限制过于严格。

虽然，从实现无效宣告制度增加社会秩序稳定性的目的出发，对权利要求的修改进行实质性限制的同时辅以各种形式上的限制有合理的一面。但从利益平衡的角度来看，在加大公共机构对已经授予的专利权进行再次审查职权主义色彩的同时，应当给予专利权人在不扩大原授权的保护范围的情况下较大的修改权利要求保护范围的权利。同时，笔者认为，在2008 年 12 月通过的《专利法》第三次修正案引入了专利权评价报告制度的情况下，有必要增加相应的或者单独的授权后修改程序，否则面对其不利的专利权评价报告，实用新型专利权的权利人将仅能通过启动无效宣告程序对权利要求中的瑕疵进行修改，而外观设计专利权的权利人则完全没有得到救济的途径，这样的制度设置显然缺乏合理性。并且，增加单独的授权后程序更符合我国的国情。[3] 因此，需要通过增加单独的授权后修改程序或者赋予专利权人在无效宣告程序中对其专利文件较大的修改权利，以便他们能够通过主动或者被动地修改其专利文件而使其发明创造中对社会作出贡献的部分能够得到保护，以体现专利制度中的实质的正义，并激励社会公众作出更多的发明创造。

---

[1] 美国和日本除了赋予专利权人在专利确权程序中修改其权利要求书的权利之外，美国还分别设置了专利权人在授权后可以主动启动订正程序、声明放弃程序和再颁程序，其中通过再颁程序，专利权人在授权后的两年内可以扩大权利要求保护的范围；日本则相应的设置了订正审判程序。

[2] 《审查指南 2006》第四部分第三章第 4.6 节，“无效宣告程序中专利文件的修改”。

[3] 虽然专利申请人及代理人的撰写水平经过二十多年的实践有了长足的进步，但不可否认的是相对于当前的《专利法》、《专利法实施细则》以及《审查指南》的要求，还具有一定的差距，很多申请中不仅仅存在表达不准确、不严谨的缺陷甚至可能存在导致专利权被无效的不清楚、公开不充分的缺陷以及由此引起的修改超范围的缺陷。

五、结　语

一国的专利确权制度和其他法律制度一样，其发展和变革都受到诸多因素的影响，比如经济和技术发展水平、法律文化和传统、专利制度的认识和变革、行政资源的变化等。从这个角度来讲，专利确权制度的发展规律好像是海市蜃楼，难以把握。但是，笔者相信通过不断的实践和再认识，我们能够把握其变革的规律，立足于我国的现实国情，找到既能解决当前制度中存在的问题，又能充分发挥专利制度的功能的无效宣告制度。

需要说明的是，以上仅仅是从应然的无效宣告制度出发对理想的专利复审委员会依职权审查和调查情形以及权利要求修改在内容上的初步设想，但无效宣告程序作为一个由专利复审委员会主管的行政裁决程序，其设置和运行还必然受当前的宪政体制、行政机构的资源等的限制。因此，在具体设置我国的确权制度时一方面要考虑到其在当前国情下的可行性，另一方面还要考虑程序正义原则❶和效率优先原则平衡的问题。此外，根据我国加入WTO议定书的承诺和TRIPS协议的要求，我国修改了专利法等相关法律并设置了知识产权的司法审查制度。因此，专利复审委员会主管的无效宣告程序仅仅是无效宣告制度的一部分，其还包括对该程序中作出的无效宣告请求审查决定不服还可以启动行政诉讼程序。应从无效宣告制度的整体出发，在考虑其设置时还要考虑其后行政诉讼程序设置的相关问题，以解决社会上反映比较多的诸如审级过多、程序冗长、导致相关的专利侵权纠纷长期得不到解决等问题，更好的实现该制度的功能和价值。囿于本文的研究目的及后续司法审查程序、专利侵权确权纠纷解决机制设置的复杂性，在此仅谈一点结论性的建议，例如针对专利无效宣告纠纷、商标异议、撤销等有双方当事人参与的行政裁决类案件，可以考虑在行政诉讼法中设置特别的一审终审的行政诉讼程序，已解决此类纠纷的解

❶ 考虑到行政权和司法权之间的区别，同时顾及无效宣告程序的特殊性，笔者认为在无效宣告程序设置时不需要完全满足司法程序对程序正义的要求，但要高于一般行政执法依法行政的准则，由于目的和篇幅的限制，本文对该问题不进一步阐述。

决效率问题，毕竟法院对技术事实的认定并不必然因审级的增加而精进；[1] 进一步的改革方向还可以考虑，针对专业性和复杂性较强的知识产权刑事、行政、民事纠纷案件，设置统一的知识产权上诉法院等。

[1] 郭寿康，李剑．我国知识产权审判组织专门化问题研究——以德国联邦专利法院为视角［J］．法学家，2008（3）．

专利无效宣告程序中的当事人主义若干问题的研究

——兼论当事人主义与依职权审查的融合关系

刘国伟[❶]

摘　要

专利权的性质是在一个时空制约的条件下的垄断权，具有对世权的性质；但由于“检索无法穷尽”，任何国家的专利审查机关都不能担保其批准的专利权是无瑕疵的，通过设立专利无效宣告程序来纠正被不当授权的专利，使得公众获得行政救济，是各国普遍采用的法律救济手段；因此专利无效宣告程序在专利制度中的地位和作用显然十分重要。本文从实务中遇到的案例入手，分析专利无效宣告程序中的当事人主义中的法理，提出了一些思考和见解，以抛砖引玉，并期待能对理论研究有所裨益。

---

❶ 作者单位：律盟知识产权代理有限公司。

一、专利无效宣告程序中当事人主义的两个特点

一般来说，无效宣告程序是双方当事人程序，双方争议的权利是民事权利，在该程序中专利复审委员会处于居间裁决的地位，因此该程序类似于民事诉讼程序，民事诉讼法中的一些证据规则在无效宣告程序中同样适用。

但另一方面，毕竟当事人争议的问题是专利行政机关的专利授权是否合法，没有专利授权的行政行为，就不可能启动无效宣告程序，因此无效宣告程序也是典型的行政程序，与专利审查阶段的独任制审查制不同的是，无效宣告程序采取合议制的方式审查，其后的司法救济是行政诉讼程序，因此，行政诉讼法中的一些证据规则在无效宣告程序中也同样适用。

由此，专利无效宣告程序具有如下的鲜明特点：

1. 基于民事争议的辩论主义

经营者之间在市场竞争过程中，发生各式各样的冲突在所难免。而拥有专利权的市场经营者，凭借专利权的优势，可指控某一特定公众专利侵权，引发专利侵权民事诉讼；被控侵权人如不愿束手就擒，往往会针锋相对地启动专利无效宣告程序，因此，专利无效宣告程序通常是双方当事人的程序❶，或被称为“准司法程序”。在这个“准司法程序”中，根据审查指南的规定，无效宣告请求程序所奉行的一系列的审查原则，包括请求原则、合法原则、公正执法原则、依职权调查原则、听证原则、公开原则、一事不再理原则、当事人处置原则、合案审查原则、保密原则等，都体现了无效宣告程序中的“当事人主义”，体现了专利复审委员会居间裁决的地位。❷

根据《审查指南 2006》第四部分第四章的规定，口头审理是根据 2001 年《专利法实施细则》第六十二条、第六十九条的规定而设置的正

❶ 根据《审查指南》的相关规定，专利权人在满足某些要求下，也可以对自己的专利权提出无效，这样就出现了只有专利权人一方的单方当事人的情况。因此，我们只能说，无效程序通常是指双方当事人的程序。

❷ 参见：廖涛无效宣告程序中的证据规则［EB/OL］. http：//www. zzipo. gov. cn/download/wxxggz. doc.

式的行政听证程序，其目的在于查清事实，给当事人提供当庭陈述意见辩论对质的机会。

可见，设置口头审理这样的行政听证程序主要是基于有双方当事人的存在。当事人通过“当面锣对面鼓”，充分表达自己的观点，并与对方当面质证辩论，专利复审委员会保持中立，不偏不倚地听取双方的意见，在查清事实和充分听取双方的辩论意见后作出裁判。这样的制度设计体现了程序正义。

因此，设置口头审理的目的在于奉行当事人主义之下的辩论主义，辩论主义的基本含义是指，作为裁判基础的诉讼资料，应当由当事人提出，专利复审委员会以当事人提出的并经过充分辩论的资料为基础进行裁判。包括以下三个方面：

（1）直接决定法律效果发生或消灭的主要事实必须在当事人的辩论中出现，专利复审委员会不能以当事人没有主张过的事实作为判决的事实依据；

（2）对双方当事人都没有争议的事实，专利复审委员会应当作为判决的依据，也即专利复审委员会应当受当事人自认的约束；

（3）专利复审委员会对证据的调查，原则上仅限于当事人提出的证据。

可见，辩论主义从事实的主张和证据的提出等角度划定了当事人与专利复审委员会的角色分工和权利（权力）义务的范围，体现了权利本位、私权自治和程序正义等基本诉讼理念，从而成为当事人主义之下的一项基本原则。

2. 专利复审委员会的依职权审查主义

2003 年 11 月，经中央机构编制委员会办公室批准，专利复审委员会由国家知识产权局专利局内设机构调整为国家知识产权局直属事业单位。虽然名称为专利复审委员会，但其包括两大主要职能，一是对申请人驳回专利申请不服提出复审请求的审查，二是对专利无效宣告请求的审查；可见，专利复审委员会属于典型的行政机关。

作为行政机关的专利复审委员会，在法律授权的范围内，依职权审查是行政机关的法定职责。这在专利复审程序中体现得很充分，但在专利无效宣告程序中，却存在着过分地强调当事人主义的倾向，使“依职权审查”原则受到了很大的压抑。例如，在专利无效宣告程序中，《审查指南

2006》只规定了三种情况下，专利复审委员会可依职权审查：一是无效理由相对所提证据不对应的情况；二是不引入相关无效理由就无法展开审查的情形；三是公知常识的引入。第一种情况其实是在行使释明权，第二种情况涉及运用证据进行说理的分析逻辑；第三种情况也只是涉及对技术事实的查明与概念澄清。并非严格意义上的依职权审查。又如，对于请求人提出撤回无效请求的问题，2006 版《审查指南》并没有具体规定，实务中，合议组不问原因一概接受并作结案处理，即使合议组根据现有证据能够得出明确的结论，特别是能够得出专利无效的结论情况下，也仍然会迁就当事人之间为规避法律的“默契”行为，这实际上也与《民事诉讼法》中的裁判者依职权对撤诉审查的原理不相符合❶，而浪费了行政资源。这种做法，显然与专利复审委员会的行政机关地位不符，也不符合“有错必纠”的法治精神。值得赞赏的是，在 2010 年新修订的《专利法实施细则》中，已经注意到这一问题，其第七十二条第二款中的但书明确规定“专利复审委员会认为根据已进行的审查工作能够作出宣告专利权无效或者部分无效的决定的，不终止审查程序。”

笔者认为，这种对“依职权审查”原则的限制或压抑，源于我们对专利无效宣告程序的性质认识不足。我们知道，在 2000 年的《专利法》第二次修改过程中，将当时的“撤销程序”与“无效宣告程序”合二为一。其理由是“撤销程序”与“无效宣告程序”在程序衔接不易协调，因为根据 1992 年《专利法》第四十一条和第四十八条的规定，“撤销程序”的启动是在专利授权公告日起的 6 个月内，而“无效宣告程序”的启动是在专利授权公告日起满 6 个月之后。如果“撤销程序”尚未结案，则即使在专利授权公告日起满 6 个月之后有人提出无效请求，程序的衔接上也难以实际启动“无效宣告程序”，而只能静等走完撤销程序。

但我们不能忽视的是，专利撤销程序与无效宣告程序具有显著不同的性质，在制度设计中，两者扮演的作用不一样。撤销程序是专利审查机关为鼓励公众及时地对专利授权质量提出意见的程序，因此，无论是从 1984 年《专利法》的“授权前异议”改为 1992 年《专利法》的“授权后异议”，为了鼓励公众提起撤销，收费都十分低廉。一旦启动撤销程序，

❶ 《民事诉讼法》第一百三十条规定，“宣判前原告申请撤诉的，是否准许由人民法院裁定。”可见，我国的民事诉讼法采取对撤诉的“审查主义”，并非任由原告自由处分其诉权。

便认为是审查程序的继续。这意味着即使请求人撤回请求，“根据审查组已经掌握的事实、证据和理由已经可以作出撤销专利权的决定时，审查组可以决定继续审查”[1]。

由于撤销程序的性质还有原审查部门主动纠错的意味，故撤销程序的审查机构不是专利复审委员会，而是原审查部门。这一点十分重要，其更加凸现撤销程序属于行政程序的本质。

根据上述分析可以看出问题所在，虽然2000年《专利法》第二次修改后，将“撤销程序”与“无效宣告程序”合二为一，即现行《专利法》第四十五条规定的提出无效宣告请求的时间条件统一为“授予专利权之日起”。但这绝不意味着撤销程序的“审查机关主动纠错”性质也被现行无效宣告程序的性质所替代，而应理解为是两种制度的“血缘混合”。可见，那种认为现行无效宣告程序的性质是纯粹的当事人主义的观点，不符合立法的本意。立法本意只是从程序设计上考虑“撤销程序”与“无效宣告程序”的衔接问题，并没有要消灭掉撤销程序的“审查机关主动纠错”性质的意思。

此外，即使认为无效宣告程序是双方当事人的程序，也不代表双方当事人之间一定具有市场竞争关系，由于我国对提出请求宣告专利无效的主体资格不加限制，无效宣告程序还兼有“公益诉讼”的性质，如2005年12月1日，北京大学知识产权学院张平教授针对3C联盟重要成员飞利浦公司名为“编码数据的发送和接收方法以及发射机和接收机”（专利号为ZL95192413.3）的发明专利提出无效请求，被业内认为是开启我国专利领域的“公益诉讼”之先河；与此相对应的情形是，美国公众专利基金会于2004年9月17日向美国专利与商标局提交了对US5969156号专利的无效请求[2]。2005年6月13日，美国专利与商标局作出决定，宣告第

[1] 见《审查指南1993》第三部分第七章之4的规定。

[2] 参见Thomson公司主编的“Current Patents Gazette”，其中写到：“The USPTO has rejected all the claims in Pfizer’s US5969156. The patent claimed crystalline forms of atorvastatin, and was listed in the Orange Book. It was subject to a paediatric extension due to give an expiry date in January 2017. The request for re－examination was based on the fact that the claims in US5969156 were anticipated by US5273995 and US5686104.” http://scientific. thomsonreuters. com/media/cdjournals/gazettenews/2005/CPG_News_0525. pdf.

5969156号专利的全部44项权利要求无效[1]。在“公益诉讼”的情况下，专利复审委员会还具有“公众利益守护神”的作用，其依职权审理的职能更应得到加强。

上述分析给我们带来的启示是，现行无效宣告程序的法律性质应该是原先的撤销程序和无效宣告程序性质的融合，既有当事人主义的性质，又有依职权审理的性质。专利复审委员会作出的决定是行政决定，作为行政机关，在日后的司法救济程序中，充当行政被告是十分适格的。如果能正确地理解现行无效宣告程序的法律性质，对于正确地解决实务中出现的问题，有着重要的指导意义。

二、我国专利无效口头审理程序的案例研究及法律思考

尽管《审查指南》没有将口头审理作为无效宣告程序中的必经程序，但实际上几乎所有无效宣告请求都经过至少一次的口头审理。如前所述，设置口头审理的目的在于奉行当事人主义之下的辩论主义，更好地查明事实与争议焦点，也体现专利复审委员会的居中裁判地位。口头审理需要在请求人与专利权人均到场下，在专利复审委员会的主持下，双方进行证据的质证与言词辩论，对于一些涉及专利有效性的重要问题，专利复审委员会可依职权审查。因此，口头审理更能体现当事人主义与依职权审查的有机融合。但如果当事人中的任何一方缺席口头审理时，如何理解当事人主义的实质，如何理解当事人主义与依职权审查的关系，还存在着各种不同的认识，有必要深入研究和探讨。下面的两则案例，或许更能说明问题。本文以下部分，打算结合案例研究来证明上述分析的结论。

1. 请求人缺席口头审理的案例

对于无效宣告程序的口头审理，如果请求人缺席口头审理，2001年《专利法实施细则》第六十九条（2010年版《专利法实施细则》为第七十

[1] 在美国，任何公众可提出对授权专利的再审查请求，请求人提出再审查请求之后，不能作为当事人参与案件的审理，而是由专利权人作为单方当事人参加。这一点与我国的无效宣告程序不同。

条）第二三款[1]是这样规定的：

“专利复审委员会决定对无效宣告请求进行口头审理的，应当向当事人发出口头审理通知书，告知举行口头审理的日期和地点。当事人应当在通知书指定的期限内作出答复。

无效宣告请求人对专利复审委员会发出的口头审理通知书在指定的期限内未作答复，并且不参加口头审理的，其无效宣告请求视为撤回；专利权人不参加口头审理的，可以缺席审理。”

该规定所称的“当事人应当在通知书指定的期限内作出答复”，在《审查指南》中是指“口头审理通知书回执”。《审查指南》进一步规定，“无效宣告请求人期满未提交回执，并且不参加口头审理的，其无效请求视为撤回，专利权人不参加口头审理的，可以缺席审理”。

案例的具体信息是这样的：

请求人王某于 2007 年 5 月对某发明专利向专利复审委员会提出无效请求。专利复审委员会定于 2008 年 1 月 17 日进行口头审理。请求人提交了“口头审理通知书回执”，表明要按时出席口头审理，但在口头审理的当天，请求人却没有到场。专利权人一方认为，既然请求人不出席口头审理，本案应视为撤回。

但专利复审委员会认为，根据《专利法实施细则》第六十九条的规定，只有在请求人“既不提交口头审理通知书回执”，“又不出席口头审理”的情况下，本案才能视为撤回。由于本案中请求人已经提交了“口头审理通知书回执”，不符合《专利法实施细则》第六十九条的规定，故仍应继续进行口头审理。

表面上看，专利复审委员会是在依法办案，但实际上面临的法理困境无法回避。

首先，对于请求人不到场的情况，我们对该第六十九条的规定理解就应从立法本意出发，系统地予以全面、准确地分析。该条规定是说：既不答复也不参加口头审理的，其无效宣告请求视为撤回。但这只是充分条件，而不是充分必要条件。换句话说，满足了“既不答复且也不出席口头审理的”，就一定导致“其无效宣告请求视为撤回”；但如果不满足，则还

[1] 2010 年 2 月 1 日起施行的修改后的《专利法实施细则》为第七十条，仅仅是法条的编号变化，没有其他任何的修改。

不能得出“其无效宣告请求不能视为撤回”的结论。从形式逻辑的观点出发也是如此，如果说一个人吃了三个馒头，就能得出“一定吃饱”的结论成立，但不能由此反推出“该人吃两个馒头就一定没有吃饱”的结论。可见，从《专利法实施细则》第六十九条的规定并不能推出：请求人不参加口头审理的，就不能作出“其无效宣告请求视为撤回”的结论。

在本案中，首先，请求人对专利复审委员会发出的口头审理通知书在指定的期限内作了答复，表示要出席口头审理，这本身就是行政相对人（或者诉讼主体）的法律行为，即行政相对人行为（或者诉讼行为）。同样，请求人以实际行动不出席口头审理，也是一种法律行为。但更应注意，请求人的后一个法律行为，是可以否定前一个法律行为的效力。也就是说，根据行政法或者诉讼法原理，如果后一个法律行为明确地与前一个法律行为相矛盾，应以在后的法律行为为准。请求人答应出席而不出席，也没有合理的理由作出解释，其本身就是不诚信的表现。请求人以实际行动不出席口头审理，本身也是对前面表示“参加口头审理的回执”的法律行为的否认。换句话说，本案可以认为属于《专利法实施细则》第六十九条设定的“既不答复也不出席口头审理的”的情形，因此，专利复审委员会据此作出“其无效宣告请求视为撤回”的决定，完全是可以理解为是有法律依据的。

其次，专利复审委员会在口头审理处于居中地位，在请求人不当场的情况下，专利复审委员会根本无法展开有效的审理。如果其代替请求人发问，就难免会偏离了“居中”的地位；如果不发问，则口头审理没有实质意义，这使得专利复审委员会进退两难。本案中，审查员曾发问专利权人：“请说明你的专利性如何?”，专利权人回答：“本专利经过专利局的授权程序，就说明其具有专利性，在没有生效判决、决定否定其专利性的情况下，应推定其专利权有效，专利权人没有自证专利权有效的责任”。这是因为，证明缺乏专利性是请求人的举证责任，合议组无权将该义务转移给专利权人。

再次，《审查指南》对“依职权审查”只是作了有限的规定。合议组无法可依。

在审查证据真实性时，审查员发问说，对请求人的证据如何看待？由于请求人的证据都是复印件，专利权人只是表明对复印件不能确认真伪即可。在请求人不出席的情况下，事实就难以查明。如果专利复审委员会可以依职权对复印件的真实性予以认定，那么，专利复审委员会是否可以替请求人出示证据原件？笔者认为，在“依职权审查”的基本原则下，如果有证据表明涉案证据的原件是真实存在的，专利复审委员会是可以依职权向对方当事人释明的；例如其他案子审理中，已经确认了该复印件的真实性，基于公平与兼顾效率的原则，专利复审委员会还是可以主动收集、出示证据原件并认可其真实性的，这属于依职权审查的应有之义。显然，国家知识产权局已经注意到这个问题，在配合新《专利法》实施的2010年《专利审查指南》第四部分第一章中，对“依职权审查原则”作了相应地修改，明确规定：“专利复审委员会可以对所审查的案件依职权进行审查，而不受当事人请求的范围和提出的理由、证据的限制。”

从上面的案例中可以看出，进一步完善对请求人缺席口头审理的程序规定是很有必要的。

2. 视为专利权人缺席口头审理的案例

专利无效宣告的审理对象是授权的权利要求书，如果专利权人不出席口头审理，通常表明专利权人对能否保住专利权缺乏信心，但也有可能有其他原因，但从道理上，不能因为专利权人不出席口头审理，就当然认为专利权无效。在专利权人不出席口头审理的情况下，请求人仍可以在合议组的审理下，说明其主张无效的理由，因此，审理还是能够进行下去的。

虽然专利权人缺席口头审理的情况并不少见，但“视为专利权人缺席口头审理”的情况却绝无仅有，下面的案例二，很值得认真思考。

案例二的具体信息如下：

请求人就某实用新型专利向专利复审委员会提出请求宣告本专利无效，专利权人未委托专利代理机构，二是派出企业的代表出席了口头审理，由于专利权人系台湾地区“企业专利复审委员会”认为专利权人明知应委托专利代理机构而不委托，后果应该自负，故尽管专利权人已经到场参加口头审理，但仍“视为专利权人缺席口头审理”，不允许专利权人的代表坐在“专利权人席位”上，仅允许其旁听。

这个案例折射出的问题是：专利复审委员会的做法是否有法律依据？无论是在2006版《审查指南》还是2010版的《专利审查指南》中，都没有“视为专利权人缺席口头审理”的规定，也没有关于专利权人未委托专利代理机构的法律后果的具体规定，更没有赋予专利复审委员会剥夺专利权人出席口头审理的权力。

(1) 关于委托手续不合格如何处理的规定。的确，本案中，作为专利权人的中国台湾地区的企业，没有委托专利代理机构，其做法是有法律上的瑕疵。但这是否导致“视为专利权人缺席口头审理”的后果，还要从法律规定入手，进行深入地分析。

2006 版《审查指南》在第四部分第三章的 3.6 之（3）规定❶：对于根据《专利法》第十九条第一款规定应当委托国家知识产权局指定的专利代理机构的请求人，未按规定委托的，专利复审委员会应当通知请求人在指定的期限内补正；未在指定期限内补正的，其无效宣告请求视为未提出；在指定期限内补正不合格的，其无效宣告请求不予受理。

上述规定只涉及了专利无效审查程序中的请求人委托手续不合格的情况，而没有涉及专利权人，《专利审查指南 2010》对此没有涉及，这不能不说是制度制定上的疏失。尽管该规定是针对请求人的，但无效程序通常为双方当事人参加的程序，基于当事人权利平等、对等原则，也应推定上述规定适用于专利权人。

根据上述规定，我们可以看出，即使是专利权人应该委托而没有委托专利代理机构，专利复审委员会应书面通知专利权人，并指定补正期限。其体现的听证原则是，给予当事人一次听证的机会。如果未经这样的听证机会，是不能作出对当事人不利的决定的。

本文的上文分析，还可以从《专利审查指南 2010》的第一部分第一章的 6.1.1 找到类似的规定：“根据专利法第十九条第一款的规定，在中国内地没有经常居所或者营业所的外国人、外国企业或者外国其他组织在中国申请专利和办理其他专利事务……应当委托专利代理机构办理。……审查中发现上述申请人申请专利和办理其他专利事务时，未委托专利代理机构的，审查员应当发出审查意见通知书，通知申请人在指定期限内答复。申请人在指定期限之内未答复的，其申请视为撤回；申请人陈述意见或者补正后，仍然不符合专利法第十九条第一款规定的，该专利申请应当被驳回。”

由此可见，无论是在单方当事人的专利审查阶段，还是在双方当事人

❶ 由于该案例发生在生效之前，故适用 2006 版《审查指南》。应该指出，《专利审查指南 2010》基本上沿用了上述规定，对于未按照《专利法》第十九条的规定委托专利代理机构的专利权人，仍然没有作出具体规定。

的专利无效宣告程序，对于委托手续不合格的情况，《审查指南》都奉行听证原则，即发出书面通知限期补正。

(2)《审查指南》没有“视为专利权人缺席口头审理”的规定

如上所述，原告作为专利权人，在口头审理举行的当天，已按时出席。并非“专利权人不参加口头审理”。因此，本案不满足《专利法实施细则》第六十九条第三款规定的前提条件。

另外，专利法律法规中的“视为”是一种对已发生的事实状态的法律推定，即在满足某种事实状态下，推定法律后果。因此，对这样的法律推定是可以通过合理理由来推翻的。例如，对于专利局发出的补正通知书，申请人应在两个月内答复，逾期未答复的，专利申请就视为撤回。如果申请人能证明其因为未收到专利局的补正通知书而错过答复期限，则可以推翻“视为撤回”的推定。由于专利申请的审查过程采用书面审查方式，且需要经历较长的时间，为促使申请人积极配合审查程序，有必要采用“视为”的推定来规范申请人的配合义务。值得注意的是，为了防止滥用“视为”的推定，对“视为”的规定应该采取“法定主义”，即明确规定在《专利法》及其细则当中的“视为”的规定才能被适用。审查员自己无权创设“视为”的推定。

专利权人是否出席口头审理，本身是一个积极的事实。专利权人是否出席口头审理，这个客观事实就发生在口头审理的当天，出席就是出席，不出席就是不出席，一目了然，不需要通过推定证实。因此，专利法律法规中，无须对“视为专利权人缺席口头审理”作出规定。

我们还可以进一步考察《民事诉讼法》或《行政诉讼法》关于缺席审理的规定，来验证本文上面的分析。

《民事诉讼法》第一百三十条规定：“被告经传票传唤，无正当理由拒不到庭的，或者未经法庭许可中途退庭的，可以缺席判决。”

《行政诉讼法》第四十八条的规定：“经人民法院两次合法传唤，原告无正当理由拒不到庭的，视为申请撤诉；被告无正当理由拒不到庭的，可以缺席判决。”

可见，《民事诉讼法》或《行政诉讼法》都要求在经过合法传唤，被告拒不到庭的情况下，才能缺席审理。所谓合法传唤，需要采取送达书面传票的通知形式，可见，法院对此也没有自由裁量的可能。

(3) 专利权人是否“明知”《审查指南》的上述规定

专利权人是否“明知”《审查指南》的上述规定，是一种主观心态，只能由主张其“明知”的一方用客观事实加以证明，因此，主张专利权人“明知”的举证责任在于行政机关而不在于专利权人，这种证明责任不能转嫁给专利权人。

更重要的是，上述《审查指南》规定中，并无关于当事人是否“明知”的判断要件，即不论是否“明知”，行政机关都应满足听证原则的要求，先发出审查意见通知书。之后才能根据当事人的态度作出相应决定。

由于专利无效程序通常为双方当事人的程序，专利权人出席口头审理显然是一种法定权利，故这种权利就需要有法律上的保障得以实现，不得任意剥夺。尽管专利权人没有委托专利代理机构，但问题是这种瑕疵是否严重到使其丧失了出席口头审理进行自我辩护、与对方辩论权利的严重地步？即使答案是肯定的，也应由法律法规作出明确规定，而不能任由专利复审委员会自由裁量。换言之，专利复审委员会的自由裁量权必须于法有据，“师出有名”。

三、结　语

如何认定专利无效宣告程序的性质，既是一个理论问题，也是一个实践中的重要问题。虽然专利无效宣告程序是当事人基于民事争议而启动的程序，但由于审查对象是专利权利要求书，其源于专利审查机关依法定程序作出的行政决定，又由于专利复审委员会的设置目的就是为了使得公众能够及时地得到行政救济，专利复审委员会是具有技术专家与法律专家的专门行政复议机关，故专利无效宣告程序的性质具有特殊性，属于民事程序和行政程序的混合。但本文认为，其行政程序的意义更加重要，专利复审委员会如果一味地保持消极的中立，则混同于一般的民事调解机构，与其行政机关的法定职责不符。因此，有必要重新审视无效宣告程序的法律性质和特殊作用。本文认为，2010 版《专利审查指南》中，已经部分地体现了专利无效宣告程序从先前的“当事人主义”向强化“职权主义”转变，并试图保持两者的必要平衡，这是十分可喜的。只有这样才能充分发挥专利复审委员会的特殊作用，更好地维护专利制度的尊严和专利复审委员会的权威。

专利权的保护

论权利要求保护范围解释的原则、时机和方法[1]

张 鹏[2]

摘 要

权利要求保护范围的解释是专利法领域一个永恒的研究课题，在无效程序和侵权程序中都得到普遍的关注。笔者对该问题提出三个观点。第一、解释的原则。专利实质审查阶段、专利无效宣告审查阶段与专利侵权判断阶段对权利要求保护范围的解释标准应当统一。第二、解释的时机。权利要求保护范围的解释是积极和主动的，但是具备一定的前提条件，在权利要求的术语存在特定含义、或者说明书明确放弃某些技术方案、或者权利要求所包含的某些技术方案无法实现、或者权利要求的术语存在多种含义等情况下，应当对于权利要求进行解释。但是，不能将解释混同于限制。第三、解释的方法。在无效宣告程序和侵权纠纷处理程序中，如果权利要求可能有多种解释，应当采用能够将实施例包括在内的解释。在综合考虑所要解决的技术问题和所能达到的技术效果的情况下，明显不能成立的技术方案不应解释在权利要求的保护范围之内，并且上述解释应当固定在生效决定或者判决中。

---

❶ 本文根据笔者于2008年11月19～20日参加国家知识产权局专利复审委员会与北京市高级人民法院知识产权庭、北京市第一中级人民法院知识产权庭、北京市第二中级人民法院知识产权庭联合召开的专利行政执法与行政诉讼业务研讨会上的主题发言进行修改后形成的，感谢与会领导、法官和同事的意见和建议。

❷ 作者单位：国家知识产权局专利复审委员会。

引　言

在20世纪90年代，美国联邦法院Giles法官将专利法制度称为“名为权利要求的游戏”❶。可以说，权利要求保护范围的解释是专利法领域一个永恒的研究课题。随着专利法理论研究的发展，对于权利要求保护范围解释的实践也在发展。最近，Panitch等学者提出，专利法制度已经不再是名为权利要求的游戏，因为自Philips一案❷之后，当权利要求保护范围较为模糊或者存在多种解释的时候，裁判者会选择说明书“限制”权利要求的保护范围，在说明书包含受到一定限制的技术方案的时候，上述限制会影响到权利要求的解释，将权利要求书解释为包含该技术方案的范围❸。如Aquatex Indus一案中关于“纤维填料”的解释❹以及Network Commerce一案中关于“下载组件”的解释❺等。

《中华人民共和国专利法》（下称《专利法》）第五十六条第一款规定，发明或者实用新型专利权的保护范围以其权利要求书的内容为准，说明书及附图可以用于解释权利要求。上述条款的理解，归根到底涉及说明书与权利要求书的辩证关系问题，笔者将其归结为“目的解释”与“字面解释”之间的博弈关系，也就是说，如何平衡“目的解释”与“字面解释”。本文主要探讨如何使用说明书“解释”权利要求书，而不是“限制”权利要求书，即如何区分“解释”和“限制”。

一、案例及司法实践介绍

案例1：某无效案件中，涉案专利的权利要求1的内容如下：车辆运

❶ Giles S. Rich. The Extent of the Protection and Interpretation of Claims－American Perspectives，21 Int'l Rev. Indus. Prop. & Copyright L.，497，499（1990）（To coin a phrase，the name of the game is the claim.）.

❷ Phillips v. AWH Corp.，415 F. 3d 1303（Fed. Cir. 2005）.

❸ Panitch，Gerson S.. Is the Name of the Game Still the Claim? The Post－Phillips Revolution in Patent Law. Intellectual Property Today，June 2007. http：//www.finnegan.com/resources/articles/articlesdetail.aspx? news＝16abb42a－180b－49b0－af3c－896d420ab1fc.

❹ Aquatex Indus. Inc. v. Techniche Solutions，419 F. 3d 1374，1382（Fed. Cir. 2007）.

❺ Network Commerce. Inc. v. Microsoft Corp.，422 F. 3d 1353（Fed. Cir. 2005）.

输车的上层踏板举升机构，其特征在于在上层踏板下方设置两对立柱，在前端的立柱内分别设置滑块式举升机构，在后端的柱内分别设置滑轮式举升机构，举升机构的末端与上层踏板连接。涉案专利仅有一个实施例，其基本结构如图 1 所示，立柱设置在上层踏板的侧下方。在立柱仅能设置在上层踏板的侧下方，无法设置在上层踏板的正下方的情况下，对于该权利要求保护范围的理解存在不同观点。

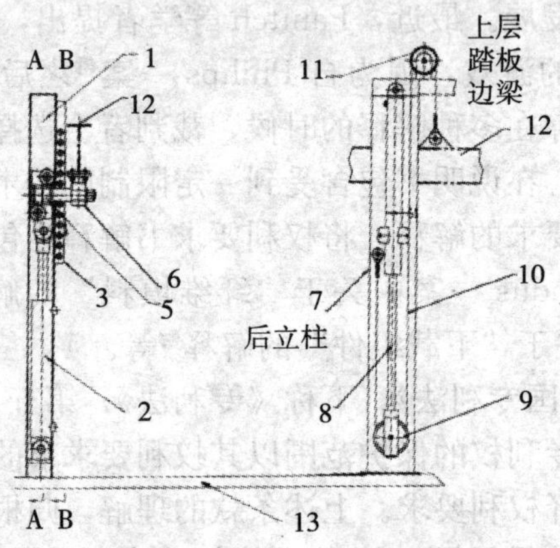

图 1：涉案专利的附图 1

被诉决定认为[1]，结合说明书以及实施例的内容，可以看出：立柱并不是位于上层踏板的正下方的，而是位于上层踏板的四周并支撑在运输车的车身上，相对于上层踏板而言是位于其下方的，根据《专利法》第五十六条第一款的规定，发明或者实用新型专利权的保护范围以其权利要求的内容为准，说明书及附图可以用于解释权利要求，根据说明书上述内容及附图的记载可以看出，本专利权利要求 1 中的“下方”不应理解成正下方，而应理解为“侧下方”。一审判决持有基本相同的观点[2]：尽管本专利权利要求 1 中使用“上层踏板下方设置两对立柱下方”的描述，但是其可能不同于一般对“下方”的理解，但本领域普通技术人员根据说明书可以理解权利要求 1 中所属的上层踏板和立柱的位置关系。

---

❶ 参见国家知识产权局专利复审委员会第 10275 号无效宣告请求审查决定。

❷ 参见北京市第一中级人民法院（2007）一中行初字第 1453 号判决。

二审法院认为❶，作为方位概念，“下方”、“侧下方”、“侧方”有严格的区分，“上层踏板下方”应仅指踏板面积所辖范围之下的位置，本专利说明书中所描述的技术方案（侧下方的技术方案）与权利要求1中的技术方案（下方的技术方案）存在本质差异，被诉决定和一审判决中均认定错误。

另外，涉案专利的侵权案件中，北京市第一中级人民法院认为❷，结合说明书以及附图，权利要求1中的“踏板下方”应理解为踏板下部的前后端即两侧（侧下方）。

关于权利要求保护范围的解释问题，上述判决似乎与包括涉案专利的侵权判决在内的一些侵权判决中的认定存在差异。目前，侵权案件的审理中，人民法院倾向于使用说明书对权利要求作出“限制”。如果权利要求中的用语在表面上具有较宽的含义，但说明书中没有对该用于的全部含义加以披露时，法院会根据说明书对权利要求的含义作出限制解释，以使得权利要求书得到说明书的支持❸。

案例2：“积木地板”发明侵权纠纷一案，权利要求中多次出现“积木”一词。对此，北京市第二中级法院认为❹：正确的做法应当是按照说明书中的文字限定权利要求中的某些必要技术特征，对权利要求字面所限定的技术方案的保护范围作出公平的缩小的解释，以使权利要求得到说明书及附图的支持。可以说，一审法院主要采用了目的解释的方式，对权利要求的保护范围加以“限制”。北京市高级人民法院在二审中维持了上述判决❺。

案例3：“全耐火纤维符合防火隔热卷帘”实用新型专利侵权纠纷案，北京市第一人民法院认为❻：说明书及其附图可以对本专利权利要求字面所限定的技术方案的保护范围作出公平的扩大或者缩小的解释，即可以把必要技术特征等同的特征解释到专利权的保护范围，也可以结合独立权利

❶ 参见北京市高级人民法院（2008）高行终字第88号判决。

❷ 参见北京市第一中级人民法院（2006）一中行初字第8857号判决。

❸ 闫文军．专利权的保护范围——权利要求解释和等同原则适用［M］．北京：法律出版社，2007：329.

❹ 参见北京市第二中级人民法院（2004）二中行初字第6988号判决。

❺ 参见北京市高级人民法院（2005）高民终字第172号民事判决书。

❻ 参见北京市第一中级人民法院（2002）一种民初字第3258号判决。

要求中的技术特征解释到专利权的保护范围，也可以结合独立权利要求中的技术特征解释其含混不清之处。

二、比较法研究与法理研究

就权利要求保护范围的规定而言，德国、日本等大陆法系国家的法律条文以及《欧洲专利公约》的相关规定的表述方式与我国差别不大[1]。但是，在审查实践和司法实践中各有特点。

（一）日本权利要求保护范围的理论和实践

基于对公示的尊重和对专利实质价值的尊重的平衡[2]，日本学术界和实务界对于权利要求解释持有多种观点。

1. 解释的时机

前提条件说。在1991年日本最高法院所审理的脂肪酶（lipase）案件中，说明书中仅记载了有关Ra脂肪酶的实施例，权利要求书中使用了脂肪酶。日本特许厅实质审查部门驳回了该专利申请，日本特许厅裁判部作出了维持该驳回决定的复审决定。东京高等法院认为，根据说明书的描述可以确认权利要求中的脂肪酶指的就是Ra脂肪酶，从而撤销特许厅裁判部的复审决定。日本最高法院认为，本案的争议焦点在于，应当根据专利权利要求的记载确定保护范围，除非存在特殊情况。同样，说明书中的记载只有在特殊情况下才能给予考虑，例如权利要求记载的技术方案不能清楚地得到理解，或者权利要求的记载与说明书描述相比具有明显的错误[3]。日本学术界也存在这样的观点，即只有在权利要求中的术语不清楚或者说明书对特定术语进行定义的时候，才会参考说明书加以解释[4]。日本地方法院在“导尿器用导线”案、“中通杆”案等中也持有相同的观点[5]。也就是说，权利要求保护范围的解释以权利要求不清楚或者具有特

[1] 参见《德国专利法》第14条和《日本专利法》第70条。

[2] 牧野利秋．知识产权诉讼寸考［M］．布井出版社，2002：158～160.

[3] 大郑哲也，茶团成树，平屿龟太，芦立顺美，横山久芳．知识产权法判例集［M］．有裴阁，2008：82～85.

[4] 中山信弘．工业所有权法上——专利法［M］．弘文堂，2000：111.

[5] 大郑哲也，茶团成树，平屿龟太，芦立顺美，横山久芳．知识产权法判例集［M］．有裴阁，2008：87～90.

定术语作为前提，笔者将该学说称为前提条件说。

无前提条件说。日本有些法院判决并不以权利要求不清楚或者具有特定术语作为权利要求保护范围解释的前提，认为在任何情况下都应当参考说明书对权利要求书进行解释。如大阪法院“洗米及其包装方法”案、东京法院“酸性糖蛋白质”案❶等。

可见，对于权利要求保护范围的解释时机问题，日本法院的做法并不统一❷。

2. 解释的方法

日本学者列举了权利要求保护范围解释的一些原则❸。首先，说明书记载的实施例只是为了示例，不能对保护范围起到限制的作用。但是，根据对权利要求解释的结果，应当得出实施例中记载的内容在权利要求保护范围之内的结论。其次，权利要求包含范围比说明书记载的范围大的情况下，由于说明书是确定本领域技术人员可能实施范围的基础，说明书的记载应当对于权利要求的保护范围具有一定的限定作用。

（二）欧洲权利要求保护范围的理论和实践

1.《欧洲专利公约》之前德国的理论与实践

早在19世纪，基于专利的契约理论这一基本法理，德国将权利要求书看作是专利权人的一种意思表示，相当于专利权人所提出的合同要约。专利权人依照该合同所获得权利的范围需要按照权利要求的内容来确定，就像债权人所享有的债权需要按照合同加以确定一样。只有被控侵权物使用了与权利要求中记载的技术方案相同的技术方案的时候才能构成侵权，即“发明创造的对象”需要与“专利保护的对象”完全一致❹。但是，上述观点显然对于专利权人的权利保护不力，20世纪初，德国法学界提出将“发明创造的对象”与“专利保护的对象”分离的扩张解释理论。也就是说，专利授权机关在授权以及无效审查中对于“发明创造的对象”进行

❶ 大郑哲也，茶团成树，平屿龟太，芦立顺美，横山久芳．知识产权法判例集［M］．有裴阁，2008：87～90.

❷ 闫文军．专利权的保护范围——权利要求解释和等同原则适用［M］．北京：法律出版社，2007年：221.

❸ 森义之．专利发明技术范围的确定［M］//牧野利秋，饭村敏明．裁判实务大系·知识产权关系诉讼法，青林书院，2001：158.

❹ 松本重敏．专利发明的保护范围［M］．有裴阁，2000：134.

判断，法院在专利侵权的审理中对于“专利保护的对象”进行判断❶。

该扩张解释的理论存在诸多学说：完全扩张说、修正的扩张说、二段论、三段论等。完全扩张说认为，专利权的保护范围延伸到本领域技术人员阅读说明书之后可以得到技术启示的所有技术方案❷，显然，在该学说下权利要求书形同虚设。修正的扩张说认为，在上述完全扩张说的基础上，专利权的保护范围不及于现有技术并且限于说明书所公开的发明思想的范围之内❸。二段论就是区分“发明创造的对象”与“专利保护的对象”。三段论则是，将专利保护的对象分成如下三个层次：（1）发明的直接主题，也就是由权利要求书的文字内容所确定的范围；（2）专利主题或者明显的等同，它确定了一项专利权通常的保护范围；（3）在某些情况下，对一项专利权的保护还可以超过上述“专利主题”的范围，对“总的发明构思”或者不明显的等同提供保护❹。上述二段论和三段论都是以发明构思为中心判断权利要求的保护范围，被称为中心限定原则。

2. 《欧洲专利公约》之前英国的理论与实践

基于专利的垄断理论，英国专利法是作为被禁止的各种形式的垄断行为的例外产生的❺。基于此，学术界普遍认为专利权人应当清楚地界定专利权有效期内社会公众被禁止的范围，保证专利权的权利范围的公示作用，从而保障社会公众的利益。基于上述价值取向，英国法院在 EMI 案❻、Van Der Lely 案❼、Rodi 案❽等中显示了严格使用权利要求书界定保护范围的态度，被称为周边限定原则。当然，英国法院后来也提出了

---

❶ 松本重敏．专利发明的保护范围［M］．有裴阁，2000：138～139.

❷ Bruchhausen. The scope of patent protection in different European countries——an outline of recent case law. The 4th International Review of Industrial property and copyright law. 1973，306～310.

❸ 闫文军．专利权的保护范围——权利要求解释和等同原则适用［M］．北京：法律出版社，2007：221.

❹ 国家知识产权局学术委员会“无效程序中如何确定权利要求保护范围的研究”课题报告，第17页．

❺ 英国的1624年垄断法案被认为是第一部现代意义上的专利法。参见 Ray D. Weston. A comparative analysis of the doctrine of equivalents：can European approaches solve an American dilemma? The Journal of Law and Technology 1998，35.

❻ EMI v. Lissen.［1939］56 RPDTM. 23，29.

❼ 1963 RPC 61.

❽ 1969 RPC367.

“发明精髓”原则，即根据说明书判断必要技术特征和非必要技术特征，如果省略或者改变了非必要技术特征，则仍然构成侵权❶。

3.《欧洲专利公约》的相关规定

在签订《欧洲专利公约》的过程中，各成员国提出了对英国的周边限定原则和德国的中心限定原则进行折中的要求❷。该公约第69条（1）规定：一份欧洲专利或者欧洲专利申请的保护范围由权利要求书的内容来确定，说明书和附图可以用于解释权利要求。《欧洲专利公约》还专门附加了一个对第69条（1）的议定书，其内容如下：第69条不应当被理解为一份欧洲专利所提供的保护由权利要求的措辞的严格字面含义来确定，而说明书和附图仅仅用于解释权利要求中的含糊不清之处；也不应当被理解为权利要求仅仅起到一种指导的作用，而提供的实际保护可以从所属技术领域的普通技术人员对说明书和附图的理解出发，扩展到专利权人所期望达到的范围。这一条款应当被理解为定义了上述两种极端之间的一种中间立场，从这一立场出发，既能够为专利权人提供良好的保护，同时对他人来说又具有合理的法律确定。可见，《欧洲专利公约》持折中原则的态度。

（三）美国权利要求保护范围的理论和实践

2005年7月12日，美国联邦巡回上诉法院针对Philips v. AWH Corp.一案以满席审理（en banc）的方式作出判决❸，该判决对于权利要求保护范围解释的七个根本性问题进行了论述，具有深远的影响。该判决书指出❹，专利的权利要求书界定专利权人独占权的范围，这是专利法的基本原则。……权利要求书必须根据说明书进行阅读。……专利说明书披露了专利权人对于权利要求书保护范围的有意舍弃或者限制，这时专利权利要求的正确范围根据专利权人的意思进行确定。专利的授权程序也使说明书与权利要求书之间的关联性进一步增强。专利商标局在确定专利申请的保护范围时，不只是看权利要求中的文字，还根据本领域技术人员依据说明书对权利要求书所给出的最广义的合理解释。所以，对于权利要求进行解释时严重依赖说明书是完全正确的。

---

❶ 参见Clark v. Adie. App Cas 315，320.

❷ 井上由里子．英国判例的动向［D］//关于权利要求解释的调查研究报告书，2002：52.

❸ Phillips v. AWH Corp.，363 Fed Cir 2005.

❹ 闫文军．专利权的保护范围——权利要求解释和等同原则适用［M］．北京：法律出版社，2007：52-61.

在其他案件中，多数也法院认为，如果权利要求中所使用的词语的普遍含义是荒谬的或者没有意义的，则说明专利权人要赋予该词语特定的含义。说明书可以通过非明示的方式对权利要求中的用语进行重新定义❶。例如在Jack Guttman案中，权利要求中使用了“tortuous bends”。法院判决认为，tortuous的通常含义是“弯曲的”，但是如果按照这种理解，这个词语在权利要求中就是多余的，因此应当结合说明书进行理解。结合说明书，“tortuous bends”是指“足以破坏底层纸张的完整性的弯曲”。❷

三、笔者观点

下面结合比较法研究和法理研究的内容，说明笔者对于权利要求保护范围解释的原则、时机和方法的观点。

（一）权利要求保护范围解释的原则

笔者认为，专利实质审查阶段、专利无效宣告审查阶段与专利侵权判断阶段对权利要求保护范围的解释标准应当统一。这不仅有利于专利权的保护，鼓励发明创造，而且有利于专利权人和社会公众对于专利权的保护范围建立统一的预期，从而保障社会公众的可期待利益，并且有利于鼓励专利权人公开其发明创造。

（二）权利要求保护范围解释的时机

首先，从比较法的角度而言，总结日本、欧洲和美国在权利要求保护范围解释方面的理论和实践情况可以看出，欧洲和美国对于权利要求保护范围的解释没有前提条件，也就是说，在任何情况下都需要对于权利要求的保护范围进行解释；而日本则以权利要求不清楚或者没有明确的惟一含义作为解释权利要求保护范围的前提。

其次，从实证法的角度而言，总结我国权利要求保护范围解释方面的司法实践可以看出，上述两种观点在司法实践中同时存在。最高人民法院在“机芯奏鸣装置音板”案的判决中指出，在确定专利权的保护范围时，既不能将专利权保护范围仅限于权利要求书严格的字面含义上，也不能将权利要求书作为一种可以任意发挥的技术指导。说明书和附图只有在权利

---

❶ Robert C. Patent claim construction，Aspen Publishers，2003：4－23.

❷ 302 F. 3d 1352，64USPQ2d 1302.

要求书记载的内容不清楚时，才能用来澄清权利要求书中模糊不清的地方，说明书和附图不能用来限制权利要求书中已经明确无误记载的权利要求的范围。[1] 可以说，该判决限定了对于权利要求进行解释的前提条件。但是，司法实践中存在与之不同的观点，如本文所引用的北京市第一中级人民法院和北京市第二中级人民法院的判决等。

再次，从法理的角度而言，从专利申请人（专利权人）、审查员和法官三个角度加以分析可以得知，专利申请人在撰写权利要求书的时候，根据说明书以及现有技术的情况进行撰写；审查员并非仅对权利要求书进行审查，而是将权利要求书和说明书等材料结合加以审查；法官在进行侵权判断时也并非仅以权利要求书为依据。权利要求的术语存在特定含义、说明书明确放弃某些技术方案、权利要求所包含的某些技术方案无法实现或者权利要求的术语存在多种含义等情况下，根据垄断与公开之间的平衡，应当使用说明书对于权利要求加以解释。

需要强调的是，并非在任何情况下都需要对于权利要求的保护范围进行解释。说明书仅仅用来限制权利要求的保护范围（正如本文所引用的两个侵权判决一样）不符合《专利法》第五十六条的立法本义，因为这将使得权利要求书的法律意义有所丧失，违背了专利法的基本理论，并且使得《专利法》第二十六条第四款等条款形同虚设。

综上所述，笔者认为，权利要求保护范围的解释应当是积极和主动的，但是应具备一定的前提条件。在权利要求的术语存在特定含义、说明书明确放弃某些技术方案、权利要求所包含的某些技术方案无法实现或者权利要求的术语存在多种含义等情况下，才需要对权利要求加以解释。但是，不能使用说明书对权利要求书的保护范围仅仅加以限制。

（三）权利要求保护范围解释的方法

首先，从比较法的角度而言，日本、德国、英国等国家的专利法条文中以及《欧洲专利公约》中都明确规定了说明书和附图可以用于解释权利要求。美国的专利法条文中虽然对此没有规定，但是正如美国联邦巡回上诉法院在 Philips 案的判决中所表述的，对于权利要求进行解释时严重依赖说明书是完全正确的。美国法院既强调不能将说明书的限制读入到权利

[1] 宁波市东方机芯总厂诉江阴金铃五金制品有限公司案，最高人民法院（2001）民三庭第1号民事判决书。

要求书中，又强调应当根据说明书来解释权利要求。对于上述“限制”和“解释”的区别，美国学术界和实务界认为，应当将注意力集中于本领域技术人员对于权利要求中的术语的理解上。[1]

其次，从实证法的角度而言，我国法院存在四种做法：使用说明书解释权利要求中的特定技术术语、使用说明书对于权利要求作出限制性的解释、使用说明书对于权利要求作出扩大性的解释以及单纯依靠权利要求的字面解释确定其保护范围。上述北京市第二中级人民法院判决即属于第二种情形。上述第三种情形就是多余指定原则的法律适用的情况，目前已经鲜有案例。上述第四种情形如本文所讨论的案例。

还有，从法理的角度而言，保护专利权和维护专利权的公示作用是确定专利权保护范围时两个冲突的价值目标[2]。笔者认为，除了上述价值取向的判断之外，还需要考虑权利要求保护范围的“可预期性”，以保障专利权人和社会公众的可期待利益，也就是说需要保障利益的平衡。在无效宣告程序和侵权纠纷处理程序中，如果权利要求可能有多种解释，选择将实施例包括在内的解释既符合保护专利权的价值取向，也符合维护专利权的公示作用的价值取向，并且能够保障专利权人和社会公众的可期待利益。另外，在无效宣告程序和侵权纠纷处理程序中，在综合考虑所要解决的技术问题和所能达到的技术效果的情况下，应当将明显不能成立的技术方案解释为不包含在权利要求的保护范围之内。这样能够充分保护已经获得的专利权，避免该专利权轻易被宣告无效，并且由于所排除的技术方案属于明显不能成立的技术方案，所以对于专利权的公示作用没有损害。当然，为了进一步保障专利权的公示作用，可以将上述解释固定在生效决定或者判决中。另外，上述做法也充分保障了专利权人的可期待利益，并且由于所排除的技术方案属于明显不能成立的技术方案，所以没有损害社会公众的可期待利益。

再次，从我国国情的角度而言，我国的国内专利申请集中于没有实质审查的实用新型专利，国外专利申请则大量集中于存在实质审查的发明专

---

[1] 闫文军．专利权的保护范围——权利要求解释和等同原则适用［M］．北京：法律出版社，2007：445.

[2] 闫文军．专利权的保护范围——权利要求解释和等同原则适用［M］．北京：法律出版社，2007：437.

利，实质审查程序中存在修改的机会。另外，相对于发达国家而言，由于我国专利法起步较晚，我国专利侵权案件的数量积累较少，国内代理人的撰写水平有待提高。在这一国情背景下，我们不得不面对这一事实：未经过实质审查即获得授权的许多实用新型专利具有技术贡献，但是存在撰写上的瑕疵。因此，在当前国情之下，在无效宣告程序和侵权纠纷处理程序中，如果权利要求可能有多种解释，应当采用能够将实施例包括在内的解释。

综上所述，笔者认为，在无效宣告程序以及侵权纠纷处理中，权利要求保护范围的解释应当采用下述规则。如果权利要求可能有多种解释，应当采用能够将实施例包括在内的解释，即权利要求解释的结果应当能够将实施例包含在保护范围之内。在综合考虑所要解决的技术问题和所能达到的技术效果的情况下，明显不能成立的技术方案不应解释在权利要求的保护范围之内，并且上述解释应当固定在生效决定或者判决中。

四、案例回顾

在本文所述的案例 1 中，根据笔者的观点，在权利要求所包含的某些技术方案无法实现的情况下，应当对于权利要求进行解释。在案例 1 的立柱仅能设置在上层踏板的侧下方、无法设置在上层踏板的正下方的情况下，应当对于权利要求进行解释。另外，无效宣告程序和侵权纠纷处理程序中，如果权利要求可能有多种解释，应当采用能够将实施例包括在内的解释。在综合考虑所要解决的技术问题和所能达到的技术效果的情况下，明显不能成立的技术方案不应解释在权利要求的保护范围之内，所以，应当将权利要求 1 中的“下方”解释为“侧下方”，并将该解释固定在生效决定或者判决中。

在本文所述的案例 2、3 中，根据笔者的观点，解释不等于限制，并且权利要求保护范围的解释需要具备一定的前提条件，即出现权利要求的术语存在特定含义、说明书明确放弃某些技术方案、权利要求所包含的某些技术方案无法实现或者权利要求的术语存在多种含义等情况。所以，本文所述的案例 2、3 中所主张的“应当对权利要求字面所限定的技术方案的保护范围作出缩小的解释”有所不当。

五、结　语

一项发明的“文字肖像”通常是为了满足专利法的要求而事后撰写出来的，这种从实际机器到文字的转化常常会留下难以填补的间隙。[1] 在侵权纠纷处理程序与无效宣告程序相分离的国家，理想的情况应当是，审查时确定的权利要求范围与保护时确定的权利要求范围相同，这就要求专利无效宣告阶段权利要求保护范围的解释标准与专利侵权判断时对权利要求保护范围的解释标准相统一，本文正是基于这一目的做一些尝试，以期对于无效宣告案件的审查和侵权案件的审理有所帮助。

[1] 尹新天，专利权的保护（第二版）［M］．北京：知识产权出版社，2005：308.

美国法院对专利权利要求的语义解释[1]

杨志敏[2]

摘　要

权利要求范围是经专利局审查并由申请人意定的权利范围。但它在诉案中的确切排他性范围，即专利保护范围必须依靠法院在对权利要求进行必要的解释后才可确定。美国法院的判案向我们展示了如何解释权利要求用语的技术含义以确定专利语义保护范围的依据和方法，这对确立我国的专利侵权判定规则具有重要启示作用，值得深思。

权利要求是专利权授予的发明对象范围。权利要求的解释是指在专利侵权诉讼中确定权利要求在诉案中的确切内容或曰确切的排他性范围，具体又划分为权利要求的语义解释和等同解释，它们分别确定专利的语义保护范围和等同保护范围。而权利要求的语义解释，俗称权利要求的文言解释或曰字面解释，抽象地讲，它是指通过一定

---

❶ 本文系2007年度国家社会科学基金项目“专利权保护范围研究”（07XFX019）的阶段性成果。

❷ 作者单位：四川大学法学院。

的证据资料（尤指说明书及其附图）解释权利要求用语的含义，从而确定权利要求的语义范围；但实务上讲，它却明显是指在被控侵权物基本覆盖权利要求文言记载的技术方案的情况下，解释权利要求中与被控侵权物不一致的个别特定用语❶的法律可实施含义，以求得经解释而得到的这种用语含义（即语义）是否与被控侵权物中的特用术语相同，或者是否涵盖被控侵权物中的特用术语。如果两者相同，或者前者涵盖后者，就表明被控侵权物落入专利语义保护范围，构成相同侵权。反之，被控侵权物未落入专利语义保护范围，不构成相同侵权（此时，可能进行等同解释）。这种实务的解释方式乃为西方国家判例采用的主流方式，尤其以美国为典型代表。本文将详细评介美国法院对权利要求的语义解释。

一、关于权利要求的立法

美国第一部专利法始于1790年，现行法为1952年制定，后经多次修改。2005年版本的现行《美国专利法》第112条作了如下规定：

“说明书应当用完整、清晰、简洁而准确的用语，书面叙述发明，以及书面叙述制造和使用该项发明的方式和工艺，使该项发明所属领域或者最具关联的技术人员能够制造和使用该项发明，而且说明书还应该提出发明人所拟定的实施其发明的最佳方式。

说明书的最后是权利要求，权利要求可以是一项或者多项，具体指出并清楚记载申请人对该项发明意定并主张权利的主题标的。

权利要求可以以独立权利要求叙述，或在特殊情况下，以从属权利要求或多项从属权利要求表达。

如下所述，从属权利要求应当指明其所引用的在先记载的一个权利要求，并对所引用的权利要求的主题标的作进一步的限制，从属权利要求应当被解释为包含它所引用的权利要求的所有限制。

多项从属权利要求应当以择一的方式引用在先记载的一项以上的权利要求，并对所引用的权利要求的主题标的作进一步的限制，多项从属权利要求不得作为被另一项多项从属权利要求的基础，多项从属权利要求应当被解释为包含它因引用而与之相关的特定权利要求的所有限制。

对于组合发明的权利要求，其构成要件可以采用用于实现特定功能的

❶ 严格讲，“用语”一词包括两种情形：一种是技术特征上的术语用语，另一种是措辞上的用语。

手段或步骤来描述，而不必写明其实现该功能的具体结构、材料或其动作，这种权利要求应当被解释为覆盖说明书中所叙述的相应结构、材料或动作以及其等同物。”

可见，权利要求只是说明书中的一个相对独立部分，由一项或者多项的权利要求构成，它们公示并界定了申请人意定的并主张权利的发明标的。

但是，美国的专利制度是条文法与判例法的混合体。《美国专利法》第 112 条第 4～6 款对权利要求的解释方式作了一定的规定，但更多的解释问题由判例解决。

二、关于权利要求语义解释的标准

美国联邦巡回上诉法院（CAFC）1995 年和美国联邦最高法院 1996 年相继在 Markman 案件中确认权利要求的解释是法律问题，最终归属法官管辖。❶ 但是，法官既不能依当事人的主观意愿，也不能随便依自己的意志定夺。所以，有必要为权利要求的语义解释确立一个客观标准。这个标准就是，“法院在解释专利权利要求时，应寻求本领域普通技术人员在专利（有效）申请日时”通过阅读（研究）专利文件“能给予权利要求用语的含义。”❷ 因为，根据《美国专利法》第 112 条第 1 款的规定，“专利是提供给该领域的技术人员阅读的”。❸ 该解释标准实际上是设想本领域普通技术人员在专利申请日能客观地从专利文件中识别出权利要求用语的含义。正如美国专利与商标局所述：“权利要求必须以该领域普通技术人员的眼光来解释，法官应力图通过阅读内部证据再现这种眼光；因此，法院采用外部证据将有助于发现该领域普通技术的水平，理解内部证据和认识该领域普通技术人员在阅读整个说明书的上下文语境之后能给予权利要

❶ Markman. v. Westview Instruments，Inc.，52 F. 3d 967，976（Fed. Cir. 1995）；“06 年美国联邦最高法院十大专利案件”评介 2007－04－24. http：//www. sipo. gov. cn/sipo2008/dtxx/gw/2007/200804/t20080401 _ 353427. html（2009－6－18）.

❷ Phillips v. AWH Corp.，415 F. 3d 1303（Fed. Cir. 2005）（en banc）. 请详见本案判决书的第二部分。http：//www. ll. georgetown. edu/federal/judicial/fed/opinions/03opinions/03－1269. pdf.

❸ In re Nelson，280 F. 2d 172，181（CCPA 1960）.

求用语的含义。"❶

这一客观标准基本确立了专利内部证据，尤其是说明书在解释权利要求中的重要地位，或者说专利内部证据是用于解释权利要求的"主要"资料。这是理所当然的，因为专利内部证据本来就是特别指向发明的。虽然外部证据"可以帮助法院了解专利所属领域（的知识），帮助法院确定本领域技术人员理解权利要求的方式"，❷ 但是，第一，当外部证据与内部证据有冲突时，特别指向的内部证据自然优先适用于一般指向的外部证据如字典；第二，法院在解释权利要求时始终应依据专利文件的记录去探讨本领域普通技术人员从中可客观理解的含义。

当然，这一客观标准也表明了权利要求的语义需要解释。即便权利要求的含义非常清晰，它也需要解释，不然单凭权利要求则难以理解发明的内容（包括发目的、发明构成和作用效果等）。"其实权利要求在字面上是不可能完全清晰、准确的……本庭认为，不参考其他内容，单凭权利要求的文字是不能够正确的解释权利要求的，无论权利要求表面上显得多么的清楚准确，在参考了其他文件以后最初的理解可能就完全改变了。在确定权利要求的含义时，我们必须通过参考所有有关文件寻找感觉。我们把这类文件大体分为三部分：专利说明书、附图和专利申请文件。"❸

值得一提的是，权利要求语义解释直接指向权利要求用语的含义的解释，所以解释的对象是权利要求中已存在的用语。显而易见，在解释权利要求时，既不能使已有的某个用语没有意义而可以彻底忽视它，也不可以通过解释加入新的用语。这表示权利要求用语本身的外壳虽不可改变，但其含义是可以通过解释来改变或者再确定的。这样，权利要求就具有一定的解释上的柔性。如果把这个解释上的柔性控制在上述解释标准之下，那么法院从本领域普通技术人员的理解角度对专利权人已选定的用语提出的含义范围就是客观而合理的，既满足对专利权人的公平保护，又符合公众据于权利要求公告功能的合理期待，使两者之间能保持适当的平衡。

---

❶ "Phillips v. AWH：The Amicus Briefs". See，http：//patentlaw. typepad. com/patent/2004/09/phillips_. html.

❷ 参见关于 Phillips v. AWH Corp. 一案判决第二部分。

❸ 1967 年美国直升飞机公司诉美国政府案，载《美国专利案例季刊》第 155 卷第 697 页。转引自程永顺，罗李华. 专利侵权判定：中美法条与案例比较研究［M］. 北京：专利文献出版社，1998：24－25.

三、关于权利要求语义解释用的资料

1. 权利要求

专利权利要求本身的用语定义了专利发明的权利范围。[1] 所以，权利要求中用语的用法为解释该用语提供坚实的基础。[2] 首先，应当从权利要求用语的上下文语境中了解权利要求中特定用语的含义，专利的其他权利要求，不管是否在诉讼中被主张，也是明确权利要求用语含义的有用资料。因为权利要求用语通常在专利中的使用具有一致性，一个权利要求中对某一用语的使用通常可以解明同一用语在其他权利要求中的含义。[3] 权利要求中的不同之处也是理解特定用语含义的有益指导。[4] 比如，一个从属权利要求中增加了一个特定的限制，就可假定在独立权利要求中不存在这一限制。[5]

2. 说明书

说明书起着解释权利要求用语含义的第一辞书作用。因为说明书"始终与权利要求的解释分析高度相关，它通常是决定性的，并且是理解有争议用语的含义的单一性最佳指南（single best guide）"。[6] 因此，权利要求"必须参考说明书进行读解"。[7] 有时，说明书会披露专利权人对某一权利要求用语的特别定义，此时优先适用发明人自己编纂的定义。[8] 在一些案例中，说明书也会披露发明人对权利要求范围的有意舍弃或否定，这时发明人的意思划定了权利要求的正确范围，因为发明人在说明书中所表达的

---

[1] Innova/Pure Water, Inc. v. Safari water Filtration Systems, Inc., 381 F. 3d 1115 (Fed. Cir. 2004).

[2][6] 参见关于 Phillips v. AWH Corp. 一案判决第二部分。

[3] Rexnord Corp. v. Laitram Corp., 274 F. 3d 1336, 1342 (Fed. Cir. 2001); CVI/Beta Ventures, Inc. v. Tura LP, 112 F. 3d 1146, 1159 (Fed. Cir. 1997).

[4] Laitram Corp. v. Rexnord, Inc., 939 F. 2d 1533, 1538 (Fed. Cir. 1991).

[5] Liebel－Flarsheim Co. v. Medrad, Inc., 358 F. 3d 898, 910 (Fed. Cir. 2004).

[6] Vitronics Corp. v. Conceptronic, Inc., 90 F. 3d 1582 (Fed. Cir. 1996).

[7] See, Markman, 52 F. 3d at 978, 979.

[8] CCS Fitness, Inc. v. Brunswick Corp., 288 F. 3d 1359, 1366 (Fed. Cir. 2002).

这种意志被认为是决定性的。❶

3. **审查档案**

如果审查档案被指定为证据的话，权利要求的用语含义还应参考审查档案来解释。❷ 但是，由于审查档案只显示了专利商标局与发明人之间的交涉过程，而未显示交涉的最终结果，所以它通常缺乏说明书那样的明确性，因此在权利要求解释的目的上，审查档案的有用性不及说明书。❸ 不过，申请人在审查档案中对权利要求中的某一用语进行了限制或者放弃，则可以通过排除该限制或者放弃的内容来缩小解释权利要求中该用语的技术含义范围。❹

4. **外部证据**

外部证据包括专家证言、字典和学术论文等。外部证据有助于了解发明时的现有技术，帮助法院确定本领域技术人员理解权利要求的方式，但它"在确定权利要求文字的有效含义上，其重要性不如内部证据那样大。"❺因此，权利要求的语义不能脱离内部证据的上下文语境而只依赖外部证据进行解释。❻

四、关于权利要求语义的主要解释方法

1. 权利要求用语的"普通含义"与限定含义

长期以来，美国法院一般按照普通的字面意义（即"普通含义"）来解释权利要求的文字和措词（即"用语"），除非发明人自造词等。❼ 在这

---

❶ SciMed Life Sys., Inc. v. Advanced Cardiovascular Sys., Inc., 242 F. 3d 1337, 1343－44 (Fed. Cir. 2001).

❷ See, Markman, 52 F. 3d at 980; Graham v. John Deere Co., 383 U. S. 1, 33 (1966).

❸ 参见关于 Phillips v. AWH Corp. 一案判决第二部分。"审查档案的不确定性使它与权利要求解释的关联性不如说明书。" See, Inverness Med. Switz. GmbH v. Warner Lambert Co., 309 F. 3d 1373, 1380－82 (Fed. Cir. 2002).

❹❻ 参见关于 Phillips v. AWH Corp. 一案判决第二部分；See, Vitronics, 90 F. 3d at 1582－83. "在解释权利要求中，参阅审查档案的目的在于'排除在审查过程中已放弃的解释'。" See, Chimie v. PPG Indus., Inc., 402 F. 3d 1371, 1384 (Fed. Cir. 2005).

❺ C. R. Bard, Inc. v. U. S. Surgical Corp., 388 F. 3d 858, 862 (Fed. Cir. 2004); Astrazeneca AB v. Mutual Pharm. Co., 384 F. 3d 1333, 1337 (Fed. Cir. 2004).

❼ 程永顺，罗李华．专利侵权判定：中美法条与案例比较研究［M］．北京：专利文献出版社，1998：45.

一模式之下，法院首先通过字典来确定用语的“通常含义”，然后根据专利权人在专利权人在专利说明书中明确的意志表示对这一含义进行进一步限定。[1] 比如，CAFC 在 Texas Digital 一案中的判决。但是，在 Philips 一案中，28 个机构、团体、企业和个人在回答 CAFC 的设问中，无一例外地都主张解释权利要求的主要资料不是字典而是以说明书为核心的内部文件。而且 CAFC 在再审判决中对这传统做法进行了深刻反思，基本否定了这一先假定，后排除的做法。

那么，如果一个权利要求的用语在权利要求、说明书（以及审查档案）的上下文语境中不存在有明确的或暗示的限制含义，法院就可将本领域普通技术人员对其所能理解的含义范围作为该用语的“普通含义”。首先，权利要求的用语在为解释“提供实质性指导”的权利要求中本身无特别的限制；其次，该用语在作为解释权利要求的“最佳指南”的说明书及其附图中也无特定的限制，[2] 甚至还有多个不同用途的实施例的例举；再次，如果审查档案作为证据提出，但其中又无舍弃或限制的冲突内容。[3] 此时，法院认定该用语在权利要求与说明书的用法一致，本领域普通技术人员能从说明书中理解的含义范围就是该用语的“普通含义”。CAFC 在 Philips 一案的再审判决中就是按照此解释方法认定“隔板”用语具有“普通含义”的，从而推翻了联邦地方法院作出的不构成侵权判决。值得关注的是，这一解释方法遵循着“没有……的限制，那它就具有普遍含义”的思维逻辑。于是乎，专利文件有两个作用，一是通过阅读可以找到本领域普通技术人员对于发明及其有争议用语含义的认识与理解的感觉，二是具体寻找有无与普通含义相冲突的明示或暗示记载，如果有这样的记载，则会否定普通含义。为此，在美国专利说明书中，并不要求其中的实施例必须与权利要求事项一一对应，即便是仅有一个最佳实施例，只要其中无限制性用语，也可支持宽泛的权利要求。因为“尽管说明书只披露了一个单一的实施例且没有幅度的暗示，权利要求的解释也不应限定于说明

---

[1] 董涛．专利权利要求［M］．北京：法律出版社，2006：213.

[2] 注意：说明书中有无“限定词”的使用，是非常重要的。相关机构和团体对美国 CAFC 在 Phillips 一案中设问的见解。

[3] “在解释权利要求中，法院必须首先审查内部证据：专利权利要求、说明书，如果已作为证据，再审查专利审查档案。” See，Vitronics Corp. v. Conceptronic，Inc.，90 F. 3d 1576，1582（Fed. Cir. 1996）.

书已披露的发明范围”。[1] 为此，“通常情况下，如果该领域普通技术人员认为说明书所反映的发明的特征是‘例示的’或者对本发明的本质或主要目的而言是‘微不足道的’，那么法院就很少倾向于要依据说明书将有争议的权利要求用语推定为更狭窄的定义。”[2] 如此一来，这种靠研读专利文件来再现本领域技术人员的认识与理解，并同时寻找应排除的限制点的解释方法还是没有直接界定“普通含义”的范围。此时，参考字典是有用的，但 CAFC 在 Philips 一案的再审判决中直接否定了字典的多重定义就是用语的“普通含义”。正如上述，权利要求用语的含义始终是本领域普通技术阅读专利文件之后所能理解或者给予的含义。而所谓的用语“普通含义”就应是本领域普通技术阅读专利文件之后所能理解或者给予的“未受到限制的”含义了。可见，用语的“普通含义”直接指向本技术领域居于普通技术人员对用语的一般专业性理解。可以说，权利要求用语的“普通含义”乃为该用语在专利申请日时可被本领域普通技术认识和理解的一般含义，[3] 可简称为“用语在技术领域的含义”。“用语在技术领域的含义”可能与权利要求、说明书及其附图披露的含义范围相同，也可能居于权利要求、说明书及其附图披露的含义范围与字典含义之间等，所以对于“用语在技术领域的含义”的理解应借助专利内部证据与外部证据加以认识。但是，专利内部证据是特别指向专利的，如果内部证据没有导致本领域普通技术人员作出相反的结论，那么他们可认定有争议的权利要求用语具有指向本技术领域的“普通含义”。[4] 另一方面，内部证据反映出用语的含义是限定的或是自定义的，那么普通技术人员就理解该用语具有限定含义。这种确定权利要求用语是“普通含义”还是限定含义的解释方法，

---

[1] 美国国际贸易委员会庭审律师协会对美国 CAFC 在 Philips 一案中设问的见解。

[2] 美国专利与商标局对美国 CAFC 在 Philips 一案中设问的见解。

[3] “如果缺乏发明人指向其他方面的含义，权利要求用语应赋予本领域普通技术人员所理解的一般含义。”See，Apex，Inc. v. Raritan Computer，Inc.，325 F. 3d 1364，1371（Fed. Cir. 2003）；“权利要求是通过发明所属领域的普通技术人员的判断力来解释的。这种技术人员对专利文献中所用词语的理解，既要依据它们在本领域的含义，又要了解它们在本领域的特殊含义和用法。”See，Multiform Desiccants，Inc. v. Medzam，Ltd.，133 F. 3d 1473，1477（Fed. Cir. 1998）.

[4] 说明书用以解释权利要求，但权利要求用语的含义不限于说明书的记载；而且，从属权利要求记载的用语的特定含义不能用于限定独立权利要求中的用语含义。参见 1988 年卡伯特公司诉特殊合成物公司一案，转引自：程永顺，罗李华．专利侵权判定：中美法条与案例比较研究［M］．北京：专利文献出版社，1998．40～42．

实质上强调了权利要求用语含义的可覆盖范围应建立在公众能够充分注意到该用语在专利文件中有无含义上的限制。

一般而言，权利要求用语的限定含义产生于发明人在专利文献中有对用语“普通含义”进行限定的意思表示或者完全出于发明人对该用语的自定义。比如，权利要求中有一用语“W”，“W”的普通含义包括“X”、“Y”和“Z”三层含义，如果权利要求限定“W”只具有“X”或“Y”二层含义，或者说明书中采用“W 排斥/不包括 Z”，“本发明避免使用Z”，“每一个不同的实施例都避免使用 Z”等，则专利文件就表达了对权利要求用语“W”的含义范围的明确舍弃，此时“W”具有限定含义，即只具有“X”和“Y”两层含义，不包括“Z”含义。专利法也允许发明人成为自己的“词语编纂者”。如果发明人在说明书或审查档案中对权利要求的特定用语的含义进行了全新的、确切的自定义，那么该自定义可以推翻该用语的“普通含义”，法院就应根据本技术领域普通技术人员对该自定义的特定含义所能理解的方式解释权利要求的语义。[1] 比如，在 1983 年佛朗森一案中，法院就采用说明书中使用的“应用”、“吸附”来解释权利要求中的“反应”用语的特定含义，排除“反应”具有“发生化学转变产生新的物质”的普通含义。[2]

2. 权利要求之间的利用

第一，各权利要求中使用的同一用语具有相同的含义。因此，应对不同权利要求中的同一用语进行连贯性解释。[3]

第二，“独立权利要求的保护范围应该大于从属权利要求，以防止使从属权利要求成为多余的。”[4] 在权利要求用语含义的解释中，如果一个从属权利要求用一个下位的且更具体的术语对其所引用的权利要求中的相应的上位用语作进一步限定，那么就推定它所引用的权利要求（如独立权

---

[1] “用以描述发明的发明人自定义用语必须采用本技术领域普通技术人员能理解的方式进行解释。” See，Multiform Desiccants，Inc. v. Medzam，Ltd.，133 F. 3d 1473，1477（Fed. Cir. 1998）.

[2] 《美国专利案例季刊》第 219 卷第 1137 页。转引自：程永顺，罗李华. 专利侵权判定：中美法条与案例比较研究［M］. 北京：专利文献出版社，1998：45～46.

[3] Southwall Technologies，Inc. v. Cardinal IG Co.，54 F. 3d 1570，34 USPQ2d 1673（Fed. Cir. 1998）. 转引自：阎文军. 专利权的保护范围——权利要求解释和等同原则适用［M］. 北京：法律出版社，2007：66～67.

[4] See，Dow Chem. Co. v. United States，226 F. 3d 1334，1341－1342（Fed. Cir. 2000）.

利要求）中的该上位用语的含义范围不限于这一下位的术语含义，❶ 除非说明书或审查档案有相反的限定。在 Philips 案的再审判决中，CAFC 就认为权利要求 2 对“隔板”的限制不能使权利要求 1 中的“隔板”具有这一限制，因为权利要求 2 中的“隔板”仅是对权利要求 1 中的“隔板”的一种限制，而且说明书中又没有明示或者暗示“隔板”只有一种改变射弹方向的结构。

上述权利要求之间的利用规则主要为权利要求区别化原则的应用。概括地讲，由权利要求区别化原则导致的权利要求之间的利用规则或者权利要求的解释规则是：（1）各权利要求中使用的同一用语具有相同的含义；（2）不同的权利要求具有不同的保护范围；（3）在从属权利要求中加入的限定特征不读入其所引用的独立权利要求中；（4）说明书记载了与从属权利要求对应的实施方式不同的实施方式，则该不同的实施方式包含在从属权利要求所引用的独立权利要求之中。但是，由权利要求区别化原则导致的解释规则，尤其是上述（2）、（3）两项只属于解释上的推定（interpretative presumption）而已。❷ 权利要求区别化原则就不适用于以下场合：（1）权利要求之间虽有文字表述上的差异，但内容一致时，不可利用权利要求区别化原则作不同的解释；（2）说明书或审查档案作了限定的范围时，不可利用权利要求区别化原则作超该范围的解释；（3）据于《美国专利法》第 112 条第 6 款解释的功能权利要求的范围含及某一用具体结构表述的权利要求的范围时，不可利用权利要求区别化原则作曲解的解释，换言之，以功能权利要求的语义为优先，而作为功能权利要求的一实施形态的具体结构权利要求实际处于可不要的状态。

3. 功能权利要求记载的功能性用语的含义

权利要求的技术特征一般应采用具体的产品结构技术特征或者方法步骤技术特征来表述，但是有时也允许采用不必指明技术特征的具体结构构成或者步骤构成而仅仅需指明该技术特征的功能或者效果就可以了。后者表述的技术特征称为功能性技术特征，其表现形式为“……（功能的）手

---

❶ 一个从属权利要求中增加了一个特定的限制，就可假定在独立权利要求中不存在这一限制。See，Liebel－Flarsheim Co. v. Medrad，Inc.，358 F. 3d 898，910（Fed. Cir. 2004）.

❷ Transonic Sys. v. Non － Invasive Med. Techs. Corp.，143 Fed. Appx. 320（Fed. Cir. 2005）.

段”（means for performing…）或“……（功能的）步骤”（step for performing…），所以功能性技术特征在美国又称为“手段＋功能”特征。[1]含有功能性技术特征的权利要求就是功能性权利要求。既然美国专利法允许功能权利要求存在，那么按其专利法第112条第2款的规定，功能性权利要求同样也具体界定了申请人主张权利的发明对象。但是，这个发明对象究竟是如果加以界定的问题，同样涉及功能性用语的语义解释。

权利要求的功能性用语属于特殊用语，美国于1952年以立法的形式创建了以专利法第112条第6款（当时为第3款）规定的特殊解释方法来划定功能权利要求的语义（保护）范围，即权利要求中的功能性用语的含义范围应当被解释为仅仅覆盖说明书中所记载的实现该功能的具体实施方式及其等同物。这表明，第一，功能性用语含义的解释方法是一种限制性解释方法，因为功能性用语的含义不能按用语文面含义的那样去理解它包含了能实现这一功能的所有技术，而仅仅理解为只包含说明书记载的实现该功能的具体技术或其等同物。应注意的是，这里的等同物是指说明书记载的具体实施技术的等同物，旨在限制功能权利要求的语义范围，这与权利要求等同解释中的等同物明显不同，等同原则中的等同物是指权利要求技术特征用语的等同物，旨在向语义范围之外扩大专利保护范围。[2]第二，功能性用语的含义范围在技术内容上还是确定的，即它是由说明书披露的实现该功能的具体技术或其等同技术构成，这为专利申请的审查对象

[1] 当然，未采用“for”句，也可能适用《美国专利法》第112条第6款。比如在Unidynamics案件中，权利要求中记载了“spring means tending to keep door closed”，美国CAFC认为它属于功能权利要求，按专利法第112条第6款的规定解释其含义。See，Unidynamics Corp. v. Automatic Prodcts International，157 F. 3d 1311，48 USPQ2d 1099（Fed. Cir. 1999）.

[2] 美国最高法院1997年在Hilton案的判决中指出：等同原则是在未构成文言侵害的场合适用的，它与《美国专利法》第112条第6款规定的等同物不同。See，Warner－Jenkinson company，Inc. v. Hilton Davis Chem. Co.，520 U. S. 17，41 USPQ 2d 1865（1997）；美国CAFC1998年在Chiuminatta案的判决中认为：“专利法第112条第6款和等同原则都保护专利权的本质，排除因小小的差异或者细微的改进而构成的侵权回避。不过，前者（第112条第6款）是通过将（说明书中）已披露的结构的等同物读入功能性权利要求限定的文言范围之内来实现的；而后者（等同原则）则是通过将侵权物作为权利要求文言范围之外的等同物来实现的。两者都采用类似的方法分析差弃的非实质性来保护专利权的本质。”See，Chiuminatta Concrete Concepts，Inc. v. Cardinal Industries，Inc.，145 F. 3d 1303，46 USPQ2d 1752（Fed. Cir. 1998）.

和专利侵权诉讼中专利要求语义范围的确定提供了同一指导；❶ 第三，功能性用语的含义范围最终取决于说明书对相应技术的公开程度。这符合专利权的保护以公开其技术内容为代价的专利法原理。如果说明书中未记载有实现特定功能的具体技术，那么该项功能性权利要求就会因其对象不明而被判无效。当然，说明书公开的相应技术越多，其功能性权利要求的语义范围越大。第四，权利要求中的功能性用语与具有技术内容的用语在其语义解释方法上明显不同，正如前述，后者采用“没有明示或暗示的限制，它就具有‘普通含义’”的解释模式。所以，在功能性用语含义的解释中，如果说明书披露的具体实施方式较少，其语义范围极可能还远不如非功能性用语的大。从这个角度来看，功能性用语的语义范围虽包含了说明书披露技术的等同技术，但整体上是属于限制性解释的。第五，《美国专利法》第 112 条第 6 款实质涉及权利要求中功能性用语的含义的解释方式，旨在确定功能性权利要求的语义保护范围，按照前述权利要求语义解释的标准，法院应从本领域普通技术人员在专利申请日对说明书的理解角度确定说明书记载的具体实施方式的等同物，换言之，依《美国专利法》第 112 条第 6 款规定的等同含义只是普通技术人员在专利申请时能理解的或者在专利申请时已存在的等同技术。“在与专利申请日之后开发出的技术相比较时，由于这种后来产生的技术不可能在专利申请时披露，所以它不属于专利法第 112 条第 6 款的等同范围。但这并不否定等同原则适用的可能。”❷ 第六，《美国专利法》第 112 条第 6 款定义的功能性权利要求的语义范围是以具有同一的功能为基础，换言之，被控侵权物要构成对功能权利要求的文义侵害，必须与专利说明书记载的具体技术相同或者等同，并且具有相同的功能。❸ 这也说明，《美国专利法》第 112 条第 6 款规定的等同物不仅仅是说明书中披露的具体结构或者具体步骤的等同物，而且

---

❶ 美国 CAFC 于 1994 年在 In re Donaldson 一案的判决中指出：《美国专利法》第 112 条第 6 款的字面含义应当是：在解释权利要求中所包括的功能性特征时，必须将它解释为所指是说明书记载的相应具体结构、材料、步骤以及其等同物。这一理解与国会当年订立这一条款时的宗旨是一致的。这种解释立场不但适用于专利侵权诉讼，也同样适用于专利审批程序。转引自：尹新天．专利权的保护（第二版）[M]．北京：知识产权出版社，2005：329.

❷ Chiuminatta Concrete Concepts，Inc. v. Cardinal Industries，Inc.，145 F. 3d 1303，46 USPQ2d 1752（Fed. Cir. 1998）.

❸ Pennwalt Corp. v. Durand－Wayland，Inc.，833 F. 2d 931，934，3 USPQ2d 1737，1739（Fed. Cir. 1987）.

还必须满足具有同一功能这一要件。如果说权利要求用语的等同解释是采用“功能－方式－效果”的等同适用判断标准的话，那么《美国专利法》第112条第6款之下的功能性用语的等同含义解释中就缺乏“功能不相同但又没有实质差异”（即“实质相同功能”）这一判断环节了。第七，作为语义解释的一环，《美国专利法》第112条第6款之下的等同含义解释若与说明书或审查档案中明示或者暗示记载的放弃或限制的内容冲突时，该解释同样不能成立。

从上可见，《美国专利法》第112条第6款之下的等同含义的解释属于权利要求的语义解释的一部分，它与等同原则不同。但是，值得注意的是，在等同原则的适用中，其权利要求的等同解释仍然以说明书披露的发明内容为基础。这样，就有必要区分第112条第6款之下的等同物与等同原则之下的等同物。首先，正如上述，前者属于特殊权利要求的语义解释，而后者属于权利要求的等同解释，两者不可同质而语；其次，前者的非实质差异是依据具体结构或步骤的对比＋功能同一性进行判断，而后者的非实质差异则遵循 function－way－result test 进行三者实质相同的判断；再次，前者适用的判断时间为专利申请日，而后者适用的判断时间为侵权发生日，为此在专利申请日已知的等同物，如果不适用《美国专利法》第112条第6款的话，也不适用等同原则。[1]当然，在专利侵权诉讼中，功能权利要求按照专利法第112条第6款进行语义解释之后，还不能判定被控侵权物构成文义侵权的，仍可以适用等同论的判定。[2] 比如，CAFC 在 WMS Gaming 一案中，以被控侵权物与说明书中的披露之物不具有同一的功能为由，否定了一审认定的文义侵权，但以被控侵权物与说明书中的披露之物在 function、way 和 result 上具有实质相同性，从而认

[1] 在与专利发行时已存在的技术相比时，能认定不构成专利法第112条第6款的等同的话，也排除了再适用等同原则的可能。“没有任何据于政策上的理由能让专利权人可以在一个苹果上咬两口”。See，Chiuminatta Concrete Concepts，Inc. v. Cardinal Industries，Inc.，145 F. 3d 1303，46 USPQ2d 1752（Fed. Cir. 1998）.

[2] “由于技术的进步，可能在专利授权之后开发出发明的变形物，这种变形物可能会构成权利要求所指发明的非实质改变而被认定为构成侵权。这种后来才开发出的变形物是不可能在专利中得到披露的。尽管这样的要素不能判断为专利法第112条第6款所指的等同物（因为这种要素并不是专利中所披露的结构的等同物），但是这种分析并不排除它构成等同原则之下的等同物。”See，Chiuminatta Concrete Concepts，Inc. v. Cardinal Industries，Inc.，145 F. 3d 1303，46 USPQ2d 1752（Fed. Cir. 1998）.

定等同侵权成立。[1]

4. **以方法限定的产品权利要求记载的方法用语的解释**

以方法限定的产品权利要求，是一种特殊的产品权利要求。其特殊点在于，产品权利要求中包含有以制造方法来限定的内容。在产品权利要求中引入方法特征的主要原因有二，一是发明产品的成分、化学结构或者特性等无法确定，需要用制造方法才能特定，比如新发明的无法界定其成分或结构的药物或者营养液；二是让请求保护的对象与现有技术有区别，比如不同方法烤制的面包。以方法限定的产品权利要求在解释中遇到的最大问题是，权利要求中的方法用语能否作为权利要求的构成要件（element，即技术特征）而直接读入该项权利要求中。如果是答案是肯定的，则其中的方法用语就被解释为权利要求的限定事项，反之，方法用语就不能用以限定权利要求的保护范围。这二种解释方法是正相反，差异甚大。一般而言，一个权利要求的语义保护范围的解释出现在二个不同的阶段，第一阶段在专利申请的审查中，即专利权的取得阶段，第二阶段出现在专利侵权诉讼中，即专利权的行使阶段。这两个阶段对权利要求语义保护范围的解释标准应该为一致。但是，美国一直曾未最终明确解释标准，但最近的CAFC大法庭判决向统一的标准迈进了一大步。

美国专利与商标局的审查便览（MPEP）第2113部分规定："即使以方法限定的产品权利要求采用了方法来限制或定义，但专利性的确定还是基于产品本身。产品的专利性并不取决于它的生产方法。"[2] 可见，在专利权的取得阶段，美国专利与商标局基本上未将方法用语解释为以方法限定的产品权利要求的构成要件，从而方法用语基本上与其权利要求的专利性无关。

但是，在专利权的行使阶段，美国CAFC过去给出了两个完全不同

---

[1] WMS Gaming Inc. v. International Game Tech., 184 F.3d 1339, 51 USPQ2d 1385 (Fed. Cir. 1999).

[2] 如果以方法限定的产品权利要求所涉及的产品与现有技术中的产品相同或者显而易见，那么纵然现有产品是采用不同方法制造的，该项权利要求也无专利性。See, In re Thorpe, 777 F. 2d 695, 698, 227 USPQ 964, 966 (Fed. Cir. 1985)；在判定以方法限定的产品权利要求的专利性时，可以考虑方法步骤所含及的产品结构，特别是当该产品只能用制造该物的方法步骤来定义时，或者制造方法的步骤被认为是给最终产品带来了有区别的结构特性时。See, In re Thorpe, 777 F. 2d 695, 698, 227 USPQ 964, 966 (Fed. Cir. 1985).

的判决。第一宗判决是 CAFC 在 1991 年对 Scripps 一案的判决，法院在该判决中认为，“以方法限定的产品权利要求的正确解释方法是该权利要求不限定于由权利要求中指定的方法所作出的产品。”❶ 换言之，以方法限定的产品权利要求的语义保护范围不受权利要求中指定的方法的限制，即以方法限定的产品权利要求的语义保护范围与权利要求记载的方法无关，即使被控侵权物采用的方法与权利要求中记载的方法不同，只要被控侵权物与权利要求的产品相同，就落入权利要求的权利范围内。这种专利侵权中的解释方法与上述专利审查标准基本吻合。第二宗判决是 CAFC 在 1992 年对 Atlantic 一案的判决，法院在该判决中却认为，“以方法限定的产品权利要求中的方法用语在判断是否构成侵权时应起到限制作用。”❷ 换言之，以方法限定的产品权利要求中的方法用语应当作为该项专利要求的构成要件，如果被控侵权物与其制造方法不同，不构成侵权。可见 1992 年的 Atlantic 判决与 1991 年的 Scripps 判决是相互矛盾的。由于 Atlantic 判决与 Scripps 判决都是 CAFC 以三人法官组成的小法庭作出的，而且 Atlantic 判决又没有否定 Scripps 判决意见，因而两个判决都有并行的判例效力。为了消除这种混浊的不明状态，CAFC 在 2009 年 5 月 18 日以大法庭的审理方式对 Abbott 一案进行了审理，并以多数法官赞成的意见作出了判决，❸ 该判决明确支持了 1992 年的 Atlantic 判决意见，同时否定了 1991 年的 Scripps 判决意见。❹ 本案的大法庭判决将对以方法限定的产品权利要求的解释方法产生重大影响。在一定程度上讲，在专利侵权诉讼中，以方法限定的权利要求中的方法用语就是该权利要求的构成要件将作为一种解释规则而被固定起来。美国经过多年的司法努力，最终出现统一的解释。不过，也正如本案三位法官提出的反对意见那样，多数法官的意见使得专利侵权诉讼中与专利申请审查中对以方法限定的权利要求的解释标准不一致。本案判决如何影响美国专利审查标准或者美国今后如何

---

❶ Scripps Clinic & Research Foundation v. Genentech, Inc., 927 F. 2d 1565, 1583 (Fed. Cir. 1991).

❷ Atlantic Thermoplastics Co. v. Faytex Corp., 970 F. 2d 834 (Fed. Cir. 1992).

❸ CAFC 于 2009 年 5 月 18 日对 Abbott Laboratories v. Sandoz, Inc. http: //www. cafc. uscourts. gov/opinions/07－1400. pdf.

❹ “This court takes this opportunity to clarify en banc the scope of product－by－process claims by adopting the rule in Atlantic Thermoplastics.”

整合这两种不同的标准，值得关注。

五、关于瑕疵权利要求的处理：侵权诉讼中的专利权无效反诉

1. 救济途径

瑕疵权利要求是一种存在实质缺陷、本不该授予专利权保护的权利要求。《美国专利法》第 282 条规定，专利权是推定为有效的。面对授权后的瑕疵权利要求，美国专利制度提供了三种可打破这种有效“推定”的救济途径：专利再审制，专利无效确认诉讼和专利侵权诉讼中的无效反诉。

（1）再审途径。美国专利再审制实施于 1981 年。鉴于属于专利权人和专利与商标局之外的第三人参与再审程序的程度的不同，再审分为“一方当事人再审”（ex parte reexamination）和“双方当事人再审”（inter partes reexamination）。再审请求人原则上可为任何人，即任何人认为授予的专利权缺乏专利性（即存在专利无效理由）的，均可向专利与商标局提出再审请求；如果再审请求及其证据能说明涉诉专利的专利性存在实质的新疑问（substantial new question of patentability），专利与商标局就会重新审查有问题的权利要求；再审的结果有三：一是取消被判定为无效的权利要求，二是确认被判定为有效的权利要求，三是再颁布经补正而满足专利性的权利要求。

（2）无效确认诉讼途径。美国专利无效确认诉讼，是指那些对授权专利存在“现实争议”（actual controversy）的人主动向法院提出的确认专利无效之诉。存在“现实争议”表达出能提出无效确认之诉的原告限于与争议专利之间存在某种利害关系，可能是受到专利权人的侵权警告，❶ 也可能是生产了或使用了会被指控为侵犯专利权的物品或方法，或者是对专利权人的未来侵权指控“提出了客观而合理的忧虑”（created an objectively reasonable apprehension）。❷ 专利无效确认诉讼由 1934 年的“联邦

❶ 王承守，邓颖懋．美国专利诉讼攻防策略运用［M］．北京：北京大学出版社，2006：126.

❷ EMC Corp. v. Norand Corp.，89 F. 3d 807，811（Fed. Cir. 1996），cert. denied，117 S. Ct. 789（1997）.

确认诉讼法”（Federal Declaratory Judgment Act）确立。

（3）专利侵权诉讼中的无效反诉途径。此途径又称为专利侵权诉讼中的无效确认之诉，是指在专利侵权诉讼中，被告针对涉讼专利，向法院提出的判定或确认该专利无效之诉。这是专利侵权诉讼中，被告避免侵权责任的一个行之有效的防卫手段。专利侵权诉讼中对专利权的有效性进行判断，会涉及三个问题。第一个是对无效证据的要求问题。只要被告提出的无效证据能清楚而有说服力（Clear and Convincing）地证明专利权存在无效事由，即可推翻专利权有效的推定。第二个是无效判定与侵权判定的先后顺序问题。美国最高法院曾在 Electrical Fittings Corp. v. Thomas & Betts Co. 案[1]和 Altvater v. Freeman 案[2]的判决中认为，专利侵权不成立时就无必要再审理涉讼专利的有效性问题；但在其后的 Sinclair & Carroll Co. v. Interchemical Corp. 案[3]的判决中又主张，即使专利侵权不成立，审理涉讼专利的有效性问题也是一种有利于公共利益保护的较好的实务方法。尤其是，美国最高法院在 Blonder－Tongue 判决中确立专利侵权诉讼中的无效判断结论具有对世效力之后，人们就认为专利侵权诉讼中的有效性判断问题独立于侵权判定。CAFC 成立之后，法院一般首先考虑专利的有效性问题，然后再确定专利侵权是否成立。[4] 如果法院判定某项权利要求无效，就无必要再审理是否构成对该项专利要求的侵害。[5] 反过来讲，即便不构成侵权，也要审理无效请求。[6] 第三个是无效判断的效力问题。美国最高法院曾在 Triplett v. Lowell 一案中认为，专利侵权诉讼的专利无效判断对以后侵权诉讼中的专利权人并不具有约束力。[7] 但是，最

---

[1] Electrical Fittings Corp. v. Thomas & Betts Co.，307 U. S. 241（1939）.

[2] Altvater v. Freeman，319 U. S. 359（1943）.

[3] Sinclair & Carroll Co. v. Interchemical Corp.，325 U. S. 327（1945）.

[4] 程永顺，罗李华．专利侵权判定：中美法条与案例比较研究［M］．北京：专利文献出版社，1998：272.

[5] 由于权利要求已判定为无效，故无必要再讨论是否构成侵权。See，Mentor Corp. v. Coloplast，Inc.，998 F. 2d 992，27 USPQ2d 1521（Fed. Cir. 1993）. 本法院支持一审的无效判断，故不需要再审理侵权问题。See，Miles Laboratories，Inc. v. Shandon Inc.，997 F. 2d 870，877，27 USPQ2d 1123，1129（Fed. Cir. 1993）.

[6] 即使不侵犯专利权，也应审理专利的有效性问题。See，General Electric Co. v. Nintendo Co.，Ltd.，179 F. 3d 1350，1356，50 USPQ2d 1910，1915（Fed. Cir. 1999）.

[7] Triplett v. Lowell，297 U. S. 638（1936），reh' g denied，298 U. S. 691（1936）.

高法院在 Blonder－Tongue 一案中，颠覆了过去的判例，认为在专利侵权诉讼的专利无效判断中，只要在第一次诉讼中给予了专利权人在程序上、实质上和证据上维护自己主张的公平机会（“fair opportunity procedurally，substantively，and evidentially to pursue his claim the first time”），那么专利无效的判断对今后的专利侵权诉讼具有同样的效力，❶即在今后的专利侵诉中，不允许专利权人再对专利的无效进行争辩。Blonder－Tongue 判决之后，无论是在专利侵权诉讼中的无效反诉中还是在上述的专利无效确认诉讼中，只要给予了专利权人充分且公平的主张机会，其无效的判断均可被以后的诉讼直接援用。当然，这种专利无效的对世效力仅及于所针对的权利要求、或者在当初诉讼中虽未曾涉及但包含与已判为无效的专利要求同一内容的权利要求。❷

《美国专利法》第 290 条规定：“在按本编规定提起诉讼后，美国法院的书记官应于一个月内，书面通知专利商标局长，将已知的当事人的姓名与地址，发明人的姓名，据以提起诉讼的专利证书的号码开列，如果以后又有其他专利包括在诉讼中时，书记官应作出同样的通知。案件经决定或发出判决后，法院书记官应于一个月内通知局长。局长在收到此项通知后，应将通知载入该项专利的档案内。”该项规定为诉讼当事人之外的第三人了解已有诉讼中有无专利无效的判断提供了途径。

2. 否认公知技术抗辩的适用

从上可见，美国专利侵权诉讼的一大特点是，诉讼中的专利有效性判断原则上与侵权判定相分离而独立进行。如果涉讼专利的权利要求包含公知技术的瑕疵专利权利技术，当事人就应举证，并直接提出无效之反诉。反过来讲，既然美国的专利制度为侵权诉讼中的被告提供了便捷的无效反诉的救济途径安排，如果当事人无视它，放任权利人行使瑕疵权利要求（等于未主张专利无效）的话，就不允许被告在侵权判定中进行公知技术

---

❶ Blonder－Tongue Laboratories，Inc. v. University of Illinois Foundation，402 U. S. 313，168 USPQ 513（1970），on remand，334 F. Supp. 47，171 USPQ 468（N. D. Ill. 1971），aff’d，365 F. 2d 380（7th Cir. 1972），cert. denied，409 U. S. 1061（1972）.

❷ Bourns，Inc. v. Allen－Bradley Co.，480 F. 2d 123，178 USPQ 193（7th Cir. 1973），cert. denied，414 U. S. 1094（1973）.

抗辩。[1] 这也自然，因为侵权诉讼采用法院居中的当事人辩论主义，当事人若不利用便捷的途径主张专利无效，则法院只能在专利有效推定之下判定是否构成侵权。

[1] Tate Access Floors, Inc., et al v. Interface Architectural Resources, Inc., 61 USPQ2d 1647 (Fed. Cir. 2002).

适应建设创新型国家需要的专利侵权等同原则与禁止反悔原则

张晓都[1]

技术创新的主要法律保护形式是专利权（指发明与实用新型专利权），技术创新涉及企业与国家的核心竞争。只有合理地确定专利权的保护范围，才能在鼓励技术创新与维护公平竞争之间维持恰当的平衡，从而在社会整体上促进技术进步，促进创新型国家的建设。

专利侵权诉讼中的等同原则与禁止反悔原则，直接涉及专利权保护范围的确定。在完善与确立我国专利侵权诉讼中的等同原则与禁止反悔原则时，既要借鉴外国的经验，更要结合我国技术经济发展的现状，由此才能够使我国专利侵权诉讼中的等同原则与禁止反悔原则更好地服务于创新型国家的建立，服务于专利法立法目的的实现。

本文试图在较完整地介绍美国及日本专利侵权诉讼中的等同原则与禁止反悔原则的基础上，结合我国技术经济发展的现实需要，为完善我国现行专利侵权诉讼中的等同原则及确立禁止反悔原则提出具体的建议。

---

[1] 作者单位：上海市高级人民法院。

一、美国专利侵权诉讼中的等同原则与禁止反悔原则

（一）等同原则

专利权的保护范围以权利要求的内容为准。如果被控侵权产品或者方法技术方案的技术特征以字面含义相同的方式覆盖了专利权利要求记载的全部技术特征，就构成相同侵权。相同侵权在美国被称为字面侵权（literal infringement）。如果被控侵权产品或者方法技术方案的一项或者多项技术特征与专利权利要求中记载的相应技术特征，在字面含义上并不相同但构成等同，专利侵权亦成立，这就是等同侵权（doctrine of equivalents）。

1. 等同原则的功能

1950年，美国最高法院在确立等同原则的最重要判例之一的 Graver Tank 案中指出：在确定被控侵权产品是否侵犯专利权时，应当首先依据权利要求的文字进行判断。如果被控侵权产品落入权利要求文字所表达的保护范围之内，则侵权成立。但是，还必须意识到如果允许他人在稍加变动后就可以利用专利发明，那么专利保护就会变得空洞无用了，因为完全一模一样的照抄是十分少见的。如果专利权人在任何情况下都要受其权利要求文字内容的严格限制，那么专利权人的利益就得不到切实维护，专利制度鼓励公开发明的目的就会落空。[1]

美国联邦巡回上诉法院也认为，当侵权人通过非实质性更改避开权利要求文字含义的方式“盗取发明的利益”时，等同原则用以阻止其发生。[2]

2002年，在 Festo 案中，美国最高法院指出，等同侵权实质是在权利要求文字含义以外为专利权人提供保护，其作用在于让专利权人对哪些在权利要求撰写时没有涵盖但通过微不足道的变换就实现的非实质性更改

---

[1] 尹新天．专利权的保护（第二版）[M]．北京：知识产权出版社，2005：377.

[2] EMI Group North America，Inc. v. Intel Corp.，157 F. 3d 887，896，48 U. S. P. Q. 2d (BNA) 1181，1188 (Fed. Cir. 1998)．

主张权利❶。

2. **等同侵权认定的基本规则**

美国等同侵权原则经历一系列判例建立起来，由于司法实践中对等同原则存在不同的认识，特别是 1983 年美国联邦巡回上诉法院在 Hughes Aircraft 案中提出“整体等同”理论，更是引发了激烈的争议。故此，美国最高法院于 1997 年在 Warner－Jenkinson 案中，对等同侵权原则的相关问题进行了澄清。

归纳起来，美国等同侵权认定的基本规则是：

第一，“全部技术特征”准则，即等同原则的适用不应导致忽略专利权利要求中记载的任何一项技术特征。等同是被控侵权产品或者方法中某一技术特征或者某些技术特征与专利权利要求中记载的相应某一或者某些技术特征等同，而不是被控侵权产品或者方法的技术方案与专利技术方案整体等同。

第二，等同侵权判断是一种客观判断，与被控侵权人的主观状态无关，法院在认定相同侵权不成立时，还必须进一步判断等同侵权是否成立。

第三，技术特征等同的判断标准主要是被控侵权产品或者方法中的技术特征与专利权利要求记载的相应技术特征是否以“基本上相同的方式，实现基本相同的功能，产生基本上相同的效果”。

第四，适用等同原则的时间基点是侵权行为发生日，而不是专利申请日。

另外，在 Warner－Jenkinson 案后，美国联邦巡回上诉法院通过 Maxwell 案和 Johnson & Johnston 案建立起了“捐献规则”，以进一步对等同侵权进行限定❷。所谓“捐献规则”是指专利说明书中披露了一种技术方案，但是却没有在权利要求中要求保护，则视为专利权人已经将该技术方案捐献给了社会公众，对该技术方案不能适用等同原则。

---

❶ Festo Corp. v. Shoketsu Kinzoku Kogyo Kabushiki Co., Ltd., 535 U.S. 722, 733, 122 S. Ct. 1831, 1838, 152 L. Ed. 2d 944, 62 U.S.P.Q. 2d (BNA) 1705, 1710－1711 (2002).

❷ 尹新天．专利权的保护（第二版）［M］．北京：知识产权出版社，2005：402－419.

（二）禁止反悔原则

1. **禁止反悔原则的功能**

权利要求界定专利权保护范围的边界，社会公众（特别是专利权人的竞争对手）根据权利要求的记载评估自己行为是否会构成专利侵权。由于等同侵权将专利权的保护范围延伸到权利要求字面含义之外，社会公众根据权利要求的记载评估自己行为是否会构成专利侵权的确定性就会降低，权利要求的公众告示功能就会受到一定的影响，禁止反悔原则的作用就在于将等同侵权的适用限定在一个恰当的范围，以确保权利要求的公众告示功能。

关于修改导致禁止反悔的公众告示功能，美国最高法院解释说，当专利权人针对专利局的驳回理由缩小其权利要求时，禁止反悔原则禁止专利权人后来主张由原来宽范围权利要求覆盖的内容只不过是获得授权的窄范围权利要求的等同物。竞争者可以依赖禁止反悔原则确信他们自己的行为不会因为等同而被认定侵权。禁止反悔原则确保等同原则符合其本质目的，阻止等同原则的扩大使用。[1]

2. **禁止反悔原则的具体适用**

在美国，禁止反悔分为陈述导致的禁止反悔与修改导致的禁止反悔。

（1）陈述导致禁止反悔的具体适用

如果针对审查员的驳回意见，申请人的陈述已表明其已明确无误地作了放弃，就会适用禁止反悔原则，以阻止专利权人对该已经放弃了的对象主张等同侵权。判断是否存在陈述导致的禁止反悔时，其判断标准是根据专利授权审查的整个过程，确定竞争对手是否合理地相信专利权人已经放弃了相应的保护主题。[2]

美国法院认为，对于陈述导致的禁止反悔，只有陈述对于获得专利起了作用，才适用禁止反悔原则。不需要证明审查员实际相信了该陈述，但要适用禁止反悔原则，根据当时的情况必须能够得出该信任的推定。[3]

---

[1] § 14：2. Policy goals of prosecution history estoppel，*Annotated Patent Digest*（*Matthews*），by Robert A. Matthews，Jr. www. westlaw. com.

[2] Cybor Corp. v. FAS Technologies，Inc.，138 F. 3d 1448，1457，46 U. S. P. Q. 2d（BNA）1169，1175（Fed. Cir. 1998）（en banc）.

[3] Zenith Laboratories，Inc. v. Bristol－Myers Squibb Co.，19 F. 3d 1418，30 U. S. P. Q. 2d（BNA）1285（Fed. Cir. 1994）.

(2) 修改导致禁止反悔的具体适用

对等同侵权有更大限制作用，也是争议更多的是修改导致的禁止反悔。1997 年与 2002 年，美国最高法院分别在 Warner－Jenkinson 案与 Festo 案中，对修改导致禁止反悔的认定规则作了相应的论述。

根据美国最高法院在该两案中的观点，在专利授权审理过程中，申请人为满足专利法的任何实质性规定而对权利要求进行的任何限制性修改都将导致禁止反悔原则的适用。在不能确定对权利要求进行修改的原因时，推定专利申请人是为了满足专利法的实质性规定而进行的修改。

在 Festo 案中，美国最高法院认为，当专利权人决定通过修改来缩小其权利要求的保护范围时，可以推定他放弃了原始权利要求与修改后的权利要求之间的所有“领地”。但是，在某些情况下，也可以认定修改没有放弃特定的等同对象。这些情况是：第一，在申请专利时，该等同对象是无法预见的；第二，进行修改的基本原因与专利权人主张的等同对象之间的关系是非相关的；或者第三，存在其他理由，证明不能合理地指望专利权人当初在撰写申请文件时写入后来产生争议的非实质性替换。在这些情况下，专利权人可以克服禁止他主张等同的上述推定。美国最高法院解释说，当专利权人选择缩小其专利权的保护范围时，法院应当推定他知道这一规则，即其放弃的“领地”不属于可以主张等同的领域。然而在这样的情况下，专利权人可以对禁止适用等同原则的推定进行反驳。此时，专利权人必须证明在其进行修改的时候，无法指望所属领域的技术人员撰写出一项权利要求，它能够从文字上将后来指控的等同对象囊括在内。❶

美国最高法院认为要避免禁止反悔原则的适用，专利权人必须证明在其进行修改的时候，无法指望所属领域的技术人员撰写出一项权利要求，它能够从文字上将后来指控的等同对象囊括在内，而其指出的能够避免适用禁止反悔原则的第一个例外时，却是要求专利权人证明，在申请专利时，所要主张的等同对象是无法预见的。关于可预见等同的时间基点，到底应是“修改的时间”还是“申请的时间”，美国最高法院的陈述不一致。

---

❶ 尹新天．专利权的保护（第二版）［M］．北京：知识产权出版社，2005：474．书中将原文“the rationale underlying the amendment may bear no more than a tangential relation to the equivalent in question”翻译为“进行修改的基本原因与专利权人主张的等同对象之间仅仅存在擦边的关联”。笔者稍作变动，译为“进行修改的基本原因与专利权人主张的等同对象之间的关系是非相关的”。

后来，美国联邦巡回上诉法院澄清认为，是限制性修改时的时间而非申请提交时的时间是确定是否具体可预见性的时间，因为当我们推定专利权人放弃特征主题时，在修改时的可预见性才是相关的。❶

故此，我们可以推知，Festo 案后，在美国专利侵权诉讼案件中，只要专利权人在专利申请审查过程中限制性地修改了权利要求中的某一技术特征，那么在后来的专利侵权诉讼中，专利权人针对该项技术特征就只能主张相同侵权，而不能主张等同侵权，除非专利权人能够证明存在例外情况（美国最高法院所列举的三种例外）。

在美国最高法院 Festo 案判决后，美国联邦巡回上诉法院在其后来的案件判决中对最高法院所说的三种不适用禁止反悔原则的例外进行了具体的解释。

美国联邦巡回上诉法院认为，不可预见的第一种例外是要考查所主张的等同在修改时对于所属领域技术人员是否是不能预见的。通常，如果所主张的等同所涉及的是后来发展的技术（比如，晶体管对应于真空管），或者是相关技术领域并不知道的技术，那么，该等同是不可预见的。相反，原有的技术，尽管并不是总具有可预见性，但更可能被认为是可预见的。如果所主张的等同在发明所属技术领域的在先技术中是已知的，该等同当然会被认为是在修改时是可预见的。❷

美国联邦巡回上诉法院在 Insituform Technologies 案中对权利要求的修改与所主张的等同之间只是非相关关系的第二种例外进行了解释。在该案中，涉案权利要求是关于通过在管道中安装一个衬套修补破损地下水管而无需打开地下管道的一种方法。涉案权利要求记载使用“一个杯状物”（a cup）在管道中产生真空。联邦巡回上诉法院认为涉案权利要求字面含义应限于一个杯状物。被控侵权方法使用了多个杯状物，因而不构成字面

❶ Festo Corp. v. Shoketsu Kinzoku Kogyo Kabushiki Co., Ltd., 344 F. 3d 1359, 1365 n. 2, 68 U. S. P. Q. 2d (BNA) 1321, 1325 n. 2 (Fed. Cir. 2003), cert. denied, 124 S. Ct. 2018, 158 L. Ed. 2d 492 (U. S. 2004) and cert. denied, 124 S. Ct. 2019, 158 L. Ed. 2d 492 (U. S. 2004) (en banc) (Festo remand).

❷ Festo Corp. v. Shoketsu Kinzoku Kogyo Kabushiki Co., Ltd., 344 F. 3d 1359, 1365 n. 2, 68 U. S. P. Q. 2d (BNA) 1321, 1325 n. 2 (Fed. Cir. 2003), cert. denied, 124 S. Ct. 2018, 158 L. Ed. 2d 492 (U. S. 2004) and cert. denied, 124 S. Ct. 2019, 158 L. Ed. 2d 492 (U. S. 2004) (en banc) (Festo remand).

侵权（相同侵权）。在授权审查过程中，申请人原本描述了一项没有记载使用任何杯状物特征产生真空的宽范围独立权利要求和一项记载了使用“一个杯状物”特征的从属权利要求。为避免因一项在先技术而被驳回，申请人放弃了其申请的原始独立权利要求与从属权利要求，提交了一项新的充分组合了原来权利要求技术特征的权利要求。申请人同时争辩说该在先技术为产生真空使用了一大型负压源，原因在于该负压源的位置离树脂表面较远。申请人在限制性修改其权利要求时，增加了“一个杯状物”特征；基于将真空产生装置靠近树脂表面安装可以使用比在先技术中更小负压源的原因，权利要求同时限定该杯状物必须靠近树脂表面以区别于在先技术。联邦巡回上诉法院特别指出，该申请人从未向审查员陈述使用多个杯状物不能解决所要解决的问题。在本案中，限制性修改的目的是将本发明与在先技术区别开来，专利权人陈述得很清楚，其方法与在先技术的区别在于其方法不存在需要先技术中的在衬套末端安装大型压缩器的缺点。在授权审查过程中，不存在限制性修改与本案中主张等同的使用多个杯状物方法之间关系的任何指示，因此，美国联邦巡回上诉法院认为，所主张的使用多个杯状物的等同，与权利要求的限制性修改是非相关的。❶

美国法院认为，其他理由的第三种例外本身是模糊的，其必须是一项适用范围窄的例外。当存在诸如语言缺陷的原因时可能会满足适用该例外的条件。❷

专利侵权诉讼中，禁止反悔原则的作用在于限制等同侵权的适用。要全面理解禁止反悔原则在美国专利侵权诉讼中的作用，需结合其专利等同侵权规则进行考查。

根据美国法院关于等同原则及禁止反悔原则的认定规则，我们可以看出，对于在专利授权审查过程中未曾修改过或者虽经修改但不是为满足专利法实质性规定而进行的修改（这需专利权人证明）或者虽经修改但是扩张性修改的技术特征，不会适用修改导致的禁止反悔。如果被控侵权技术方案中的相应技术特征与这样的技术特征等同，可以据此主张等同侵权。

---

❶ Insituform Technologies, Inc. v. CAT Contracting, Inc., 385 F. 3d 1360, 1368－1871, 72 U. S. P. Q. 2d (BNA) 1870, 1877—1879 (Fed. Cir. 2004).

❷ Liquid Dynamics Corp. v. Vaughan Cop, Inc., No. 01 C 6934, 2004 WL 2260626, ＊14 (N. D. Ill. Oct. 1, 2004).

当然，如果与这样的技术特征等同的特征已经记载在涉案专利说明书相应技术方案中，却未被记载到权利要求中，则包含该些等同技术特征的技术方案被视为已经被捐献给了社会，不能以与这样的技术特征等同为由，主张等同侵权。对于在专利授权过程中为满足专利法实质性规定而进行过限制性修改的技术特征，除非专利权人能够证明属于例外情况，否则，专利权人只能以被控侵权技术方案中的相应技术特征与这样的技术特征相同为由，主张相同侵权，而不能以被控侵权技术方案中的相应技术特征与这样的技术特征等同为由，主张等同侵权。

二、日本专利侵权诉讼中的等同原则与禁止反悔原则

日本法院早期对等同原则持消极态度。对于消极适用等同原则的原因，日本学者认为，部分地是“由于当时的时代背景。在技术水平总体较低的阶段，有更愿意较窄地确定专利保护范围的要求。”❶

1998 年 2 月，在“无限折动用滚珠花键轴承”案中，日本最高法院首次确认专利侵权可以适用等同原则。在该案中，日本最高法院认为：即使被控侵权物与权利要求记载的技术特征存在差异，在满足下列条件的情况下，被控侵权物作为权利要求范围记载构成的等同物，仍属于专利发明的技术范围。

第一，不同的部分不是专利发明的本质部分；

第二，即使将被控侵权物中的不同部分与专利发明中的相应部分进行替换，也能产生相同的作用效果、实现发明的目的；

第三，上述替换对本领域的普通技术人员来讲在被控侵权物制造时是容易想到的；

第四，被控侵权物与专利发明申请时的公知技术或者本领域普通技术人员能够在专利申请日从公知技术容易推导出的技术并不相同；

第五，没有诸如在专利申请过程中将被控侵权物从权利要求中有意识地排除之类的特别事由。❷

❶ 闫文军．专利权的保护范围［M］．北京：法律出版社，2007：274.

❷ 闫文军．专利权的保护范围［M］．北京：法律出版社，2007：277～278.

日本法院关于等同侵权认定的第一至第三要件，相当于美国认定等同侵权的条件，第四要件是从公知技术方面对等同侵权的认定进行限制，第五要件相当于从禁止反悔原则方面对等同侵权的认定进行限制。

日本法院根据第一至第三要件界定的等同侵权与美国法院认定的等同侵权相比，范围已经小了很多。第一要件要求被控侵权物与专利发明不同的部分不能是专利发明的本质部分，只要被控侵权物与专利发明的本质部分不相同，即使等同，也因不能满足该第一要件，不构成等同侵权。日本法院认为，专利发明的本质部分，是指专利发明的构成中，成为该专利发明特有课题解决手段的基础的特征部分。[1] 专利发明的本质部分必然是专利技术方案相对于现有技术在技术效果上作出贡献的技术特征部分，因而也必然是竞争对手最有模仿价值的部分，如果该部分技术特征的等同排除在等同侵权以外，认定等同侵权成立的情形就会大大减少。在日本最高法院确立等同侵权认定要件之后，从 1998 年 2 月至 2005 年 10 月，日本地方法院与高等法院包括一审与二审涉及等同认定判决的 181 件案件中，没有认定等同的判决 168 件，其中以不满足第一要件而没有认定等同的占 109 件。[2]

尽管有高门槛认定等同侵权的第一要件，但相当于禁止反悔原则的第五要件仍然对等同侵权作了更严格的限制。在“无限折动用滚珠花键轴承”案中，日本最高法院对第五要件的解释是，在专利申请过程中，申请人从权利要求范围中有意识地排除的内容等，一旦专利权人承认它不属于专利发明的技术范围，或者从表面上看专利权人的行为可以被认为具有上述意思，专利权人其后再提出与此不同的主张，按照禁反言原则是不能被允许的。[3]

日本法院认为，根据回应专利局的拒绝理由通知以及撤销理由通知等，为了避免专利申请被拒绝或者专利被撤销或者无效，专利权人对权利要求的范围进行了减缩性补正的情况下，通常要对权利要求的范围进行限定解释，如果权利要求的文字字面含义不包括被控侵权物，就应当认为被控侵权物属于专利申请过程中从权利要求的范围中有意识排除的。这时，

---

[1] 闫文军．专利权的保护范围［M］．北京：法律出版社，2007：286.

[2] 闫文军．专利权的保护范围［M］．北京：法律出版社，2007：281.

[3] 闫文军．专利权的保护范围［M］．北京：法律出版社，2007：278.

应当认定不符合等同原则的第五要件。对于专利权人非为回避拒绝理由而对权利要求进行的补正，主流意见的看法与为回避拒绝理由而进行的补正一样。另外，日本法院认为，如果对于本领域普通技术人员来说，在专利申请时将包含某变换技术特征的技术包括在权利要求中是容易做到的，专利申请人没有这样做，则属于专利申请人的意识限定，按不符合等同原则第五要件处理。[1]

由此可见，日本专利侵权诉讼中等同侵权的第五要件（相当于禁止反悔原则）对等同侵权认定的限制作用，比美国专利侵权诉讼中禁止反悔原则对等同侵权认定的限制作用还要大，限定的范围还要宽。在前述日本法院没有认定等同侵权的168件判决中，以不满足第五要件而没有认定等同侵权的为55件，第五要件仅次于第一要件是认定等同的第二大障碍。[2]

有资料显示，在1998年2月至2005年10月期间，排除一审与二审之间的重复，日本法院认定等同侵权成立的案件只有11件[3]。根据另一资料来源的统计，1998年2月至2002年11月，日本法院在121个案件中审查过是否存在等同侵权，其中有10个案件认定存在等同侵权[4]。两组数据相比较，可以看出，在2002年11月至2005年10日期间，日本法院只在一件案件中认定等同侵权成立。

三、我国专利侵权等同原则的完善与禁止反悔原则的确立

（一）等同侵权认定规则的完善

尽管我国法律上没有规定等同侵权，但司法实践中早已有等同侵权方面的判例。2001年《最高人民法院关于审理专利纠纷案件适用法律问题的若干规定》中首次明确规定了等同侵权，该司法解释第十七条规定：

“专利法第五十六条第一款所称的‘发明或者实用新型专利权的保护范围以其权利要求的内容为准，说明书及附图可以用于解释权利要求’，

[1] 闫文军．专利权的保护范围［M］．北京：法律出版社，2007，304～306.

[2] 闫文军．专利权的保护范围［M］．北京：法律出版社，2007，302.

[3] 闫文军．专利权的保护范围［M］．北京：法律出版社，2007，281.

[4] In the name of the Japanese Group：The role of equivalents and prosecution history in defining the scope of patent protection. http：//www.aippi.org/reports/q175/q175_japan.pdf.

是指专利权的保护范围应当以权利要求书中明确记载的必要技术特征所确定的范围为准，也包括与该必要技术特征相等同的特征所确定的范围。”

“等同特征是指与所记载的技术特征以基本相同的手段，实现基本相同的功能，达到基本相同的效果，并且本领域的普通技术人员无需经过创造性劳动就能够联想到的特征。”

最高人民法院司法解释关于等同侵权认定的规则主要参照了美国关于等同侵权认定的规则。根据该司法解释的规定，等同侵权也不是被控侵权技术方案在整体上与专利技术方案等同，而是指相应技术特征的等同。

与美国关于等同侵权认定的规则相比，该司法解释需要进一步完善的是要明确特征等同判定的时间点。在这点上也可以直接借鉴美国的司法经验，明确规定特征等同判定的时间点是侵权行为发生日。如此，前述司法解释关于等同特征认定的第二款就可以修改为：

等同特征是指与所记载的技术特征以基本相同的手段，实现基本相同的功能，达到基本相同的效果，并且本领域的普通技术人员在侵权行为发生日无需经过创造性劳动就能够联想到的特征。

最高人民法院司法解释关于等同侵权的认定规则没有借鉴日本法院关于等同侵权认定的规则是可取的。日本法院关于认定等同的第一项要件并不恰当，专利发明的本质部分是竞争对手最有模仿价值的部分，是最需要根据等同原则得到延伸保护的部分，日本法院的等同侵权认定规则恰好将这些需要得到延伸保护的部分排除在外了。笔者认为，不管是专利发明的本质部分的技术特征，还是专利发明非本质部分的技术特征，在满足认定等同的其他条件下，只要相应的技术特征构成等同，就可以成立等同侵权。

（二）禁止反悔原则的确立

等同侵权是在专利权利要求字面含义之外为专利权人提供保护，等同侵权往外扩展的范围必须得到恰当的限制，否则专利权利要求界定专利权保护边界的稳定性就会降低，专利权利要求的公众告示功能就会受到破坏。专利侵权诉讼中的禁止反悔原则就是专门针对等同侵权而来，其作用是限定等同侵权的认定，将超出权利要求字面范围的等同侵权限定在一个恰当的范围。但我国法律与司法解释均无禁止反悔原则的规定。这是我国在专利等同侵权判定中存在的急需解决的问题。尽管司法实践中早已存在适用禁止反悔原则的判例，但由于没有统一的规定，各个法院对禁止反悔原则缺乏一致的认识，禁止反悔原则对等同侵权认定应有的限制作用还远没有正常发挥。现在迫切需要确立符合我国现实专利侵权诉讼需要的禁止反悔原则。

1. 修改导致的禁止反悔或者可预见规则

笔者认为，对于修改导致的禁止反悔，美国的规则过于复杂，也不尽合理。美国法院认为，为满足专利法实质性规定，专利申请人在专利申请过程中对权利要求进行限制性修改时，有义务将修改时能够预见到的等同写入权利要求中。非为满足专利法实质性规定，专利申请人在专利申请过程中对权利要求进行修改时，为什么申请人就没有义务将当时能够预见到的等同写入权利要求中呢？专利申请人对权利要求进行扩张性修改时，为什么申请人就没有义务将当时能够预见到的等同写入权利要求中呢？既然对权利要求修改（准确说是限制性修改）时，要求申请人将能够预见到的等同写入权利要求中，那么对于权利要求中未经修改的技术特征，为什么就不要求申请人将其在申请时能够预见到的与这些未修改过的特征相等同的特征写入权利要求中呢？

在建立“捐献规则”的 Johnson & Johnston 案中，美国联邦巡回上诉法院的 Rader 法官赞成该案判决结论，但是对得出判决的结论提出了不同的思路。Rader 法官建议采用“可预见规则”，其含义是：等同原则不能囊括专利权人在申请专利时已经可能预见到并且应当将其涵盖在权利要求保护范围之中的技术方案。“可预见规则”的逻辑在于：当所属领域中的技术人员可以预见一项发明应当延伸到的保护范围时，专利文件的撰写者有责任写出适当的权利要求来覆盖所有可以预见的各种不同实施方案。遵照这种要求撰写出来的权利要求具有更加完备的保护范围，一般情况下依靠相同侵权就足以认定那些过去需要通过等同原则才能认定的侵权行为，从而能够进一步强化权利要求的公示作用。当他人作出在专利权人撰写申请文件时尚不能预见的非实质变化来规避权利要求文字所表达的保护范围时，该规则仍给专利权人适用等同原则留下了余地，从而能够给专利权人提供有效的保护。这样，“可预见规则”就建立了一种更加客观的标准，它可以清楚地告诉人们何时才需要适用等同原则。❶

如果采用“可预见规则”，需要适用等同原则判定专利侵权的只是专

❶ 尹新天．专利权的保护（第二版）［M］．北京：知识产权出版社，2005：412～413.

利申请日后到专利侵权行为发生日期间，由于技术的发展，专利权人在申请专利时无法预见的等同技术特征，专利申请日能够预见到的等同特征则不是等同侵权要求的等同技术特征，这样一来，专利权利要求的保护范围确实更加清楚，专利权利要求的保护范围就更加确定。

美国联邦巡回上诉法院的 Lourie 法官不赞成“可预见规则”，他认为“可预见规则”与专利法的常识相矛盾。尹新天先生也认为，如果认为凡是显而易见的非实质变动统统都是专利权人在撰写权利要求时应当预见到的，常常会使专利权人处于一种两难境地：要主张等同成立，他必须争辩被控侵权人作出的变动是细小的变动，是不需要付出创造性劳动就容易想到的；然而一旦如此争辩，被控侵权人和法官就会根据“可预见规则”提出责难：既然是容易想到的，你当初撰写权利要求时干什么去了？反之，如果专利权人为了避免遭遇这种责难而承认被控侵权人作出的细小变动是其撰写权利要求时不曾预想到的，则又无异于自己承认该变动是非显而易见的，为其主张等同带来了困难。❶

其实“可预见规则”与专利法的常识并不相矛盾。按照“可预见规则”，能够主张等同侵权的等同特征是以侵权行为发生日为时间基点来评判的，只有在申请日以后由于技术的发展而新出现的等同特征（新出现的技术手段）才能据此主张等同侵权，对于申请日以前可预见的已经存在的等同特征已经不能以特征等同为由主张等同侵权。如果被控侵权技术方案中存在与权利要求中记载的一项或者多项技术特征相等同的特征，而该一项或者多项等同特征在涉案专利申请日以前已经存在（或者说是专利申请时能够预见的），根据“可预见规则”，专利权人已不能主张等同侵权，故这种情况下，无论专利权人争辩说被控侵权人作出的变动是细小的无需创造性劳动就能想到的，还是争辩说被控侵权人作出的细小变动是其撰写权利要求时不曾预想到的，均不应被认定构成等同侵权。但对于申请日以后由于技术发展的原因而新出现的等同特征，则不会出现所谓的两难：专利权人主张被控侵权人作出的变动是细小的变动，是不需要付出创造性劳动就容易想到的，被控侵权人或者法官不会责问，既然是容易想到的，你当初撰写权利要求时干什么去了？因为，当初撰写权利要求时，现在主张的等同特征还没有出现，故不可能在申请时将后来才出现的等同特征写入权

❶ 尹新天. 专利权的保护（第二版）［M］. 北京：知识产权出版社，2005：414～417.

利要求中；反之，专利权人承认被控侵权人作出的细小变动是其撰写权利要求时不曾预想到的，也不会给认定等同带来困难，因为，当初撰写权利要求时，现在主张的等同特征还没有出现，故现在主张的等同特征在当初撰写权利要求时，当然是申请人不曾预想到的。

在确立“捐献规则”的 Johnson & Johnston 案中，美国联邦巡回上诉法院认为，专利权人不能通过提交范围狭窄的权利要求的方式来规避专利局的审查，在授予专利权之后再以“说明书披露了等同物”为理由，试图通过适用等同原则来认定侵权。如果允许这样的做法，就会鼓励专利申请人提交内容广泛的说明书和保护范围狭窄的权利要求，以此来规避专利局对申请人本来可以提交的较宽权利要求的审查。❶

如果我们采用“可预见规则”，就更能够防止专利申请人在申请时撰写窄范围权利要求，而在专利授权后主张等同的宽范围的保护范围。根据“可预见规则”，除申请日以后由于技术发展的原因出现的等同特征可以主张等同侵权外，专利权人能够主张的专利权保护范围均是经过专利局审查过的专利权保护范围。

笔者建议可以进一步将专利申请时的可预见规则应用到权利要求修改时，不只是为满足专利法实质性规定进行的限制性修改可以适用可预见规则，权利要求的扩张性修改亦可以适用可预见规则，非为满足专利法实质性规定的修改同样可以适用可预见规则。如此一来，美国最高法院关于不适用禁止反悔原则的第二个例外，即进行修改的基本原因与专利权人主张的等同对象之间的关系是非相关的，也就不需要了。因为，只要是修改了权利要求中的某一项或者几项技术特征，就应当将在修改时能够预见到的与该一项或者该几项技术特征相等同的技术特征写入权利要求之中。

如果按照笔者前述建议，专利权人以技术特征等同为由主张构成等同侵权就只存在两种情况：第一，对于权利要求中未经修改过的技术特征，专利权人可以主张从专利申请日以后（申请日到侵权行为发生日之间），由于技术的发展而出现的等同特征的替换，构成等同侵权；第二，对于权利要求中经修改过的技术特征，专利权人可以主张从技术特征修改日以后（修改日到侵权行为发生日之间），由于技术的发展而出现的等同特征的替换，构成等同侵权。因为这些等同特征的出现，专利申请人在申请时或者

❶ 尹新天．专利权的保护（第二版）[M]．北京：知识产权出版社，2005：412.

修改时均是不能预见的。

除了前述两种不能预见的等同，不能要求将该两种不能预见的等同写入权利要求之外，还有一种可能存在的情况是专利申请人在撰写申请时或者修改时能够预见到与相应技术特征相等同的特征，但由于语言的缺陷，不能在撰写权利要求时或者修改权利要求时将相应的等同特征写入权利要求的保护范围之内。但美国法院也认为推翻禁止反悔的第三个例外，即包含语言缺陷在内所谓其他理由，必须是一项适用范围窄的例外。由于语言缺陷致使不能将能够预见到的等同写入权利要求中，如果有，也只可能是个别特例。

Festo 案中，美国最高法院认为，承认等同侵权的原因，是我们采用语言的特点使专利申请人不大可能十分准确地定义其发明的实质。专利申请人选择通过申请专利来公开其发明，因而就承担了一种风险，即他人有可能处心积虑地通过琢磨其语言带来的限制来规避专利权的保护。正是由于权利要求难于捕捉发明的每一细微区别或者以足够准确的方式来表述其新颖的范围，如果总是按照其字面含义来解释其保护范围，发明的价值就会大打折扣。❶

笔者认为美国最高法院过于夸大了语言缺陷对权利要求撰写带来的影响。要知道，如果现有技术术语不能表达发明人想要表达的技术方案，专利申请人可以自己重新定义现有技术术语的含义，专利申请人也可以定义新的技术术语，权利要求中的技术术语亦首先是根据专利说明书及附图、专利授权审查过程中专利申请人的陈述等（在美国法院判例中被称为内部证据）进行解释。另外，在不能用结构性特征描述一项技术方案时，还允许用方法性特征，用性能、参数特征进行描述，甚至还允许用功能性特征进行描述。基于语言缺陷的原因需要适用等同侵权的情况可以忽略不计。❷

❶ 尹新天．专利权的保护（第二版）［M］．北京：知识产权出版社，2005：470．

❷ 确实，申请人要将在申请日能够预见到的所有等同特征均写入要求中，需倍加仔细，稍有考虑不周，就可能没有注意到本可以预见的等同特征；或者个别极端情况，语言的表述真的难以周全表达。但如果法律或者法院赋予申请人这样的义务，申请人就会尽可能将其能够预见到的等同特征写入权利要求中，就会尽可能使其语言表达周全，权利要求就基本上可以盖含发明创造应该获得的保护范围。在赋予申请人如此撰写权利要求义务并且申请人也已经履行该种义务的情况下，申请人个别考虑不周或者个别极端情况下因语言缺陷的原因所导致的发明创造不能获得保护的范围，就不会有多少。作为一种制度，不应该为了使申请人对其发明创造获得如此完满的保护，而牺牲专利权利要求保护范围的确定性。

承认等同侵权的原因不是或者说最根本的不是撰写权利要求时的语言缺陷，而应当是是否要求权利要求的撰写人在权利要求撰写时以及权利要求修改时，将能够预见到的等同技术特征延伸到的保护范围写入权利要求的保护范围之中。美国最高法院认为专利申请人在限制性修改权利要求时有此义务，而在申请时无此义务，两者显然是不一致的。

日本法院关于认定等同侵权特别事由的第五要件（相当于禁止反悔原则）在事实上就排除了所有根据可预见规则能够排除的等同侵权。日本法院在等同侵权判定中也不存在因语言缺陷的原因，而需要适用等同原则的情况。

笔者赞同 Rader 法官的可预见规则，也认为日本法院关于排除等同侵权的特别事由是恰当的。

笔者建议应当确立可预见性禁止反悔原则，其限制等同侵权的效力相当于专利申请时及权利要求修改时均适用可预见规则，或者说相当于日本法院关于限定认定等同侵权的特别事由的范围：将在申请时或者修改时能够预见到的等同特征以禁止反悔为由排除在权利要求的保护范围之外。即对权利要求中未经修改过的技术特征，以禁止反悔为由，不允许专利权人以在申请时能够预见到的与该些技术特征等同的技术特征为依据主张等同侵权；对权利要求中经修改过的技术特征，以禁止反悔为由，不允许专利权人以在修改时能够预见到的与该些技术特征等同的技术特征为依据主张等同侵权。

在申请时或者修改时能够预见到的等同特征就是指在专利申请时或者权利要求修改时对所属领域的技术人员来说是显而易见的特征，或者说是所属领域的技术人员不需要付出创造性劳动就能够想到的特征。可预见性禁止反悔原则或者可被直接称为可预见规则可表述为：

权利要求中记载的未被修改技术特征的变换特征对所属领域的技术人员而言在专利申请日无需创造性劳动就能想到，或者权利要求中记载的被修改技术特征的变换特征对所属领域的技术人员而言在技术特征修改日无需创造性劳动就能想到，而在申请时或者修改时未将该种变换特征写入权利要求中，权利人在侵权诉讼中对该种变换特征主张等同侵权的，人民法院不予支持。

如果确立这样的可预见性禁止反悔原则，权利要求的公示作用无疑得到了大大的加强，权利要求保护范围的边界就更加清楚明确。社会公众

（主要的竞争对手）就更能够预期自己的行为是否侵犯了他人专利权。按照如此效力的禁止反悔原则，以被控侵权产品或者方法中的一项或者多项技术特征与权利要求记载的相应技术特征等同构成等同侵权就只剩下两种情况：被控侵权产品或者方法技术方案中与权利要求记载的未修改过的一项或者多项技术特征相等同，该一项或者多项等同特征是从专利申请日以后，由于技术发展的原因出现的；被控侵权产品或者方法技术方案中与权利要求记载的修改过的一项或者多项技术特征相等同，该一项或者多项等同特征是从权利要求相应特征修改日以后，由于技术发展的原因出现的。

按照笔者建议的等同原则认定规则与可预见性禁止反悔原则，专利权在其权利要求文字含义以外以特征等同为由获得的专利等同保护范围比美国法院界定的专利等同保护范围要窄，比日本法院界定的专利等同保护范围要宽。比美国法院界定的专利等同保护范围要窄之处在于：对未在专利说明书中记载，但在申请日所属领域的技术人员能够预见而申请人却没有写入权利要求中的等同特征，专利权人不能以特征等同为由主张等同侵权；对权利要求中技术特征的非限制性修改，适用可预见规则；对非为满足专利法实质性规定而对权利要求中技术特征的修改，亦适用可预见规则。比日本法院界定的专利等同保护范围要宽之处在于：等同侵权不要求日本关于等同侵权认定的非本质部分的第一要件，被控侵权技术方案中等同替换的特征既可以是专利技术方案的非本质部分，也可以是专利技术方案的本质部分。

2. 陈述导致的禁止反悔

对于陈述导致的禁止反悔，笔者认为可直接借鉴美国的经验，将所属领域技术人员根据专利申请授权审查过程中（包括无效宣告审查过程中）申请人的陈述，合理地相信申请人已经明确无误地作了放弃的内容排除在认定等同侵权的等同之外。

陈述导致禁止反悔的具体规则可以表述为：

根据专利申请人或者专利权人在专利授权或者确权程序中的陈述，所属领域技术人员认为当事人在专利侵权诉讼中主张的等同特征已经在专利授权或者确权程序的陈述中明确地放弃，且可以合理地推定专利申请人或者专利权人的放弃对专利授权或者确权产生了实质性影响，当事人以该放弃的等同特征主张等同侵权的，人民法院不予支持。

世界科技超一流发达的美国，为维护正常市场竞争秩序，法院对专利权保护范围的确定也日趋严格。二战后，日本从欧美引进先进技术，通过吸收改造，取得了高速经济增长。日本当时的专利政策显然是与其当时的技术经济发展状况相一致的。当今日本技术高度发达，并高度重视知识产权，提出要“知识产权立国”，但日本法院对专利权的保护也并非就偏重于专利权人。日本最高法院尽管最终认可了等同侵权，但日本也并没有让专利权人在其权利要求文字含义以外获得的等同保护范围有多宽。

建立创新型国家，既要鼓励原始的创新，在中国现阶段的情况下，更要鼓励在现在技术成果基础上的创新。建立创新型国家，并非专利权保护范围认定越宽越好。在判定等同侵权时，既要考虑专利权人的恰当利益，也要考虑中国现实技术经济发展的实际情况。笔者建议的等同原则认定规则与可预见性禁止反悔原则认定规则，能够恰当地平衡专利权人与社会公众的利益，能够在鼓励技术创新的同时，顾及正当的市场公平竞争，从而在社会整体上能够促进技术、经济的发展，以适应建立创新型国家的需要。

专利产品的维修与再造的区分标准[1]

董美根[2]

摘　要

专利产品的合法购买人为实现对产品的使用，必然作出属于事实行为的修理。大部分修理属于使用范围，属于允许的维修。但如修理超出一定范围，则构成不允许的再造（制造新产品）。绝大部分案件适用专利权穷竭原则来区分维修与再造。但由于个案的特殊性，单纯的专利权穷竭原则并不能满足所有需要，这就需要从更高层面即默示许可层面来区分维修与再造，即通过证据来认定当事人的真实意思表示，最终确定购买人的修理是否属于专利权人许可的维修。

一、问题的提出

当专利产品由多个部件组成时（即专利产品为组合专利产品，其创造

❶ 本成果是上海市教委教育高地（知识产权）中期研究成果之一。

❷ 作者单位：华东政法大学知识产权学院。

性在于部件的组合），专利产品的合法购买者在使用过程中，为使整个专利产品处于正常的工作状态，必然会对其中的部件作出属于事实行为的修理，如更换损坏或失效的零部件等。由于修理导致了专利产品销售数量的下降，更有甚者，修理所产生的利益超出了销售专利产品本身所获得的利益。当专利产品的维修、服务形成一定的市场后，就会有其他公司企业开展为专利产品的用户提供零部件的行为，形成与专利权人相竞争的局面。这样专利权人对专利产品的修理予以种种限制的目的即在于限制为修理、维护专利产品而提供其零部件的公司企业的竞争。[1] 但是，这些限制必然影响专利产品购买者的正常使用。为了实现购买者正常使用与保护专利权人利益从而鼓励专利权人进一步研发的积极性之间进行平衡，区分修理属于维修还是再造就非常必要了。

总体而言，专利产品经专利权人或其被许可人出售后，该专利产品上的专利权穷竭，购买人可对专利产品进行自由的使用（包括维修 repair）。但如果修理超出一定限度时，即构成未经许可的专利产品的再次制造即再造（reconstruction），直接构成侵权。但维修与再造的区别的界线何在？各国的司法实践并不相同。即使是专利法实践最为丰富的美国的理论与实践也存在着不同的认识。随着我国专利实践的不断丰富，如何区分专利产品的维修与再造必然是我国面临的难题之一。为此，本文将主要以美国相关判例为研判对象，以区分维修与再造的适用法律依据为主线，探析我国维修与再造的区分规则。

二、美国联邦法院对维修与再造的区分

（一）适用

美国是判例法国家，遵循在后判决不得与在先判决相冲突的原则。然而，区分维修与再造的判例并没有完全遵循这一原则。美国联邦法院，尤其是联邦最高法院在涉及维修与再造的相关案件中所持观点并不一致。

一类判决认为，如果整个专利产品的寿命仍有效，产品的部件损耗后，购买者有权进行维修，而不论该部件是否为专利产品的核心，也不论该部件的价值在整个产品中所占比例，更不论维修该部件的难度。相反，

[1] 尹新天．专利权的保护（第二版）[M]．北京：知识产权出版社，2005：136.

如果整个产品寿命到期，所为的修理构成再造。

最早涉及维修与再造的 1850 年 Wilson v. Simpson 案[1]中，购买者在使用几个月后更换木刨床上的刨刀构成维修。联邦最高法院认为，“当组合物中的部分元素因磨损而不起作用时，是维修而不是再造使刨床恢复原有的功能。……虽然维修有时需要更换组合物中的核心部件，但仍不过是维修。专利权人出售给购买人的是一台机器，购买人使用的是整台机器。当他修理磨损部分，这不只过其保护其财产以使财产在有效寿命范围内能使用。”

1882 年 American Cotton Tie v. Simmosn 案[2]中，被告以废铁方式收购被切割的捆扎带，将它们铆起来，套上原来的带扣，形成可以重新使用的联邦捆扎带。联邦最高法院认为：“被告销售的金属带是将原有金属带的片段拼接而成的，这种拼接行为从任何意义上说都不是修理金属带或者修理整个装置。原专利装置的拥有者自愿切断金属带，因为在将棉花包从棉田运到棉花加工厂后，该捆包装置就已经完成了其预定的功能。该装置作为捆包手段的用途已经自愿地破坏了，不能再用于打包，被告的行为构成再造。”

1961 年 Aro Mfg. Co. v. Convertible Top Replacement Co. 案[3]（下称 Aro 案）中，专利权人享有涉及一种汽车用的可折叠顶棚装置，包括用纺织材料制成的柔性顶棚等（各部件没有单独申请专利），其中用纺织材料制成的顶棚使用期为 3 年，其他部件与汽车寿命基本相同。被告制造并销售用纺织材料制成的产品，可替代专利产品中的顶棚。联邦最高法院判决认为，“专利法确定的原则是：组合专利只保护其权利要求书中各技术特征组成的整体，而各组成部件并不单独受保护……一个组合专利中的部件，如果没有单独获得专利，就不能受专利单独保护，而不论该部件对专利是多么重要，也不论这一部件的更换多么昂贵，多么困难。专利作为一个整体来保护，不能将发明归因于一个因素。再造只限于在专利产品作为一个整体报废以后，实质上是制造一个新产品的重新制造。只是一次更换一个部件，不管重复更换同一部件还是连续更换不同部件，都是财产所有

[1] 50 U. S. 109 (1850).

[2] 106 U. S. 89, 91 (1882).

[3] 365 U. S. 336 (1961).

人维修财产的合法权利。因此，本案中的行为应视为维修而不是再造。”

此后，基于遵循先例原则，专门审理专利上诉案件的美国联邦巡回上诉法院（CAFC）在大多案件中坚持适用 Aro 案所采用的规则，如 1987 年 Dana Corp. v. American Precision Co. 案认定更换磨损的卡车离合器部件构成维修[1]；1989 年 Everpure，Inc. v. Cuno，Inc. 案[2]认定更换水的过滤系统中的已经全部磨损的过滤器构成维修；1994 年 FMC Corp. v. Up-Right，Inc. 案[3]认定更换磨损的收割机器采摘头构成维修。1996 年 Kendall Co. v. Progressive Med. Tech.，Inc. 案[4]认定更换医疗设备中的使用过的压力管构成维修；2000 年 Bottom Line Mgmt.，Inc. v. Pan Man，Inc. 案[5]认定对烹饪设备上的已磨损的不粘锅表面外衣进行重新涂层构成维修。

综合这些案件，CAFC 创造的 Aro 规则是：“每次更换单个已耗尽（spentness）的非专利部件，无论是否重复更换相同部件或连续更换不同部件，都是所有权人合法地维修其财产而已。”[6]

另一类判决则认为，区分维修与再造应考虑各类因素，尤其以 Aro 案中 Brennan 法官发表的意见为代表。“有时更换一个产品中的非专利部件，即使没有再造整个专利产品也构成再造。区分维修和再造，所有的案件不能适用惟一标准。这需要考虑很多因素，如：更换部件的寿命与整个产品寿命的关系、更换的部件对于发明的重要性、更换部件的价值在整个产品价值中的比重、专利权人和顾客对于易损部件的通常认识和意图、购买的部件是更换损坏的部件还是用于其他目的以及其他相关因素。”

最为典型的是 CAFC 在 1997 年 Sandvik Aktiebolag v. E. J. Co. 案[7]中考虑了各种因素。该案专利涉及一个钻头。专利权人认为钻尖是可以打磨的，并在出售钻头时提供了如何打磨的说明。当钻尖不能再打磨时，专门提供修理服务的被告应客户的要求更换了钻尖。CAFC 在认定被告是否

[1] 827 F. 2d 755 (Fed. Cir. 1987).

[2] 875 F. 2d 300 (Fed. Cir. 1989).

[3] 21 F. 3d 1073 (Fed. Cir. 1994).

[4] 85 F. 3d 1570 (Fed. Cir. 1996).

[5] 228 F. 3d 1352 (Fed. Cir. 2000).

[6] 264 F. 3d 1062 (Fed. Cir. 2001).

[7] 121 F. 3d 669 (Fed. Cir. 1997).

制造一个新产品时即考虑很多因素，包括：被告行为的性质、更换的部件的性质和它是如何设计的（是否其中一个部件的使用寿命比整个产品的使用寿命短）、针对该部件进行制造和服务的市场是否形成、专利权人的意图等。经过对相关证据的综合考量，CAFC 最终认为被告的行为构成再造，而不是维修。

（二）维修与再造的区分原则

根据上述一系列判例，美国主流观点认为，维修源自无条件销售的专利权穷竭理论，[1] 因为专利产品一旦销售后，专利权人即丧失了对该专利产品进一步使用控制。购买者根据专利穷竭原则，就有权进行维修。对此《布莱克法律辞典》亦明确将维修列入首次销售原则的范围。[2] 当然，这种维修不能超出最初销售所容忍的限度，一旦超出，就构成再造。[3] 这也就是 Aro 规则适用的基础。

然而，如果完全坚持以专利权穷竭为区分维修与再造的标准，则很难解释 Sandvik Aktiebolag 案考虑各种因素的原因。因此，有判决认为维修源自于默示许可，因为默示许可与当事人的意图与行为更贴近。依据专利穷竭理论，在大部分情况下，允许维修是因为具有物理外观的产品部件已被耗尽，这在逻辑上就不是很充分，法院在适用时会考虑当事人的意图。[4]

因为两种观点不统一，美国有些判决及评述认为："两者本质上相同，是一个硬币的两面。也就是说，当专利权通过首次销售被穷竭后，购买人

---

[1] See, e. g., Jazz Photo Corp., 264 F. 3d 1105 (Fed. Cir. 2001). Surfco Hawaii v. Fin Control Sys Pty, Ltd., 264 F. 3d 1062 (Fed. Cir. 2001), Kendall Co. v. Progressive Med. Tech., Inc., 85 F. 3d 1570 (Fed. Cir. 1996).

[2] 专利首次销售原则是指专利产品的购买者享有使用、修理、转售专利产品且未侵犯专利权。See Black's Law Dictionary, 8th Edition.

[3] Jazz Photo Corp., 264 F. 3d 1105 (Fed. Cir. 2001).

[4] See, e. g., Bottom Line Mgmt., Inc. v. Pan Man, Inc., 228 F. 3d 1352 (Fed. Cir. 2000). Hewlett－Packard Co. v. Repeat－O－Type Stencil Mfg. Corp., 123 F. 3d 1445 (Fed. Cir. 1997).

随后就取得了维修购买的专利产品的默示许可。”❶

三、维修与再造的区分标准

不仅美国司法及理论对区分标准不统一，其他国家与地区与美国的规则区分标准亦不相同。如日本即认为，更换了专利产品中的核心部件即构成再造而不是维修。❷

那么我国如何确定区分标准呢？笔者认为，只要充分借鉴并吸收美国及其他国家的司法实践的合理经验，确立我国的维修与再造的区分标准。

（一）专利权穷竭规则作为主要适用但非惟一标准

区分维修与再造关键看购买者所为的修理是否超出了基于专利权穷竭原则赋予购买者“使用权”的程度。以专利权穷竭原则作为区分的标准在绝大多数案件中是可行的，但这一标准只能是主要但不是惟一标准。

以专利权穷竭原则为基础的 Aro 规则确立了以部件耗尽作为认定构成维修的标准。但是，这一标准本身并不完善，尤其表现为专利产品维修的内涵本身也处于变化之中，修理之后的产品与原专利产品并不完全相同。

Aro 规则不完善的原因在于传统的耗尽概念本身即包括诸多复杂的信息，如设备性质、部件的重要性、部件是否易逝性及可持续寿命、更换的部件超出旧部件的优势等。❸ Aro 规则的适用前提是被更换或修理的部件已经实际耗尽，但部件达到什么样的程度才算是耗尽并无具体解释。按一般理解，耗尽是指该部件因磨损或寿命到期导致该部件在物理功能已完全丧失，如 Wilson 案认为构成维修的前提是该部件已“不起作用”。然在实践过程中，美国联邦法院不断扩大“耗尽”的内涵。一是更换易耗尽的部

---

❶ Fuji Photo Film Co. v. Jazz Photo Corp.，249 F. Supp. 2d 434，452（D. N. J. 2003）. see also Fuji Machine Mfg. Co. v. Hover－Davis，Inc.，60 F. Supp. 2d 111，118（W. D. N. Y. 1999）.（认为专利穷竭与默示许可“密切相关”）；Michael D. Lake，Patent & Know－How（Technology）Licensees and Licensing Strategies，722 PLI/Pat. 353，371（2002）（认为专利穷竭与默示许可本质上相同）.

❷ See Masami Hanabusa，An Analysis of Japanese Patent Law 207－08（1992）.

❸ Mark D. Janis：A Tale Of The Apocryphal Axe：Repair，Reconstruction，And The Implied License In Intellectual Property Law，Maryland Law Review 1999. at 448.

件构成维修，即如果专利产品的部件事实上物理形态上未耗尽，而是“实际丧失功能”，对其更换构成维修。如 Jazz Photo Corp. 案[1]认为更换一次性相机中使用过的胶卷构成维修；Cannon Group，Inc. v. Better Bags，Inc. 案[2]认为更换相机包构成对相机包的组合专利的维修，因为购买者一旦使用了相机包，相机包即成为可被更换的“已被消耗”的部件。二是改进未损耗的部件构成维修，即当部件尚未被磨损或消耗得不能使用时，对该部件进行调整或改进从而使产品实现不同的功能同样构成维修。这一情形最早源自于美国联邦最高法院 1964 年 Wilbur－Ellis Co. v. Kuther. 案[3]：“请求人改进旧机器以适应相关的使用并不是传统意义上的维修。但它披着维修的外衣，因为这样可以原来的组合产生新的功能。”这一改进隶属于专利产品购买者的权利范围，因为原专利产品的大小并不是“发明的组成部件”。1997 年 Hewlett－Packard Co. v. Repeat－O－Type Stencil Mfg. Corp. 案[4]中，被告在没有改变墨盒的其他结构的前提下，简单地改变了墨盒盖固定在墨盒上的密封件从而使得未使用的墨盒盖与墨盒的其他部件相连接，从而改善了墨盒的应用性。CAFC 认为：“被告的改造不是一般意义上的维修，而是一种‘类似维修’。这是因为墨盒本身没有‘耗尽’……这一改进不是再造，更近似于对不成熟的维修。”2001 年 Surfco Hawaii v. Fin Control Systems Pty，Ltd. 案[5]中，被控侵权人生产了可与专利权人冲浪板上的尾翼可互换的尾翼，但因尾翼加了橡胶边而更为安全。地区法院认为更安全的尾翼刺激了消费者更换专利权人冲浪板的尾翼，认为构成间接侵权。但 CAFC 再次重申了“维修的概念直接源自于更换坏掉或用旧的部件。然而，维修同样也包括更换那些既未坏掉也未用旧的部件”，这样可以改进设备以提高其有效性。2002 年 Husky Injection Molding Systems，Ltd. v. R & D Tool & Engineering Co.[6] 亦持相同观点。

显然，以专利权穷竭作为区分维修与再造的标准在操作层面上看似简

[1] Jazz Photo Corp.，264 F. 3d 1105（Fed. Cir. 2001）.

[2] 250 F. Supp. 2d at 893（S. D. Ohio 2003）.

[3] 377 U. S. 422，141 U. S. P. Q. （BNA）703（1964）.

[4] 123 F. 3d 1445（Fed. Cir. 1997）.

[5] 264 F. 3d 1062（Fed. Cir 2001）.

[6] 291 F. 3d 780，62 USPQ2d 1834（Fed. Cir. 2002）.

单与可行，但在实际认定时仍较为复杂，并不能解决所有案件。

（二）默示许可应成为区分维修与再造的真正标准

1. 专利权穷竭原则本身即为法定默示许可

“对专利垄断权的穷竭限制已被许可理论所证明。”[1]

美国联邦最高法院在1872年Mitchell v. Hawley案[2]中认为，只有当专利产品的销售是“完全的且无任何限制”时，专利权穷竭才会发生。1912年Henry v. A. B. Dick Co. 案[3]更是明确了专利权穷竭源自于默示许可：如果专利产品出售时的环境（surroudings）是无条件的，那么就产生了对包含发明的产品的使用、销售的默示许可。[4] 对此“无条件销售”的默示许可，CAFC在1997年B. Braun Medical v. Abbott Lab. [5] 案对1992年Mallinckrodt案[6]的总结为：“专利产品一旦无条件销售，就穷竭了专利权人进一步控制购买者随后使用的权利。这一理论背后的规则是，在这一交易中，专利权人所指望并且实际收取了与这一产品价值吻合的价格。然而，专利权穷竭原则并不能运用到一个有明示限制条件的销售或许可。这样的交易，更为合理的推论是当事人谈判所达成的价格仅仅是体现专利法授予的‘使用’权的价值。”

联邦最高法院在1942年United States v. Univis Lens Co. 案中认为，“专利权人或其被许可人销售眼镜光片……不仅是光片所有权的转移，而且也是实施最后专利方法的许可。”[7] 这样，依据衡平法进一步发展的专利权穷竭规则是：如果已售产品上的技术包含了其他专利（如方法专利/组

---

[1] See William C. Robinson, The Law of Patents for Useful Inventions § 824, at 617－619 (1890). Leonard J. Hope, The Licensed－Foundry Defense in Patent Infringement Cases: Time To Take Some Of The Steam Out Of Patent Exhaustion? Georgia State University Law Review April, 1995.

[2] 83 U. S. 544, 548 (1872).

[3] 224 U. S. 1, 8 (1912).

[4] Leonard J. Hope, The Licensed－Foundry Defense In Patent Infringement Case: Time To Take Some Of The Steam Out Of Patent Exhaustion? Georgia State University Law Review, April, 1995, at 625.

[5] 124 F. 3d 1419 (1997).

[6] 976 F. 2d 700 (1992).

[7] 316 U. S. 241 (1942).

合专利）所有被授予专利的实质性技术特征，这些其他专利随之穷竭。[1]

“根据专利权穷竭理论，包括发明在内的产品的合法销售产生了使用与转售该产品免于承担侵权责任的默示许可。一旦售出了包含发明在内的专利产品，专利权人就获得了使用该发明的合理报酬。基于销售，专利权人就放弃了已售产品上的排除权。”[2]“当专利权人或其被许可人销售专利产品时，此时产生的问题是该销售是否包含了实施加害专利权行为的默示许可。如果不存在非侵权使用，这可合理地推断出专利权人就出售的产品放弃了专利垄断权。”[3]

然而，默示许可毕竟属于合同范围，如完全采用默示许可规则即合同规则来解决专利权穷竭原则难以完全实现防止专利权人两次收费、促进商品的流通与使用及保护购买者的权利等专利政策。为此将专利权穷竭原则从默示许可中上升为法律的规定，专利权穷竭原则也就成为法定默示许可（implied－in－law）。

这样，区分维修与再造依据的专利权穷竭标准实质上也是依据默示许可标准。

2. 事实默示许可在维修与再造中的适用

默示许可除法定默示许可外，还存在着事实默示许可。在所有涉及以专利权穷竭作为区分标准的案件中，都没有排斥事实默示许可规则的适用。

事实默示许可是与明示许可相对立的一种许可形式，是指在没有明示且有效约定的情形下，根据相关事实，尤其是交易时的事实确定当事人的真实意图，以确定许可的内容或许可的范围。

默示许可作为合同，无论是许可合同的生效还是许可合同的条款都取决于当事人双方意思表示一致。因此在确定是否存在默示许可及默示许可

---

❶ Univis案所确定的穷竭原则实质是指，如果产品与组合专利或方法专利的实质性技术方案相同，系同一发明，此时实质性技术方案上的专利权穷竭，这样才能真正达到防止专利权人就同一技术收取两次费用。

❷ See Daniel M. Lechleiter：Dividing The（Statutory）Baby Under Anton/Barer：Using The Doctrine Of Implied License To Circumvent § 271（C）Protection For Components Of A Patented Combination. John Marshall Review of Intellectual Property Law，Spring，2004. at 292.

❸ Jordan Spencer Jacobs，v. Nintendo Of America，Inc.，370 F. 3d at 1100（citing United States v. Univis Lens Co.，316 U. S. 241，249（1942））.

的范围时，需要考虑当事人双方的意图，而非单方意图。确定当事人真实意图（尤其是专利权人的真实意图）需要综合考虑诸多因素，尤其是产品设计意图、当事人交易意图及交易环境等。[1]

（1）产品设计意图

在组合专利的产品设计中，某些部件本质上采用的易耗材质。当这些易耗品耗尽而整个产品仍处于有效寿命的情况下，如果不更换则产品上的其他部分将一文不值，更换这些部件应为维修而非再造。如 Wilson 案中，允许更换刨刀是设计的意图之一："从发明人的意图来看，对刨刀的频繁更换也不是再造专利设备，而是恢复该设备原本功能的行为。"Morgan Envelope Co. v. Albany Perforated Wrapping Paper Co. 案[2]同样认为，"已售的纸张被用完是一种常识，更换纸张是设计的意图"。相反，如果设计意图不允许更换的，如为更换则为再造。如 Simmosn 案中，捆扎带在设计时即为了破坏，一旦被破坏后即不能作为捆扎带使用，此时的修理即为再造。

（2）当事人在交易时的意图

总体而言，专利权人禁止购买人维修的非合同上的意图无足轻重。相反，需要重点考虑善意购买人的意图及合理期待。[3] 但就个案而言，需要考虑其特殊性。如 Sandvik Aktiebolag 案中，专利权人提供的说明书指导购买人如何打磨钻尖（即购买人打磨钻尖属于维修），但专利权人对于更换钻尖并无说明。这样能否更换钻尖转而应考虑购买人的意图，但该案中购买人能否更换钻尖的意图亦不清楚。CAFC 最终只能以更换钻尖的难易程度、钻头本身性质及设计等因素来推定专利权人的意图为禁止更换钻头。

---

[1] 我国《合同法》第一百二十五条第一款规定了合同解释的原则："当事人对合同条款的理解有争议的，应当按照合同所使用的词句、合同的有关条款、合同的目的、交易习惯以及诚实信用原则，确定该条款的真实意思。"但该规定仅涉及了合同的范围的解释与界定，而在默示许可在确定当事人的真实意图首先解决的是是否存在默示许可，其次才需要解决合同的范围。

[2] 152 U. S. 425（1894）.

[3] Honorable Arthur J. Gajarsa，Evelyn Mary Aswad，Joseph S. Cianfrani：How Much Fuel To Add To The Fire Of Genius? Some Questions About The Repair/Reconstruction Distinction In Patent Law. American University Law Review，August，1999.

(3) 专利权人交易后的行为

专利权人交易后的行为主要指专利权人单独出售易磨损的部分。CAFC在过去的几年中创造了安全港规则❶，即当部件是“有准备的更换”(readily replaceable)❷ 时，法院更倾向于认为构成维修而不是再造。对该部件的更换即是允许的维修，而且被更换部件是否为专利发明的实质性部件无关。从安全港规则的内容来看，“有准备的更换”应为专利权人通过相关行为所表现出来的一种允许维修意图，即专利权人提供相关部件由专利产品的合法购买者在使用过程中更换相关耗尽的部件，推定专利权人允许使用者进行维修。

除上述因素外，交易惯例也是用来判断当事人的意图的常用手段之一。

3. 其他标准不应成为区分维修与再造的标准

美国联邦法院在很多案件❸中认定维修与再造在实践中会考虑其他因素，尤其是被更换部件是否为发明的核心或重要部件。

笔者认为，这一因素不应成为区分的因素。其一，考虑被替代部件的重要性实质只是考察专利权人的真实意图的因素之一。从技术本身来看，认定部件是否为发明的核心部件是非常困难的。从专利权本身来看，组合专利的创新点在于其组合，如果部件是发明的核心部分，专利权人应当就这些部件本身单独申请专利或作为权利要求。专利权人未将部件申请专利或作为权利要求予以保护本身即已说明被修理的部件本身不是发明的核心部件。其二，如果专利权人认为该部件具有重大的意义，其应在专利产品销售时附加限制以禁止购买人修理该部件。如果专利权人在销售时可以作出但没有作出限制，回过头来认定部件的重要性显然是不现实的；其三，正由于部件在专利产品中的重要性是非常难认定，以部件的重要性来认定专利权人的真实意图在理论上也就不具有可行性。其四，专利权保护范围

❶ Amber Hatfield Rovner: Practical Guide To Application of (or Defense Against) Product-based Infringent Immunities Under The Doctrines of Patent Exhaustion And Implied License. Texas Intellectual Property Law Journal Winter 2004, at 279.

❷ 291 F. 3d 780, 62 USPQ2d 1834 (Fed. Cir. 2002).

❸ See e. g. Electric Auto - Lite Co. v. P. & D. Manufacturing Co., 78 F. 2d 700 (2d Cir. 1935). Micromatic Hone Corp. v. Mid-West Abrasive Co., 177 F. 2d 934 (6th Cir. 1949). Standard Stoker Co. v. Berkley Machine Works & Foundry Co., 106 F. 2d 475 (4th Cir. 1939).

严格限定于权利要求的范围内。“专利产品的合法使用者为维护该产品的正常使用而更换零部件的，不论更换的是起辅助作用的次要部件，还是构成该专利的核心，对新颖性、创造性的成立起决定性作用的部件，只要这些零部件本身没有获得专利保护，就都是法律所允许的行为。”❶

四、我国维修与再造区分标准的适用

我国目前无论在实践还是理论上对于区分维修与再造尚不成熟。我国区分维修与再造的规则除应充分借鉴国外的经验外，还应注意我国的法律适用规则。

由于我国是成文法国家，适用法律应以现有法律法规或充分法理作为依据。就维修与再造的区分而言，现有可适用的法律除专利法外，还有合同法。由于专利权具有极强的排他性，未经许可使用他人的专利即构成侵权。因此认定购买人所为的修理是否属于维修应具有合同上的基础，即购买人所为的维修是否得到专利权人的许可，无论这一许可是法定默示许可（专利权穷竭原则）还是事实默示许可。

（一）专利权穷竭的适用

从国外实践来看，区分维修与再造主要依据专利权穷竭原则。虽然我国《专利法》所规定的专利权穷竭原则未涉及维修，但因维修既属于使用的范围，又是使用的延伸，因此将维修视为专利权穷竭原则的内容是适当的，正如2003年《最高人民法院关于审理专利侵权纠纷案件若干问题的决定》（会议讨论稿）第二十七条将维修规定为“专利产品的合法使用人为使专利产品能够正常使用而进行的修理、更换零部件等维护性行为”。

以专利权穷竭原则来认定维修在大多数情况下是可行的，但并不是无条件的。以专利权穷竭原则为认定原则本身即暗示了维修应同时具备一定条件：

其一，专利产品是专利权人或其被许可人合法出售，这一司法解释实质性要求。如果产品本身是未经许可的销售则使用本身即构成侵权，进而谈不上区分维修与再造。正如Aro. 案所指出的，“决定维修与再造的决定性因素之一是，最初的产品是专利权或其被许可人出售的。……如果该

❶ 尹新天．专利权的保护（第二版）[M]．北京：知识产权出版社，2005：146.

产品是未经许可的销售……传统的规则是即使是维修也构成侵权。”[1]

其二，被更换的部件本身没有被产品专利的权利要求所覆盖，也没有单独申请专利。如 Bottom Line Management[2] 案中，被控侵权人对双面烹饪设备的磨损的外表重新涂了 Teflon®（铁弗龙），美国联邦法院认为专利权人没有实际就特定的涂层方法申请专利，“未被权利要求所覆盖的方法不能将维修转化为再造”，被控侵权人根据专利的指导进行了涂层以恢复烹饪的外表也就不构成侵权。与此相反的是，当更换的部件本身被产品专利的权利要求所覆盖，或单独被授予专利权时，购买者维修专利产品而使用该部件本身是否合法呢？根据我国《专利法》第十一条规定，应区别对待：①如果购买者非为生产经营目的所为的更换，这一修理不构成侵权。但是，如果由第三人提供更换部件或提供帮助时，由于该第三人属于经营性行为，该第三人构成直接侵权。[3]②如果购买者为生产经营上的所为的更换直接构成侵权。

其三，专利权人或其被许可人在销售专利产品时没有附加可执行的限制修理的条件。相反，购买者违反限制条件进行修理能否构成维修或修理本身合法呢？

我国《专利法》第六十九条第一项规定：“专利产品或者依照专利方法直接获得的产品，由专利权人或者经其许可的单位、个人售出后，使用、许诺销售、销售、进口该产品的”，不视为侵犯专利权。单独从该规定的字面上看，无论专利权人是否附条件销售，专利权都被穷竭，即专利权穷竭似乎是基于法律的规定，而非无条件的销售。然而，《专利法》第十一条规定：“发明和实用新型专利权被授予后，除本法另有规定的以外，任何单位或者个人未经专利权人许可，都不得实施其专利，即不得为生产经营目的的制造、使用、许诺销售、销售、进口其专利产品，或者使用其专利方法以及使用、许诺销售、销售、进口依照该专利方法直接获得的产品。”这样，如果专利权人附条件的，购买者违反限制条件所为的使用等行为属于“未经许可”之情形，专利权并不穷竭，购买人不得在限制范围

---

[1] Aro Mfg. Co. v. Convertible Top Replacement Co.，377 U. S. 476（1964）.

[2] 228 F. 3d 1352（Fed. Cir. 2000）.

[3] 就法理而言，购买者的修理行为本质上属于直接侵害行为，第三人构成帮助侵害行为。购买者基于法律的规定不构成侵权，但第三人的仍需承担侵权责任。

内进行维修。[1] 事实上，早在2003年《最高人民法院关于处理专利侵权纠纷案件有关问题解决方案草稿（征求意见稿）》也承认了专利权穷竭原则源自于无条件销售的默示许可规则："除专利权人或者其被许可人在销售合同中对有关使用行为提出明确限制性条件的除外，专利权穷竭视为购买人获得专利权人的默认许可。"根据这一规定，购买者违反限制条件所为的修理本身不合法。

（二）事实默示许可的适用

虽然绝大多数案件区分维修与再造适用专利权穷竭原则，但正如前文所述，专利权穷竭原则本身即是默示许可的形式之一，加上由于专利权穷竭原则作为认定标准具有不完善性，这就导致事实默示许可有很大的适用空间。

从立法层面上看，我国2008年《专利法》第三次修订时，删除了原第十二条许可合同的"书面"形式要求，从而与《民法通则》第五十五条规定的当事人的意思表示可通过具体行为来表示进行相吻合。显然，《专利法》的这一修改肯定了事实默示许可。

默示许可虽然是一种合同形式，但在功能上，默示许可是一种侵权抗辩的手段，而非积极主张权利的途径。这就要求专利权人举证证明购买人所为的修理未获得许可、购买人举证反证其所为的修理取得了专利权人的许可。法院根据当事人举证的相关证据综合判断，最终判定修理是构成合法的修理还是不允许的再造。在判断当事人意思表示时，除充分考虑产品设计意图、当事人交易意图及交易环境、《合同法》第一百二十五条第一款规定合同解释原则外，更需要考虑诚信原则的适用："任何一方当事人都应当谨慎维护对方的权益、满足对方的正当期待、给对方提供必需的信息。违反诚信原则而行使权利是非法的，即如权利的行使有悖于对方当事人的正当期待。"[2]

五、结　语

专利产品的维修与再造是专利法实施中的难点之一。尽管各国与地区

[1] 董美根．论专利产品销售时所附条件的效力［J］．华东政法大学学报，2009（3）．

[2] ［德］卡尔·拉伦茨．德国民法通论（上）［M］．王晓晔，等译．北京：法律出版社，2003：58.

认定的标准及理论解释有多种，但这些不同的标准采用的都是广义上的专利默示许可理论，因为默示许可理论是区分维修与再造最为合理、也最为可行的标准。只有充分认识默示许可在区分维修与再造中的作用并真正按默示许可的理论进行适用，才能真正将维修从再造中区分出来，才能真正平衡当事人之间的利益。这就要求在普遍适用专利权穷竭规则（法定默示许可）的同时注意个案的特殊性，通过证据来认定当事人真实的意思表示（事实默示许可），这样才能正确区分维修与再造。

解读专利权评价报告制度

欧阳石文[1] 曲淑君[2]

摘 要

本文对专利权评价报告制度产生背景，尤其对《审查指南》的相关规定进行了阐述，并对相关规定的目的和考虑因素进行介绍，以期读者能够正确理解和运用专利权评价报告制度。

前 言

依照我国《专利法》的规定，实用新型和外观设计专利申请只进行初步审查，由此带来实用新型和外观设计专利权的法律稳定性不如发明专利权稳定性高。在 2000 年《专利法》第二次修改时增加了实用新型专利检索报告制度，这就是专利权评价报告制度的前身。

---

❶❷ 作者单位：国家知识产权局专利审查协作中心。

实用新型专利检索报告制度在实践中发挥了重要作用。据统计，国家知识产权局已作出实用新型专利检索报告当中，初步结论是实用新型专利的权利要求全部或部分不具有新颖性或创造性的数量占总数的55%左右。这为专利权人或相关部门对相关实用新型专利的稳定性的了解提供了有力支持。通过调查发现，提出实用新型专利检索请求的主要原因是专利权人准备向人民法院提起侵权诉讼或进行专利权转让；而其他原因提出检索报告请求的，例如专利权人自身想了解专利权的稳定性情况等，所占比例较小。

经过几年的实践和探索，实用新型专利检索报告制度也暴露出一些问题和不足之处。《专利法》第三次修改过程中，国家知识产权局在征询专利法修改意见过程中，发现实用新型专利检索报告制度存在以下问题：请求人的范围仅限于专利权人、请求人在检索报告作出前缺乏意见陈述的机会、检索报告作出后没有向社会公开等问题。同时，外观设计专利涉及侵权诉讼的案件量也非常大，专利权人和相关部门或法院对外观设计专利权的稳定性了解的需求因而非常大。对此，《专利法》第三次修改过程中考虑到上述不足，并根据形势发展的需求，对该制度进行了完善。《专利法》第六十一条第二款规定：“专利侵权纠纷涉及实用新型专利或者外观设计专利的，人民法院或者管理专利工作的部门可以要求专利权人或者利害关系人出具由国务院专利行政部门对相关实用新型或者外观设计进行检索、分析和评价后作出的专利权评价报告，作为审理、处理专利侵权纠纷的证据。”对此，在《专利法》层面明确了我国的专利权评价报告制度以及专利权评价报告的法律地位。[1]

相对于实用新型专利检索报告制度而言，专利权评价报告制度的变化较大：名称上已改为专利权评价报告，针对的对象不仅涉及实用新型专利权，还包括外观设计专利权，且评价报告的内容不仅包括对新颖性和创造

[1] 根据国家知识产权局专利局于2009年9月29日发布的《关于施行修改后专利法有关事项的通知》的规定：“仅对申请日（有优先权的，指优先权日）在2009年10月1日之后（含该日）的实用新型专利或者外观设计专利作出专利权评价报告；对申请日（有优先权的，指优先权日）在2009年10月1日之前的实用新型专利，只作出实用新型专利检索报告。”因此，在2009年10月1日施行新《专利法》之后，实用新型专利检索报告制度和专利权评价报告制度将共存相当长的一段时间。而只有在2009年10月1日（含）之后提出的外观设计专利申请并授权的外观设计专利才作出外观设计专利权评价报告。

性的分析评价，还包括对授予专利权的其他实质性条件进行分析评价。此外，专利权评价报告制度更加强调时效性，《专利法实施细则》第五十七条规定：国家知识产权局应当自收到专利权评价报告请求后两个月内作出专利权评价报告。所以，专利权评价报告制度完全符合《专利法》第三次修改的背景，体现了社会服务功能的提升，相信专利权评价报告制度将会起到更大的作用。

1. 明确了专利权评价报告的性质和法律地位，有利于公众正确认识和对待

实用新型专利检索报告的性质和法律效力在原《专利法》中并没有任何明确规定，导致现实中有人对检索报告的性质、是否属于行政决定以及与专利权无效宣告决定之间的关系存在困惑。曾经有人就检索报告中的“此报告不是行政决定，不能就此提起行政诉讼”而通过信访，要求专利局予以解释答复。对此，《专利法》第三次修改中明确规定，专利权评价报告只是作为法院审理专利侵权案件或者管理专利工作的部门处理专利侵权纠纷的证据。对专利权评价报告的作用进行了规定和说明，即人民法院或者管理专利工作的部门审理、处理专利侵权纠纷的证据。具体而言，评价报告的主要作用在于供人民法院或专利管理行政机关根据报告中的结论来判断专利权的稳定性，以决定是否由于被控侵权人提起专利权无效宣告请求而中止相关程序。

同时，专利权评价报告可以帮助专利权人和社会公众正确认识相关专利权的法律稳定性。对于专利权人而言，可以避免盲目采取不适宜的行使其专利权的行为，从而减少对其自身利益的损害；对公众而言，可以避免就不符合授权条件的专利权进行没有价值的交易行为，例如受让专利权、订立专利权实施许可合同等。上述规定有利于正确引导专利权人和社会公众提出评价请求，并合理对待和利用评价报告。从长远来看，这方面的作用应当更为重要一些。

最后，明确了专利权评价报告的性质。由于专利权评价报告只是国家知识产权局出具的关于相关专利权稳定性的证据。专利权是否有效，只能由无效宣告程序来确定。那么，自然会出现如何处理评价报告与无效决定之间的关系。例如，在作出专利权评价报告之后，无效宣告请求人是否可以直接援引评价报告的结论来提出无效宣告请求。如前所述，评价报告不是对专利权有效性的正式判定，请求人一方面可以根据评价报告的结论来初步判断专利权的稳定性，可能对提出无效宣告请求的把握性有初步的预期，以决定是否提起无效宣告请求。另一方面，如果决定提起无效宣告请求，不能仅仅以评价报告的结论来作为无效宣告的具体意见，但可以借鉴其认为评价报告中的证据、事实、理由有充分道理的部分，在无效宣告请求中进行具体的陈述。

因此，专利权评价报告既不是行政决定，也不是对专利权有效性的正式判定，专利权人或者利害关系人不能就此提起行政复议或行政诉讼。因此在法规层面明确了专利权评价报告的性质和法律地位，有利于人们正确认识和对待它，消除实际过程中可能存在的困惑。

基于专利权评价报告的性质和作用，其评价的方式更接近于无效宣告请求的审查，而与发明专利申请的实质审查相差更大一些。在发明专利申请的实质审查中，除审查实质问题外，还包括对某些形式问题的审查，例如权利要求中的某些形式不清楚，即使与权利要求保护范围没有任何关联的说明书的修改超范围问题等。实审程序的目的是保证授予的专利权的稳定性，并为了保证权利要求的保护范围的解释具有确定性而消除相关的缺陷（虽然许多缺陷并不足以导致专利权无效）。但专利权评价报告是针对已授予的专利权，其目的是对其稳定性作出评价，自然不应关心那些次要的不足以导致无效的缺陷，例如权利要求中的不足以导致保护范围不能确定的形式上的不清楚、说明书存在的与权利要求保护范围无关的不符合《专利法》第三十三条的修改、权利要求不具备单一性等。专利权评价与无效审查一样仅针对实质性问题，即那些能够导致专利权无效或部分无效的缺陷。总体来看，评价报告的重点仍然是对专利权进行充分的检索，并重点评价有关新颖性和创造性的问题。

但评价报告也与无效宣告请求审查性质完全不同，除作出的程序方面和效力方面的差异外，其还具有以下区别：

(1) 无效宣告请求审查适用请求原则，仅针对无效请求人提出的无效理由和范围进行审查（除特殊情况下，专利复审委员进行依职权审查外）；而评价报告的评价内容涉及所有的应当评价的条款，请求人不需要也不能指明评价所针对的条款和评价的范围（例如指定部分权利要求）。此外，如前所述，无效请求审查中还可能涉及保密条款（实用新型专利）和权利冲突条款（外观设计专利），而评价报告不涉及所述条款的评价。

(2) 具体评价方式上，无效宣告请求审查中，只要是请求人提出的无效理由，不管成立与否，无效决定中都应进行具体评述，但在作出评价报告时，只有当专利权存在不符合授权条件时，才在评价报告中具体说明和解释，否则不需要具体说明和解释，对于符合授权条件的权利要求只需在表格中予以体现即可。

2. 扩宽了请求人的范围

关于实用新型专利检索报告的请求人，《审查指南 2006》（本文简称《审查指南》）第二部分第七章第 13.1 节规定：有多个专利权人的，请求应当由所有的专利权人共同提出，或者由所有专利权人所委托的代表人提出，否则不予受理。

新《专利法实施细则》第五十六条第一款规定："授予实用新型或者外观设计专利权的决定公告后，专利法第六十条规定的专利权人或者利害关系人可以请求国务院专利行政部门作出专利权评价报告。"因此，评价报告的请求人除专利权人自身能够对其所拥有的实用新型专利或外观设计专利权提出评价请求外，利害关系人也可以提出请求。其法律基础在于《专利法》第六十条规定：未经专利权人许可，实施其专利，即侵犯其专利权，则专利权人或者利害关系人可以向人民法院起诉，也可以请管理专利工作的部门处理。此处的利害关系人，并不是侵权被告方，而是指有权根据《专利法》第六十条的规定就专利侵权纠纷向人民法院起诉或者请求管理专利工作的部门处理的人，包括专利实施独占许可合同的被许可人以及由专利权人授予起诉权的专利实施普通许可合同的被许可人。这里将目前所称的专利实施排他许可的被许可人归为专利实施独占许可人（因为排他许可与独占许可的区别仅在于专利权人自身能否实施，对第三人的效力是相同的）。对于普通实施许可合同的被许可人，若具有起诉权则常常在合同中进行了约定。另外，专利权的合法继承人也应当具有提出专利权评价报告请求的资格。在其他一些法规如《专利行政执法办法》中，"专利权的合法继承人"被归为"利害关系人"。因此，今后在法律层面可能需要名称上的统一。

此外，根据新修订的《专利审查指南 2010》的细化规定，相对于实用新型专利检索报告的规定而言，对专利权由多个专利权人共有的，不再规定请求应当由所有的专利权人共同提出，或者由所有专利权人所委托的代表人提出。也就是说，专利权属于多个专利权人共有的，请求人可以是部分专利权人。作出这种规定的理由在于，既然利害关系人能够作为请求人提出评价请求，没有理由认为专利权人之一或部分不能作为请求人。且根据《专利法》第十五条的规定，在没有约定的情况下，共有人可以单独实施或者以普遍许可方式许可他人实施共有的专利。从该条规定出发，共有人也应有提起诉讼的权利，当所共有专利为实用新型或外观设计专利权时，也有了解所共有专利的稳定性的需求。因此，部分权利人也可以提出请求也是本次专利法修改所体现的请求人范围拓宽的精神，以使评价报告发挥更大的作用。

值得注意的是，评价报告的请求人仍然没有放宽到任何人都可以请求的程度。也就是还没有顾及那些在没有与专利权人接触的情况下，想了解实用新型或外观设计专利权稳定性的情况，这些情况包括在不与专利权人直接接触的情况下，初步确定与专利权人订立许可合同或受让专利权的必要性，以及自身准备实施的技术落于相关专利权的保护范围之内而先了解其稳定性，以决定是否采取行动如是否实施或提起无效宣告请求。这部分人的需求在未来将予以考虑，例如这种需求非常大的话，则可能在再次修改《专利法》时将请求人扩大到任何人都可以提出请求。

3. 扩展了评价的对象和内容[1]

从评价的对象来看，评价报告除实用新型专利外，还包括外观设计专利。为了适应公众了解外观设计专利稳定性的需求，国家知识产权局近年来已开发外观设计检索用数据库。由国家知识产权局开发的中国外观设计专利智能检索系统，自 2008 年 4 月 26 日正式对社会公众开放，期间不断完善功能和更新数据，对外观设计进行检索的能力已经基本成熟。为了有利于外观设计专利侵权纠纷的解决，使外观设计专利权人了解其专利的稳定性，在行使权利时更为慎重，并有效维护公众的利益，有必要将作出专利权评价报告的范围扩大到外观设计专利，并且专利局已具备检索外观设计的能力，因此也就是非常自然的事了。

从评价的内容来看，实用新型专利检索报告制度仅评价权利要求是否具备新颖性、创造性。专利权评价报告制度扩宽了评价的内容：

（1）对实用新型专利权评价的内容，除《专利法》第二十条第一款关

[1] 基于评价报告的对象和内容的扩展，有关评价报告规定不再适合放在《审查指南 2006》第二部分第七章，而改成《专利审查指南 2010》第五部分当中单独作为一章予以规定。

于保密审查条款之外，包括所有的无效条款。此次专利法的修改，对于专利权的评价本质是对专利权是否符合授权的实质条件进行全面评价，除新颖性和创造性的评价之外，还包括实用性、充分公开等条款的评价。但对于保密审查，作出评价的审查员难以掌握相关材料和证据，故评价该条款变得没有实际意义。

（2）对外观设计专利权评价的内容而言，还排除了《专利法》第二十三条第二款关于权利冲突规定条款。因为审查员不能获得相关材料和证据，更不可能主动去寻找证据来认定在先权利人，因此对该条款进行评价同样变得没有实际意义，其只能在无效程序中才可能进行审查。

此外，《审查指南》的规定："实用新型专利保护的主题之间缺乏单一性的，审查员应当发出缴纳附加检索费通知书。在通知书中告知请求人如果不在规定期限内缴纳附加检索费，则只对部分权利要求进行检索。"修改后的《专利审查指南2010》对此进行了删除，即对于实用新型和外观设计专利中存在不具备单一性的多项实用新型或外观设计的情况，不再要求请求人提交附加的费用，而直接对所有实用新型或外观设计进行检索、分析和评价。其实此前也几乎没有审查员发出过要求请求人缴纳附加检索费的通知，同时实用新型和外观设计专利权在授予前的初审过程中，基本上也就克服了明显不具备单一性的缺陷。因此，修改后审查指南的这种处理办法一方面从有利于请求人角度出发，另一方面也基本符合实际操作情况。

4. 简化请求手续，方便请求人

根据《审查指南》第二部分第七章第13.1节规定："在提出实用新型专利检索请求时，专利权人应当提交请求国家知识产权局作出实用新型专利检索报告的请求书、专利说明书及专利证书复印件。请求书中应当写明实用新型专利的法律状态，并附具有关证明文件。"这种要求对请求人而言比较繁琐，尤其在现实中，有时候会出现难以办到的情况，例如专利证书损坏或丢失，专利权转让后的新专利权人不拥有专利证书。事实上，上述要求提交的文件在专利局有据可查，尤其是电子审批系统上线后，这些数据对于审查员而言可以轻易的查对核实。

因此，《专利审查指南2010》对评价报告请求的规定旨在简化请求手续，方便申请人。具体而言，相对于原实用新型专利检索报告请求手续而言，《专利审查指南2010》不再要求请求人提交专利说明书及专利证书复印件，也不再要求其在请求书中应当写明专利的法律状态和附具有关证明文件。对于请求人是利害关系人的，在出具其具有起诉权的证明时，如果相关的专利实施许可合同已在国家知识产权局备案，则仅需注明备案号，可以不提交专利实施许可合同或其复印件。但请求书中仍然需要填写专利权的相关著录项目以及评价所针对的文本。

5. **完善形式审查，理顺评价报告启动程序**

现行《专利法实施细则》第五十六条第三款规定："专利权评价报告请求书不符合规定的，国务院专利行政部门应当通知请求人在指定期限内补正；请求人期满未补正的，视为未提出请求。"进一步的，《专利审查指南 2010》第五部分第十章第 2 节规定：国家知识产权局收到专利权人或者利害关系人提交的专利权评价报告请求书后，应当进行形式审查。形式审查的具体内容包括：(1) 专利权评价报告请求的客体；(2) 请求人资格；(3) 专利权评价报告请求书的形式审查；(4) 费用等。而且，明确了形式审查后的处理方式，其中对于不符合规定的请求均发出"视为未提出通知书"，不存在不予受理的情形。既理顺了受理程序，又符合评价报告的作出并非行政审批程序的性质。

此外，值得提出的是：(1) 只有在实用新型或者外观设计被授予专利权后才能提出评价报告请求；(2) 在作出专利权评价报告前，多个请求人分别请求对同一件实用新型专利或者外观设计专利作出专利权评价报告的，国家知识产权局均予以接受，但仅作出一份专利权评价报告。如果在专利权评价报告作出后（评价报告的发文日为准），再请求作出评价报告的，则视为未提出。

6. **强化时效性，及时作出评价报告**

《专利法实施细则》第五十七条规定：国家知识产权局应当自收到专利权评价报告请求后两个月内作出专利权评价报告。由于考虑到专利权评价报告请求费可以在提出请求之后一个月内缴纳，同时请求书还可能存在不符合相关规定需要补正等因素，审查指南对此进行了明确：国家知识产权局应当自收到合格的专利权评价报告请求书和请求费后两个月内作出专利权评价报告。也就是说，两个月完成评价报告的期限只有在请求书符合要求并且已缴纳请求费才开始计算。这样，承担部门才可能保证在两个月期限内完成评价报告。

如本文前言所述，国家知识产权局在《专利法》第三次修改征询修改意见时，其中反映比较突出的一个问题是：请求人在检索报告作出前缺乏意见陈述的机会。但众所周知，实用新型和外观设计专利具有“短、平、快”的特点，尤其是授权前不经过实质审查，因而其稳定性不如发明专利，其在相关的侵权诉讼中，地方知识产权管理部门和法院以及当事人双方更加迫切需要的是尽快了解实用新型或外观设计专利的稳定性，以便侵权诉讼能够及时顺利的处理，维护双方当事人的利益。另外，从之前已完成的实用新型专利检索报告来看，对检索报告提出复核的案件比例十分低（以 2009 年为例，共完成 2060 件实用新型专利检索报告，提出复核仅有 54 件，约 2.6%，检索部门改变结论的有 17 件，约占作出检索报告总数的 0.8%）。如果在评价报告作出过程中，增加意见陈述环节，显然会导致约 50%～55%（根据往年的经验，有约 55%左右的实用新型专利检索的结论是权利要求部分或全部存在不具备新颖性和/或创造性的缺陷）的评价报告期限被拉长了至少一个半月以上或更长，因为假设专利权人接到初步评价意见通知书立即答复，也需要约一个半月左右时间才能返回审查员继续处理。但真正由于专利权人的意见而改变最终结论的比例可能性极低而意义不明显（而且可以通过更正程序来纠正）。因此，《专利法实施细则》最终选择了时间性要求，即要求在两个月期限内完成专利权评价报告。为了保证对确实存在错误的极个别评价报告能够得到纠正，因此本次《审查指南》修改对更正程序作了进一步完善。

7. 完善了更正程序，使复核结论更为客观

由于在作出专利权评价报告过程中，并没有听取专利权人或请求人的意见，因此为了对专利权评价报告结论确实存在错误的纠正，修改后的审查指南保留并完善了由请求人启动或承担部门自行启动的更正程序。其中，明确规定了“作出原专利权评价报告的审查员和审核员不参加复核组。”而《审查指南》规定“原审核人任组长……原承担检索的审查员不参加复核组”。因此，修改后的《专利审查指南 2010》明确规定了审核员也不参加复核组，更加体现了更正程序的公正性，使复核组的复核意见能够更为客观，尽量减少原来的审查员和审核员的影响。

8. 公开作出的评价报告，节约了社会资源

现行《专利法实施细则》五十七条最后规定：任何单位或者个人可以查阅或者复制该专利权评价报告。此规定体现了提高行政效率，节约行政资源的思想。但由于专利权评价报告并不是行政决定，即并不属于专利审批过程的行政处分行为，因此《专利法实施细则》中并没有采取对于专利权评价报告进行“公布”或“公开”的措辞。但现实操作中，国家知识产权局将对已作出过专利权评价报告的实用新型或外观设计专利权提供检索入口，方便公众查询和复制评价报告。

值得注意的是，当请求人是利害关系人时，作出的专利权评价报告仅发送给请求人，而不发送给专利权人。专利权人可以通过利害关系人获得，或者向国家知识产权局查询复制来获取相关的评价报告。

结　语

上面对专利权评价报告的规定进行了详细的介绍，以期有助于正确理解和对待评价报告。专利法规定了专利权评价报告可以作为审理专利侵权案件的证据，但仍然不是立案的必要条件。同时，专利权评价报告并不是行政决定，请求人不能提起行政诉讼或行政复议，需要请求人正确认识和对待专利权评价报告。此外，笔者认为，虽然专利权评价报告制度（包其前身实用新型专利检索报告）的起因源自于侵权诉讼的需要，但其更为重要的作用在于使专利权人或公众正确认识相关专利权的法律稳定性。如果今后由于这方面的需求而提出评价请求的数量增多，则更能体现出专利权评价报告的作用和社会服务功能，相信随着社会的发展，相关制度也会适应形势而完善。

技术与市场综合分析法在专利侵权损害赔偿中的应用

周 琪[1]

摘 要

随着产品复合性和复杂性的不断提高，在计算系争专利的侵权损害赔偿数额时是采用技术分摊规则还是全部市场价值规则，成为理论界争议的焦点和司法裁判中的难点。本文在分析专利经济价值来源的基础上，引入技术与市场综合分析法，试图为解决该问题提供一个较为完整的思路。

一、技术分摊规则与全部市场价值规则的冲突

随着科学技术的不断发展，越来越多的产品不再是仅仅覆盖一个单独的专利的所有技术特征的单纯专利产品，而是发展成为覆盖至少一个专利的所有技术特征并同时具备未包括在专利技术特征中的现有技术特征的复合产品。

对于这类复合产品中的一项专利产生侵权纠纷时，会面临如下问题：是否应当将现有技术特征排除在侵权损害赔偿的计算之外？是否应当将非系争专利之外的专利的技术特征排除在侵权损害赔偿的计算之外？如果存

[1] 作者单位：上海智信专利代理有限公司。

在排除的情形，如何确定排除的利润的比例?

为解决上述问题，在美国的 2007 年《专利改革法案》（Patent Reform Act of 2007）、2008 年《专利改革法案》（Patent Reform Act of 2008）以及 2009 年《专利改革法案》（Patent Reform Act of 2009）中，对于损害赔偿的认定提出两种具体计算方式：

（1）**分配计算法**（Apportionment of Damage）[1][2]

排除以往专利侵权损害赔偿的计算以整个产品（product taken as a whole）而为损失的评估基准，而是改以考虑被侵权产品真正具有创新的部分来计算赔偿金额，也就是说，在确定损害赔偿的时候，法院将考虑专利权人所主张的专利本身所带来的利润或特别贡献（specific contribution)，并且进一步区分侵权物品哪些部分由侵权行为人自身所研发而增加的特征，或其自身所改进而增加的利润、价值等部分，同时法院必须一并考虑侵权行为人在商业化过程中所需承担的企业风险等因素，都应在判断合理权利金时，有所考虑。如此修正方式可能造成大幅减少专利权人所能获得的赔偿数额。

（2）**整体市场价值计算法**（Entire market value）[3]

该种计算方式是当专利权人已证明被控侵权物品所真正侵害的部分就是专利创新价值的所在，且该创新部分也是构成市场需求的主要部分，则此时专利权人不仅可就实施该部分所得产生的利益提出请求，此外也可就原已存在组件的额外功能及增加的价值部分提出损害赔偿请求。当专利权人主张以“整体市场价值”计算损害赔偿数额或合理权利金的计算基准时，专利权人并无须证明其专利对于先前技术或市场的贡献。

以上两种计算方式是相互排斥的，若机械地采用分配计算法（Apportionment of Damage)，有学者[4]认为会与现实生活中的状况背离，因

---

[1] 可参阅 Patent Peform Act of 2007（S. 1145）§284（a）（2）以及 Patent Reform Act of 2009（S. 515）§284（c）（C）的修正部分。

[2] 此处的分配计算法（Apportionment of Damage）是 Patent Reform Act of 20007 中的用语，类似概念在 Patent Reform Act of 2009 中定义为价值计算法（valuation calculation）。

[3] 可参阅 Patent Reform Act of（S. 1145）§284（a）（3）以及 Patent Reform Act of 2009（S. 515）§284（c）（A）的修正部分。

[4] 叶雪美．浅谈美国 2005 的专利改革法案及后续发展［J］．智慧财产权月刊，2006（9）：82.

为损害通常指的是产品的整体，而非仅取决于被侵害的特征价值。该种计算主要是因为，当数个专利能应用于单一产品时，例如一部手机中，往往可能有许多专利包含其中，究竟何谓被侵害的特征价值实际上难以认定。更有甚者，以爱迪生所发明的电灯泡为例：由于灯泡是一个玻璃球、两条电线和一碳丝所构成的组合。假设灯泡卖 1 美元，而玻璃球卖 0.90 美元，其中的两条电线售价为 0.03 美元，碳丝售价为 0.02 美元，整个灯泡的利润为 0.05 美元，即利润率为 5%。此时因为灯泡所包含的玻璃球属于现有技术特征，且并未包含在灯丝的发明专利中，若随意采用分配计算法，仅以真正具有创新的部分来计算赔偿金额，那么单个电灯泡的损害赔偿额的基数仅为（1－0.90）×5%＝0.005 美元，与整体市场价值计算法得出的损害赔偿额的基数 0.05 美元相差 10 倍。

反之，如果一律采用整体市场价值计算法，则又可能会对侵权者丧失公平。美国联邦最高法院在西莫案中指出❶，如果涉案专利对侵权产品而言是改进专利，在计算侵权赔偿数额时，与专利构成全部侵权产品的情形是不一样的，这可以用反证法证明：如果对某台机器上的某个改进专利的侵权导致按整台机器计算所失利润，而这台机器上有多个改进专利，则被告将不得不对每个改进专利权人承担整台机器的所失利润赔偿，这导致重复性的赔偿，对被告是不公平的。美国联邦最高法院在 1873 年的飞利浦（Philp）案中也提到分摊问题❷：“当侵权只是局限于所售物件的一部分时，赔偿也必须相应地加以限制。”

鉴于上述争议，目前美国就是否在立法层面确立分配计算法以及是否在司法层面适用分配计算法尚未达成共识。

我国司法实践中，对技术分摊问题的通常做法就是“考虑”技术分摊这一因素后径直自行裁量一个比例，无法具体化、规则化。对属于关键部件的专利产品，由判例支持在专利产品的全部利润以下、部件价值以上，考虑专利部分对整体所起的作用综合确定。❸ 比如在福建省金鹿日化股份有限公司与晋江金童蚊香制品有限公司的专利侵权案中❹，被控产品

---

❶ Seymour v. MrCormick，57U. S. （16 How.）480（1853）.

❷ Philp v. Nock，84 U. S. 460，462（1873）.

❸ 戴建志等．知识产权损害赔偿研究［M］．北京：法律出版社，1997：39.

❹ 浙江省高级人民法院民事判决书（2005）浙民三终字第 150 号．

为蚊香盒，但蚊香盒与蚊香显然是一同销售的，总利润确定为人民币2 212 500～4 425 000元，法院认为，被控产品中的利润包括了被控产品蚊香盒及蚊香两部分，应排除蚊香盒中所包含的蚊香的利润比例，最终确定赔偿非法获利220万元。在上诉中，双方就蚊香盒利润在蚊香销售利润中应占的合理比例存有争议，也不足为奇了。

又如在扬州中集通华专用车股份有限公司与北京环达汽车装配有限公司的专利侵权案中，❶ 原告是名称为“车辆运输车上层踏板举升机构”的实用新型专利的专利权人，被告生产、销售的五种型号的车辆运输车中，车辆上层踏板的举升机构落入涉案专利的保护范围，构成侵权。原告中集通华公司主张赔偿所失利润5 606 480元，其计算方法是按照原告销售车辆的利润（128 000－116 920）＝11 080元乘以被控侵权车辆的销售数量506辆而得出。原告所失利润的计算得到法院的认可，但法院认为：“考虑到本专利在实现车辆运输车用途中所起到的作用，以及安装本专利产品的车辆运输车相对于其他车辆运输车而言具有的市场竞争优势，并结合中集通华公司车辆运输车本身的销售利润，本院酌定因安装本专利产品所增加的利润占车辆运输车利润的1/3。”此处的1/3完全依赖法官的自由裁量。

选择技术分摊规则，还是选择全部市场价值规则，直接决定了权利人所能获得赔偿的多少，两者之间往往相差数倍甚至数百倍。因此很有必要探讨在专利侵权损害赔偿中如何正确选择两种规则。

二、技术分摊规则与全部市场价值规则所遵循的共同原则

技术分摊规则与全部市场价值规则看似两个极端，但若能探寻两者所遵循的共同原则，显然能对正确选择适用哪一规则有极大的帮助。

各国专利法的宗旨都是为了促进科学技术的进步，所设定的保护对象均是具有创造性和实用性的产品或方法。

专利产品或者依专利方法直接获得的产品，其中所含的专利价值体现在为产品所增加的利润，简称增利上。当专利侵权发生时，权利人所受到

❶ 北京市第一中级人民法院民事判决书（2006）一中民初字第8857号。

的损失也正是这部分由其专利技术所产生的增利。由此我们可以得出：不论选择技术分摊规则或者全部市场价值规则，专利侵权损害赔偿都应当是由被侵权专利技术所产生的增利，即必须考虑专利的技术特性。

为了更清楚地说明该问题，可以根据专利产品的利润来源将专利分为四类：新产品专利、改善效能专利、降低成本专利和新增功能专利。

（1）新产品指在特定市场中尚未出现过的产品，也可以是在这个新产品出现前，没有这个特定市场存在。例如：治疗艾滋病的药品，在该药品出现前，并没有艾滋病药品的特定市场，在其他可替代的药品开发出来前，可独占整个艾滋病药品市场，该药品就符合此处新产品的定义。

新产品的供需模型如图 1 所示，其中 S 线为产品的供给线，而 D 线为市场需求线，S 线与 D 线交汇点为供给予需求的均衡点，市场均衡的状况下，市场价格为 P1，成本为 C1，供应数量为 Q1。由于其他厂商尚未开发出相同技术，专利权人可以在市场独占的情况下单独定价，均衡点通常会在边际成本与边际收益的交叉点。在该新产品未研制出来前，不存在任何的利润，因专利所获得的利润是（P1－C1）×Q1，增利为（P1－C1）×Q1－0＝（P1－C1）×Q1。也就是说，新产品专利的增利就是该产品所创造的全部利润。

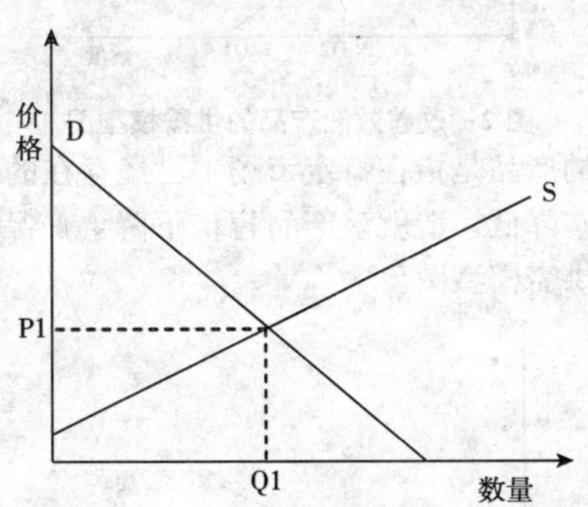

图 1：　新产品的供需模型图

（2）改善效能产品是指在特定市场中已经存在的产品，该专利技术使得既有的产品改善原有的效能，刺激消费者需求，使得消费者愿意用比原先高的价格购买该产品。这种专利产品存在未改善效能前的原有产品，在特定市场中具有竞争商品。因此，这种专利商品虽可以扩大市场，增加产品售价，但在特定市场中独占的机会不大，专利权人因为在特定市场中的可替代商品的存在，商品定价的过程中，专利权人将专利价格提高，会影响其产品的销售数量，专利权人并无拥有垄断市场的力量。

改善效能产品的供需模型如图 2 所示，其中 S 线为产品的供给线，而 D 线为改善前的市场需求线，D’线为改善后的市场需求线，即需求线会由 D 线上移至 D’线，市场均衡点向右上方移动。改善前市场均衡的状况下，市场价格为 P2，成本为 C1，供应数量为 Q2，改善后的市场均衡的状况下，市场价格为 P1，成本为 C1，供应数量为 Q1。原先所获利润为（P2－C1）×Q2，改善后所获利润为（P1－C1）×Q1，因此增利为（P1－C1）×Q1－（P2－C1）×Q2。

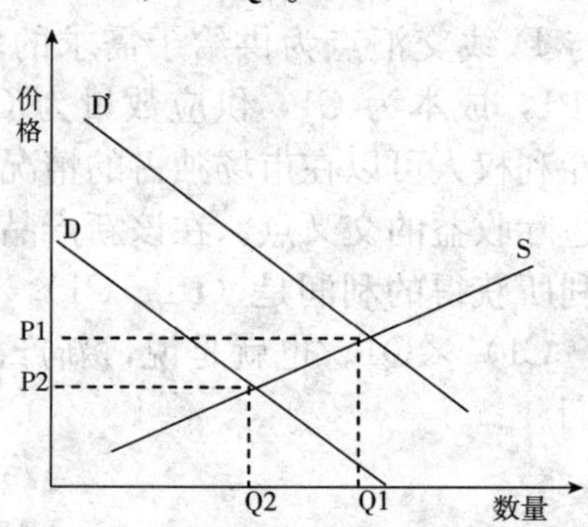

图 2：改善效能产品的供需模型图

（3）降低成本的产品是指在特定市场中已经存在的产品，新的专利技术使既有的产品成本降低，造就该产品售价下降，产品销售量增加。图 3 为降低成本产品的供需模型图。

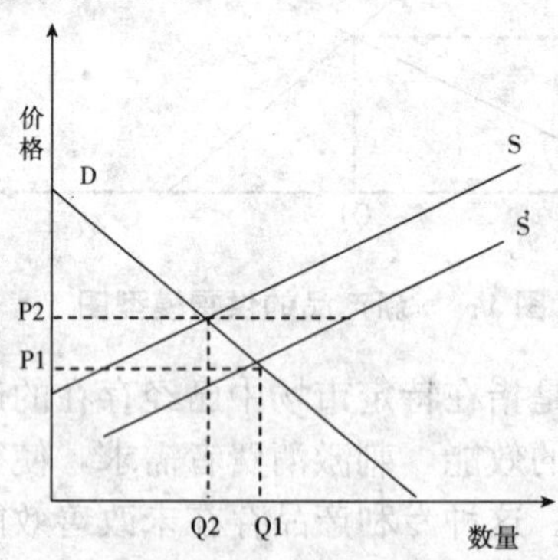

图 3：降低成本产品的供需模型图

如图 3 所示，在技术进步的情况下，成本由 C2 下降至 C1，供给线会由 S 线往下移至 S’线，市场均衡点会向右下移动，价格由 P2 下降至 P1，数量由 Q2 增加至 Q1。原先所获利润为（P2－C2）×Q2，改善后所获利润为（P1－C1）×Q1，因此增利为（P1－C1）×Q1－（P2－C2）×Q2。

（4）最为复杂的是新增功能专利，该类专利若新增功能为产品必备的，先前产品碍于技术问题无法提供，则相应的新增功能产品的供需模型接近新产品供需模型，否则类似于改善效能产品的供需模型。

根据上述分析可以发现，针对专利类型一个因素而言，在改善效能专利、降低成本专利和部分新增功能专利所涉及的产品上采用技术分摊规则更为合理。反之，在新产品专利和部分新增功能专利所涉及的产品上采用全部市场价值规则更为合理，因为该类产品所产生的全部利润均由新产品专利和接近新产品的新增功能专利所创造，没有分摊的必要。

专利技术所能创造的增利不能脱离产品市场，因此在选择技术分摊规则或者全部市场价值规则时，必须考虑专利技术所涉及的产品的市场特性和专利技术实现的技术效果所创造的市场价值。

（1）专利技术市场及专利商品的商品市场同时居于独占的地位，没有可替代的技术及商品时，才有可能适用全部市场价值规则。

首先，只有在专利技术市场及专利商品的商品市场同时居于独占的地位，没有可替代的技术及商品，专利权人才具备市场力量得以设定过高的商品售价或许可使用费。例如：DVD 标准的专利，必须在制造 DVD 产品的技术市场中，没有可以替代的专利或技术，在该技术市场处于独占的地位，且同时在 DVD 的商品市场中，也没可以替代的产品，在该商品市场中居于独占地位，因此，DVD 专利权人方具有市场支配力量。否则即使该专利在 DVD 产品中为必要技术，但当存在替代性的产品时，专利权人若提高专利价格，将反映在 DVD 产品价格上，将使 DVD 产品在特定市场的市场竞争力下降，甚至被其他替代性商品所取代，这种情况下专利权人并无足够的市场力量。

其次，选择技术分摊规则或者全部市场价值规则，受商品市场变化的影响。例如，一项新产品专利的出现会形成一个新产品市场，此时的权利人居于独占的地位。当其他人构思出能实现该新产品的所有功能的其他产品又不侵犯该新产品专利时，权利人的市场独占地位也随之丧失。一旦这种情况发生，有可能导致原先全部归属于新产品专利的增利发生改变。

最后，若一项技术用于多种产品上，使用在 A 产品上时没有其他的替代技术，但使用在 B 产品上的时候，就有可能存在至少一种以上的替代技术。因此，单从是否存在替代技术来判定该技术处于独占地位，即认为该技术的所有事业拥有市场力量，并非一种适当的方法。重点应该摆在该技术所有人是否拥有市场支配力量，即必须考虑专利技术所涉及的产品的市场特性。

（2）适用全部市场价值规则，还必须确认商品市场独占的原因源自专利权的排他特性，即专利技术实现的技术效果本身所创造的市场价值。

经过技术创新后，市场会进入一个新的均衡点，在新的均衡点所获得的利润减去初始均衡点所获得的利润，就能得到该专利产品的增利。但是，在新的均衡点所能获得的利润未必仅仅来自技术创新本身，还有可能来自权利人的品牌效应、管理效应、广告效应或者非专利性效应等。

例如在商业方法类专利领域，即使是新产品或者新方法，在技术和商品市场上居于独占地位，但最终实施的方法或产品中不仅包含了专利技术，还很有可能包含了智力活动规则，而智力活动规则是不受专利法保护的，例如传统广告模式向楼宇广告模式的转变。此时权利人获得的增利中自然也会包含因智力活动规则所创造的价值。如果将 100％的增利都计为侵权损害赔偿额，则相当于变相地将智力活动规则也纳入了专利保护的范畴，这与专利法相违背。

又如，在产业标准形成的过程中，通常会有两个以上的组织制定不同的标准规范，如光盘烧录标准，以飞利浦（Philips）公司为首的组织提出 CD＋RW 的标准规范，而以先锋（Pioneer）公司领导的组织则提出 CD－RW 的标准规范，也有另外的组织提出 DVD－RAM 的光盘烧录标准规范。假设经过市场竞争，最终由飞利浦公司提出的 CD＋RW 标准规范具有独占的地位，且在专利权的保护下，其他厂商不易进入该市场，而如果其独占地位的获得仅是由于其 CD－RW 标准的专利的实施可节省 50％的成本的话，那么也可能适用全部市场价值规则。反之，如果在竞争过程中是因为品牌效应、管理效应、广告效应等导致其他替代技术推出市场，则仍然不能适用全部市场价值规则。

三、技术与市场综合分析法在专利侵权损害赔偿计算中的应用

综合以上分析可以发现，在选择技术分摊规则还是选择全部市场价值规则时，应当综合技术分析与市场分析，才能得出较为合理的结论，此处将之称为技术与市场综合分析法。

根据技术与市场综合分析可知，符合以下两个条件才能适用全部市场价值规则：

条件一：确认专利权人是否因专利技术在技术市场及该专利产品的商品市场同时处于独占地位。

（1）专利技术如果只是单纯的改善效能专利或降低成本专利，由于专利产品仍然与现有产品处于同一商品市场竞争，显然不可能适用全部市场价值规则。除非未使用该改进技术的老产品仅因为该专利技术的巨大技术优势已经完全或接近完全退出市场，此时可视为形成了新的市场，则可以适用全部市场价值规则。例如：假设某种治疗癌症的药品，先前的药物治愈成功率不足一成，当某药厂发明了一种治愈率高达八成的癌症药品。虽然有原有的药品可以替代，但替代的效果差异过大，此时可以认为该药厂的药品在市场处于接近独占的地位，该药厂具有市场支配力量。

美国联邦巡回上诉法院在 1991 年的 Slimfold 案[1]给出了启示。原告专利是一种连接在可折叠金属壁橱门上的弹簧杆组件，原被告双方都销售完整的壁橱门。在认定侵权成立后，原告要求按照完整的壁橱门的销售利润计算所失利润，地区法院拒绝了该请求。联邦巡回上诉法院维持了地区法院的决定。联邦巡回上诉法院指出，原告专利所涉及的弹簧杆组件是用来将杆连接到壁橱门上，被告可以用其他方法将杆连接到壁橱门上。该专利技术的作用仅仅是降低了制造成本，而没有改进功能，因此仍然与其他壁橱门在同一市场竞争。

（2）专利技术如果是新产品专利，在没有其他技术和相应产品替代的时间段内，通常适用全部市场价值规则。更为严格地说，如果一项专利技

[1] Slimfold Manufactruing Co. v. Kinkead Industries，Inc.，932F. 2d 1453，18U. S. P. Q. 2d (BNA) 1842 (Fed. Cir. 1991).

术形成了一个新产品，该新产品在市场上没有替代品，权利人取得了该新产品市场的独占权的阶段，该新产品中所有技术所创造的利润均归于专利形成的增利。但是在新产品中含有两项以上专利时，这两项专利技术本身仍然存在技术分摊，这将在后面详细论述。

还是以爱迪生所发明的电灯泡为例，在电灯泡产生之前，市场上没有类似的或接近的产品，因此电灯泡符合新产品的定义。电灯泡中的玻璃球是现有的且占整个产品中的主要成本，但玻璃球本身的需求却完全不是来自其本身，而是依附于碳丝和电线上的。更通俗地说，在电灯泡中对玻璃球的市场需求完全来自电灯泡这一新产品的需求，与现有市场中玻璃球的需求无关。满足这样条件的产品，一旦遭遇专利侵权，应适用全部市场价值规则。

（3）专利技术如果是新增功能专利，则要考虑该新增功能是否促使具有该新增功能的产品独立形成新的商品市场并且在新的商品市场没有可替代的产品。

在宝丽来案中[1]，原告宝丽来公司的专利涉及“一分钟”照相机技术，在被告柯达公司被认定侵权后，原告要求全部利润的赔偿。被告提出市场上常规的不具有“一分钟”照相功能的相机构成非侵权替代品。最终法院认为，“一分钟”照相机可以构成照相机市场中的一个单独的市场，因此常规照相机不属于相关市场中的非侵权替代品。两家公司形成长达10年的官司之争，最后采用最终销售价来计算，柯达公司为此支付了高达873 200 000美元的赔偿金。此案中的“一分钟”照相机技术具备了使得产品独立形成新的商品市场的效果。

条件二：商品市场独占的原因源自系争专利的排他特性。具体地说，商品市场独占地位完全由系争专利产生，不存在其他非技术因素或者其他专利技术因素。

（1）如果存在非技术因素导致权利人在商品市场的独占地位，例如品牌效应、管理效应、广告效应或者政策导向等，在计算侵权赔偿数额时必须予以剔除。其中某些利润损失可以寻求其他合适的法律救济途径，例如不正当竞争等。

（2）如果被告所销售产品中还存在其他专利技术因素，则应转而采用

[1] Polaroid Corp. v. Eastman Kodak Co.，1990U. S. Dist，LEXIS 17968（1990）.

技术分摊规则将相应利润剔除。通常做法是，判断原告专利是否完全覆盖了被告所销售产品，若是则不存在分摊问题，被告全部利润都属于非法获利；若被告所销售产品增加了某种有价值的改进，不论这种改进是专利技术还是非专利技术，则导致非法获利的确定需要对被告利润进行分摊。

综上，根据技术与市场综合分析法，可以得到图 4 所示的结果：

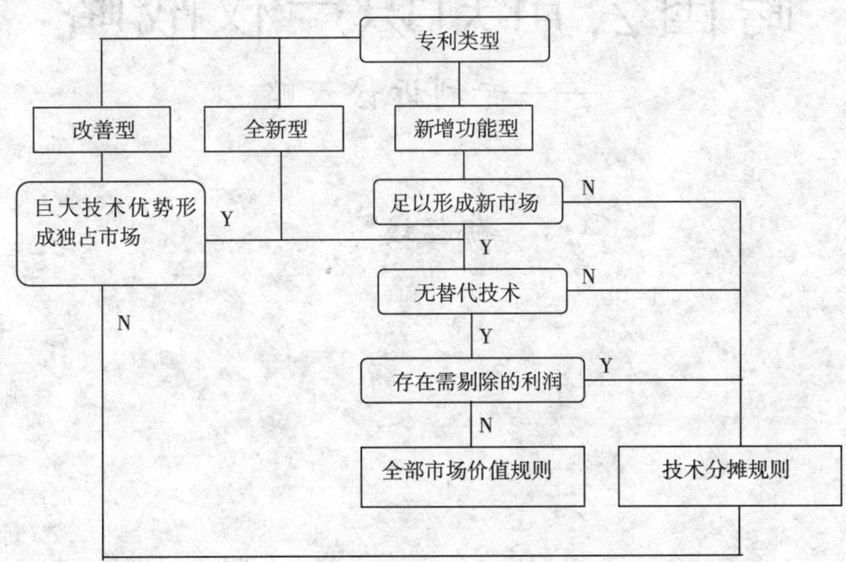

图 4：技术与市场综合分析法流程图

跨国公司知识产权战略

——专利诉讼策略

胡猛蛟[1]

摘　要

在当下知识经济时代，知识产权慢慢地从一个纯粹的法律概念发展到现在企业惯用的一种市场战略，本文拟通过研究近几年发生的有代表性的跨国公司专利诉讼案例，采用个案分析和归纳的方法总结跨国企业开展专利诉讼的目的，并从诉讼的时机选择、诉讼被告确定、诉前环节控制、诉中攻防策略等方面分析不同专利诉讼技巧的运用，以期更好的认识和了解跨国公司在进行知识产权全球战略过程中对专利诉讼策略的运用和驾驭。

---

[1] 作者单位：上海大学知识产权学院。

一、专利诉讼研究背景

近些年来，我国企业与跨国企业在知识产权方面的纠纷越来越多，特别是一些实力强劲的跨国公司，屡屡对我国的企业提起知识产权诉讼，不得引起国内有关人士的重视。知识产权作为当今知识经济时代的一大焦点，已经从之前纯粹的法律问题上升到了现在企业在布局战略上的重要组成部分，特别是一些跨国公司已经将知识产权战略提升到了企业战略的高度，通过对知识产权的管理和经营达到挤压对手并控制市场的目的，其中，专利诉讼也慢慢的超越了原来诉讼是为解决纠纷的狭义的运用范围，而成为跨国企业实施知识产权战略过程中使用的手段和策略。

相对于专利许可、交叉许可、专利丛林、专利联盟等其他专利策略而言，专利诉讼策略有其隐蔽性、目的性明确、打击范围可控、见效快、周期短等特点，通过专利诉讼不仅可以有效地宣告自己的权利，同时还可以打击侵犯自身权利的市场主体，同时，由于诉讼过程本身的及时性和针对性，通过专利诉讼的方式往往能够达到立竿见影的效果。对于当前发生在中国企业身上的涉外知识产权诉讼，其实只不过是跨国商业巨头的一个冠冕堂皇的借口，醉翁之意不在酒，其背后的商业目的在于通过诉讼干扰中国企业的正常商业运作，从而使中国的企业分散注意力，放缓发展的步伐。

为此，我们有必要去了解跨国企业对华专利诉讼情况，收集近些年来比较典型的专利诉讼案例，研究跨国企业对华专利诉讼策略，在分析不同案例的专利诉讼特点的基础上，找出专利诉讼策略的共同点，对专利诉讼策略运用的不同手段、方法以及对应的市场定位进行总结和归类。

二、专利诉讼目的分析

跨国企业对华提起诉讼的目的我们将其总结为以下三种：首先是市场，跨国公司在提起诉讼的时候着眼点并不在于从侵权者手中获得的赔偿额是多少，而是想通过诉讼将竞争对手排挤在专有市场之外，使自身对市场取得绝对的独占权或者维持原先的市场支配地位，日立环球存储科技公司宣布对中国南方汇通微软硬盘科技股份有限公司以及其母公司南方汇通世华微软硬盘有限公司与相关联营研究机构提出诉讼，控告对方侵犯日立存储的多项产品专利权，就是为了独霸包括美国苹果公司在内的美国主要客户❶。

其次是威慑对手，其实在进行知识产权诉讼的过程中，跨国公司并不是都有绝对的信心或者实力将官司拿下，更有甚者在进行诉讼前，根本就没有资格控告对方侵权的理由或者只是停留在可能侵权的边缘地带，但是他们依旧乐此不疲的对其他一些企业展开知识产权的攻势，究其原因，就是为了达到威慑对手的目的，转移其他企业的视线，使竞争者放缓企业发展的脚步。2005 年英特尔公司指控深圳东进公司研发的 DN 系列语音卡侵犯了其产品 sRS. 1. 1 软件中的“Intel 头文件”的知识产权，并诉其帮助和教唆用户非法取得或违反该文件的许可协议一案❷。其实对于英特尔公司而言，东进公司是否构成侵权根本不重要，英特尔起诉的目的主要在于诉讼本身，因为只要将东进公司推到本案的被告席上，英特尔就成功地遏制住了东进在美国市场上大举扩张的势头。

第三是其他企业的专利使用权，在知识广泛分布的大背景下，一个企业很难做到自己开发出所有技术，而完全独立于其他非自身技术，发展更多的是需要企业间技术的融合和互补，这个时候原告就可以对被告拥有的某项感兴趣的专利采取先发制人手段，通过诉讼迫使对方以交叉许可等途径达成和解，以获得预期想要的专利技术。2006 年 10 月 IBM 对亚马逊提出起诉，指控亚马逊侵犯了它在美国申请的一系列涉及在一个交互网络上存储数据和通过一个电子目录定购物品等技术专利，两个月后，亚马逊提出反诉，声称 IBM 的 WebSphere 应用服务器侵犯了它的专利，最终双方以交叉许可达成了和解协议❸；次年，IBM 向美国国际贸易委员会（ITC）提起指控，称华硕及其美国子公司的某些 PC 产品和组件侵犯了 IBM 的专利，2008 年 4 月，华硕对 IBM 提出反诉，称 IBM 侵犯了该公

---

❶ 贾鹏雷．日立硬盘不查对头查南方汇通［EB/OL］．http：//it. sohu. com/20050110/n223869128. shtml.

❷ 吴丽娟．2005 深圳八大专利官司点评［J］．深圳特区科技·创业月刊，2006.（1.2）：44.

❸ 陈浩．专利纠纷案越打越热，亚马逊反诉 IBM“盗窃”［EB/OL］．http：//iprchen. fy-fz. cn/blog/iprchen/index. aspx? blogid＝147302.

司的两项专利，结果该案也以华硕、IBM达成专利交叉许可了结[1]。对于两个案子的原告IBM均以交叉许可的方式终结，对此我们是否可以大胆地去推测，IBM之所以进行这两项诉讼，均因其起初就已经觊觎上了被告的某项专利。

当然并不是所有的企业的诉讼目的都将重点放在市场、技术等方面，不可否认，经济利益也是一笔可观的收入，特别是对于一些刚起步的中小企业，资金几乎成了他们生存的资本，员工的支出、产品的推销、后续的研发都需要大量的资金作为支撑，这时通过专利诉讼向被告或其他人收取侵权和使用费用成为一种迅速、有效的手段。

三、专利诉讼技巧运用

跨国公司在明确了进行专利诉讼的目的以后，便会想方设法地通过诉讼手段达到其预期设定的目标，并最终使自身利益最大化，那么，如何才能使提起的专利诉讼能够低成本、高效率、高效益地完成企业指定的任务呢？这就牵涉专利诉讼策略和方法问题，具体包括确定诉讼的时机选择、诉讼被告确定、诉前环节控制、诉中攻防策略等，有针对性的运用好诉讼策略可以使整个诉讼达到事半功倍的效果。

首先是诉讼时机的选择，是在侵权行为有苗头的时候起诉，还是等到侵权达到一定程度的时候起诉。在现实的诉讼过程中，专利诉讼的目的往往决定了诉讼时机的选择。当提起诉讼的企业追求的市场的独占地位，它会要求在该领域内不存在和自己相互竞争的对手，那么它就会选择通过诉讼手段将对方排挤出该领域，以达到自身的绝对支配地位，这种企业一般都有针对性的对自身的专利进行一个全方位的监控，一旦市场上出现侵权者，或者有威胁的对手，它就会毫不犹豫的研究对方专利侵权问题，迅速提起专利诉讼；也有的企业并不急于提出专利诉讼，在发现市场上存在侵害自身专利权的产品的初期，跨国企业会选择视而不见，这并不代表它们不想去维护自身的权利，其实这纯粹是欲擒故纵之手笔，先让侵权者在市场上觉得有利可图，这就容易出现一堆小鱼来哄抢鱼食的现象，久而久

[1] IBM与华硕达成专利交叉许可协议［EB/OL］. http：//www.ipr.gov.cn/iprgj/gbhj/mz/mg/xwdt/553283.shtml.

之，侵权者的警戒状态越发松懈，以致最后的对该专利产生了依赖，这个时候，专利权人便伺机出手，一来可以通过诉讼收取巨额的侵权赔偿，并使得长期依赖该专利产品的使用者不得不通过购买维持使用，同时，庞大的消费群体也对专利的宣传，品牌的建立起到了良好的效果，可谓一举两得。2008 年 10 月 13 日，微软发布一项内部通知：微软将自 10 月 20 日起投放新一轮正版增值计划通知，包括 Windows 正版增值计划通知（WGA 通知）和 Office 正版增值计划通知（OGA 通知）❶。根据这项计划，如果 Windows XP 用户没有通过 WGA 验证，用户开机起进入后桌面背景将变为纯黑色，用户可以重设背景，但每隔 60 分钟将再度黑屏，从而迫使很多用户不得不去购买正版的软件。虽然这个案例是发生在著作权领域，但是和专利领域的“先撒鱼食再捕鱼”的欲擒故纵之法有异曲同工之处。

其次是起诉对象的选择，是对所有侵权者一并提起诉讼，还是仅仅针对比较典型的侵权者提起诉讼，换句话说，是采用杀一儆百之术，还是借用横扫千军之势。众所周知，专利诉讼案件可大可小，权利问题可以非常复杂，也可以很简单明确，当市场上只出现一个侵权者或者其他潜在威胁者的时候，我们只能选择其作为诉讼的被告，但是，当对方是多个的时候我们就有必要研究选择被告的问题，倘若一起提起诉讼，这样虽然增加了诉讼的成本，但是可以起到斩草除根的目的，起码能够杜绝当前自身权利被滥用的情况；但是往往很多企业不是对所有的“被告”均提起诉讼，而是选择一个比较典型的，影响力相对较大的被告提起诉讼，这样的好处是可以集中优势兵力，打一场代表性的胜战，其他的便不攻自破了，或者秒杀于摇篮下；当然也存在这样的情况，专利权人一来想一并诉讼，各个击破，二来又不想得罪那些现在的或者将来的潜在的合作者，对这部分对象大可采用非诉的手段进行解决。

第三是诉前环节控制，是事先知会或者警告对方再起诉，还是直接提起诉讼。我们说商场上面可能今天是竞争对手，说不好改天就是商业合作对象，的确，企业也是在不断地挑战和合作中进步的，因此企业没有绝对的敌人，也没有绝对的朋友，这和诉讼有什么关系呢？其实关系甚大。诉

---

❶ 微软 10 月 20 日推 Windows 及 Office 正版增值计划通知[EB/OL]．http：//www．cnet-news．com．cn/2008/1015/1173319．shtml．

讼作为解决纠纷的一种方式，往往也会使当事人双方从此结下长久的恩怨，这种场面一般都是双方都不愿意看到的，三星和夏普之间的对峙即是如此：三星电子和夏普两公司之间有关LCD专利权的纠纷由来已久，早在2007年开始双方即互指对方“侵犯了自己的液晶电视相关专利技术”，并在美国、日本、韩国三地展开诉讼。因此，在日本最大的家电连锁店之一的淀桥相机涩谷总店，至今尚未有三星电子等韩国品牌液晶电视的销售；在韩国的各大家电卖场，也罕见日本品牌的液晶电视产品，今年，三星电子与夏普之间有关液晶显示器（LCD）专利技术的诉讼又硝烟战起[1]。显然如此的局面不利于两家企业的发展，尽管如此，双方也很少愿意主动作出退让。可见，一旦到了诉讼阶段就容易把事情搞复杂，这时诉前的处理成了解决此类问题的关键，如果选择直接提起诉讼，而不事先通知对方，虽然这种选择可以让对方措手不及，缩短对方的准备时间，然而会很容易给双方后期的合作和沟通埋下隐患，威胁到今后双方的关系的发展，但是如果权利人考虑到今后和对方的进一步合作甚至可能进行专利交叉许可问题的话，那么最好在提起诉讼之前和对方做好充分的沟通，理清双方的争议焦点，讲明其中的利与弊，这样一来，进可攻、退可守，即给自己以后的选择留下空间，又可以不让对方感觉盛气凌人。

最后是诉中的攻防策略，跨国企业对其他企业提起专利诉讼并不都是拥有十足的把握的，诉讼也存在着风险，倘若处理不好之间的利害关系，反而会伤及自身，因此如何能够规避专利诉讼的风险也是跨国企业的一大课题。前面三项专利诉讼策略均偏重于提起诉讼的一方，即进攻的一方，因此在这里我们着重介绍防御策略问题，企业在面临侵权指控时，常用的8种抗辩理分别是：不侵权抗辩、诉讼主体资格抗辩、依法免责抗辩（又包括权利用尽、先用权、临时过境和科研目的）、专利无效抗辩、公知技术抗辩、经济合同抗辩、超过诉讼期限抗辩、禁止反悔原则抗辩等。除了这8种抗辩理由外，其实还存在一种容易被别人忽视的“金蝉脱壳”之计：如果权利人的侵权指控满足全面覆盖原则，被指控人则可以考虑保护范围不清楚抗辩、证据不可信性抗辩、发明实际范围抗辩、充分公开原则抗辩、法律事实问题抗辩、撰写失误责任抗辩。如果满足等同原则，则可

[1] 三星再诉夏普侵犯专利权，双方纠纷升级［EB/OL］. http：//www.5js.com/html/20091204/news040119296.shtml.

进行侵害公众利益抗辩，以防止专利权人的专利保护范围被过分扩大性解释，包括：虽然公开但没有要求保护的技术方案已经奉献给了公众，不能再要求保护；等同原则的主张不能适用到完全删除权利要求中的相关特征的程度；等同原则的主张不能适用到与权利要求中的相关结构明显不同或功能特征恰好相反的程度[❶]。

四、总 结

综上所述，跨国企业在进行专利诉讼的时候首先需要明确自身开展诉讼的目标定位问题，不同的诉讼目的往往需要配合不同的专利诉讼技巧才能达到双剑合璧的效果。当然，专利诉讼战略必须和企业的整个知识产权战略、市场战略、品牌战略相互融合，三者是个统一的整体，不可分割，同时，不同的企业文化、企业规模、企业组织制度都会对专利诉讼策略的运用产生影响，跨国企业会根据自身情况走出一条有自身特色的诉讼模式，在开展专利诉讼的时候结合企业各自的特点才能使专利诉讼更有章法，更趋完善。

---

❶ 黄瑞耀．后 WTO 时代的企业专利策略［J］．华东经济管理，2005（3）：24.

征稿启事

《专利法研究》是国家知识产权局出版的学术性年刊，由国家知识产权局条法司负责编辑。本刊以邓小平理论、“三个代表”重要思想和科学发展观为指导，以实事求是、理论联系实际为办刊宗旨，主要刊登专利等知识产权理论和实践方面的学术性论文和有关译文，以向全国知识产权理论和实务工作者提供一个思想和观点交流的平台。

为使本刊有效实现其办刊宗旨和目标，也为使各位前辈、专家、学者和同仁的智慧和成果能为更多的人分享，我们诚挚地邀请您为本刊撰稿。

关于来稿的有关事项，说明如下：

1. 来稿应具有科学性和创新性，具有较强的理论意义或者实践意义。篇幅一般不超过 12000 字。

2. 请勿一稿两投或者多投。来稿请于每年 12 月 31 日以电子方式寄 zlfyj@sipo. gov. cn。

3. 凡在每年 12 月 31 日前寄出的稿件 2 个月后未接到稿件采用通知的，可自行处理稿件。

4. 本刊作为汇编作品，版权属本刊编辑部所有。

5. 为适应我国信息化建设的需要，扩大本刊及作者知识信息的交流渠道，本刊被中国期刊网（CNKI）数据库收录，作者文章著作权使用费与本书稿酬一次性支付。免费提供作者文章引用统计资料。请作者在来稿时书面说明是否同意其文章被收录；如无专门说明，视为作者同意。

6. 来稿请在正文前附 200 字以内摘要一份。

7. 来稿请按顺序提供标题、作者姓名、单位全称、通讯地址、邮政编码、联系电话、电子邮箱地址及身份证号码等信息，以便于联系和邮寄稿酬。

8. 本刊一经出版，本编辑部将从速按篇按质酌致稿酬，并赠送当期本刊两册。

《专利法研究》编辑部